MERIAN
Reiseführer

Südafrika

Die Autorin *Corinna Arndt, Jahrgang 1980, studierte Politikwissenschaft, Geschichte und Philosophie, bevor sie an der University of Cape Town das Studium der »South African and Comparative Politics« mit einem Master abschloss. Die freie Journalistin, hauptsächlich für ARD Hörfunk und BBC tätig, lebt seit Februar 2003 in Südafrika.*

TRAVEL
HOUSE
MEDIA

In den **DRAKENSBERGEN** **Seite 228**

Einmal anders **WOHNEN** **Seite 87**

Welt unter **WASSER** **Seite 250**

Surfen bei **DURBAN** Seite 110

Abseits des **TRUBELS** Seite 41

ROUTEN UND TOUREN
Herausnehmbare Faltkarte im Maßstab 1: 2 750 000 (vordere Tasche)

Titel: Afrikanischer Elefant mit Jungem Foto: Bildagentur Huber/R. Schmid

Wo edle Tropfen **REIFEN** **Seite 148**

Die Schönheit der **KALAHARI** **Seite 184**

Prächtiges **PRETORIA** **Seite 296**

Am Kap der **STÜRME** **Seite 110**

Lichtspiele bei **KNYSNA** **Seite 179**

Karten und Pläne

Herausnehmbare Tourenkarten
(hintere Tasche)

HINWEISE

Erläuterung der Symbole

- Für Familien und Kinder besonders geeignet
- Behindertengerechte Einrichtung
- Hunde erlaubt
- CREDIT Alle Kreditkarten akzeptiert
- Keine Kreditkarten akzeptiert

Preise für eine Ü im DZ ohne F

•••• ab 2500 Rand •• ab 450 Rand
••• ab 1200 Rand • bis 450 Rand

Preise für Hauptgerichte ohne Getränke

•••• ab 200 Rand •• ab 80 Rand
••• ab 120 Rand • bis 80 Rand

Querverweise

auf ein Planquadrat der Übersichtskarte Seite 8/9 oder auf die Karte auf Seite 66/67, z.B. ➤ **[d 1]**, auf einen Stadtplan, z.B. ➤ **Kapstadt, S. 116, [c 1]** sowie (mit Großbuchstabe) auf das Planquadrat der herausnehmbaren Faltkarte, z.B. ➤ **[K 3]**

1 ROBBEN ISLAND
Sie ist die legendäre Gefängnisinsel in der Table Bay vor Kapstadt. Nelson Mandela verbrachte hier 19 Jahre seiner 27-jährigen Haftstrafe (S. 122).

2 TAFELBERG
1087 Meter hoch ist die größte »Tafel« der Welt. Das Wahrzeichen Kapstadts ist Teil eines beeindruckenden Bergmassivs mit einer reichen Flora, das sich bis zur Kapspitze erstreckt (S. 135).

3 WEIN VERKOSTEN
Erlesene Speisen, gute Tropfen in edlem Ambiente – und dazu märchenhafte Ausblicke: Von Kapstadt sind die Winelands der perfekte Tagesausflug (S. 146).

4 GARDEN ROUTE
Bezaubernde Strände am Indischen Ozean, verwunschene Flusslandschaften, Urwald und mehr – ideal als Einstiegsziel für Kapurlauber (S. 177).

5 DRAKENSBERGE
Einsame Gipfel, wildromantische Wasserfälle, Wildblumen im Frühling und Schnee im Winter – Natur pur zum Genießen und Wandern auf Pfaden aller Schwierigkeitsgrade (S. 228).

6 KRUGER NATIONAL PARK
Er ist der Klassiker unter den südafrikanischen Nationalparks: der berühmteste, der älteste und der größte – und mit Paul Kruger nach einem Großwildjäger benannt (S. 257).

7 WIEGE DER MENSCHHEIT
Wir sind alle Afrikaner – in den Höhlen von Sterkfontein wurden einige der ältesten und berühmtesten menschlichen Fossilien entdeckt (S. 286).

8 SOWETO

Südafrikas dunkle Geschichte ist im »South Western Township« bei Johannesburg hautnah zu erleben – ein Muss für jeden, der Südafrika verstehen will (S. 300).

9 BOULDER'S BEACH

Südafrikas Strände erfüllen jeden Traum. Am Boulder's Beach kann man mit wild lebenden Pinguinen schwimmen (Tour 3).

10 KAP DER GUTEN HOFFNUNG

Der Felsvorsprung wurde von Seefahrern einst »Kap der Stürme« genannt. Von diesem windumtosten Punkt bietet sich ein atemberaubender Panoramablick (Tour 3).

Algerien
Libyen
Ägypten
Mali
Niger
Tschad
Sudan
Nigeria
Äthiopien
Dem. Rep. Kongo
Tansania
Angola
Mosambik
Botswana
Namibia
Süd-afrika
Mada-gaskar
a
b
c
d
2
3
4
5
Gobabis
Central Kalahari Game Reserve
Kalahari
Aranos
BOTSWANA
Gaborone
Sekoma
Thabaz
Kgalagadi Tranfrontier Park
Nossob Camp
Mata Mata
Twee Rivieren
Pilansberg Nat. Park
Sun
NAMIBIA
Helmeringhausen
Aus
Namib
Keetmannshoop
Mmabatho
Joha
Gauteng und
North West Province
Krug
Huib Hochplateau
1699
Ai-Ais and Fish River Canyon Park
Vryburg
Kuruman
Northern und
Free
Karasburg
Welkom
Richtersveld Nat. Park
Orange River
Upington
Winburg
Alexander Bay
Kimberley
Port Nolloth
Bloem-fontein
Kenhardt
Thaba Nchu
Nababeep
Springbok
Prieska
Namaqua National Park
Western Cape
Britstown
Aliw. Nort
Atlantischer
Carnarvon
Hendrik Verwoerd Dam
Rich-mond
Nieuwoudtville
Burgersdo
Calvinia
Williston
Victoria West
Vredendal
Vanrhynsdorp
Great Karoo
Middelburg
Molteno
Eastern
Lambert's Bay
Clanwilliam
Fraserburg
Ozean
Tankwa-Karoo Nat. Park
Karoo Nat. Park
Cradock
Queenstown
Velddrif
Cedarberge
Beaufort West
Graaff-Reinet
Adelaide
Saldanha
Langebaan
Bisho
West Coast Nat. Park
Tulbagh
Ceres
Zuurberg Nat. Park
Malmesbury
Calitz-dorp
Willowmore
Stellenbosch
Paarl
Worcester
Ladismith
Oudtshoorn
Addo
Grahams
Kapstadt (CapeTown)
Montagu
Wilderness N.P.
Uitenhage
Franschhoek
George
Somerset West
Knysna
Plettenberg Bay
Port Elizabeth
Strand
Mossel Bay
Cape of Good Hope
Hermanus
Bredasdorp
Walker Bay
Kapstadt und Umgebung
Cape Agulhas
Waenhuiskrans/ Arniston
1
2
3
4
9
10

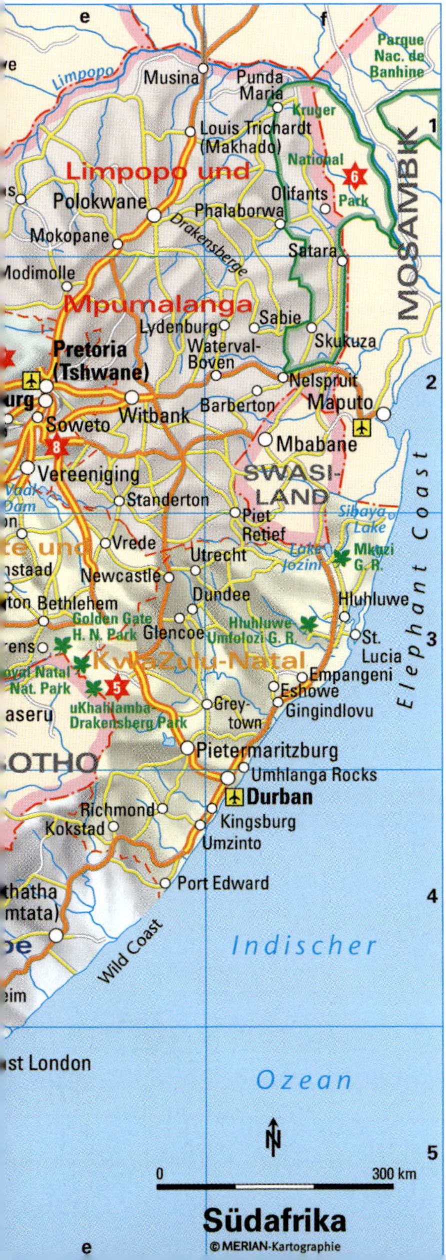

MERIAN TOP TEN ★

Höhepunkte Südafrikas, die Sie gesehen haben sollten, siehe Seite 6/7

SÜDAFRIKA

Staatsform: Parlamentarische Demokratie
Einwohner: 46,4 Mio.
Fläche: 1 219 090 km²
Hauptstadt: Pretoria
Bevölkerungsdichte: ca. 38 Ew./km²
Amtssprache: Englisch, Afrikaans sowie neun afrikanische Sprachen
Religion: ca. 80% Christen, 1,4% Hindus, 1,4% Moslems, 0,2% Juden, 17 % andere

Staatsflagge: Rot, Weiß und Blau, die Farben der Burenrepublik, ergaben sich aus der niederländischen Flagge. Gelb, Schwarz und Grün sind die Farben des »African National Congress« (ANC). Der gespaltene grüne Streifen steht für Annäherung und Einigung.

Die Geschichte: Seit 1928 wurde eine orange-weiß-blaue Trikolore gehisst, auf der der »Union Jack« sowie die Flaggen Transvaals und des Oranje-Freistaats zu sehen waren. Mit dem Ende des Apartheidregimes im Jahr 1994 führte man die neue südafrikanische Flagge ein.

WILLKOMMEN IN SÜDAFRIKA

Auf einem Kontinent voller Kontraste ist Südafrika die Königin der Vielfalt. So bunt wie die Flagge, so maßlos farbig ist das Land: Elf offizielle Sprachen sind hier so selbstverständlich wie das Nebeneinander von Tradition und Moderne. Aus afrikanischen, europäischen und asiatischen Wurzeln ist eine reiche Kultur erwachsen, aus der Besucher herauspflücken können, wonach immer ihnen ist.

Freudenfest: Südafrika wird 2010 erstmals in seiner Geschichte Gastland der Fußball-WM sein.

Wahrzeichen: Der »Telkom Joburg Tower« im Johannesburger Stadtviertel Hillbrow ist mit 270 Metern eines der höchsten Bauwerke des Landes.

Ein Land im Rausch der Vielfalt – Menschen aller Hautfarben bevölkern die Straßen,

fast so, als hätte es die Apartheid niemals gegeben. Moscheen stehen neben Kirchen, die Läden traditioneller Kräuterdoktoren neben Universitäten. Aber genauso finden sich bittere Armut neben grenzenlosem Reichtum und erstklassige Kliniken einen Steinwurf entfernt von unterernährten Aidskranken.

Südafrika ist eine junge Nation, die sich jeden Tag neu erfindet. Ein Land mit großen Problemen, aber noch größerem Optimismus. Ein Land mit einer so atemberaubenden Natur, dass es sich den Werbespruch leisten kann, Besuchern die ganze Welt innerhalb der eigenen Grenzen zu bieten.

Noch vor dem ersten Sonnenstrahl sind die Frauen auf den Dörfern damit beschäftigt, den Hof vor ihrem Haus zu kehren. Unzählige Kinder in entlegenen Gebieten machen sich auf den Weg in die Schule, überqueren Flüsse und wandern manchmal stundenlang zum Unterricht. Das Kanu eines Fischers gleitet lautlos in den Orange River, beobachtet nur von einem im Schilf versteckten Nilkrokodil. In den einsamen Bergen des Eastern Cape erwacht eine traditionelle Heilerin in ihrer Hütte aus Ästen und Gras vom Gesang und den Trommelrhythmen ihrer Entourage, und halb Soweto – so scheint es – macht sich auf den täglichen Weg in den Großstadtmoloch Johannesburg.

Als die ersten Sonnenstrahlen über den Horizont lecken, bricht im Krügerpark eine Elefantenherde durch das Gebüsch und schaut verwundert in die Kameras der wartenden Touristen. In der Kalahari öffnet ein Kaktus seine Blüten, und ein Löwenrudel versammelt sich um ein Wasserloch – kilometerweit entfernt von jeder Zivilisation.

Kaum spiegelt sich die Morgensonne im Wasser der Table Bay, erwacht auch Kapstadt zum Leben. Auf den Straßen drängeln sich hupend die Minibus-Taxis, vollgestopft mit Menschen. Von der Straße am Hang des Tafelbergs aus blicken müde Gesichter auf die Cape Flats, die sandigen Ebenen vor Kapstadt, über denen eine dünne Schicht Morgennebel liegt. Studenten in Flip-Flops und mit Büchern unter dem Arm sind an der »University of Cape Town« auf dem Weg in die erste Vorlesung.

In den Weinbergen um Stellenbosch verschwindet der Tau – und ein Heißluftballon mit Urlaubern erhebt sich majestätisch und lautlos in die Luft, die Stille

Wenn am Kap die Sonne aufgeht, erwacht ein Land zum Leben, das vielfarbiger nicht sein könnte

unterbrochen nur vom gelegentlichen Fauchen des Gasbrenners. Ungestüme Wellen branden an den noch unberührten Sand der Atlantikküste, in Johannesburg öffnet gerade die Börse ihre Tore, und die ersten Surfer haben sich in Durban bereits mit ihren Boards in die Fluten des Indischen Ozeans gestürzt.

So oder ähnlich beginnt einer von jährlich 300 Sonnentagen am Kap. »You see«, sagt dazu der Südafrikaner mit dem wärmsten Lächeln der Welt: »South Africa is a beautiful country!«

Im 17. Jahrhundert von Holland und später von England kolonialisiert, stand Südafrika im 20. Jahrhundert wegen der Menschen verachtenden und rassistischen Apartheidpolitik für lange Zeit in der Kritik der Weltöffentlichkeit, wurde geschmäht und boykottiert. Jahrzehnte hinweg unterdrückte die weiße Minderheit der ehemaligen Siedler die schwarze Mehrheit – und nirgendwo in Afrika tat sie dies konsequenter und mit mehr Perfidität als im Süden.

Seit 1994 ist es damit vorbei. In einem weitgehend friedlichen Machtwechsel übernahm der African National Congress, kurz ANC, eine der ältesten Unabhängigkeitsbewegungen der Welt, die Regierung in Südafrika. Dass es damals nicht zum Bürgerkrieg kam, gilt bis heute als Wunder und brachte dem Land drei Friedensnobelpreisträger ein: den ersten frei gewählten Präsidenten Nelson Mandela, Erzbischof Desmond Tutu und den letzten weißen Präsidenten Frederik Willem de Klerk.

Seit dem Ende der Apartheid geht das Land unter dem ANC einen Erfolg versprechenden Weg

Unter Mandela – und seit 1999 dem heutigen Präsidenten Thabo Mbeki – hat der ANC es geschafft, das Land zu stabilisieren und auf einen Erfolg versprechenden Weg zu bringen: Heute kommt Südafrika eine wirtschaftliche und politische Vorreiterrolle auf dem afrikanischen Kontinent zu. Die Wirtschaft befindet sich in der längsten Wachstumsphase seit 1945, die Währung ist stabil, die Immobilienpreise liegen auf einem Allzeit-Hoch, und eine wachsende schwarze Mittelklasse treibt den Konsum an. Südafrika hat eine exzellente Infrastruktur, eine demokratisch agierende Regierung und Sozialsysteme, von denen andere afrikanische Länder nur träumen können.

Doch Südafrika hat auch mit enormen Problemen zu kämpfen: Etwa die Hälfte der Bevölkerung lebt unterhalb der Armutsgrenze, 40 Prozent haben keinen Job, 11 Prozent der Einwohner sind HIV-positiv und die Kriminalitätsraten sind – obwohl langsam fallend – erschreckend hoch. Darüber hinaus haben Jahre der brutalen Unterdrückung die Gesell-

Sea Point: bis in die 30er-Jahre Badeort der Kapstädter, heute Mix aus Luxus, Amüsement und Nightlife

schaft in ihrer Seele tief verletzt, soziale Strukturen zerstört und zwischen Arm und Reich eine Kluft geschaffen, die ähnlich tief nur in Brasilien ist. Dabei ist heute die Hautfarbe in Südafrika nicht mehr alles: So, wie es nun schwarze Millionäre gibt, gehören weiße Bettler mittlerweile zum Straßenbild.

An der Südspitze Afrikas leben nur halb so viele Menschen wie in Deutschland, doch bricht die ethnische, kulturelle und sprachliche Vielfalt dort alle Rekorde. Neun afrikanische Sprachen sind offiziell als Amtssprachen anerkannt, dazu kommen Englisch und Afrikaans.

Südafrikas hoch gelobte liberale Verfassung garantiert nicht nur weitgehende soziale Rechte und Rechte für Minderheiten, sondern sorgt auch dafür, dass niemand aufgrund seiner Hautfarbe, Herkunft, Religion oder Sexualität diskriminiert werden darf. Allein die religiöse Toleranz im Land spricht Bände: Streitigkeiten zwischen Glaubensgruppen sind kaum bekannt; traditionelle afrikanische Heiler haben ebenso ihren Platz wie Muslime, Christen, orthodoxe Juden und Hinduisten.

Dennoch sind die Identitäten bis heute weitgehend durch Hautfarben abgesteckt. Deshalb an dieser Stelle eine kleine Einführung in die südafrikanische »Farblehre«: Die größte Bevölkerungsgruppe bilden die schwarzen Südafrikaner (»blacks« oder »black people«), die sich aus einer Vielzahl von Stammesgruppen mit teils sehr unterschiedlichen Kulturen zusammensetzen. Dazu gehören die traditionell in der Provinz KwaZulu-Natal beheimateten Zulu, die im Eastern Cape heimischen Xhosa, die Venda in Limpopo, die Northern Sothos, Ndebele und viele andere. Neben den Schwarzen gibt es die farbigen Mischlinge (»coloureds«). Sie leben vor allem um Kapstadt und sind im Western Cape in der Mehrheit. Ihre Muttersprache ist meist Afrikaans, ein Großteil ihrer Vorfahren stammt von kapmalaiischen Sklaven ab. Weiße Südafrikaner (»whites« oder »white people«) gliedern sich auf in Buren (»boers« oder »afrikaner«), die von holländischen und deutschen Siedlern abstammen, sowie in Englisch sprechende Weiße (»english« oder »english speaking whites«). Für interessierte Ausländer ist das Navigieren zwischen diesen Gruppen einfacher, als man denkt: Englisch fungiert als »lingua franca«. Auf dem Land im Western Cape, lohnt es sich jedoch, ein paar Brocken Afrikaans oder Zulu (im Rest des Landes) zu lernen.

Englische Dinnerparties gehören zu Südafrika ebenso wie der Kapstädter Coon Carnival (→ Der gute Tipp von MERIAN, S. 63), der Hexenglaube ebenso wie amerikanische Soaps. Neben traditionellen Initiationsriten, Heilern und Zulutänzen gibt es Weltklasse-Universitäten, eine international beachtete Kunstszene und hektische Rohstoffmärkte.

Fast alles kann man am Kap finden – Kultur in allen Facetten und eine überwältigende Natur

Auch Gourmets haben hier im Rausch der Vielfalt die große Auswahl: Europäische, afrikanische und indische Einflüsse bestimmen die Küche – und Südafrikas Weine können mit den besten der Welt konkurrieren (→ Spezial, S. 148).

Kapstadt, die »Mother City« mit dem mächtigen Tafelberg im Zentrum und seiner einzigartigen Lage am Meer gehört zu den schönsten Städten der Welt. Das aufstrebende Johannesburg ist die wichtigste Wirtschaftsmetropole südlich der Sahara – und in Durban am Indischen Ozean herrscht das ganze Jahr über tropische Urlaubsatmosphäre.

Und schließlich ist da die afrikanische Wildnis. Gigantische Landschaften und eine beeindruckende Tierwelt: Giraffen, Löwen und Geparden, Nashörner, Flusspferde, Büffel, Krokodile – selbst Pinguine gibt es, Wale direkt vor der Küste, Haie, Delfine und tropische Korallenriffe.

Eingefasst von zwei Ozeanen – dem Atlantik im Westen und dem Indischen Ozean im Osten, und geprägt von dem bis zu 1500 Meter hohen Plateau des Highveld, vereint Südafrika mehrere Klimazonen und Großlandschaften. Den Großteil des Landes bedecken die Wüsten, Halbwüsten und Trockensavannen der Karoo, Namib und Kalahari, die im Osten in Grasland und Savanne, im Westen ins »Floral Kingdom« des Kap übergehen.

Im Landesinnern ragen die wilden Dreitausender der Drakensberge auf. Hier entspringen zwei der wichtigsten Flüsse:

Einer der »Big Five«: Nashörner im außerhalb von Johannesburg gelegenen Reservat Sabi Sands der Orange River (Oranje) und der Tugela River. Grenzfluss zu Simbabwe und Botswana ist der mächtige Limpopo beziehungsweise der Molopo.

Die Atlantikküste ist mediterran geprägtes Winterregengebiet; in den meisten restlichen Regionen wie auch in den subtropischen Küstengebieten am Indischen Ozean fällt Sommerregen. In Südafrika herrscht somit zu jeder Jahreszeit ideales Reisewetter.

Hauptziel für viele Südafrika-Besucher ist der »Kruger National Park« mit den »Big Five« (Elefant, Löwe, Leopard, Büffel und Nashorn). Doch es gibt viele, oft sogar malariafreie Alternativen wie den »Addo Elephant Park«, »Hluhluwe-Imfolozi« und die Drakensberge.

Glücklicherweise ist das Land bislang vom Massentourismus weitgehend verschont geblieben. Das hat die Kaprepublik wohl nicht nur ihrer exotischen geografischen Lage zu verdanken, sondern auch dem ständigen Bemühen um einen sanften Tourismus.

Die weitläufigen Nationalparks, die zunehmend auch grenzüberschreitend erweitert werden, bieten Wildtieren einen geschützten Lebensraum. Dazu kommen unzählige Wild- und Naturschutzgebiete. Hunderte von Tierarten sind am Kap heimisch, und der Pflanzenvielfalt kann man selbst mit einem Bestimmungsbuch in der Tasche und einem örtlichen Führer kaum beikommen. Allein die Fynbosvegetation im Western und Eastern Cape (→ Spezial, S. 160) bricht mit ihrer Artenvielfalt internationale Rekorde.

Auf der rund 3000 Kilometer langen Küste locken endlose Traumstrände zum Surfen, Tauchen und Schnorcheln – und auch für Wanderer und Reiter ist Südafrika ein Dorado.

Lassen Sie den Reiseführer gelegentlich im Hotel. Glauben Sie nicht alle Horrorgeschichten über Kriminalität – und lassen Sie Skepsis walten, wenn Ihr weißer Gastgeber ihnen erklären will, wie die Schwarzen wirklich sind ... Es lohnt sich immer, den Fuß vor die Tür zu setzen und sich auf das Land und seine Bewohner einzulassen.

Kaum irgendwo auf der Welt wird man so herzlich empfangen wie am Kap. Anders als noch vor einigen Jahren sind hellhäutige Europäer heute selbst in den Townships (→ Spezial, S. 132) gern gesehene Gäste (trotzdem sollte man nicht allein in ein Township fahren). Begrüßen Sie den Tankwart auf Xhosa, und er wird sich selbst im dichtesten Berufsverkehr die Zeit nehmen, Ihnen ein paar Wörter seiner Sprache beizubringen. In puncto Humor und Lebensfreude sind die Südafrikaner unschlagbar.

Südafrika schäumt über vor **Lebensfreude. Dieses Land** ist ansteckend und macht süchtig

Doch auch der ereignisreichste Tag geht irgendwann einmal zu Ende. Wenn in den Städten am späten Nachmittag die Rushgour beginnt, taucht die Abendsonne die Drakensberge in rötliches Licht. Jungen treiben die Rinderherden in den heimischen Kraal. Das satte Grün der Zuckerrohrfelder in KwaZulu-Natal mutet im Abendlicht noch intensiver an als sonst.

Andächtig genießen Besucher des »Mapungubwe National Park« den Sonnenuntergang über dem Limpopo mit Blick auf Simbabwe und Botswana.

Auf einem Weingut bei Kapstadt dringt das leise Gemurmel einer Dinnergesellschaft sanft durch das Laub der Reben; in Knysna an der Garden Route trifft man sich zum Abendessen an der Lagune.

Als riesiger, orangeroter Ball steht die Abendsonne zwischen der grau schattierten Skyline von Johannesburg – ein Kontrast, der wie kein anderer die Seele dieser Stadt entblößt. Im beschaulicheren Kapstadt hingegen färbt sich der Tafelberg orangerot, und auf der Ostseite der Devil's Peak erscheint der gigantischen Schatten des gegenüberliegenden Lion's Head, bevor die Sonne mit einem Paukenschlag im Atlantik versinkt.

Über den Townships liegt jetzt eine Dunstglocke aus verbranntem Petroleum und gebratenem Fleisch. In den Shebeens, den Townshipkneipen, kommen die Männer zum Trinken zusammen, aus allen Ritzen dringt Musik. In Bars und Kneipen beginnt das Leben zu brodeln, die ersten Johannesburger Nachtschwärmer treffen in den Clubs von Melville und Newtown ein. Derweil verklingen im »Kirstenbosch Botanical Garden« an den Hängen des Tafelbergs die letzten Klänge einer Marimbaband.

Über die Dörfer von Limpopo fällt tiefschwarz die Nacht – es ist nun die Zeit der Hexen und Zombies, in der jedes unerwartete Geräusch die Fantasie Purzelbäume schlagen lässt. Durch die Stille von St. Lucia dringt das Lachen der Flusspferde, die aus dem Wasser steigen und sich zum Grasen auf ihre nächtliche Wanderung begeben. Und über die dunklen Weiten der Kalahari trägt der Wind – wie könnte es anders sein in Afrika! – das Brüllen eines Löwen.

Südafrika verführt und überrascht, schockiert und bezaubert. Vor allem aber schäumt es über vor Lebensfreude. Dieses Land ist ansteckend. Dieses Land macht süchtig – oder wie die Südafrikaner ganz bescheiden sagen würden: »South Africa is lekker!«

Ndebele-Frau in traditioneller, perlengeschmückter Tracht. Der Stamm gehört zur großen Gruppe der Nguni-Völker.

ATEM DES DRACHEN

Ein Wetterumschwung zaubert mystische Lichtstimmung auf die Hänge der Drakensberge weitab vom Großstadtgetümmel Durbans oder Johannesburgs.

JENSEITS VON AFRIKA

Sozialer Fortschritt hat noch nicht überall in Südafrika Einzug gehalten. Arbeitslosigkeit, Aids und Armut bestimmen das Leben vieler Menschen.

SELTENER JÄGER

Schnell, aber nicht unverwundbar: »Acinonyx jubatus«, der Gepard, rutschte Ende der 1960er-Jahre auf die Liste der bedrohten Tierarten.

AN DER »FALSCHEN BUCHT«

Die »False Bay« liegt südöstlich von Kapstadt – hier sind die Strände nicht so spektakulär wie an der Atlantikküste, dafür ist das Wasser oft 5 °C wärmer

NELSON ROLIHLAHLA MANDELA
" A CELEBRATION OF HOPE"
2004
Unveiled by Ndileka Mandela on 31 March 2004

WAHRE GRÖSSE

Am 31. März 2004 wurde die bronzene Mandela-Statue am ehemaligen Sandton Square in Johannesburg enthüllt.

LITERARISCHE STIMMEN

Südafrikas Literatur handelt von Helden und Kämpfen, von Leid und Widerstand, von Schuld und Versöhnung. Von Rassismus, natürlich – und der Suche nach sich selbst. Wenig romantisch, oft eigensinnig; ein Mosaik, das in seiner Vielfalt wirkt und tiefe Einblicke in die Seele des Landes ermöglicht.

Quellenangabe: Zakes Mda, Die Madonna von Excelsior, Zürich 2005.

Viele Bewohner des »Bo-Kaap« oder »Cape Malay Quarter« sind muslimischen Glaubens.

Friedensnobelpreisträger Desmond Tutu gab 1961 wegen politischer Vorgaben den Lehrerberuf auf, um danach als Priester zunehmend politisch aktiv zu werden.

Die Regenbogennation ist die Antwort auf die Jahre der Apartheid,

das dunkelste Kapitel der südafrikanischen Geschichte, in dem Hautfarbe und Haarkrümmung nicht nur über Wahlrecht und politische Freiheit entschieden, sondern auch über Einkommen, Job und Lebensstandard, über Wohnort und Bildungschancen, über Menschenrechte, Liebesbeziehungen und Selbstwertgefühl. Als der Friedensnobelpreisträger Desmond Tutu in der Geburtsstunde des neuen Südafrika Anfang der 90er-Jahre die Regenbogennation proklamierte, schwebte ihm eine Gesellschaft vor, in der das Wort »Rasse« keine Bedeutung hat. Ein Land, in dem Menschen schlicht Menschen sind – egal, ob schwarz, weiß, farbig oder indischstämmig.

Mehr als ein Jahrzehnt danach haben die Südafrikaner Enormes erreicht. Gemischte Paare sind zwar noch immer selten, aber das Straßenbild ist so bunt wie nie zuvor. Mit der Exklusivität der »weißen Welt« ist es vorbei – und im Umgang miteinander wird zum großen Teil eine Toleranz praktiziert, wie sie in Europa und Amerika wünschenswert wäre. Trotzdem ist das Etikett »Rasse« nicht verschwunden. Im Gegenteil: Südafrikaner sind hochgradig darauf sensibilisiert.

Ein Gang in den Buchladen sorgt nur begrenzt für Antworten zu diesem heiklen Thema. Von Sachbüchern abgesehen sind es überwiegend weiße Schriftsteller, die sich mit Rassismus auseinandersetzen und zumeist mit ihrer Identität als Afrikaner und mit der Apartheidvergangenheit ringen.

Doch es gibt Ausnahmen: Zakes Mda (Jahrgang 1948), einer der bekanntesten schwarzen Autoren des Landes greift in seinem 2002 erschienenen Roman »Madonna of Excelsior«

die wahre Geschichte **eines Gerichtsprozesses aus dem Jahr 1971** auf, bei dem vierzehn schwarzen Frauen und fünf weißen Männern vorgeworfen wurde, **das Bett geteilt** und damit **gegen das Gesetz,** den »Immorality Act«, verstoßen zu haben.

»Tatort« war das Städtchen Excelsior im verschlafenen Free State. Die angeklagten burischen Männer gehörten sämtlich zur lokalen Elite – vom Pfarrer bis zum Vorsitzenden der National Party. Schon damals war klar, dass »Excelsior« kein Einzelfall war. Selbst zu Zeiten der Apartheid unterschied sich die Theorie des Zusammenlebens von Schwarz und Weiß oft erheblich von der Praxis: Was offiziell von oben säuberlich getrennt wurde, kam sich trotzdem nah – von Pretoria bis Kapstadt.

Dies beschreibt auch Zakes Mda in »Madonna von Excelsior«. Die Schäferstündchen im Heu von Excelsior änderten freilich nichts an den bestehenden Machtverhältnissen. Genauso wenig, wie der tägliche Umgang der weißen Madams mit ihren schwarzen Maids etwas änderte an Vorurteilen, Bevormundung und dem Desinteresse am Leben der Hausangestellten.

»Es war das goldene Zeitalter der Sittenlosigkeit im Free State ... **Burenjungs gingen auf die Jagd.** In den Feldern. Im Grasland. In den Gassen der Kleinstädte. In Bauerndörfern. **Und in der Küche ihres eigenen Zuhauses,** wo Maids und Kindermädchen ihnen ihr Abendessen kochten.«

Im Zentrum von Mdas Geschichte steht die Sotho-Frau Niki, eine der Angeklagten im Excelsior-Prozess. Als Kindermädchen des Burenjungen Tjaart hatte sie ein Verhältnis mit dessen hoch geachtetem (und verheiratetem) Vater, aus dem die Mischlingstochter Popi hervorging. Popi wächst wie alle anderen Kinder der Excelsior-Angeklagten im Township auf, von ihrem Vater verleugnet und von ihren Freunden als Hellhäutige (»boesman«) gehänselt. Ihr schwarzer Bruder Viliki engagiert sich im Untergrund für den ANC. Ihr weißer Halbbruder Tjaart kämpft in der Apartheidarmee gegen die »ANC-Terroristen« und entwickelt sich zum erzkonservativen, burischen Nationalisten. Nach dem Machtwechsel 1994 wird Viliki erster schwarzer Bürgermeister von Excelsior, Popi sitzt im Stadtrat. Die ehemaligen Opfer haben das politische Zepter übernommen und um sie herum arrangiert sich die Kleinstadt über Nacht mit der neuen Realität: Die burische Elite gibt sich verständnisvoll und kompromissbereit. Doch gegen versteckten Rassismus, Frömmelei und Überlegenheitsdenken der Weißen kann der gemischte Stadtrat nichts ausrichten. Auf der Bank von Excelsior gibt es keine getrennten Schlangen für Weiße und Nicht-Weiße mehr: »Eine Schlange gab es nun, für alle Farben des Regenbogens.

Merkwürdig war, dass die weißen Kunden sich nicht anstellten. **Sie gingen direkt zu dem Angestellten** am Schalter, der sofort aufhörte, sich um seinen schwarzen Kunden zu kümmern und stattdessen **den weißen Kunden bediente.«**

Seit dem Ende der Apartheid hat sich in Südafrika manches geändert: Die legendäre Wahrheits- und Versöhnungskommission hielt dem Land den Spiegel der grausamen Vergangenheit vor. Doch bis heute sind vor allem schwarze Südafrikaner im Alltag Rassismus ausgesetzt.

Da ist zum Beispiel der junge Universitätsdozent, der mir erzählt, wie ihm eine Dame am Kapstädter Flughafen ihren Koffer und ein paar Münzen in die Hand drückte, weil sie den Mann mit der schwarzen Hautfarbe für den Gepäckträger hielt. Oder der Autoverkäufer in Pretoria, der an der schwarzen Studentin und ihrem Vater vorbei auf die weiße Freundin zugeht und ihr mit den Worten »Oh, Sie nehmen die beiden zum Einkaufen mit!«, die Hand schüttelt. Es ist der versteckte, unbewusste Rassismus, der in Südafrika überlebt hat. Die radikalen Verfechter der Apartheid haben sich ins Private zurückgezogen. Ein Grüppchen nationalistischer Buren hat sich im einsamen Northern Cape eine Stadt (Orania) mit eigener Währung und ohne störende Zeitgenossen dunklerer Hautfarbe errichtet. Menschen wie sie sind von der politischen Bühne verschwunden – genauso wie der erzkonservative Tjaart, den Mda in seinem Roman beschreibt.

»Er war nicht mehr im Stadtrat, weil er nicht zur letzten Wahl angetreten war. Er hatte sich entschieden, **die Politik den Schwarzen zu überlassen,** die zweifellos die Stadt und den Rest des Landes ruinieren würden – und damit den Weg zu ebnen, der **die Buren erneut zur Macht führen könnte.«**

Heute ist es leicht, weiße Südafrikaner zu finden, die voller Optimismus und Stolz von ihrem Land sprechen, aber noch nie ein Township betreten haben. Allen Befürchtungen zum Trotz kamen die direkten und indirekten Profiteure der Apartheid praktisch ohne Kratzer davon, als das politische Blatt sich wendete. Doch statt aktiv Brücken zu bauen, haben sich die meisten hinter Mauern und Stacheldraht einen Kokon geschaffen, in dem bestenfalls Hausangestellte daran erinnern, dass die Welt »draußen« eine andere ist. Sie waren selbstverständlich schon immer gegen die Apartheid, erklären sich zu Fans von Mandela und Desmond Tutu und wiegen sich im Glauben, die schwarze Mehrheit hätte vergeben und vergessen. Kein anderer als Desmond Tutu hat mehrfach davor gewarnt, dass die Südafrikaner auf einem Pulverfass sitzen, wenn die Reichen – Weiß wie Schwarz – dem Schicksal der armen schwarzen Massen weiter mit Ignoranz begegnen.

Szenenwechsel. Im Township Nyanga bei Kapstadt sitzen junge Frauen auf Plastikstühlen im Kreis. Alle sind ohne Job. Manche haben Tuberkulose, manche Aids, manche beides. »Wie kommt es«, fragt eine, »dass Weiße reich sind und Schwarze arm?« Kichern. »Als Gott den Reichtum verteilte«, antwortet jemand spontan, »da hat der schwarze Mann geschlafen und der weiße hat alles bekommen!« Und was ist mit reichen Schwarzen? Vielsagende Blicke wandern hin und her. »Hexerei«, sagt jemand unter zustimmendem Gemurmel: Als Schwarzer gelangt man nur mit unlauteren Mitteln zu Wohlstand – so die einhellige Meinung – oder mit Hilfe des Staates. Mit beißender Ironie beklagt der ehemalige Freiheitskämpfer Viliki in Mdas Roman die passive Mentalität seiner Township-Nachbarn:

»Die Menschen sind frei. **Sie müssen ihre Freiheit natürlich genießen.** Sie müssen den ganzen Tag auf der Terrasse sitzen, und die Regierung muss für Essen sorgen. Unter der Apartheid haben sie sich Arbeit gesucht. Jetzt sind sie frei. **Die Regierung muss sie versorgen.** Wenn das Township schmutzig ist, dann ist es die Schuld der Regierung, die Regierung muss es sauber machen. **Ist es das, was Freiheit für uns bedeutet?«**

Es gibt aber auch die, die gezielt und erfolgreich die Machtstellung des ANC und die kapitalistischen Freiheiten des neuen Südafrika zum wirtschaftlichen Aufstieg genutzt haben. In manchem Township sieht man mehr schwarze BMWs, »black man's wish« genannt, als in der Kapstädter Innenstadt. Der ausschweifende Lebensstil der neureichen »Fat Cats« ist zum Vorbild geworden für eine ganze Generation – darunter Politiker, die ihr Amt als Sprungbrett zu einem dickeren Bankkonto nutzen. Unrechtsbewusstsein über den allzu großzügigen Umgang mit politischen Kontakten und Privilegien findet man selten: »Ich war doch nicht im Widerstand, um heute arm zu sein!«, rechtfertigte ein ANC-Sprecher sich einmal.

Kritische Stimmen finden sich in schwarzen wie in weißen Reihen. Es gibt liberale und »progressive« Weiße, die die Ideale des neuen Südafrika aktiv und überzeugt verteidigen. Und es gibt schwarze Denker, die sich dem Druck zu ethnischer Loyalität entziehen und den Mächtigen Paroli bieten. Einfach haben es beide nicht: Erstere werden nicht selten als Rassisten beschimpft, Letztere als »coconuts«, die außen schwarz und innen weiß seien. Die farbigen Mischlinge, die »coloureds«, schließlich sitzen zwischen den Stühlen: Sie haben weder die politische Macht ihrer schwarzen, noch die wirtschaftliche Stärke ihrer weißen Mitbürger.

Es wird Jahrzehnte dauern, bis die Südafrikaner ihre Vergangenheit abgestreift haben. Bizarre Widersprüche haben sich im Alltag eingerichtet und dem Land eine oft schwer durchschaubare Normalität beschert. Paradoxerweise gehört dazu auch eine wunderbare menschliche Wärme unter Fremden – schwarz wie weiß – und die unerschütterliche Überzeugung, dass das Land trotz aller Herausforderungen auf dem richtigen Weg ist.

Die junge Generation zeigt wirtschaftliche Stärke, hier beim »Ascot der Kap-Region«, dem Pferderennen in Kenilworth.

DER GUTE TIPP VON MERIAN

Baumhaus oder Edel-Restaurant, Küstenwandern oder Jazz-Festival, Shopping oder Löwen im Busch: Südafrika lässt kaum Wünsche offen. Wir haben für Sie ganz besondere Tipps zusammengestellt – bekannte und weniger bekannte. In jedem Fall sind sie einen Besuch wert.

Mit dem traditionellen »Reed Dance« erweisen junge Zulu-Frauen dem König ihren Respekt.

Urlaub in der Wüste: Die am Jozini-See gelegene »White Elephant Lodge« (→ S. 43) war ursprünglich eine Farm.

HOTELS

Luxuriös wohnen im Venda-Rondavel

Bei der Anfahrt kommen Zweifel auf. Kilometer um Kilometer frisst sich die steinige Piste in die Soutpansberge im Nordwesten der Provinz Limpopo hinein. Wüsste man nicht, dass man auf dem richtigen Weg und dass die Schotterpiste für ein Auto ohne Vierradantrieb zu bewältigen ist, wäre man längst umgekehrt. Plötzlich geht es in Serpentinen steil bergan. Ohne die aufmunternden Schilder am Weg: »Noch drei Kehren – fast geschafft!«, würde man spätestens hier aufgeben und sich lieber in einem einfallslosen Hotel im nah gelegenen Louis Trichardt (Makhado) einquartieren. Dann – endlich! – durchfährt man ein Tor. Und hinter dem Tor beginnt die Märchenwelt von Lesheba Wilderness.

Lesheba liegt in einem Hochtal, das dank seiner Abgeschiedenheit eine beeindruckend vielfältige Pflanzen- und Tierwelt entwickelt hat. Allein 335 Baumarten wachsen auf gerade mal 2500 Hektar. Einmal im Hochtal angekommen, wird die Piste sanfter, und es braucht nicht viel Glück, um seltene Vögel zu sehen (225 Arten wurden gezählt). Nach einer guten Dreiviertelstunde Fahrt in den Bergen gelangt man ans Ziel. Aus dem Nichts tauchen die runden, mit Stroh gedeckten Hütten eines Dorfs der Venda auf. Doch es ist nicht irgendein Dorf: Eingefasst von Mauern ist das Ensemble ein Werk der Venda-Künstlerin Noria Mabasa, die hier in nur fünf Wochen eine Fantasiewelt aus rostroter Tonerde und Zement geschaffen hat.

WEGWEISER 1

Lesheba Wilderness

➤ S. 66/67, [e 1] ➤ [K 1]

Westl. von Louis Trichardt (Makhado); Tel./Fax 0 11/6 46 67 27, 0 15/5 93 00 76 oder 0 83/2 66 95 02; www.lesheba.co.za; »Venda Village Lodge« (9 Personen) ••• (Selbstverpfl. •), 2 Luxussuiten •••• (Selbstverpfl. ••), Bushcamp (8 Personen) • VISA MASTER
Kinder unter 12 Jahren nach Absprache

Zwei Riesen bewachen den Eingang. Im Dorf wachsen skurrile Fabeltiere aus den Mauern, werden Tore aus Giraffenhälsen geformt, haben Blumenkübel Gesichter. Aus Mauernischen wachsen Aloen, und mitten im Dorf liegt lebensgroß die Nachbildung einer Kuh.

Das Dorf kann bis zu neun Besucher beherbergen, wird aber nicht an mehr als zwei Gruppen oder Familien gleichzeitig vermietet. Weil es aus den Ruinen eines Venda-Dorfs entstand, kommen Gäste in den Genuss des afrikanischen Soziallebens. Man trifft sich unweigerlich im Garten, in der Küche oder am Kamin. Doch mit dem gedrängten Leben in muffigen Rondavels, den traditionellen Rundhütten hat das Lesheba-Dorf nicht viel gemein. Wer hier übernachtet, darf mit Luxus rechnen: Statt in einer kleinen Rundhütte spielt sich das Leben in Wohneinheiten aus mehreren Hütten ab. Wege führen zwischen Mäuerchen über Höfe zum gemeinsamen Aufenthaltsbereich. Highlight ist die Badwanne unter freiem Himmel.

Ideal für Paare und Familien sind die seitlich des Dorfes liegenden Suiten: Die Hütten sind untereinander verbunden und beherbergen jeweils ein Bad, ein stilvoll eingerichtetes Schlafzimmer und eine komplett ausgestattete Küche. Tonplastiken und Holzskulpturen säumen den Wohnbereich. Bei Bedarf besorgen die Gastgeber Zutaten für die Küche und die Gäste können sich selbst versorgen. Wer sich bekochen lassen möchte, kann mit tatkräftiger Unterstützung aus der Dorfküche rechnen und den Sonnenuntergang von der Terrasse bewundern oder sich im Pool räkeln, während das Essen zubereitet wird. Anders als in vielen Luxus-Lodges nehmen die Eigentümer, John und Gill, die Umgebung mit wachen Augen wahr. Dazu gehören verarmte Dörfer im Tal, die traditionelle Sozialstruktur der Clans und die Probleme der heute lebenden Venda. Neben sozialen Projekten haben sie hier ein »Zentrum für einheimisches Wissen« ins Leben gerufen, das zum Anziehungspunkt für Künstler und Wissenschaftler geworden ist. Im Zentrum steht die reiche Kultur der Venda: Ackerbau, Geschichtenerzählen, Musik, Heilkunde, Schnitzkunst, Tanz, Textilkunst, Töpfern und mehr. Jahrhunderte altes Wissen und Handwerkstechniken werden unter einem Dach vereint. Menschen unterschiedlicher Kulturen tauschen Erfahrungen aus und lernen voneinander – und das schließt Besucher ein. Je nach Interesse können sie gemeinsam mit Künstlern an Holzskulpturen arbeiten, an Workshops über traditionelles Heilen teilnehmen oder mit der Venda-Künstlerin Mabasa sprechen. Bleibt nur zu sagen: Die Fahrt zurück ins Tal verläuft weniger dramatisch als die Anreise. Wer dennoch abgeschreckt ist, kommt per Kleinflugzeug dorthin.

»Lesheba Wilderness« zeigt die Handschrift der Venda-Künstlerin Noria Mabasa.

Bezaubernde Wildnis am Lake Jozini

Englische Muttersprachler stolpern über den Namen: Als »white elephant« gilt im Englischen ein unrentables Projekt, ein Klotz am Bein. »Wir hatten keine andere Wahl«, sagt Debbie lachend. Als sie sich mit ihrem Mann, einem deutschen Tierarzt, durch die Geschichte der ehemaligen Farm am Jozini-See wenige Kilometer südlich von Swasiland wühlte, fand sie darin so viele dieser »weißen Elefanten«, dass sie meinte, die klägliche Vergangenheit nicht verschweigen zu können. Die Liste ist lang:

WEGWEISER 2

White Elephant Safari Lodge und White Elephant Bush Camp

➤ S. 66/67, [f 3] ➤ [M 4]

»Pongola Game Reserve« (South), ca. 5 Autostunden von Johannesburg; Tel. 0 34/4 13 24 89, Fax 4 13 24 99; www.whiteelephant.co.za ••• bis •••• (Safari Lodge, 8 Zi., Vollverpflegung); ••• (Bush Camp, 7 Chalets) VISA MASTER

Im Glauben, dass Elefanten immer wieder nachwachsen würden, schoss ein einziger Großwildjäger im 19. Jahrhundert 150 Tiere in einer einzigen Saison. Im Jahr 1874 ernannte Burenpräsident Paul Krüger das Gebiet zum ersten Wildreservat in Afrika, doch bereits 25 Jahre später brach der Burenkrieg aus und das Reservat verfiel.

Nach dem Ersten Weltkrieg kamen dann die Farmer. Sie bekämpften verbissen die Tsetse-Fliege und befanden, dass das Wild an der nicht auszurottenden Malaria Schuld sei. So war nach Abschuss des Wildes schließlich bis um 1940 von dem ursprünglichen Tierbestand nichts mehr übrig – nur die Tsetse-Fliege verbreitete sich nach wie vor. Als Insektizide auch dieses Problem beseitigt hatten, kamen die Rinderfarmer, kurz darauf die Dürre – und danach der bislang größte »Reinfall«, der Jozini-See. Im Jahr 1973 angestaut, sollte der See dazu dienen, Strom aus Wasserkraft für die umliegenden Dörfer zu liefern. Heute steht der Staudamm trotzig in der Gegend,

das Wasser donnert in die Tiefe – aber im Turbinenhaus herrscht wie schon seit Jahrzehnten immer noch gähnende Leere.

Doch die Besitzer dieses Landstrichs haben dazugelernt: Das einzige, was hier gedeiht, ist die Wildnis. Fort ist heute das Rind, abgebaut sind die Zäune zwischen den ehemaligen Farmen – und auf dem Schild am Eingangstor steht »Pongola Game Reserve«. Aus dem völlig überweideten Land wurde wieder Steppe, mit allem, was ursprünglich dazu gehörte: Elefanten, Giraffen, Zebras und Warzenschweine, die sich wie die Kaninchen vermehren.

Besucher der Lodge finden stilvollen Luxus vor, der allerdings nie ohne Augenzwinkern daherkommt. »Wir spielen mit den Klischees der Kolonialzeit«, sagt Debbie. Wie wahr: Die Badewannen stehen auf silbernen (aber hohlen!) Löwenpranken und »Übernachten im Safarizelt« bedeutet ein pünktlich vor dem Abendessen eingelassenes Schaumbad im Kerzenschein, Antikmöbel und Süßigkeiten auf dem Kopfkissen. Die Küche ist vom Feinsten – vielleicht, weil der Koch von Tag zu Tag kreativer wird beim Kampf gegen tierische Eindringlinge in den Gemüsegarten. Dass das verfressene Stachelschwein noch lebt, ist zu bezweifeln. Nur gegen die Elefanten, die regelmäßig über die Mauer steigen, um Chili zu klauen, kann selbst der spitzfindigste Koch nicht viel ausrichten.

Im Angebot für die Gäste sind Safaris, Elefantenwanderungen, Flüge mit dem südafrikanischen Pendant der »Fliegenden Ärzte« und Tigerfischangeln. Einmalig sind die morgendlichen Bootsfahrten.

Verbannen Sie für einen Moment das Wort »Kitsch« aus Ihrem Vokabular und stellen Sie sich Folgendes vor: Es ist früh am Morgen, die Sonne leckt gerade über die Lebombo-Berge am anderen Ufer des Sees, und wie ein Spiegel liegt die Wasserfläche in violettem Licht. Vor Ihnen dümpeln verschlafen Flusspferde im See. Direkt dahinter lässt ein riesiger schwarzer Kormoran seine ausgebreiteten Schwingen trocknen. Eine Herde Zebras schlägt sich in die Büsche, und für einen Moment wird die Stille unterbrochen vom rhythmischen Flügelschlag eines Zugs Sporengänse, der im Tiefflug über den See schwebt ...

Schlafen auf einer alten Eiche: Baumhaus der Sycamore Avenue Treehouse Lodge

Holzkunst zum Wohlfühlen

Die schwere Holztür öffnet sich knarrend und Sie treten ein in eine andere Welt. Eine Welt, in der alles aus Holz ist: Eiche, Zeder, Akazie, in zauberhafte Form gebrachtes, rund geschliffenes Holz. Die enge Wendeltreppe, die Scharniere der Türen, das Mobiliar, der Balkon – ein ganzes Haus hineingearbeitet in einen Baum. Das Design für dieses und vier andere Baumhäuser entsprang der Fantasie des Bildhauers Bruce Attwood. Er baut ohne Architekt und Plan. Alles beginnt mit einer Idee, das Kunstwerk entsteht beim Zimmern. Wie ein Wunder passt am Ende alles zusammen: Die Treppe hält, die Tür schließt, die Dusche funktioniert einwandfrei – und wer aus dem Fenster schaut, fühlt sich wie im Märchen. Da gibt es das »Bottle House«, in dem es sich zwei Personen gemütlich machen können: unten am Kamin, oben im Bett oder im Jacuzzi-Whirlpool. In einer Sumpfeiche steht das »Romantic Treehouse«, das »Planequarium« bietet Platz für sechs Personen. Ideal für eine vierköpfige Familie ist das »Fantasy Treehouse« auf drei Etagen. Wäre noch das »Pegasus Treehouse« mit der kunstvollen Wendeltreppe zu erwähnen. Hinter dem neuesten Haus steckt die Zimmermannsarbeit von Jan Rathgens aus Hamburg. Bruce und Gloria kümmern sich persönlich um ihre Gäste und stehen fast immer selbst in der Küche. Ihre Liebenswürdigkeit ist so märchenhaft wie ihre Baumhäuser. Bruce ist Hobbyhistoriker mit unerschöpflichem Wissen zur Geschichte der Midlands und den Burenkriegen. Nah bei Sycamore liegen die Drakensberge und die Abenteuerwelt der Karkloof Canopy Tours (→ Der gute Tipp von MERIAN, S. 60).

WEGWEISER 3

Sycamore Avenue Treehouse Lodge

➤ S. 66/67, [e 3] ➤ [K 5]

11 Hidcote Road, Hidcote, Mooi River; Tel. 0 33/2 63 28 75, Fax 2 63 21 34; www.sycamore-ave.com; fünf Baumhäuser, zwei Zimmer im Haupthaus ••• inkl. Frühstück MASTER VISA

In der Saison (Okt.–April) unbedingt vorbuchen, nicht empfehlenswert für Kinder unter 4 Jahren

Zu Gast in der Lodge des Mdluli-Clans

Der Mann lehnt sich zurück, faltet die Hände im Schoß, fixiert den Boden vor seinen Füßen und denkt nach. Die Abendsonne streicht weich über sein markantes Gesicht. Dann blickt er auf und fängt an zu erzählen – von den Zeiten, als die Regierung beschloss, den Krügerpark (→ Spezial, S. 262) zu erweitern und eine Eisenbahnlinie mitten durch das Land des Mdluli-Clans zu bauen. Davon, wie die Menschen in den betroffenen Dörfern von ihrem Land gejagt wurden, das sie seit Urzeiten bewohnt hatten. Wie sie auf einen Schlag nicht mehr wussten, wo ihr Vieh weiden sollte – und von dem weisen Chief Mdluli. Hier hellt sich das Gesicht des Mannes auf. Der jüngste Sohn des längst verstorbenen Chief Mdluli sitzt uns gegenüber und lächelt stolz. Amos Mdluli war damals noch ein Kind, als seine Familie 1969 vertrieben wurde. Jetzt ist er erwachsen, hat Wirtschaft studiert, fährt einen Landrover und will den Traum der Mdlulis zum Erfolg führen. Er erinnert sich, wie sein Vater einst auf das geraubte Land wies und sagte: »Dort werden wir mal eine Lodge bauen! Ich will, dass Touristen zu uns kommen!« Damals, im alten Südafrika, haben sie ihn ausgelacht. Aber er hat nicht locker gelassen und nie damit aufgehört, sein Land zurückzuverlangen. Mit dem Systemwechsel am Kap 1994 begann der langwierige Prozess der Landrückgabe. Und heute steht sie tatsächlich, die stattliche Lodge des Mdluli-Clans, nur einen Steinwurf entfernt vom »Numbi Gate« im südlichen Teil des »Kruger National Park«.

Das 5-Sterne-Etablissement konkurriert mit ein paar Dutzend der alteingesessenen Lodges in der unmittelbaren Umgebung des Nationalparks – doch die »Phumulani Lodge« der Mdlulis ist die einzige weit und breit und dazu noch eine der ganz wenigen im Land, in denen das Geld der Touristen nicht in die Taschen von ein oder zwei Besitzern fließt, sondern in den Haushalt von vier Dörfern. Rund hundert Angestellte profitieren direkt von den Einnahmen der Lodge und unzählige weitere indirekt – allein schon durch die Arbeitsplätze, die die »Phumulani Lodge« geschaffen hat. »Und das ist erst der Anfang. Chief Mdluli wusste, dass wir es schaffen werden«, sagt der Mann mit dem wettergegerbten Gesicht. »Nur erlebt hat er es nicht mehr.«

WEGWEISER 4

Phumulani Lodge

➤ S. 66/67, [f 2] ➤ [L 3]

➤ Krügerpark, S. 262

Kurz vor dem »Numbi Gate« des Krügerparks an der R569; Tel. 0 13/7 98 00 20, Fax 7 98 00 25; www.fairtourismsa.org.za (folgen Sie den Links); großzügige Anlage mit 17 Ferienhäusern, davon 5 Häuser speziell für Familien •• CREDIT

Übernachten im Leuchtturm

Auf der rund 3700 Kilometer langen Küste Südafrikas gibt es nicht weniger als 45 Leuchttürme. Weil die meisten davon heute automatisch funktionieren, ist der Leuchtturmwart ausgezogen – und hat manchmal Platz gemacht für Touristen. Fünf Leuchtturm-Unterkünfte gibt es am Kap: »Cape Columbine« an der Westküste bei Saldanha Bay, »Danger Point« bei den Haifischgründen nahe von Gansbaai, »Cape St. Blaize« in Mossel Bay an der Garden Route, »Great Fish Point« in Port Alfred an der Wild Coast und »North Sand Bluff« in Port Edward im südlichen KwaZulu-Natal.

Jeder Leuchtturm und Strand hat seine Geschichte. In North Sand Bluff in Port Edward stößt man früher oder später auf das Wrack der »São João«, die 1552 dort gesunken ist. Kaum jemand weiß, dass sie damals das größte Schiff weltweit war – die »Titanic« ihrer Zeit. Und sie dokumentiert das erste Zusammentreffen von Europäern und schwarzen Afrikanern am Kap. Soweit bekannt, lief es friedlich ab. Die Überlebenden begruben ihre ertrunkenen Mitsegler und machten sich auf den 700 Kilometer langen Weg nach Maputo, wo sie hofften auf Europäer zu treffen. Das Schiff, beladen mit kostbarem Pfeffer aus Indien, versandete am Strand. Unter den Überlebenden war eine Prinzessin, deren Sohn Portugals nächster König geworden wäre. Doch statt die Krone zu retten, begrub sich das Fräulein nach einem Überfall aus Scham lebendig im Sand, so die Legende.

WEGWEISER 5

North Sand Bluff Light House

➤ S. 66/67, [e 4] ➤ [K 7]

Port Edward; Tel. 0 82/3 74 41 14, Fax 0 82/3 11 26 53; www.kzncoast.co.za; 2 Ferienwohnungen (je 6 Betten) •

Leuchttürme allgemein: www.npa.co.za; www.lighthouse.cc/links/overnight.html

In North Sand Bluff übernachten Besucher in Ferienwohnungen direkt neben dem Leuchtturm. Abenteuerlustige Kinder dürfen im Turm auf Matratzen schlafen. Die geräumigen Wohnungen sind liebevoll eingerichtet – von Delfinmotiven auf dem Kopfkissen bis zum Leuchtturm-Relief auf dem Klodeckel. Spielplatz, Swimmingpool und ein kleines Café sind vorhanden.

Wer das Glück hat, zum jährlichen »Sardine Run« zwischen Mai und Juli in Port Edward am Leuchtturm von North Sand Bluff zu sein, der hat sich einen Logenplatz ergattert, von dem man an der gesamten Küste träumt. Das Meer scheint zu kochen, wenn Millionen von Sardinen an der Küste entlang schwärmen – gejagt und gefischt von Delfinen, Haien, Seevögeln und Anglern. Das Spektakel spricht sich in Windeseile in der Gegend herum, und für ein paar Tage steht alles Kopf.

ESSEN UND TRINKEN

Kulinarische Safari durch Afrika

Was 1992 in einem winzigen Restaurant im Kapstädter Studentenviertel Observatory seinen Anfang nahm, hat sich längst zur Institution entwickelt. Mit dem Umzug in ein wunderschönes altes Haus in der Innenstadt ist »The Africa Café« zum Wegbereiter für afrikanische Erlebnisgastronomie am Kap geworden. Hinter dem durchschlagenden Konzept stehen Portia, die Chefköchin und Herrin über die sich ständig verändernde Speisekarte, ihr Mann Jason und Portias Bruder Hector, der sein halbes Leben im Widerstand gegen die Apartheid aktiv war. Statt einer politischen Karriere hat er sich nun der Gastronomie verschrieben.

»The Africa Café« ist eines der wenigen afrikanischen Restaurants in Kapstadt, das Einheimische ebenso anzieht wie Touristen – auch wenn die Preise vergleichsweise hoch sind. Der gute Ruf ist berechtigt: Ein ansprechendes Ambiente, ein exzellenter Service und eine kreative Speisekarte machen das Dinner zum echten Erlebnis. Wunderschöne, mit afrikanischen

Die Kunst des kreativen Kochens lernte die Chefin des »Africa Café« auf dem alten Gasofen ihrer Mutter.

Farben und Textilien dekorierte Räume sorgen für eine ruhige und entspannte Atmosphäre. Hier dudelt keine Musik aus der Konserve – dafür singen die Kellner jeden Abend live! Die Bedienung präsentiert sich in farbenfrohen traditionellen Gewändern. Portia und Hector haben jeden ihrer Angestellten selbst angelernt – die meisten hatten keinerlei Ausbildung vorzuweisen, als sie an der Tür nach einem Job fragten.

Portia reist so oft es geht durch ganz Afrika, immer auf der Suche nach neuen Rezepten, die sie variiert und auf den Geschmack von Nichtafrikanern abstimmt.

Vielfalt und spielerische Kreativität prägen das Menü, das in mehr als zwei Dutzend Schälchen komplett auf den Tisch kommt und zu einer kulinarischen Safari durch den ganzen afrikanischen Kontinent einlädt. Das mit Datteln gesüßte Lamm im Schmortopf ist eine marokkanische Spezialität. Aus Malawi stammt die Idee, die filetierte Hühnerbrust mit einer Sauce aus Macadamia zu servieren. Zu den Klassikern im »Africa Café« gehören kongolesischer Spinat mit Sardinen, Tomaten und Paprika, der äthiopische Kräuter-Quarkkäse und die vegetarisch gefüllten Blätterteigtaschen aus Tunesien. Abgerundet wird die kontinentale Speisekarte durch südafrikanische Spezialitäten wie zum Beispiel das Kapmuschel-Curry und die würzigen Mais-Spinat-Pastetchen nach Art der Xhosa.

Hat man alle Köstlkichkeiten durchprobiert, kann beliebig nachbestellt werden. Kenianischer Kaffee und Roibuschtee sind im Preis für das Menü von 160 Rand inbegriffen, alkoholische Getränke werden getrennt abgerechnet. Die fruchtigen Cocktails sollte man unbedingt probieren!

WEGWEISER 6

The Africa Café

➤ S. 66/67, [a 5] ➤ [C 8] ➤ Kapstadt, S. 116, [e 4]

108 Shortmarket St., Kapstadt;
Tel. 0 21/4 22 02 21; www.africacafe.co.za;
Juni–Aug. tgl. 18.30 bis 23 Uhr (So geschl.)
••• CREDIT ♿ Unbedingt reservieren.
Auf Anfrage wird eine Marimba-Band oder eine Gruppe Gumboot-Tänzer organisiert.

Vom Netz auf den Grill: Im »Strandloper« wird Fisch unter freiem Himmel serviert.

Köstlichkeiten des Meeres open air

Was zählt, ist bekanntlich der Geschmack – und in diesem Fall zählt außerdem das absolut naturnahe Ambiente: Strandloper ist ein Fischrestaurant direkt am Strand unter freiem Himmel. Zwischen Treibholz, Muscheln und Fischernetzen brutzelt so ziemlich jede Köstlichkeit auf dem Holzkohlegrill, die das Meer zu bieten hat. Geschlemmt wird unkonventionell mit den Fingern und zwei Muscheln. Für 150 Rand kann man in einem drei bis vier Stunden dauernden Gelage so viel essen, wie man möchte. Das Finale kommt nach dem neunten Gang und besteht aus zwei- bis dreihundert Hummern, die vor den Augen der maximal 180 Gäste zubereitet werden. Passend zur informellen Strandatmosphäre kann man sich die Getränke selbst mitbringen ohne Korkengebühr zu zahlen.

WEGWEISER 7

Die Strandloper

➤ S. 66/67, [b 5] ➤ [C 8]

145 km nördl. von Kapstadt bei Langebaan; Tel. 022/7 72 24 90; www.strandloper.com; ganzjährig, aber wetterabhängig geöffnet; Lunch 12, Dinner 18 Uhr ••• Unbedingt reservieren!

Zu Gast bei einem Johannesburger Original

Das angeblich älteste Restaurant des Landes ist nicht einfach zu finden. Hinter der heruntergekommenen Fassade präsentiert es sich auch nicht gerade als Touristenattraktion. Doch wenn Madan Kapitan – Eigentümer, Chefkoch, Weltenbummler und Johannesburger Legende – erzählt, wen er seit 1947 bekocht hat, klingt die Liste wie ein internationales Who's who: Präsidenten, Ölscheichs, Hollywoodstars, Stierkämpfer – und eine Prinzessin, die einen lebendigen Hummer für den Koch mitbrachte. Der Ruhm der Kneipe begann in den 50er Jahren, als zwei Anwälte, die für die Menschenrechte kämpften, regelmäßig bei Madan Kapitan essen gingen: Oliver Thambo und Nelson Mandela. Noch heute hängt ein verstaubter Brief Mandelas an der Wand – der letzte, den er auf Robben Island geschrieben hat. Wer sich in dem mit Andenken zugepflasterten Restaurant zum Mittagessen niederlässt (denn nur das gibt es hier) und sich eines der scharfen Madras-Currys einverleibt, sollte wissen, dass er Gast ist: »Auf gutes Essen muss man warten«, sagt Kapitan, die Arme vor der Brust verschränkt, »Extrawürste gibt es nicht.« Wer nicht damit zufrieden ist, den schickt der Chef zum Imbiss an der Ecke. Regelmäßig tauchen Gerüchte auf, dass die Kneipe dicht macht. Doch viele, die Kapitan kennen, halten dies für einen PR-Gag von ihm, um in den Schlagzeilen zu bleiben.

WEGWEISER 8

Kapitan's Restaurant

➤ S. 66/67, [d 2] ➤ [J 3]

➤ Johannesburg, S. 284, [b 4]

11a Kort St., Johannesburg; Tel. 0 11/8 34 80 48; tgl. 12 bis 15 Uhr, Sonn- und Feiertag geschl.

• VISA Nie mehr als 20 Gäste

Kennt nicht nur bekannte Gesichter aus dem Showbusiness: Der Chef des »Kapitan's Restaurant« bekochte auch schon Nelson Mandela.

EINKAUFEN

Kunst und Krempel in Kalk Bay

Die Kalk Bay in Kapstadt ist das Revier der Künstler und Bohemiens, Antiquitätenhändler, Bücherwürmer, Gourmets und Romantiker. Eingequetscht zwischen False Bay und Kalk Bay Mountains schmiegen sich die Häuser an den Hang. Enge Gassen führen zu Läden, von denen nicht einer wie der nächste aussieht. Der morbide Charme verleiht dem Ort sein einzigartiges Flair. Unten an der Hauptstraße führt die Bahnlinie von Kapstadt nach Simon's Town – allein die Zugfahrt, bei der man einen fantastischen Blick auf die False Bay hat, ist den Ausflug wert. Hinter der Bahnlinie liegt der Hafen von Kalk Bay mit dem Leuchtturm am Ende der Mole.

Einkaufstipp Nummer eins ist der fangfrische Yellowtail, der am späten Samstagvormittag direkt neben den Fischerbooten zum Verkauf ausliegt. Wer Souvenirs sucht, der wendet sich den unzähligen Geschäften an der Hauptstraße zu. Zwischen Trödel und dem obligatorischen afrikanischen Kunsthandwerk gibt es auch echte Highlights: Ein Muss für Kunstliebhaber ist »Kalk Bay Modern« – eine Galerie hinter dem »Olympia Café«, die moderne afrikanische Kunst ausstellt und verkauft. Nicht weit davon liegt »Cape to Cairo«, bekannt für ungewöhnliche und witzige Kunstgegenstände und für seine mystisch-esoterische Atmosphäre. Bei »Gypsy« gibt es indische Kleidung, Schmuck und Lampen aus Stoff. »Papagayo« hat sich auf Importe aus Indien und Nordafrika spezialisiert und bietet Textilien, Porzellan, Schmuck und marokkanische Lampen an. Versteckt in einer Gasse, die von der Main Road abzweigt, liegt »Tuareg Clothing«. Klein, aber fein: Die (Damen-)Kleidung besteht aus hochwertiger Naturfaser und wird von der Eigentümerin geschneidert. Keramik, freche Klamotten und originelle Accessoires findet man im »Kalk Bay Quarter«. Das Nonplusultra für den Geschenkekauf aber heißt »Artvark«, ein Galerie-Geschäft neben der ehemaligen Kirche (wird als Theater genutzt). Darin gibt es alles – von Holzplastiken über Kunstdrucke bis hin zu afrikanischer Musik. Etwas abseits liegt die Galerie der Keramikerin Clementina van der Walt, die sich mit ihrem bunten, afrikanisch inspirierten Geschirr in ganz Südafrika einen Namen gemacht hat. Das Geschirr wird hauptsächlich vom »Africa Café« (→ Der gute Tipp von MERIAN, S. 48) vertrieben.

WEGWEISER 9

Kalk Bay

➤ S. 66/67, [b 5] ➤ [C 9]
➤ Tourenkarte 3

Kapstadt, südöstl. vom Zentrum; fast alle Läden haben jeden Tag ganztägig geöffnet. Parkplätze nahe Main Road/Boyes Drive oder am Hafen

Traditionelles und Trendiges aus Stoff

Ob ein stilvolles Xhosa-Kleid aus Südafrika, ein westafrikanisches Gewand oder ein T-Shirt mit dem Konterfei von Madiba (Nelson Mandela) – Experimentierfreudige können sich in Südafrika komplett einkleiden. Allerdings: Wirklich gute Textilläden sind rar, und man muss schon genau wissen, wo man auf die Suche geht. Empfehlenswert ist »Mnandi Textile & Design« im Kapstädter Stadtteil Observatory. Das reiche Sortiment besteht aus traditionellen afrikanischen Gewändern und Stoffen, die aus West- und Nordafrika importiert sind. Groß ist bei »Mnandi« auch die Auswahl an fantasievoll bedruckten Textilien von der Elfenbeinküste und filigran gemusterten Batiktüchern aus Ghana. Es bleibt Ihnen überlassen, ob Sie die Stoffe später selbst zu Textilien verarbeiten, sie direkt dem Schneider im Laden überlassen – oder sie als originellen Wandbehang oder als Tischdecke mit nach Hause nehmen. T-Shirts kosten hier zwischen 200 und 300 Rand. Die Kinderkleidung stammt direkt aus Südafrika, ebenso die »Da Gama Shweshwe«-Kollektion mit den Mandela-Fotodrucken auf T-Shirts und auf Röcken, die in Südafrika schon längst Kult sind.

WEGWEISER 10

Mnandi Textile & Design

➤ S. 66/67, [a 5] ➤ [C 8]
➤ Kapstadt, S. 116, östl. von [f 6]

90 Station Rd, Observatory, Kapstadt; Tel. 0 21/4 47 68 14; Mo–Fr 9–17.30, Sa 9–13 Uhr

Fröhlicher Mustermix: Stoff(e) zum Träumen von »Mnandi Textile & Design«

MÄRKTE

Afrikas Kunst unter einem Dach

Mit dem Greenpoint Market, dem Greenmarket Square und unzähligen Straßenmärkten gibt es in Kapstadt keinen Mangel an afrikanischen Souvenirs. Trotzdem lohnt sich ein Besuch im »Pan African Market« in der Long Street, denn dieser Markt ist kein Verkaufsbasar der üblichen Art – und außerdem auch eine wahre Fundgrube für afrikanisches Kunsthandwerk.

Auf den ersten Blick findet man sich in einem denkmalgeschützten Haus wieder, das auf drei Etagen voll gestopft ist mit Kunst und mit Gebrauchsgegenständen aus ganz Afrika. Auf den zweiten Blick wird die Besonderheit dieses Mini-Einkaufszentrums deutlich. Wie schon der Name zum Ausdruck bringt, verbindet der »Pan African Market« sinnbildlich, was so oft übersehen wird: die komplette Vielfalt und Eigenständigkeit der unterschiedlichen afrikanischen Kulturen. Mehr als zwei Dutzend afrikanischer Länder sind im »Pan African Market« durch 33 Verkaufsstände vertreten und werden gemeinsam zu einem bunten Schaufenster des afrikanischen Kontinents. Martialische Holzmasken aus Westafrika liegen hier neben edlen Schnitzereien aus Senegal, farbenfrohe Textilien aus Nordafrika neben grotesken Fruchtbarkeitspüppchen aus Kamerun, ostafrikanische Musikinstrumente neben filigranen Perlenarbeiten aus Südafrika. Was hier angenehm auffällt: Man wird hier nicht ständig von den Besitzern der Stände verfolgt und in ein Verkaufsgespräch verwickelt wie es anderswo üblich ist, sondern kann sich alles in Ruhe ansehen.

Der »Pan African Market« ist kein reiner Basar: Hierher kommen Künstler im Exil und afrikanische Immigranten mit Besuchern aus aller Welt ins Gespräch – und manch ein Nachwuchskünstler hat auf dem »Pan African Market« seine Karriere begonnen. Das Cafe »Kalakuta Republic« auf dem Balkon im Obergeschoss ist ein beliebter Treffpunkt für alle Afrika-Interessierten, für Künstler und Intellektuelle. Regelmäßig werden hier auch Djembe-Trommel-Workshops angeboten.

WEGWEISER 11

Pan African Market

➤ S. 66/67, [a 5] ➤ [C 8] ➤ Kapstadt, S. 116, [e 4]

76 Long St., zwischen Shortmarket und Longmarket Street, Kapstadt; Tel. 0 21/4 26 44 78; www.panafrican.co.za; Mo–Fr 9–17.30, Sa 9–15.30 Uhr

Orientalische Gewürze wie vom »Victoria Street Market« sind beliebte Mitbringsel.

Geheimnisvolle Gewürze aus Fernost

Mitten in Durban, nahe bei der größten Moschee der südlichen Hemisphäre, liegt Südafrikas bester indischer Markt. Nachdem die ursprüngliche Markthalle abgebrannt ist, fehlt heute zwar der Charme des alten Gebäudes, aber die etwa 180 Stände auf zwei Etagen – komplett mit Marktschreiern – machen den Bummel durch den »Victoria Street Market« trotzdem zum echten orientalischen Erlebnis. Neben afrikanischer Keramik und geflochtenen Körben bietet der Markt ein farbenfrohes Sammelsurium dessen, was die indischstämmigen Bewohner von Durban einst aus Asien mitgebracht haben: Gewürzpulver und Gewürzpflanzen, getrocknete Bohnen, Obst, grellbunte und mit Goldfäden verzierte Saris, indischen Schmuck und eintausendundein Souvenir. Auf den ersten Blick ist viel Ramsch dabei, den man auch auf anderen Märkten kaufen kann. Doch wer sich Zeit lässt beim Stöbern, findet fast immer ein ungewöhnliches Stück.

WEGWEISER 12

Victoria Street Market

➤ S. 66/67, [f 4] ➤ [L 6] ➤ Durban, S. 216, [a 2]

Am südlichen Ende der Victoria Street, Durban, in einem geschlossenen Gebäude; Parkmöglichkeit in der Tiefgarage unter der Markthalle; Tel. 0 31/3 06 40 21; Mo–Fr 7–17, Sa 7–14, So 8–14 Uhr

SPORT UND ERHOLUNG

Auf Kräutersafari mit Ephraim

Die erste Safari ist atemberaubend, die zweite noch besser. Bei der dritten fühlt man sich schon fast wie zu Hause. Ab der vierten Safari schaut mancher bei Zebras schon nicht mehr hin. Doch die südafrikanische Wildnis bietet mehr als die Jagd nach Fototrophäen. Sie ist eine unerschöpfliche Schatztruhe, gefüllt mit Jahrhunderte altem Wissen der Ureinwohner, mit grotesken Insekten, magischen Bäumen, mit Legenden, Gefahren, Geheimnissen und mit Geschichten, die nur selten erzählt werden.

Ranger sind Profis in ihrem Geschäft: Sie verfolgen noch die kleinste Spur des Wilds, ahnen, wo die Löwenfamilie Mittagsschlaf hält, und sehen, was allen anderen entgeht. Ihr Job ist es, die größten, die schönsten, die gefährlichsten Tiere zu finden. Doch viele Wildhüter könnten den Besuchern weit mehr zeigen als den schnellsten Weg zu den »Big Five« (Elefant, Löwe, Leopard, Büffel und Nashorn) – nur fragt sie meist keiner danach!

Als wir uns mit Ephraim, einem wettergegerbten Ranger von der »Pezulu Treehouse Lodge« am Rand des Krügerparks auf den Weg machen, stellt er uns zuerst die übliche Frage: »Welche Tiere würdet Ihr gern sehen?« In Gedanken gehe ich die Safaris der letzten Tage durch und winke ab:

Heilpflanze oder Giftkraut? Desinfektionsmittel oder Tee? Wer sich auf Kräutersafari begibt, lernt viel über die Geheimnisse der Natur.

»Du bist der Experte, mach' doch einfach das, worauf du Lust hast.« Über Ephraims Gesicht huscht ein verwundertes Lächeln. »Wie wär's mit Pflanzen?«, fragt er vorsichtig. Wir zögern einen Moment, nicken dann zustimmend – und bereuen unsere Entscheidung nicht.

Bereits nach wenigen hundert Metern springt Ephraim aus dem Wagen und weist auf eine platt gewalzte Stelle im Schatten einer Akazie: »Hier hat ein Nashorn geschlafen«, bemerkt kurz »das finden wir noch – wir haben ja Zeit«, und schlägt sich in die Büsche. Wenige Sekunden später taucht er mit dem Ast einer Akazie auf. Er schält die Rinde und beginnt, die langen Fasern des Fruchtmarks auseinander zu ziehen und zu Schnüren zu flechten. Angeblich sind die daraus entstehenden Seile so reißfest, dass man einen fest steckenden Geländewagen damit aus dem Schlamm ziehen kann.

Dann zeigt uns Ephraim die natürliche Zahnbürste, in wenigen Handgriffen hergestellt aus dem Stängel einer Pflanze, die sich »magic gwarie« nennt, und einen unscheinbaren Farn, die »weeping wattle«. Angeblich dient sie den einheimischen Stämmen schon seit Urzeiten als Öko-Klopapier. Etwas skeptisch befühlen wir die samtig-weichen Blätter. Weiter geht es: »Händereinigen gefällig?«, fragt unser Ranger. Unsichere Blicke von uns, dann folgt die Demonstration am lebenden Objekt. Jeder von uns bekommt Blätter einer krautartigen Pflanze, der »ground lily«, in die Hand. Bringt man das Grünzeug mit Wasser in Berührung und reibt es zwischen den Händen, schäumt es wie Seife, entfernt hartnäckigen Schmutz und pflegt sogar die Haut.

WEGWEISER 13

Kräutersafari

➤ S. 66/67, [f 2] ➤ [L 2]
➤ Krügerpark, S. 264

Die Kräutersafari mit Ephraim gibt es in der »Pezulu Treehouse Lodge«, südl. von Hoedspruit; Infos und Buchung unter: www. pezulu.co.za (Lodge mit Baumhäusern ••)

Ephraim kommmt nun erst so richtig in Fahrt: Er erzählt von seiner Kindheit im Busch, von der Jagd nach Schlangen und den Kochrezepten seiner Großmutter – und von den Heilpflanzen, an denen wir vorbeifahren: Die gebrühten Blätter eines unscheinbaren Dornbuschs stoppen Durchfall. Der Saft der Aloe ist ein natürliches Desinfektionsmittel. Die »natal gwarie« hilft bei Nierenproblemen und aus den trockenen Früchten der »russet bushwillow« kann man Tee herstellen. Fasziniert fühlen und schmecken wir uns durch ein ganzes Botanikbuch. Mit Ausnahmen. Die Blätter des »tambotie« zum Beispiel: »Ein Tropfen vom Saft der Pflanze im Auge ...«, sagt der Guide, »... und du bist blind.« Ephraims Wissen ist unerschöpflich und er hat mindestens so viel Spaß an dieser Exkusion wie wir. Elefanten, Zebras und Giraffen haben wir auf dieser Safari auch noch gesehen.

Auf dem »Otter Trail«

Highlight für Wanderfreunde: Der fünftägige »Otter Trail« im »Tsitsikamma National Park« ist mit Sicherheit einer der schönsten Wanderwege der Welt – und der mit Abstand bekannteste und beliebteste Südafrikas. Der Zugang allerdings ist strikt begrenzt, was Wildnis und Einsamkeit für Besucher garantiert. Die Wanderung beginnt am »Storms River Mouth Rest Camp« und endet in Nature's Valley. Dazwischen liegen 42 Kilometer spektakuläre Felsenküste, elf Flussmündungen, romantische Wasserfälle, Felsenpools, Fynbos (→ Spezial, S. 160) und dichter Urwald so weit das Auge reicht. Wanderer sind hier auf eigene Faust unterwegs, tragen ihr Gepäck selbst und schlafen in einfachen Hütten. Der Pfad ist durchaus anspruchsvoll, mit steilen Auf- und Abstiegen von bis zu 13 Kilometern am Tag. Trittsicherheit und festes Schuhwerk sind unabdingbar, außerdem sollte man für Flussdurchquerungen den Gezeitenkalender im Auge behalten.

WEGWEISER 14

Otter Trail

➤ S. 66/67, [c 5] ➤ [G 9]

Buchung und Permit beim »SA National Parks Board«; Tel. 0 12/4 28 91 11; www.sanparks.org; oft für Monate ausgebucht; die ersten 3 km kann man ohne Permit gehen – lohnende Tour!

Der Nase nach in die Cedarberge

Die »Wilderness Trails« in den Cedarbergen sind eine Spezialität für passionierte Wanderer und Individualisten. Das Gebiet liegt etwa 30 Kilometer außerhalb von Clanwilliam und ist von Kapstadt aus in wenigen Autostunden zu erreichen. Unterwegs ist man mit Kompass und Karte auf einem Netzwerk von meistens unmarkierten Wanderwegen, übernachtet wird unter freiem Himmel oder in sehr einfachen Hütten. Höchstens 150 Personen haben pro Tag Zugang in die drei Teile des Wildnisgebiets, aber da die Cedarberge noch immer ein Geheimtipp sind, bekommt man die Wandererlaubnis meist ohne große Probleme. Wanderer erwartet hier eine zauberhafte Berglandschaft mit

WEGWEISER 15

Wilderness Trails

➤ S.66/67, [f 2] ➤ [C/D 7]

Information und Wandererlaubnis (»hiking permit«) gibt es unter www.capenature.org; »Wilderness Trails« in den Nationalparks bucht man beim »SA National Parks Board«; Tel. 0 12/ 4 28 91 11; www.sanparks.org

Der »Otter Trail« führt durch spektakuläre Künstlandschaft. Nur eine begrenzte Zahl von Wanderern wird jährlich von der Nationalparkverwaltung zugelassen.

Steinbögen, Felsenpools und bizarr geformten Sandsteinfelsen wie dem Maltese Cross. Noch auf den höchsten Gipfeln wächst hier und da eine der fast ausgestorbenen Clanwilliam-Zedern, und sehr seltene Pflanzen wie die Schnee-Protea (protea cryophila) gibt es nur hier. Als ob das nicht beeindruckend genug wäre, sind die Cedarberge berühmt für Felszeichnungen der Khoi-San (→ Spezial, S. 340).

Der »Bushman Trail« im Krügerpark

Diese zweitägige Wandertour ist nur eine von vielen im Kruger National Park (→ Spezial, S. 262), aber wohl eine der lohnenswertesten. Unter Führung eines sicherheitshalber bewaffneten Rangers geht es vom Rest Camp »Berg-en-Dal« im südwestlichen Teil des Parks zwischen Hügeln aus Granitgestein direkt durch den Busch. Auf dem »Bushman Trail« bieten sich spektakuläre Ausblicke, und es dauert nicht lange, bis Elefanten, Büffel oder Nashörner in Sichtweite auftauchen. Nachts schläft man in rustikalen Zweibett-Hütten, in denen oft Bushman-Zeichnungen, die Höhlenmalereien der Khoi-San (→ Spezial, S. 340), zu bewundern sind, die dem Trail auch ihren Namen gaben. Gewandert wird in Gruppen von maximal acht Personen über Distanzen von bis zu 15 Kilometern am Tag.

WEGWEISER 16

Bushman Trail

➤ S. 66/67, [f 2] ➤ [M 3]

Ausführliches Kartenmaterial und Tourenbeschreibungen unter www.linx.co.za/trails und www.adventurezone.co.za; Informationen gibt es auch in allen Touristeninformationen vor Ort. Unbedingt rechtzeitig reservieren!

Baumkronen-Tour

Es muss nicht gleich der welthöchste Bungee-Sprung sein. Auch wem Hals, Genick und Leben lieb sind, der kann das Land am Kap von einer ungewöhnlichen Seite kennenlernen. Zum Beispiel von oben. »Fallschirmspringen in der Hängematte« könnte man das nennen, was sich unter dem Namen Canopy-Tours an drei verschiedenen Orten Südafrikas ständig wachsender Beliebtheit erfreut. Ob im »Tsitsikamma-Park« an der »Garden Route«, in den Karkloof-Bergen in KwaZulu-Natal oder in den Magaliesbergen nördlich von Johannesburg – das Konzept ist überall gleich: Abenteurer, oder solche, die es werden wollen, lassen sich an ein über eine Schlucht gespanntes Stahlkabel hängen und flitzen wie Tarzan an der Liane auf die gegenüberliegende Seite des Tals. Gebremst wird mit der Hand. Alles ist doppelt und dreifach gesichert – und selbst der skeptischste Beobachter muss zugeben: Wirklich gefährlich kann's eigentlich nicht werden! Um so größer der Spaß – und wer sich für mehr interessiert als seinen Adrenalinspiegel, der kann auf dem »Flug« die einmalige Aussicht über die Baumkronen genießen.

WEGWEISER 17

Canopy-Tours

➤ S. 66/67, [c 5] ➤ [G 8]
➤ S. 66/67, [e 3] ➤ [L 5]
➤ S. 66/67, [e 2] ➤ [J 3]

Die Touren dauern etwa drei Stunden und kosten 395 Rand inkl. Snack und Wasser; Mindestalter 7 Jahre; Infos unter: www.treetoptour.com (Tsitsikamma-Park); www.karkloofcanopytour.co.za (Karkloof-Berge); www.magaliescanopytour.co.za (Magaliesberg)

Bill Harrop's Heißluftballon-Safaris

Gemächlich geht es beim Ballonfahren zu. Dafür ist man jedoch dem Wohl und Wehe des Windes ausgeliefert, der sich glücklicherweise an der Südseite der Magaliesberge zahm und berechenbar gibt. Die Ballonfahrer müssen früh aufstehen: Noch vor Sonnenaufgang werfen Bill und seine Crew den Brenner an, und während die Gäste auf dem Feld noch ihren Morgenkaffee schlürfen, wächst das bunte Ungetüm aus viel Luft und einer

WEGWEISER 18

Skeerpoort

➤ S. 66/67, [e 2] ➤ [J 3]
➤ Der Nordosten, S. 259, [a 3]

Magaliesberg; Tel. 0 11/7 05 32 01 oder 0 83/4 57 34 01; www.balloon.co.za; 1995 Rand pro Person

Safari aus der Vogelperspektive: Die Ballone von Bill Harrop fahren auch über das nördliche Transvaal.

zarten Seidenhülle langsam in die Morgendämmerung hinein. Kaum lugt die Sonne über dem Horizont hervor, hebt sich der Ballon lautlos vom Boden ab und vertraut sich für die nächste Stunde ganz dem Wind an. Um Passagiere mit Höhenangst und Sicherheitsbedenken kümmert sich Bill Harrop höchstpersönlich mit Engelsgeduld und britischem Humor. Zur Landung gibt es Sekt und danach ein ausgiebiges Frühstück inklusive Tapferkeitsurkunde für alle überlebenden Ballonfahrer. Mit Sicherheit kein billiges Vergnügen – aber ein stilvolles.

Heli-Tour in den Drakensbergen

Im ganzen Land kann man mit dem Hubschrauber starten, aber nur an wenigen Orten ist der Flug über das Land so atemberaubend wie in den Drakensbergen. Ausblicke, die sich andere im Schweiße ihres Angesichts erkämpfen, genießen Sie ganz bequem vom Sessel einer gläsernen Kanzel aus: die zarten Wölkchen über dem kühnen Gipfel des Cathedral Peak, den mäandernden Lauf eines Gebirgsbachs und die unbändige Schönheit eines tosenden Wasserfalls, vor dem der Pilot einfach in der Luft »stehen« bleibt, bis Sie sich sattgesehen haben. Ein Genuss für Fußfaule, zugegeben. Aber deshalb nicht weniger verführerisch!

WEGWEISER 19

JNC Helicopters

➤ S. 66/67, [e 3] ➤ [K 5]

Das Helipad liegt hinter dem »Cathedral Peak Hotel« in der »Cathedral Peak Region« der Drakensberge; Tel. 0 36/4 88 20 55 oder 0 84/7 00 06 02; www.choppers.co.za; ein 15-minütiger Flug kostet 600 Rand bei einem Minimum von vier Passagieren

BESONDERE FESTE

National Arts Festival

Grahamstown im Eastern Cape ist ein hübsches Universitätsstädtchen, doch wie im richtigen Studentenleben verbirgt sich hinter der sittsamen Fassade ein kaum bezähmbarer Partygeist. Im Juli wird über Grahamstown zwei Wochen lang der Ausnahmezustand verhängt für das »National Arts Festival«. Dann strömen so viele Kulturfans nach Grahamstown, dass sich die Einwohnerzahl fast verdoppelt. Kirchen, Schulen, Konferenzräume, kurz: Alles wird zum Theater umfunktioniert. In Parks und auf Sportplätzen wachsen Märkte und Rummelplätze aus dem Boden. Straßenkinder springen auf den Zug auf, bemalen sich die Gesichter und üben sich in Pantomime. Mit über 350 Veranstaltungen in acht bis zehn Tagen ist das Festival ein wahrer Kunst-Marathon. Zu sehen ist das Beste, was die südafrikanische und afrikanische Kulturszene zu bieten hat: von Theater, Konzerten, Oper, Kabarett über Tanz bis zu Film, Vorträgen und Führungen.

WEGWEISER 20

National Arts Festival

➤ S. 66/67, [d 5] ➤ [H 8]

Grahamstown; Tel. 0 46/6 03 11 03; www.nafest.co.za; Veranstaltungen vorher buchen!

Das Kulturevent ist eine Kombination aus zwei Festen: dem eigentlichen »Arts Festival« und dem »Fringe Festival«. Letzteres gibt Straßenkünstlern und Nachwuchsschauspielern, Tänzern, Kabarettisten und Dichtern, Jazz-Musikern und klassischen Musikern die Chance, vor großem Publikum aufzutreten und mit etablierten Stars in Kontakt zu kommen. Längst hat sich das »Fringe Festival« zum Sprungbrett für junge Künstler entwickelt. So gut wie jede Kunstform ist vertreten, und viele Shows sind kostenlos. Zudem gibt es ein Jazz-Festival, ein Kinderfest, Rave Partys, einen Monstermarkt und Gespenstertouren durch die Stadt.

Im Jahr 1974 ins Leben gerufen, hat sich das »National Arts Festival« zum wichtigsten Kunstfestival im südlichen Afrika entwickelt. Längst wird nicht mehr nur Englisch und Afrikaans gesprochen, sondern zunehmend auch Zulu oder Xhosa – Ausdruck der kulturellen Synthese, die zumindest im Theater in Südafrika langsam zur Normalität wird.

Jedes Jahr zieht das Festival mehr als 130 000 Besucher an. Die jahrelange Erfahrung der Organisatoren zahlt sich dabei aus: Alles ist perfekt organisiert, alles ist online buchbar.

Karneval in Kapstadt

In Kapstadt beginnt das Jahr mit Paukenschlägen: In einem endlosen Zug tanzen am 1. und 2. Januar mehr als 13 000 junge »coloureds« unter den Klängen von Bläserbands und Trommelgruppen durch die Straßen. Der »Coon Carnival« kann sich nicht mit Rio messen, aber dafür ist er so untrennbar mit der Stadt verbunden wie der Tafelberg. Offiziell gibt es das älteste Kapstädter Straßenfest seit 1907, doch die Wurzeln reichen bis ins 18. Jahrhundert zurück, als die malaiischen Sklaven ihren einzigen freien Tag im Jahr, den 2. Januar, ausgelassen feierten. Heute erinnert der Karneval an das Ende der Sklaverei und ist ein großes Familienfest. Einfluss auf die Musik des »Coon Carnival« hatte der Jazz, der aus New Orleans in die Hafenstadt am Kap gespült wurde. Das erklärt die »Uncle Sam«-Kostüme, mit denen sich manche Gruppen auf dem »Coon Carnival« schmücken. Junge Musiker und Tänzer der »Coon Troups« trainieren das ganze Jahr über. Anders als viele ihrer Altersgenossen hält sie ihr Hobby von der Straße und der damit verbundenen Kriminalität in den Townships fern.

WEGWEISER 21

Coon Carnival

➤ S.66/67, [a 5] ➤ [C 8]

Kapstadt; Infos unter Tel. 0 21/4 87 68 00; www.tourismcapetown.co.za

Rio auf Afrikanisch: Der »Coon Carnival« feiert eine Mischkultur, in der Holland, Louisiana, Arabien, Malaysia und Afrika verschmelzen.

David Batiste und Dan Platan auf dem
»Cape Town International Jazz Festival«

Cape Town International Jazz Festival

Mit jährlich rund 15 000 Besuchern ist das »Cape Town International Jazz Festival« das bedeutendste Jazz-Happening Afrikas. Der alte Name, »North Sea Jazz Festival«, bezieht sich auf die gleichnamige Veranstaltung in Den Haag, doch längst hat man sich in Kapstadt eigene Sporen verdient. Eine Spezialität ist afrikanischer Jazz. Die Organisatoren achten darauf, dass mindestens die Hälfte der Musiker aus Südafrika kommt – und das Konzept geht auf. Kaum eine Jazz-Legende hat sich bisher die Einladung an den Tafelberg entgehen lassen: Hier spielte schon Südafrikas berühmtester »Export-Trompeter«, Hugh Masekela, und Cesaria Evora von den Kapverden hat barfuß auf der Bühne gesungen; Abbey Lincoln war da und auch Miriam Makeba; Jimmy Dludlu ebenso wie Paul Hanmer, Randy Crawford, Herbie Hancock und viele, viele andere.

WEGWEISER 22

Cape Town International Jazz Festival

➤ S. 66/67, [a 5] ➤ [C 8] ➤ Kapstadt, S.116, [f 4]

Kapstadt; Informationen zum Programm unter www.capetownjazzfest.com; unbedingt rechtzeitig buchen! Es gibt Kombi-Tickets für beide Tage für ca. 400 Rand.

Zwei Tage lang wird gesungen, in die Tasten gehauen und in die Saiten gegriffen. Profitiert hat das Festival vom Umzug ins nagelneue »Cape Town International Convention Centre«. Der edle Bau sorgt zwar nicht gerade für verräucherte Jazzclub-Atmosphäre, doch er bietet den idealen Rahmen für Konzerte internationalen Ranges. Und mit der wichtigsten Tradition wurde sowieso nie gebrochen: Vor dem eigentlichen Festival gibt es ein kostenloses Konzert auf dem Greenmarket Square – für die jazzbegeisterten Captonians und alle, die keine Eintrittskarte mehr ergattert haben.

Der Schilfrohrtanz der Zulumädchen

Die Prozession ist spektakulär: Jedes Jahr im September machen sich Tausende von Zulumädchen zu Fuß auf den Weg nach Nongoma, der alten Hauptstadt des Königreichs der Zulu. Ihr Ziel: die Enyokeni-Residenz des Königs. Sobald der König aus seiner Hütte tritt, um die »Blumen der Nation« zu begrüßen, bricht ein Preissänger in traditionellen Lobgesang aus. Dann nehmen die leicht bekleideten, mit Perlenschmuck behängten Mädchen je ein Schilfrohr von einem Stapel und tanzen, geführt von einer Zulu-Prinzessin, in einem schier endlosen Zug am König vorbei, um das Schilfrohr vor ihm abzulegen. Die Männer singen kriegerische Lieder und führen traditionelle Schaukämpfe vor. Dann hält der König eine Rede, nach der die Frauen in »Ululation« ausbrechen, in vogelähnliche Freudenschreie.

WEGWEISER 23

Zulu Reed Dance

➤ S. 66/67, [f 3] ➤ [L 4]

Die Residenz des Königs befindet sich außerhalb von Nongoma. Es empfiehlt sich zum besseren Verständnis einen einheimischen Führer dabei zu haben, z.B. von »Zululand Backpackers« in Eshowe; Tel. 0 35/47 4 22 98; Tagestour zum Zulu Reed Dance kostet 395 Rand

Der »Reed Dance« ist ein uralter Brauch der Zulu. Im Kern geht es um die Enthaltsamkeit vor der Ehe, Respekt in der Ehe und die Wertschätzung der Frau in der Zulu-Gesellschaft. Der Brauch war eingeschlafen, bis ihn der König 1984 wieder aufleben ließ. In Zeiten von Aids, das sich auch unter den Zulu rasend ausbreitet, hat der Ruf nach Enthaltsamheit vor der Ehe eine neue Dimension gewonnen.

Ausdruck von Respekt, Enthaltsamkeit und Wertschätzung: Der »Zulu Reed Dance« symbolisiert die Werte der Zulu-Gesellschaft.

Algerien
Libyen
Ägypten
Mali
Niger
Tschad
Sudan
Nigeria
Äthiopien
Dem. Rep. Kongo
Tansania
Angola
Mosambik
Botswana
Namibia
Süd-afrika
Mada-gaskar
Gobabis
Kalahari
Aranos
BOTSWANA
Central Kalahari Game Reserve
Kgalagadi Tranfrontier Park
Nossob Camp
Mata Mata
Twee Rivieren
Gaborone
Sekoma
Thabazi
Pilansberg Nat. Park
Johann
Mmabatho
NAMIBIA
Helmeringhausen
Aus
Keetmannshoop
Namib
Huib Hochplateau
1699
Ai-Ais and Fish River Canyon Park
Karasburg
Gauteng und North West Province
Krug
Vryburg
Kuruman
Northern und
Free
Welkom
Winburg
Alexander Bay
Port Nolloth
Richtersveld Nat. Park
Orange River
Upington
Kimberley
Bloem-fontein
Thaba Nchu
Nababeep
Springbok
Kenhardt
Prieska
Namaqua National Park
Western Cape
Britstown
Atlantischer
Ozean
Carnarvon
Aliw. Nort
Hendrik Verwoerd Dam
Burgersdo
Nieuwoudtville
Calvinia
Williston
Victoria West
Rich-mond
Vredendal
Vanrhynsdorp
Great Karoo
Middelburg
Molteno
Eastern
Lambert's Bay
Clanwilliam
Fraserburg
Tankwa-Karoo Nat. Park
Karoo Nat. Park
Cradock
Queenstown
Cedarberge
Beaufort West
Graaff-Reinet
Velddrif
Adelaide
Saldanha
Langebaan
Tulbagh
Zuurberg Nat. Park
Bisho
West Coast Nat. Park
Ceres
Calitz-dorp
Willowmore
Malmesbury
Ladismith
Oudtshoorn
Addo
Grahams
Stellenbosch
Paarl
Worcester
Montagu
Wilderness N. P.
Uitenhage
Kapstadt (CapeTown)
Franschhoek
George
Port Elizabeth
Somerset West
Knysna
Plettenberg Bay
Strand
Mossel Bay
Cape of Good Hope
Hermanus
Bredasdorp
Walker Bay
Waenhuiskrans/ Arniston
Cape Agulhas
Kapstadt und Umgebung

Modimolle
Nat. Park

SEHENSWERTES

Apartheid-Museum in Johannesburg

Das vielleicht wichtigste Museum des Landes beeindruckt zunächst durch seine moderne Architektur, die ähnlich ausdrucksstark ist wie die des Libeskind-Baus, in dem das Jüdische Museum in Berlin beheimatet ist: kahle Steinwände, ein offener Raum, Symbolhaftigkeit.

Die Ausstellung bringt dem Besucher das ernste Thema nicht mit dem erhobenen Zeigefinger nahe. Beim Gang durch das Museum drängt sich unweigerlich die Frage auf, auf welcher Seite man wohl selbst in einem System wie der Apartheid gestanden hätte, was »Rasse« für einen persönlich bedeutet und wie man sich im heutigen Südafrika, das noch immer mit den Folgen der Apartheid zu kämpfen hat, als weißer Europäer positioniert. Bereits am Eingang trifft jeder Museumsbesucher eine Entscheidung: Gehe ich durch die Tür, über der »Nur für Weiße« steht – oder durch die Tür »Für Schwarze«? In den Ausstellungsräumen durchläuft man das Apartheidsystem in seiner kompletten Bandbreite: Die Unmenschlichkeit des Regimes wird eindrucksvoll und nüchtern dokumentiert. Fotos, Texte und Filme sprechen für sich. Hauptthema ist der schwarze Widerstand. Dabei konzentriert sich die Dokumentation vor allem auf die Rolle des ANC (African National Congress) während der Zeit der Apartheid – und, wie südafrikanische Kritiker bemängeln – unzureichend auf die Rolle anderer Elemente der Befreiungsbewegung wie zum Beispiel den Pan African Congress, die Kommunistische Partei und andere.

WEGWEISER 24

Apartheid-Museum

➤ S. 66/67, [d 2] ➤ [J 3]

➤ Johannesburg, S. 284, südl. von [a 5]

Northern Parkway/Gold Reef Road (N1 Richtung Booysens Road/Gold Reef City); Tel. 0 11/3 09 47 00; www.apartheidmuseum.org; tgl. 10–17 Uhr; Mo, Karfreitag, Weihnachten geschl; Eintritt 25 Rand (Kinder 12 Rand)

Die meisten Besucher verlassen das Museum tief bewegt. Selbst wer die Geschichte Südafrikas kennt, wird hier nicht enttäuscht. Und wenn Südafrikaner Stolz über das heute Erreichte fühlen, dann kommt man als Besucher kaum umhin, Respekt für eine Nation zu empfinden, die auf einem riesigen politischen, sozialen und wirtschaftlichen Scherbenhaufen ein friedliches und besseres Land aufgebaut hat. Mit Regenbogenromantik hat das wenig zu tun, aber es setzt viele Alltagserlebnisse und Kommentare, denen man als Tourist am Kap ausgesetzt ist, in einen neuen Kontext.

Im Apartheid-Museum wird der systematische Ausschluss der schwarzen Bevölkerung aus dem öffentlichen Leben dokumentiert.

Vom Aussterben bedroht: eines der seltenen Breitmaulnashörner mit Nachwuchs

Nashörner im Hluhluwe-Imfolozi-Park

Es muss nicht immer der Krügerpark sein. Auch der »Hluhluwe-Imfolozi-Park« im Herzen von KwaZulu-Natal hat die berühmten »Big Five« zu bieten, ist aber bei weitem weniger überlaufen als der Krügerpark (→ Spezial, S. 262). Außerdem geht man hier ein deutlich geringeres Risiko ein, sich mit Malaria zu infizieren (→ S. 366), was vor allem an der seit Jahren anhaltenden Trockenheit in der Region liegt. Wie der Name es andeutet, besteht der Park aus zwei Wildreservaten, dem ehemaligen »Hluhluwe-Park«- und dem »Umfolozi-Park«, die zusammengelegt wurden, um den Tieren auf nunmehr 96 000 Hektar Raum für ihre Wanderungen zu ermöglichen. Im »Hluhluwe-Imfolozi« (sprich: Schluschlúwe-Imfolósi) bewegt man sich auf geschichtsträchtigem Terrain: Die Khoi-San (→ Spezial, S. 340) haben hier gelebt, und kein geringerer als der berühmte Zulukönig Shaka hatte seine Jagdgründe in der Gegend.

WEGWEISER 25

Hluhluwe-Imfolozi-Park

➤ S. 66/67, [f 3] ➤ [M 5]

➤ Elephant Coast, S. 238

ca. 250 km nördl. von Durban bei Mtubatuba (Park ist gut ausgeschildert); Informationen unter www.rhino.org.za

Berühmt geworden ist der Park jedoch durch seine Anstrengungen, das Aussterben der Breitmaulnashörner zu verhindern, von denen in den 1960er-Jahren weltweit nur noch wenige Exemplare lebten. Die »Operation Rhino« war damals erfolgreich – und heute ist »Hluhluwe-Imfolozi« das Gebiet mit der höchsten Nashorndichte der Welt. Neben dieser Hauptattraktion kann man im Park Büffel, Löwen, Elefanten und Leoparden beobachten – außerdem Giraffen, Zebras, Hyänen, Wildhunde, Geparden, Warzenschweine, Krokodile und unzählige Böcke. Einmalig im Land ist die gigantische Wildauktion, auf der jedes Jahr überzählige Tiere aus allen Reservaten und Nationalparks der Provinz von lokalen und internationalen Käufern – meist Private Game Reserves – ersteigert werden.

Übernachtungsmöglichkeiten gibt es im näheren Umfeld, aber die Camps im Park sind uneingeschränkt empfehlenswert – und gleichzeitig meist deutlich günstiger. In der südlichen Hälfte (Imfolozi) quartiert man sich am besten im »Mpila Tented Safari Camp« ein (Tel. 0 33/8 45 10 00; ••). Dabei handelt sich es keineswegs um einen Campingplatz, sondern um mitten im Busch gelegene Wohneinheiten aus Zeltplanen und Bambuswänden (ein Küchenzelt und ein Zelt mit Schlaf- und Badezimmer), die auf Holzplattformen aufgebaut sind. Machen Sie es sich auf der Veranda gemütlich, während Antilopen im »Vorgarten« grasen und hinter den Bäumen die Sonne untergeht. In Acht nehmen sollte man sich allerdings vor den Affen, die es mittlerweile sogar schaffen, den Reißverschluss des Zeltes aufzuziehen und Bananen vom Nachttisch zu klauen. Im Hluhluwe bietet das »Hilltop Camp« (Tel. 0 33/8 45 10 00; ••) geräumige Ferienhäuser und atemberaubende Blicke auf große Teile des Parks

Zeugen einer antiken Hochkultur

Dort, wo die endlose Steppe Limpopos ausläuft in den Kontinent, an der Grenze zu Botswana und Simbabwe, im äußersten Norden Südafrikas, liegt Mapungubwe. Ein Ort voller Legenden und Geschichten, der beweist, dass auf dem Gebiet des heutigen Südafrika vor mehr als tausend Jahren eine antike Zivilisation existierte, die die mächtigste ihrer Zeit im südlichen Afrika war und selbst der berühmten Kultur von Groß-Simbabwe vorausging. Zum Symbol von Mapungubwe ist das goldene Nashorn geworden, gefunden auf dem gleichnamigen Berg im Zentrum des heutigen Nationalparks. Das Nashorn ist einer von vielen Hinweisen darauf, dass das 9000 Einwohner umfassende Reich einen florierenden Handel mit China, Persien und Indien trieb – obwohl es gut 600 Kilometer von der Küste des Indischen Ozeans entfernt liegt.

Das gesellschaftliche und religiöse Zentrum der Mapungubwe-Kultur befand sich auf dem Mapungubwe Hill, einem kleinen Tafelberg mit steilen Wänden, den man nur bei einer geführten Tour besteigen kann. Im Jahr 1933 begannen hier die Ausgrabungen unter der Regie der Universität von Pretoria. Die Forschungen ergaben, dass der Mapungubwe Hill einen Meilenstein in der Entwicklung der Sozialhierarchie des 13. Jahrhunderts bezeugt. Erstmals im südlichen Afrika lebte der Herrscher mit seiner Familie oben auf dem Berg, hierarchisch abgesetzt von seinen Untertanen im Tal. Gefunden wurden ausgedehnte Gräber, Überreste von Häusern und zahlreiche Artefakte wie Tongefäße, chinesische Glasperlen und Keramik, Goldschmuck und Kupfer. Bis heute sichtbar sind ausgehöhlte Steine und ein in den Felsen gehauenes Spielbrett für Murmeln.

Noch immer wird im Park an mehreren Stellen gegraben, gefunden, sortiert und dokumentiert. Leider sind die Funde, wie auch das goldene Nashorn bisher nur im Museum der Universität von Pretoria zu besichtigen. Das soll sich jedoch ändern: Ein neues Museum und ein interaktives Besucherzentrum im Park sind bereits geplant.

Bis dahin genießen Besucher einen beeindruckenden Nationalpark, der immer noch verhältnismäßig wenige Touristen anzieht. Geführte Touren auf den Berg bieten nicht nur einen Eindruck von der Vergangenheit Afrikas, sondern auch einen grandiosen Blick über die umliegenden Berge und die Gras bewachsenen Ebenen.

Friedhof am Mapungubwe Hill: Rund um die seltsame Felsformation wurden Gräber einer hoch entwickelten afrikanischen Zivilisation entdeckt.

Es ist das Land der Baobabs, jener gigantischen und uralten Bäume, die laut einer Legende von Gott persönlich aus der Erde gerissen und verkehrt herum wieder eingepflanzt wurden. Den Sonnenuntergang erlebt man am besten auf den extra dafür gebauten Holzplattformen direkt am Limpopo-Fluss, der hier die Grenze zu Simbabwe und Botswana markiert. Nicht weit entfernt davon können Besucher auf einem Holzsteg zwischen den Baumkronen umherwandern (»Tree Top Walk«) und von einem Unterstand aus Vögel, Affen und Krokodile beobachten.

WEGWEISER 26

Mapungubwe

➤ S. 66/67, [e 1] ➤ [K 1]

ca. 1 Autostunde westl. von Musina; Informationen unter www.mapungubwe.com; Reservierungen über www.sanparks.org; empfehlenswerte Selbstversorgerunterkünfte befinden sich im »Leokwe Camp« (•) mit voll ausgestatteter Küche, Bad, Schlafzimmer und Wohnbereich

Etwa die Hälfte der Straßen im Park ist mit dem Auto befahrbar, darunter die Wege zu den Camps und Aussichtsplätzen direkt am Limpopo-Fluss. Das Hauptcamp »Leokwe« liegt geschützt zwischen Felsen. Mit Glück kann man so vom Felsenpool aus Affen beim Abendspaziergang auf den Klippen zuschauen. Die Unterkünfte bestehen aus Rundhütten, die mit allem ausgestattet sind, was Selbstversorger zum Wohnen und Kochen benötigen. Wie in den meisten Nationalparks ist auch hier der Standard erfreulich hoch. Achtung: Im Park und in der näheren Umgebung gibt es weder Restaurants noch Geschäfte. Planen Sie mindestens zwei Nächte ein, sonst lohnt sich die Anfahrt nicht.

Das »Goldene Nashorn« ist der berühmteste Fund von Mapungubwe.

AM ABEND

Jazz authentisch – Cape Town Jazz Safari

Wenn der Jazz nicht zum Touristen kommt, dann muss der Tourist zum Jazz kommen – so könnte das inoffizielle Motto der Kapstädter Musikszene heißen. Ungeachtet einer langen Jazztradition und der Tatsache, dass in Kapstadt jährlich ein internationales Jazzfestival stattfindet, gibt es enttäuschend wenige Clubs, in denen man einheimische Musiker hören kann. Die lokale Spielart des Jazz, Goema (»Gumma« gesprochen), kennen oft nicht einmal die Einheimischen. Das zu ändern, haben sich die Macher der Jazz Safari auf die Fahne geschrieben. Sie bieten Touren an, die in Kapstadt einmalig sind – und höchst empfehlenswert für Jazzfreunde, die im schicken »Manenberg's« an der Waterfront Jazzclub-Atmosphäre vermissen.

Die Tour beginnt im »District Six Café« in einem Raum, den der Jazzpianist Abdullah Ibrahim als Musikschule nutzt. Goema-Musik, erzählt dort ein Musiker, habe ihren Namen von den Trommeln (Goma) der Khoi-San und sei ein Mix aus Rhythmen der farbigen Sklaven und dem amerikanischen Jazz. Das Ergebnis: betörende Melodien, energische Rhythmen und Spontaneität und Lebensfreude, die ihre Wirkung bei den Anwesenden nicht verfehlt. Augen schließen sich, Finger trommeln, Füße wippen – schon ist die Lust auf mehr da.

WEGWEISER 27

Cape Town Jazz Safari

➤ S. 66/67, [a 5] ➤ [C 8]
➤ Kapstadt, S. 116 [f 5]

Buchung bei »Andulela«; Tel. 0 21/7 90 25 92; www.andulela.com; ca. 395 Rand

Im Minibus geht es nach Bridgetown zu Mac McKenzie, dem ungekrönter Goema-König Südafrikas. Mac, in Hut und schwarzer Lederhose, begrüßt seine Gäste an der Haustür und führt sie in ein holzgetäfeltes Wohnzimmer. Während in der Küche der obligatorische Snoek in der Pfanne brutzelt, schenkt der Meister den Besuchern Black Label ein. »Sorry, wir haben nur Bier«, meint er grinsend. Dann verschanzt er sich hinter der Gitarre, spielt und erzählt. Manchmal greift die linke Hand in die Seiten, die rechte gestikuliert ausholend. Er schwärmt von klassischer Musik (»It's such a sexy world!«), dann verjazzt er Bach. Bevor Mac die Gäste gehen lässt, schlägt er CD's los (150 Rand das Stück), und beschwingt macht sich die Gruppe wieder auf den Weg. Heute klingt der Abend in einer Galerie in Muizenberg aus – mit Hilton Schilder, einem der besten Jazzpianisten der Stadt. Schummerlicht, entspannte Atmosphäre und Musik, die einem wohlig den Rücken hinunterrieselt – Zutaten für ein authentisches Jazzerlebnis, für das man (im wahrsten Sinne des Wortes) auf Safari gehen muss.

Transvestitenkabarett in der Provinz

Evita se Perron, was übersetzt soviel wie »Evitas Bahnsteig« heißt, ist die rosafarbene Residenz Südafrikas damenhaftester Dame. Ihr Name: Evita Bezuidenhout. Ihr bürgerlicher Name: Pieter-Dirk Uys, seines Zeichens Kabarettist. Als Pieter-Dirk Uys 1996 den ausgedienten Bahnhof in dem verschlafenen Städtchen Darling im Westkap kaufte, waren für Kabarettisten schwierige Zeiten angebrochen: Die Apartheid war begraben, und an der Spitze standen unantastbare Ikonen wie Nelson Mandela – heilige Kühe, an die sich fortan nur wenige Spötter heranwagten. Doch Evita schlachtet jede heilige Kuh, die ihr vor das Küchenmesser kommt, und so hat die überschminkte Diva mit den hochtoupierten Haaren längst ihren Platz im neuen Südafrika gefunden.

WEGWEISER 28

Evita se Perron

➤ S. 66/67, [b 5] ➤ [C 8]

Darling, ca. 1 Autostunde nördl. von Kapstadt an der R27; Tel. 0 22/4 92 28 51; www.evita.co.za; Vorstellungen am besten rechtzeitig buchen!

Jedes Wochenende gibt sie sich auf ihrer Hausbühne in Darling die Ehre – politisch höchst unkorrekt und inspiriert von den Eskapaden der südafrikanischen Politiker. So stellt die Meisterin des Spotts fest: »Sie kommen alle zu meinen Shows, die Journalisten, Polizisten und vor allem die Minister. Und sie bringen mir alle wunderbare Geschenke – sich selbst!«

Seit mehr als zwanzig Jahren sagt der Sohn einer deutschen Jüdin und eines burischen Vaters, was er denkt. Während er früher unter seinem Land gelitten habe, leide er heute mit ihm, sagt er. Das bezieht sich vor allem auf die unrühmliche Aidspolitik des Präsidenten Thabo Mbeki. Seit Jahren tingelt Uys kostenlos durch Schulen im ganzen Land, um Kinder auf – man glaubt es kaum – sehr unterhaltsame Weise über die Gefahren von Aids aufzuklären. Das hat ihm nicht nur die Ehrendoktorwürde der Universität Kapstadt eingebracht, sondern schließlich auch den Respekt des heiligsten aller Südafrikaner: Nelson Mandela.

Auf der Long Street in Kapstadt

Die Mutter aller Ausgehmeilen in Südafrika verändert ständig ihr Gesicht und behält doch immer ihren unangepassten Charme – ein Multi-Kulti-Image, dass sonst in Kapstadt eher selten ist. Häuser im Kolonialstil beherbergen ein wechselndes Gemisch aus intimen Clubs, alternativen Cafés, lauten Tanzschuppen und witzigen bis edlen Restaurants. Klassiker sind »Kennedy's Cigar and Jazz Bar«, das »Joburg«, einer der ältesten Nachtclubs der Stadt und das kultige »Café Lola's«. Studenten und Backpackers aus aller Welt tummeln sich mit Drinks im »Cool Runnings« und schlürfen süße Milchshakes bei »Mr. Pickwick«.

Zu gehobenen Preisen speist man im »Metropole Hotel«, die leckersten Tapas gibt's im »FORK Restaurant«, Marimbamusik live im »Mama Africa-Restaurant«, das in der Regel ein Magnet für Touristen ist. Wer leisere Töne mag, der ist in der »Zula Sound Bar« richtig: Hier finden regelmäßig

Die Long Street war mit 3,8 Kilometern Länge zu Gründerzeiten tatsächlich die längste Straße im Stadtkern und reichte vom Hafen bis nach Tamboerskloof.

Dichterlesungen (»Poetry Evenings«) statt und es gibt ausgewählte Musik. Manchmal ist auch der Blick vom Balkon auf das Treiben unten in der Long Street fast so unterhaltsam wie die Musik selbst. Das Angebot an Clubs, Bars und Restaurants ist groß: Von glamourös und edel bis hip und zwielichtig ist alles zu haben. Am besten, man lässt sich einfach treiben – und den Reiseführer für einen Abend zu Hause.

WEGWEISER 29

Long Street

➤ S. 66/67, [a 5] ➤ [C 8]
➤ Kapstadt, S. 116, [d 5]

Long Street, Kapstadt; die Restaurants, Clubs und Bars öffnen zwischen 21 und 23 Uhr und schließen zwischen 4 und 7 Uhr morgens

Das Parken in der Nähe der belebten Long Street kann freitags und samstags allerdings schwierig werden; informelle Parkwächter helfen bei der Suche und beim Einparken und behalten Ihren Wagen im Auge. Bedanken Sie Sich bei Ihrer Rückkehr mit 2 bis 5 Rand. Wer in der Nähe wohnt, kann sich die Parkplatzsuche ersparen und zu Fuß gehen, aber am besten nicht allein. Das untere Ende der Long Street in Richtung V & A Waterfront ist nachts relativ verlassen und eignet sich nicht zum Spazierengehen.

Einladende Auswahl an Lokalen: Das »Mama Africa« etwa befindet sich in einem historischen Gebäude an der Long Street.

Newtown Cultural Precinct

Noch vor wenigen Jahren war die Innenstadt von Johannesburg bei Einheimischen und Touristen gleichermaßen abgeschrieben. Drogenhändler und Kriminelle begannen sich breit zu machen zwischen illegalen Immigranten und Armen auf der Suche nach einem besseren Leben. Doch Johannesburg boomt, und es ist nur eine Frage der Zeit, bis die Innenstadt von Johannesburg, der »Central Business District«, kurz CBD, wieder zum rechtmäßigen Zentrum wird. Mit der Wiedergeburt von Newtown ist bereits der Anfang gemacht. Das Viertel liegt an der Westseite des CBD südlich der Wits University und der neuen Mandela-Brücke und östlich des berühmten Oriental Plaza und blickt auf eine bewegte Vergangenheit zurück. Im 19. Jahrhundert ein ethnisch gemischter Stadtteil, wurde Newtown 1904 wegen Seuchengefahr vollständig abgebrannt und wieder neu aufgebaut. Trotz einiger Rückschläge hat es sich bald zum kulturellen Herz der Metropole und einem der wichtigsten Kunst- und Kulturzentren des Landes entwickelt. Seit ein paar Jahren ist Newtown zum städteplanerischen Vorzeigeprojekt Johannesburgs geworden und hat den Trend der »Rückkehr ins Stadtzentrum« eingeleitet, dem bereits der Jazzclub »Bassline« und die Restaurantkette »Moyo« (Filiale im Market Theatre) gefolgt sind. Mit seiner Vielzahl von Theatern, Restaurants und Clubs ist der Cultural Precinct das neue Mekka der Nachtschwärmer in Johannesburg. Außerdem findet hier im September das jährliche »Arts Alive Festival« statt.

WEGWEISER 30

Newtown Cultural Precinct

➤ S. 66/67, [d 2] ➤ [J 3]
➤ Johannesburg, S. 284 [b 3]

Newtown, Johannesburg; die Clubs öffnen meist ab 21 Uhr und schließen ab 4 Uhr morgens

Im Zentrum ragt das »Market Theatre« auf, eine der wichtigsten Bühnen Südafrikas. Es wurde 1976 gegründet und ist international als »Theater des Widerstands« bekannt geworden, in dem viele apartheidkritische Produktionen vor einem schwarz-weiß gemischten Publikum aufgeführt wurden. »Mit Kultur die Gesellschaft verändern« hieß das Motto – und dazu gehörten die Stimmen derer, denen sonst niemand zuhören wollte. Heute liegt der Schwerpunkt auf modernem Theater und einheimischen Produktionen (www.markettheatre.co.za).

Bis Ende 2004 beherbergte das Kulturviertel außerdem den legendären ältesten Jazz- Club der Stadt, »Kippies International«. Das »Kippies« wurde wegen Einsturzgefahr geschlossen, aber Jazz-Liebhaber haben die Hoffnung auf eine Wiedereröffnung immer noch nicht aufgegeben.

Im »Market Theatre«, dem einst wichtigsten Theater des Widerstands, schminkt sich ein Schauspieler für eine der modernen Aufführungen.

Im »Bassline« trifft sich Johannesburgs junge Oberschicht aller Hautfarben zu südafrikanischen und internationalen Rhythmen – von Jazz und Blues über Rock bis Hip-Hop (Tel. 0 11/8 38 91 45/6; www.basslinejazzclub.co.za), während das »Horror Café« einen morbiden Charme mit gediegenen House-Rhythmen verbindet (Tel. 0 11/8 38 67 35).

Live-Konzerte (Jazz, Hip-Hop, Mbaqanga, Soukos, Kwaito und Kwasa-Kwasa) gibt es im »Newtown Music Centre« in der Goch Street (www.joburg.org.za), Tanzshows in der »Dance Factory« (Tel. 0 11/8 33 13 47). Schließlich finden im Newtown Cultural Precinct größere Veranstaltungen wie Konzerte, Film-Festivals, Märkte und Feste mit bis zu 50 000 Besuchern statt – unter freiem Himmel auf dem Mary Fitzgerald Square.

Konzert in Kirstenbosch

Romantischer und entspannter kann man ein Sommerwochenende nicht ausklingen lassen. Das Kirstenbosch-Ritual sieht aus wie folgt: Man packt das Auto voll mit kulinarischen Köstlichkeiten, schnappt sich ein bis drei Flaschen guten südafrikanischen Weins und fährt Richtung Kirstenbosch Botanical Gardens. Wer ausreichend Zeit einplant, schiebt noch einen gemütlichen Spaziergang durch den botanischen Garten ein. Schöner kann ein botanischer Garten tatsächlich nicht liegen als hier auf den sanft auslaufenden Hängen des Tafelberg-Massivs. Der bei weitem größte Teil des Parks ist nicht kultiviert und lädt zu ausgedehnten Rundgängen ein über sonnige Wiesen, durch schattige Schluchten und die für das Kap typische Fynbosvegetation (→ Spezial, S. 160).

WEGWEISER 31

Kirstenbosch Botanical Gardens
➤ S. 66/67, [a 5] ➤ [C 8]
Rhodes Drive, Newlands; Tel. 0 21/7 99 87 83; www.sanbi.org/kirstenbosch/mainpage.htm sowie www.nbi.ac.za; tgl. 8–19, im Winter 8–18 Uhr

Was 1660 mit einer Mandelhecke begann, gepflanzt von Jan van Riebeeck, dem Gründer der Kapkolonie, ist heute nicht nur ein kleines Naturparadies, sondern eines der beliebtesten Ausflugsziele der Kapstädter mit legendären Sommerkonzerten.

Nach dem Spaziergang durch den Park ruft die große Konzertwiese. Hier, am Hang des Tafelbergmassivs, zwischen exotisch duftenden Blumen, breitet man gemütlich seine Picknickdecke aus, entkorkt den Wein und harrt der Dinge, die von der Bühne kommen. Die Konzerte beginnen um 17.30 Uhr. Geboten wird alles von Klassik über Jazz bis hin zum Mainstream. Was als Familienausflug beginnt, wandelt sich im Lauf des Abends nicht selten zur ausgelassenen Open-Air-Party. Sobald die Musik es zulässt, wiegen sich die ersten Besucher im Rhythmus. Kinder springen von einem Bein aufs andere, und es dauert nicht lange, bis die meisten nicht mehr ruhig sitzen können. Und während die Sonne langsam hinter dem Berg versinkt, erreicht die Stimmung auf der Wiese in Kirstenbosch ihren Höhepunkt.

AUTORENTIPP Man tut gut daran, früh da zu sein, sonst wird die Suche nach Parkplatz und Picknickspot schwierig. Es gibt zwei Restaurants und einen Souvenirshop. Halten Sie die Augen offen nach einheimischen Bands wie »Freshly Ground«.

BESONDERE ORTE

Das Rastadorf »Marcus Garvey«

Mitten in den Townships von Kapstadt, in denen Menschen zusammengewürfelt wurden, die wenig mehr verbindet als die Hoffnung auf ein besseres Leben, liegt eine Oase: das Rastadorf »Marcus Garvey«, benannt nach dem Übervater der Rasta-Religion. Hier läuft alles ein bisschen anders ab als in den umliegenden Wohngebieten: Das Grau der Townshiphäuser wird unterbrochen von gepflegten Gemüsegärten – und aus den Häusern dringt Reggae-Musik. Der Ort »Marcus Garvey« ist noch nicht auf der touristischen Landkarte verankert und damit ein echter Geheimtipp für alle, die die einheimische Kultur am liebsten ohne Reiseleiter und im Gespräch mit den »Locals« entdecken wollen. Gute geführte Touren gibt es bisher noch nicht, aber die Rastafari nehmen sich Zeit für jeden Besucher, der ernsthaft an ihnen interessiert ist, und vielleicht für ein paar Rand etwas in einem Laden kauft und nicht nur schweigend Fotos schießt. Eine gute Anlaufstelle für Besucher ist der »Spaza-Shop« von Mama B., einer Jamaikanerin. Stämmig, mit Brille und einem bunten Tuch um den Kopf steht sie hinter ihrem Ladentisch. Sie kann stundenlang erzählen – von der Geschichte der Rasta und der letzten Reise der Ältesten ins gelobte Land Äthiopien, vom Leben in Jamaika und den Grundfesten ihrer Religion, vom berühmten König Haile Selassie und von Kochrezepten. Wer fragt, bekommt Antworten. Wer nicht fragt, wird nicht belästigt.

Man kommt gut mit dem Auto nach »Marcus Garvey«. Die Straßen in den Townships sind ausgeschildert, allerdings sollte man sie bei Tageslicht bewältigen. Etwas Abenteuerlust gehört dazu, aber falls man sich verfährt, ist der Tafelberg die beste Orientierung, um in die Stadt zurückzufinden.

WEGWEISER 32

Marcus Garvey

➤ S. 66/67, [a 5] ➤ [C 8] ➤ Tourenkarte 3

Von Kapstadt auf der N2 in Richtung Flughafen/Somerset-West, Abfahrt »Borcherds Quarry« Richtung Flughafen/Nyanga/Crossroads. An der ersten Ampel rechts, an der zweiten Ampel links (Klipfontein Road) Richtung Crossroads. Straße bis zur Kreuzung Lansdowne Road (links »Shoprite«) und geradeaus weiter bis zur Kreuzung Sheffield Road. Vor der Kirche links, gleich danach rechts abbiegen. Nach 300 Metern folgt das Eingangsschild von »Marcus Garvey«. Vorher am besten den »Öffentlichkeitsarbeiter« des Dorfes anrufen, der Besucher durch den Ort führt (Elphy: 021/372 20 66, 082/683 92 12).

Open Air und »open end«: Konzerte in den Gärten von Kirstenbosch (→ S. 81)

1811

ZU GAST IN SÜDAFRIKA

»Wer die Wahl hat, hat die Qual.« In einem Land, das seinen Gästen so viel zu bieten hat wie Südafrika, bleiben Ihre individuellen Wünsche garantiert nicht unerfüllt. In puncto Unterbringung, Restaurants, Kultur, Nightlife oder Wellness muss der Gast nur aus der Vielfalt wählen.

Auf »L'Ormarins Wine Estate« sind Besucher täglich zur Weinverkostung willkommen.

Am Fuße des Tafelbergs, mit riesigen Gärten und über 100 Jahren bewährter Gastgeberkultur: das elegante »Mount Nelson Hotel« in Kapstadt

VON LUXUSLODGE BIS SELF-CATERING

Eine Übernachtungsmöglichkeit ganz nach Geschmack und passend zum Budget findet sich garantiert in der reichen Auswahl an Hotels und Gästehäusern, die Südafrika seinen Gästen zu bieten hat.

Offiziell werden in Südafrika Hotels und Gästehäuser in fünf Kategorien oder Sterne eingeteilt. Während die Anzahl der verliehenen Sterne immer ein gutes Qualitätsmerkmal ist, sind jedoch auch viele Häuser ohne jeden Stern zu empfehlen. Wenn man sich nicht sicher ist, welchen Standard eine Unterkunft bietet, sollte man vorher anrufen und detailliert nach Ausstattung und Service fragen.

Südafrika ist längst kein Billigreiseland mehr. Dafür hat nicht nur der starke Rand gesorgt, sondern auch ein gewisser Übermut auf Seiten der Anbieter in den letzten Jahren. Gerade im oberen Segment haben sich einige Häuser regelrecht aus dem Markt gepreist. Glücklicherweise ist der qualitative Unterschied zwischen den teueren und preiswerteren Quartieren meistens nicht so groß, wie es der Preisunterschied erwarten lässt. Man muss schon viel Pech haben, um in einer günstigen Unterkunft zu landen, die wirklich miserabel ist.

Je nach Saison variieren die Preise erheblich. Im südafrikanischen Winter von Mai bis September gibt es viele Sonderangebote (»specials«). Kinderermäßigungen sind hierzulande üblich; beides sollten Sie am besten vorab telefonisch erfragen. Bezahlt wird meist pro Person im Doppelzimmer (»per person sharing«). Für Einzelreisende gibt es in der Regel einen Aufschlag (»single«).

Die meisten Urlauber buchen vor. Außer in der Hauptsaison von Dezember bis März ist das eigentlich nicht notwendig. Wer nicht gerade über Ostern zum »Cape Town International Jazz Festival« nach Kapstadt kommt (→ Der gute Tipp von MERIAN, S. 64) oder zum »National Arts Festival« nach Grahamstown (→ Der gute Tipp von MERIAN, S. 62), der kann flexibel bleiben. Im Zweifelsfall hilft vorher ein Anruf bei der örtlichen Touristeninformation.

Eingecheckt wird üblicherweise am frühen Nachmittag, ausgecheckt am späten Vormittag. In größeren Häusern gehört ein kleiner Tresor im Zimmer zum Standard und sollte aus Sicherheitsgründen auch genutzt werden.

Worauf man bei einer Unterkunft im Busch gefasst sein muss, sind vorwitzige Affen, die sich in Zelte und Bungalows einschleichen und so ziemlich alles mitnehmen, was ihnen in die Pfoten kommt.

Und noch ein Tipp: Wenn Sie in Malariagebieten in preiswerteren Quartieren übernachten, lohnt es sich, eine Rolle Klebestreifen dabei zu haben, um eventuell Schlupflöcher für die Moskitos in den oft beschädigten Netzen zu flicken. Außerdem ist es für elektrische Geräte in preiswerteren Unterkünften praktisch, einen Adapter zu haben, den es in Südafrika in allen größeren Supermärkten für wenig Geld zu kaufen gibt.

Außer für Reisen in die Kapregion gilt: Statt in der Sommerhitze besucht man große Teile Südafrikas am besten in den kühleren und trockenen Wintermonaten, sprich dann, wenn in Europa Sommer ist. Das trifft besonders für KwaZulu-Natal, Mpumalanga (Krügerpark), Limpopo und den Norden und Nordosten des Landes zu. In den Bergen kann es im Winter zwar nachts etwas frostig werden, aber alle besseren Häuser – und sogar »Bed & Breakfast«-Unterkünfte – haben für diesen Fall vorgesorgt mit Wärmedecken, Wärmflaschen, prasselnden Kaminfeuern, kleinen Heizgeräten und manchmal sogar mit einer Fußbodenheizung. Der Vorteil einer Winterreise: Man hat in den Reservaten oft ganze Lodges für sich allein zur Verfügung, außerdem ist es leichter, wilde Tiere zu sehen, die sich in den trockenen Wintermonaten um die wenigen Wasserlöcher scharen.

Die großen Hotelketten des Landes heißen »Southern Sun/Holiday Inn«, dazu gehören die preiswerteren »Garden Courts« (Tel. 08 61/44 77 44 oder 0 11/4 61 97 44), »Sun International« (Tel. 0 11/7 80 78 78; www.sun-international.com) und »Protea Hotels« (Tel. 08 61/11 90 00; www.proteahotels.co.za). Hinzu kommen »City Lodges« (Tel. 0 11/8 84 06 60, Fax 8 83 36 40; www.citylodge.com) sowie »Town Lodges« und »Road Lodges«. Zusätzlich gibt es jedoch auch eine ganze Reihe von privat geführten Luxushotels, von denen einige das begehrte Siegel von »Relais & Châteaux« tragen.

In Nationalparks und Wildreservaten stehen ausreichend gute Übernachtungsmöglichkeiten zur Verfügung. Generell sollten Sie Unterkünfte in den Nationalparks rechtzeitig reservieren.

Wichtig zu wissen: Die Provinz KwaZulu-Natal verwaltet ihre empfehlenswerten Parks selbst (Tel. 0 33/ 8 45 10 00, Fax 8 45 10 86; www.kznwildlife.com). Alle anderen Nationalparks in Südafrika stehen unter dem Management von »Sanparks« (Tel. 0 12/4 28 91 11, Fax 3 43 09 05; www.sanparks.org).

Sehr zu empfehlen sind Unterkünfte in den zahlreichen »rest camps« der Nationalparks, die durchweg gut ausgestattet sind und in einigen Fällen durchaus mit weitaus teuereren Unterkünften konkurrieren können. Üblicherweise ist in »rest camps« Selbstversorgung angesagt, in den größeren Camps dagegen gibt es Restaurants.

Achtung: In einigen Parks – und vor allem in den kleineren Wildreservaten – ist man auf die eigene Verpflegungsration angewiesen ohne eine Einkaufsmöglichkeit in der Nähe zu haben, wie zum Beispiel in Mapungubwe (→ Der gute Tipp von MERIAN, S. 73).

Wer es exklusiver mag, kann sich in einer der »game lodges« (»safari lodges«) einquartieren, die auf Privatland liegen und ihren Wildtierbestand selbst managen. Manche dieser Lodges garantieren, dass Besucher die »Big Five« während ihres Aufenthalts zu sehen bekommen. Hier sollte man hellhörig werden und sich fragen, wie »wild« die Tiere im Reservat tatsächlich sind. Oft sind Peilsender im Spiel. Verglichen mit den geführten Safaris in den Nationalparks (»game drives«), geht es bei Tierbeobachtungsfahrten in

Der Natur ganz nah wohnt man in einer der zahllosen Lodges im Land – und jede für sich ist einzigartig.

den privaten Lodges meist persönlicher zu. Die Ranger richten sich oft nach den Wünschen der Gäste und setzen alles daran, ein bestimmtes Tier auf einer Tour aufzuspüren – ideal für eindrucksvolle Fotos. Während Geländewagen in den Nationalparks die Parkstraßen nicht verlassen, fährt man in privaten Lodges auch mitten durch den Busch, was die Chancen, Wildtiere unmittelbar vor die Linse zu bekommen, erheblich vergrößert.

Luxuriöse »game lodges« gibt es zahlreich nicht nur an der Westgrenze des Krügerparks (→ Spezial, S. 262), sondern im ganzen Land. Luxus und Exklusivität haben allerdings ihren Preis. Nicht selten sind Übernachtungen in »Game Lodges« doppelt bis zehn Mal so hoch wie in regulären Nationalparkunterkünften.

Wer in Südafrika in ländlichen Gebieten unterwegs ist, dem bieten sich Übernachtungsmöglichkeiten in Landhäusern (»country lodges«) oder Bauernhöfen. In Touristenzentren sind die Gästehäuser (»guest houses«) und »Bed & Breakfast«-Unterkünfte mit gutem Preis-Leistungs-Verhältnis ideal für alle, die es unkompliziert und etwas familiär mögen. Längst gibt es sogar gute Gästehäuser in den bekannteren Townships (→ Spezial, S. 132).
Die preiswerte Alternative für Familien und für Reisende, die ein paar Tage an einem schönen Ort ausspannen möchten, heißt Selbstverpflegung (»self catering«). Die Unterkünfte für Selbstverpfleger sind meistens Ferienhäuschen (»cottages«), Bungalows (»chalets«) oder traditionelle, strohgedeckte Rundhütten (»rondavels«).

Die einzelnen Unterkünfte finden Sie bei den jeweiligen Orten im Kapitel »Unterwegs in Südafrika«. Alle Hotels und Unterkünfte – von der Luxuslodge bis zum Ferienhaus – stellen wir Ihnen auf zweifache Weise vor: nach Preiskategorien und nach ihrem jeweiligen Charakter sortiert. Bei den Preiskategorien haben wir uns bemüht, bis in den Niedrigpreisbereich angenehme Häuser auszuwählen. Die Rubriken ermöglichen eine Einschätzung von Ambiente und Ausstattung der Unterkunft.

AUSSERGEWÖHNLICH

Wohnen, einmal ganz anders. Das Spektrum reicht vom Gourmet-Landhaus bis zur einsam gelegenen Esoterik-Lodge.

Mit seinem pompösen Eingangstor an den Company Gardens, der rosafarbenen Fassade und dem urbritischen »High Tea« um 17 Uhr ist das »Mount Nelson Hotel, »Nellies« genannt, die Hotellegende Kapstadts. Hier scheint die Zeit stehen geblieben zu sein, und Besucher fühlen sich in den luxuriös eingerichteten Suiten ganz in die Kolonialzeit zurückversetzt. Einst besaß das Haus weltweit einen Namen und stellte selbst die besten britischen Hotels in den Schatten. Es lockte die High Society mit dem ersten beheizten Swimmingpool Südafrikas an. Das Erfolgsrezept im »Mount Nelson« heißt Tradition, Geschichte und Luxus – für alle, die sich wie die Queen in Afrika fühlen wollen.

➤ Kapstadt, S. 116, [d 6] ➤ [C 8]

76 Orange St., Gardens, Kapstadt;
Tel. 0 21/4 83 10 00, Fax 4 83 17 82;
www.mountnelson.co.za; 144 Zi., 57 Suiten
•••• CREDIT ♿

Nicht nur wegen der stilvoll eingerichteten Zimmer kommt man ins »Cleopatra Mountain Farmhouse«, aber auch wegen der absolut traumhaften Lage mitten in den Drakensbergen. Das Landhotel bietet darüber hinaus exquisiten Gaumenkitzel beim Dinner in romantischem Ambiente. An diesem besonderen Ort gehen geschmackvolles Wohnen und kulinarischer Genuss eine unvergleichliche Verbindung ein. Fünf-Sterne-Koch Richard Poynton ist hier aufgewachsen, als das Anwesen noch eine Farm war. Heute bietet er Haute Cuisine der Spitzenklasse in familiärer Umgebung. Der Koch erklärt das fünfgängige Menü persönlich und kommt nach dem dreistündigen Schlemmermarathon zum Schwatz vorbei. Er bekennt freimütig, sein edles Essen sei nichts für Gesundheitsfanatiker und so reichhaltig, dass Gäste nicht länger als vier Nächte bleiben dürften. Kein Wunder, dass es kaum jemand ins fünf Minuten entfernte Highmoor, ein idyllisches Wandergebiet, schafft. Es ist der Geheimtipp für einsame Morgenspaziergänge – um Platz für das Frühstück zu schaffen.

➤ Drakensberge, S. 212, III ➤ [K 5]

Nahe Kamberg in den Drakensbergen;
Tel. 0 33/2 67 72 43, Fax 2 67 70 13;
www.cleomountain.com; 11 Zi. ••• bis ••••
inkl. Frühstück und Abendessen CREDIT
Keine Kinder unter 12 Jahren

Feuer, Wasser, Erde, Luft – und Entspannung pur. Die »Boondocks Mountain Lodge« ist ein Ort für jene, die dem Touristenleben und Safarifieber entfliehen wollen. Abgelegen, weit oben in den Bergen, bietet die Lodge einen Hauch von Zen mitten in Afrikas Natur: Wasser aus Gebirgsbächen rieselt in unzählige Pools und vor einem Klangteppich aus Vogelstimmen bewegt sich leise ein Windspiel.

Das »Cleopatra Mountain Farmhouse« versteht sich mit der in Jahrzehnten verfeinerten Küche als »Erholungsort« für Gourmets.

In Kapstadt gelegen und doch ein ruhiges Refugium: das »Mount Nelson Hotel«

In der Luft liegt der Duft exotischer Blüten, der Blick über die Baumkronen auf den Talkessel lässt sich nur als königlich beschreiben. Ann und Stuart, die Gastgeber, haben ihr Leben in England aufgegeben, um sich an diesem »magischen« Ort niederzulassen. Abends am Feuer drehen sich die Gespräche unweigerlich um Spirituelles und die großen Fragen des Lebens. Stuart hat hier im undurchdringlichen Urwald ein begehbares Labyrinth aus farbigem Beton geschaffen, das Besucher aus der ganzen Welt zum Meditieren anzieht. Auf Anfrage werden spirituelle Workshops organisiert.

➤ Der Nordosten, S. 258, [a 2] ➤ [L 3]

Bei Kaapmuiden; Tel. 0 13/7 26 01 40; www.boondocks.co.za; 8 Zi. •• ▭ ♿

Kein Luxushotel, aber bleibende Erinnerungen sind garantiert – Erinnerungen, die sich die meisten Touristen noch immer entgehen lassen. »Majoro's Bed & Breakfast« ist eines der ältesten in Kapstadts Township Khayelitsha. Gastgeberin Maria Maile sorgt für familiäre Atmosphäre und für die Chance, das Leben im Township kennenzulernen – beim Gottesdienst, in der Townshipkneipe oder bei Handwerkern und Künstlern.

➤ Kapstadt, S. 116, südöstl. von [f 6] ➤ [C 8]

69 Helena Cres., Graceland, Khayelitsha, Kapstadt; Tel./Fax 0 21/3 61 34 12 oder 0 82/5 37 68 82; info@portfolio-collection.com; 2 Zi. • ▭

Frische und einheimische Zutaten, dazu der Einfluss verschiedenster Kochkulturen – die südafrikanische Küche zündet täglich ein Feuerwerk der Genüsse.

DIE REGENBOGENKÜCHE

Die Welt kocht in Südafrika. Wie in so vielen Dingen fasziniert am Kap auch auf der Speisekarte die bunte Fülle des Angebots. Auf die Genießer warten kulinarische Spezialitäten aller Herren Länder.

Südafrikas Küche ist international mit französischen, deutschen, kapmalaiischen, indischen, portugiesischen und afrikanischen Einflüssen. Landestypisch sind sowohl die kapmalaiischen Gerichte wie Currys, Samoosas, Bredies und süße Desserts, die bodenständige deutsch-holländische Hausmannskost der Buren, die scharfe Küche der indischstämmigen Bevölkerung um Durban sowie die bisher noch selten kommerziell vermarktete Küche der schwarzen Südafrikaner. Wer in schwarzen Dörfern oder Townships zu Gast ist, bekommt unter Garantie Fleisch und Maisbrei (»pap«) gereicht, dazu in der Regel zerkochtes Gemüse. Ansprechenderes wird dagegen in einigen afrikanischen Restaurants angeboten, meist mit ost- und nordafrikanische Einflüssen.

Fleischgerichte dürfen auf keiner Speisekarte fehlen. Oft sind einheimisches Wild wie Kudu, Impala, Springbok und Strauß sowie Krokodil im Angebot. Eine landestypische Spezialität ist das fasrige Dörrfleisch vom Rind oder Wild (»biltong«). Doch auch Vegetarier haben in Südafrika keinen Grund zur Klage. Die Vielfalt an einheimischem Obst wie Papaya, Mango, Banane, Ananas, Litschie, Melonen, Zitrusfrüchten, Trauben und auch an Gemüse (Avocado, grüner Spargel) ist so grenzenlos wie das Angebot an frischen Salaten.

Eingefasst vom Atlantik und dem Indischen Ozean ist Südafrika ein Mekka für Liebhaber von Fisch und Meeresfrüchten, vor allem Kingklip, Yellowtail, Snoek, Austern und Muscheln. Dennoch sollte man darauf achten, dass der Fisch tatsächlich fangfrisch ist, denn oft wird das Beste nach Europa exportiert, statt auf den einheimischen Tellern zu landen.

AUTHENTISCH ESSEN GEHEN

Kaum sonst irgendwo auf der Welt kann man wohl so günstig und dennoch gut essen gehen wie in Südafrika. Die Restaurantpalette ist bunt. Sie reicht in den Städten vom Gourmet-Etablissement über Gaststätten mit individuellem Charme bis hin zu »Coffee Shops« (Cafés, die auch Herzhaftes anbieten) und Szenekneipen. Karger ist das Angebot in kleineren Orten im Landesinneren, die oft meilenweit von den kulinarischen Standards der Metropolen und Küstenregionen entfernt sind.

Ein durchschnittliches Mittagessen oder Dinner inklusive Vorspeise und Dessert kostet in der Regel nicht mehr als 120 Rand; ein Frühstück ist für etwa 40 Rand zu haben. Dazu kommen zehn Prozent Trinkgeld, bei außergewöhnlich gutem Service mehr (das Personal lebt fast ausschließlich vom Trinkgeld). Überall können Sie kostenlos Leitungswasser mit Eiswürfeln bestellen (»tap water«).

In fast allen Restaurants gilt »wait to be seated«: Ein Kellner begrüßt Sie und begleitet Sie zu Ihrem Tisch. Südafrikas strenge Anti-Raucher-Gesetze sorgen in Restaurants dafür, dass so gut wie nie der Qualm des Tischnachbarn über den eigenen Teller wabert. Meist gibt es einen abgegrenzten Raucherbereich und man wird vom Kellner entsprechend platziert. Von Freitag bis Sonntag und an Feiertagen sollte man telefonisch reservieren.

Gezahlt wird in Restaurants bar oder mit der Kreditkarte. Der Kellner bringt die Rechnung in einer kleinen Mappe, man addiert das Trinkgeld dazu, schreibt den Gesamtbetrag auf die Rechnung und legt Geld oder Kreditkarte dazu. Der Kellner holt die Mappe wieder ab und bringt das Wechselgeld bzw. die Kreditkartenquittung zum Unterschreiben zurück (eine Kopie behalten Sie).

AUTORENTIPP Wer es mit echter südafrikanischer Tradition hält, schnappt sich einen Picknickkorb und macht sich auf zum Strand, in den botanischen Garten von Kirstenbosch in Kapstadt (→ Der gute Tipp von MERIAN, S. 81) oder verabredet sich zum Grillen (»braai«). Das Essen für Picknick und Grill besorgt man sich zum Beispiel bei der Supermarktkette »Woolworth«, die sich auf öklogisch angebautes Gemüse und Delikatessen aller Art spezialisiert hat. Preiswertere Lebensmittel gibt es by »Pick'n Pay«, »Spar« und bis spät abends bei »7/11«.

In den großen Städten gibt es einige Fastfoodketten, die zu empfehlen sind, wie »Nando's Chicken« und die Pizzen von »St. Elmos«. »Kauai« bietet hervorragende Milchshakes und Biokost an. Gute Restaurantketten sind »The Famous Butcher's Grill« für Steaks, »Prima Piatti« für leichtes italienisches Essen und »Ocean Basket« für exzellentes Sea Food zu fairen Preisen. »Spur Steak Houses« eignen sich für Familienbesuche; »Melissa's« in Kapstadt ist berühmt für seinen Kaffee, Gebäck und leichte Kost – und die »Moyo«-Restaurants haben sich auf afrikanische Erlebnisgastronomie spezialisiert. »Mr. Delivery« liefert Gerichte von örtlichen Restaurants aller Art gegen einen geringen Aufpreis nach Hause (Tel. 08 61/85 85 85). Gute Restauranttipps gibt es unter www.eatout.co.za.

Leger und draußen: Spektakuläre Ausblicke würzen häufig die ohnehin schon leckeren Gerichte.

Bekannt für seine Gourmetküche ist besonders das Western Cape: Edle Restaurants findet man in Kapstadt und den Winelands, wo zu einem guten Dinner immer auch der passende Wein aus heimischen Reben gehört.

UMWERFEND GUTE TROPFEN

Südafrika ist bekannt für seine ausgezeichneten Weine (→ Spezial, S. 148). Die Hauptanbaugebiete liegen in den Winelands rund um die Burenstädtchen Paarl, Stellenbosch und Sommerset-West sowie im Breede River Valley (Robertson). Wein wächst auch am Orange River im Norden, in KwaZulu-Natal und in Mpumalanga. Im Supermarkt werden Weine erstaunlicher Qualität sehr preiswert angeboten. Kenner kaufen direkt beim Winzer auf einem der vielen Weingüter.

Das Angebot in den Restaurants ist gut bis überdurchschnittlich und nicht auf einheimische Sorten beschränkt. Wer eigenen Wein ins Restaurant mitbringt, muss mit einer Entkorkungsgebühr (»corkage«) rechnen.

Dem Ruhm des Weines zum Trotz sind die Südafrikaner in erster Linie Biertrinker. Die einheimischen Sorten, »Castle«, »Amstel« und »Black Label« sind akzeptabel, besser ist das nach deutschem Reinheitsgebot gebraute »Windhoek« aus Namibia. Nicht viel mit dem bekannten Gerstensaft hat das traditionelle Bier der Schwarzen (»umqomboti«) zu tun. Das Bier, milchig-weiß bis trüb-braun, wird aus vergorenem Mais oder Hirse (»sorghum«) hergestellt und in großen Gefäßen (oft Plastikeimer) herumgereicht. Mit seinem geringen Alkoholgehalt ist es Magenfüller und oft Grundnahrungsmittel der Männer in ländlichen Gebieten.

Zu Wein und Bier kommt der selbstgebraute Obstschnaps (»mampoer«) der burischen Farmer, eine Herausforderung selbst für Hartgesottene. Wer auf Edleres steht, sollte die Brandyroute im Westkap abfahren (www.sabrandy.co.za).

Die einzelnen Restaurants finden Sie mit Adresse und einer kurzen Beschreibung von Ambiente und Angebot bei den jeweiligen Orten im Kapitel »Unterwegs in Südafrika«.

SPEISEN – VON EDEL BIS TRENDY

Fürstlich im Weingut, indisch in Durban oder kubanisch in Kapstadt? Fünf Adressen, die Sie sich merken sollten:

Eines der besten Gourmet-Restaurants des Landes, überschüttet mit Auszeichnungen für seine exzellente und leichte Küche und sein ausgesuchtes Weinangebot (der Weinkeller ist mit 6000 Flaschen gefüllt): Das »Bosman's« bietet wechselnde Menüs und ein Kontinuum von hervorragenden landestypischen Gerichten, unter denen »Flavours of the Cape« zu empfehlen ist, daneben Meeresfrüchte, vegetarische und Wildgerichte. Von der eleganten Terrasse aus öffnet sich der Blick in den Rosengarten, das Weintal von Paarl und die Drakensteinberge.

➤ Winelands, S. 146, [b 1] ➤ [C 8]

»Bosman's« im »Grande Roche Hotel«, Plantasie Street, Paarl; Tel. 0 21/8 63 51 00, Fax 8 63 22 20; Frühstück ab 7, Lunch ab 12, Dinner ab 19 Uhr; unbedingt reservieren ●●●● CREDIT ♿

Das Ambiente ist bezaubernd, Küche und Weinkeller noch besser: das Restaurant »Bosman's« in Paarl

Das Ambiente zählt im »Cape to Cuba«: Eingequetscht zwischen Strand, Bahnlinie und der Hauptstraße von Kalk Bay (→ Spezial, S. 52), mutet die grell angestrichene Fassade des Restaurants skurril an. Unter einem Wellblechdach dinieren die Gäste inmitten eines Sammelsuriums von Antiquitäten und Memorabilia aus Kuba, die allesamt zu erwerben sind. Kubanische Zigarren stehen hoch im Kurs, und der Laden ist einer der wenigen im Land, in denen Rauchen erlaubt ist. Die Karte bietet einen Mix aus karibischer und ägyptischer Küche, zubereitet mit Witz und Bodenhaftung.

➤ Tourenkarte 3 ➤ [C 8]

»Cape to Cuba«, Main Road, Kalk Bay; Tel. 0 21/7 88 15 66, Fax 7 88 92 82; www.capetocuba.com; Mo–So 9–22.30 Uhr, Bar länger ●● VISA MASTER DINERS
Keine Kinder unter 12 Jahren

»Melissa's«, eine innovative Mischung aus Deli und Café ist unter den Kapstädtern längst kein Geheimtipp mehr. Hier gibt es 1a-Kaffee, der Kakao wird in einem mit Schokolade ausgestrichenem Glas serviert – und den Torten und Kuchen kann man nur schwer widerstehen. Mit besten Zutaten, frisch und ohne Konservierungsstoffe, präsentiert sich das Büffet als Zwischenstopp für Feinschmecker. Wer nach einem ausgiebigen Frühstück oder einem hausgemachten Lunch noch

nicht genug hat, deckt sich im Laden mit Gebäck und leckeren Konserven ein.

➤ Kapstadt, S. 116, [c 6] ➤ [C 8]

»Melissa's«, 94 Kloof St., Kapstadt (vier Filialen in Kapstadt); Tel. 0 21/4 24 55 40; www.melissas.co.za; Mo–Fri 7.30–20, Sa, So und Feiertage 8–20 Uhr •• CREDIT

Familienausflugsziel der Johannesburger ist »Moyo's at Zoo Lake« direkt neben dem Zoo. Gelungen verbindet das Open-Air-Restaurant im Park die bunte afrikanische Tradition mit einer Erlebnisgastronomie vom Feinsten. Auf der Karte: Mix aus afrikanischen und südafrikanischen Gerichten, kreativ präsentiert und zu fairen Preisen. In einer gemütlichen Sitzecke – bei Trommelrhythmen und Marimbaklängen, Geschichtenerzählern und Mimen – kann man hier ganze Nachmittage verbringen. »Moyo's at Zoo Lake« ist weniger von Touristen frequentiert als die Filialen in Melrose Arch (Touristenfalle!), am Market Theatre und in Stellenbosch.

➤ Johannesburg, S. 248, südl. [a 5] ➤ [J 3]

»Moyo's at Zoo Lake«, Zoo Lake, Johannesburg; Tel. 0 11/6 46 00 58; www.moyo.co.za; Mo–So 8–24 Uhr ••• CREDIT

»Jewel of India«, Durbans legendäres Restaurant wartet mit mehr als 90 Currys auf. Gäste sitzen nach Maharadscha-Manier auf Kissen, lauschen Live-Musik und lassen sich von Tänzerinnen bezaubern. Das »Juwel« ist nicht nur bei den indischstämmigen Bewohnern eine Institution.

➤ Durban, S. 216, [d 1] ➤ [L 6]

»Jewel of India«, 63 Snell Parade, Durban; Tel. 0 31/3 37 81 68, Fax 3 68 18 68; Mo–So 12–15, 18–22.30 Uhr •• CREDIT

Bunt, kreativ, und ein Erlebnis für alle: »Moyo's at Zoo Lake« in Johannesburg zelebriert afrikanische Esskultur.

Ein Stück Afrika nimmt fast jeder Besucher mit nach Hause. Kunsthandwerk der schwarzen Bevölkerungsgruppen wie diese handgemachten Figuren stehen ganz oben auf der Liste.

TYPISCHES, PRAKTISCHES UND EDLES

Der Unterschied zwischen Kitsch und Kunst ist bekanntlich eine reine Geschmackssache, doch Südafrika überrascht mit einem reichhaltigen Angebot an originellen, stilvollen und preisgünstigen Souvenirs.

Das Kunsthandwerk der schwarzen Bevölkerungsgruppen führt den Reigen an: Figuren aus Holz, handgewebte Teppiche, bedruckte Tücher, auf Stoff gemalte Bilder, Keramikkrüge und Kunstgegenstände aus Draht (»wire art«). Masken, Schalen und große Tierfiguren aus Holz stammen meistens aus Westafrika oder Simbabwe, die schlanken, schwarzen Holzfiguren zumeist aus Ostafrika. Originale Handwerksarbeit aus Südafrika sind die traditionellen Schilde, Töpfe, Hüte und geflochtenen Körbe der Zulu oder die filigranen Perlenarbeiten und bestickten Püppchen der Ndebele. In Limpopo sollte man unbedingt nach den wunderschönen Tontöpfen und Holzschnitzereien der Venda Ausschau halten. In Kapstadt kann man exquisite, von den Xhosa hergestellte und bedruckte Stoffe kaufen (→Der gute Tipp von MERIAN, S. 53) – oder sich gleich ein traditionelles Xhosa-Gewand im typischen Ocker oder Orange zulegen. Eine Spezialität aus Swasiland sind Kerzen (»swazi candles«) und Grasmatten.

Keramikliebhaber werden im ganzen Land fündig. Außergewöhnlich ist das knallbunte Geschirr von Clementina van der Walt (Kalk Bay), das inzwischen vom Africa Cafe in Kapstadt hergestellt wird (→Der gute Tipp von MERIAN, S. 52).

Dörrfleisch (»biltong«), eine südafrikanische Spezialität, zumeist aus gewürztem Rindfleisch, Straußen- oder Antilopenfleisch, das luftgetrocknet wird, darf seit kurzem auch in die EU importiert werden und eignet sich als platzsparendes Mitbringsel. Größere Mengen Wein kann man sich von den vielen Weingütern aus auch direkt nach Hause schicken lassen (»shipping«).

Am edleren Ende des Spektrums der Reisemitbringsel finden sich Antiquitäten im Kolonialstil sowie Gold- und Diamantenschmuck. Mögen die Edelsteine auch aus Südafrika stammen – oft sind sie in Italien oder sogar in Deutschland verarbeitet und dann re-importiert worden. Groß ist das Angebot an Halbedelsteinen. Beim Kauf von Diamanten sollten Sie sich ein

AUTORENTIPP Auch wenn der Gedanke an ein exotisches Mitbringsel wie ein Zebrafell oder eine getrocknete Orchidee verlockend erscheint: In Südafrika gelten strenge Ausfuhrbestimmungen für viele Tier- und Pflanzenarten. Dies betrifft unter anderem Relikte von Raubkatzen, Nashörnern, Schildkröten, Schlangen, Krokodilen, Elefanten, Zebras und Antilopenarten sowie Farne.
Im Zweifelsfall sollte man beim Zoll nachfragen oder die Finger von dieser Art Souvenirs lassen, ansonsten drohen hohe Geldbußen!

Zertifikat aushändigen lassen. Vorsicht auch bei Gold: Die Ketten und Armreife bestehen meist nur aus 375er Gold und sind oft platiniert.

Am besten kauft man afrikanisches Kunsthandwerk direkt auf Märkten. Dort ist das Feilschen erlaubt und wird sogar erwartet. Souvenirläden (»curio shops«) bieten zwar oft höhere Qualität, aber teils zu exorbitanten Preisen. Schlendern Sie also lieber erst über den örtlichen Markt, bevor Sie im schicken Einkaufszentrum nach Souvenirs suchen. Die berühmten Holzgiraffen zum Beispiel sind außerhalb der Hochsaison für ein paar hundert Rand zu bekommen. An der Waterfront in Kapstadt bezahlt man für dieselben Schnitzerien leicht das Dreifache.

Auf indischen Märkten gibt es günstig gestickte Wandteppiche und Kissenbezüge. Sehr farbenfroh wird es bei den Straußeneiern, die zuweilen mit schaurigen Bemalungen angeboten werden.

Bedenkenlos verschenken lassen sich CD's südafrikanischer Künstler (Johnny Clegg, Jimmy Dludlu, Miriam Makeba, Hugh Masekela, Brenda Fassie).

OUTDOORAUSRÜSTUNG

Längst hat sich in Südafrika das Klischee vom deutschen Touristen festgesetzt, der in nagelneuer, kakifarbener Safarikleidung durch die Stadt läuft. Wer diesbezüglich noch etwas nachzuholen hat, ist beim »Cape Union Mart« (www.capeunionmart.com) gut aufgehoben. Dort gibt es außerdem alles, was man zum Überleben im Busch benötigt – in guter Qualität, allerdings nicht viel preisgünstiger als in Europa.

REISELEKTÜRE

Bücher sind in Südafrika teuer, doch die Regale mit Belletristik (»african fiction«) und Sachbüchern (»non fiction«) sind eine Fundgrube für jeden, dem Informationen aus dem Reiseführer nicht genügen. Die größte Buchladenkette ist »Exclusive Books«, in der Regel mit angeschlossenem »coffee shop«, in dem man in Büchern, die man noch nicht gekauft hat, in Ruhe bei einem Kaffee lesen kann. Die Deutsche Buchhandlung von Ulrich Naumann in Kapstadt führt deutsche Zeitungen und Zeitschriften, Karten und Reiseführer (Burg Street; Tel. 0 21/4 23 78 32).

Besondere Märkte und Läden sowie Shopping-Malls finden Sie bei den jeweiligen Orten im Kapitel »Unterwegs in Südafrika«.

Wer nicht in Souvenirshops, sondern beim Künstler oder auf Märkten kauft, umgeht exorbitante Preise.

Hier werden die Feste gefeiert wie sie fallen, egal aus welchem Kulturkreis sie stammen: Südafrikanische Mädchen tanzen in Johannesburg beim chinesischen Frühlingsfest.

IRGENDWO FEIERT IMMER IRGENDWER

Neben den traditionellen Festen und Sportevents hat sich in Südafrika in den letzten Jahrzehnten eine lebendige Festivalkultur entwickelt, von der Einheimische ebenso profitieren wie Touristen.

Besonders beliebte Feste sind das »Arts Alive Festival« in Johannesburg und das »Awesome Africa Music Festival« in Durban. In Kapstadt haben sich der »Coon Carnival« (→ Der gute Tipp von MERIAN, S. 63) und das »Cape Town Festival« etabliert – und in Oudtshoorn das afrikaans geprägte »Klein Karoo Nasionale Kunstefees«. Ein Leckerbissen für Jazzliebhaber ist unbestritten das »Cape Town International Jazz Festival« (→ Der gute Tipp von MERIAN, S. 64).

Für laue Sommerabende in Kapstadt empfehlen sich die Konzerte im Botanischen Garten Kirstenbosch (→ Der gute Tipp von MERIAN, S. 81), sowie Musik und Theater beim »Spier Summer Festival«. Zahlreiche Gourmet- und Weinfeste runden das Programm ab.

Beim Sport, von dem die Südafrikaner nie genug bekommen können, sind der »Comrades' Marathon« in der Nähe von Durban und der »Two Oceans Marathon« in Kapstadt zu erwähnen, sowie große Radrennen und diverse Fußball-, Rugby- und Cricketevents.

Die traditionellen afrikanischen Feste schließlich eröffnen jedem Besucher Südafrikas die Chance auf tiefere kulturelle Einblicke, so zum Beispiel die Veranstaltungen zum »King Shaka Day« oder der berühmte »Reed Dance« der Zulumädchen in Nongoma (→ Der gute Tipp von MERIAN, S. 65).

Programme und Tickets zu fast allen Veranstaltungen sind über die nationale Vorverkaufsstelle »Computicket« erhältlich – online (www.computicket.co.za) oder direkt an den »Computicket«-Schaltern in großen Einkaufszentren.

KULTURVEREVENTS

Den Reigen der Veranstaltungen im Jahreslauf eröffnet das **Spier Summer Festival** mit Oper, Konzerten, Tanz, Kabarett und Theater der Spitzenklasse (ab Dezember bis März). Veranstaltungsort ist das idyllisch gelegene Weingut »Spier« bei Kapstadt (www.spierarts.org.za).

Ebenfalls auf einem Weingut in den Winelands findet von Januar bis März das **Oude Libertas Arts Programme** statt. Es lockt Theater- und Konzertliebhaber in das Amphitheater von »Oude Libertas« bei Stellenbosch. Die Open-Air-Veranstaltungen im traumhaften Weingut sind an lauen Abenden ein Genuss besonderer Art (www.oudelibertas.co.za).

Von November bis April finden die **Summer Sunset Concerts** im botanischen Garten Kirstenbosch statt. Die Besucher kombinieren die Open-Air-Konzerte mit klassischer oder populärer Musik meist mit einem Picknick (www.nbi.ac.za).

Nach dem Motto »Eine Stadt, viele Kulturen« feiern sich die Capetonians beim **Cape Town Festival** im März selbst – mit Theater, Tanz, Literatur, Musik und

bildender Kunst. Die Veranstaltungsorte sind über das gesamte Stadtgebiet und die Townships verteilt. Festzentrum ist Kapstadts Stadtpark, die Company Gardens.

Ende März bis Anfang April stellt das **Klein Karoo Nasionale Kunstefees** das Großereignis für die afrikaanssprachige Kunstszene dar. 1995 wurde das Festival im Karoo-Städtchen Oudtshoorn als Alternative zum englischsprachigen »National Arts Festival« in Grahamstown (→ Der gute Tipp von MERIAN, S. 62) gegründet. Einige Theaterstücke werden jedoch auch auf Englisch aufgeführt (www.kknk.co.za).

Als bedeutendstes Jazz-Festival Afrikas gilt das **Cape Town International Jazz Festival** (→ Der gute Tipp von MERIAN, S. 64). Jährlich im März und April zieht es rund 25 000 Besucher nach Kapstadt. Da die Veranstaltungen schnell ausverkauft sind, sollte man unbedingt mehrere Wochen im Voraus buchen. Es sind auch Kombi-Tickets für das gesamte Wochenende erhältlich (www.nsjfcapetown.com).

Mit dem **National Arts Festival** im Juni und Juli wartet die Universitätsstadt Grahamstown auf (→ Der gute Tipp von MERIAN, S. 62). Knapp zwei Wochen lang ist hier ein großartiges Programm mit Theater, Film, Musik (auch Oper) und Tanz geboten, das einen hervorragenden Querschnitt durch Afrikas Kunstszene zeigt; darunter sind auch viele Uraufführungen. Unbedingt rechtzeitig Unterkunft vorbuchen (www.nafest.co.za).

Zum Höhepunkt der Festivalkultur Südafrikas hat sich das **Arts Alive Festival** (September) in Johannesburg gemausert. Es lockt mit Theater und Jazzkonzerten Zehntausende in das »Newtown Cultural Precinct«, aber auch in die umliegenden Townships Soweto, Alexandria oder Orange Farm (www.artsalive.co.za).

Die Freude der Südafrikaner am Feiern unterstreicht auch das **chinesische Frühlingsfest**, bei dem südafrikanische Kinder im ganzen Land vor fernöstlichen Tempeln tanzen.

Wichtigstes Musikfestival in KwaZulu-Natal mit Afro-Jazz, Kwaito, Reggae und Rock ist das **Awesome Africa Music Festival**, das jedes Jahr im Oktober in Durban stattfindet. Es umfasst auch das **Joy of Jazz Festival** (www.livingtreasures.co.za).

Der Spaß am Outfit ist mindestens so groß wie der am sportlichen Geschehen: Zuschauer beim Pferderennen in Kenilworth

Wer sich für die Chorszene in Südafrika interessiert, kann die besten Chöre des Landes im November/Dezember beim **National Choir Festival** in der Johannesburger »Standard Bank Arena« hören (www.joburg.org.za).

In der Vorweihnachtszeit finden Adventsfeiern mit Weihnachtsliedern statt. Fragen Sie in der Touristeninformation nach, wo es **Carols by Candlelight** gibt.

SPORTEVENTS

Gesellschaftsereignis der High Society ist im Januar **The Met**, das Metropolitan-Stakes-Galopprennen in Kenilworth, auf halbem Weg zwischen Kapstadt und Muizenberg (www.sahorseracing.com).

Ein Event für Radsportbegeisterte bietet sich am 2. Sonntag im März auf der Kaphalbinsel. Jährlich starten dann zur legendären **Argus Cycle Tour**, dem größten Amateurstraßenrennen der Welt, an die 35 000 Radfahrer. Die Strecke führt 108 Kilometer einmal rund um die Kaphalbinsel. Wer an diesem Radrennen teilnimmt, hat die äußerst seltene Chance, die traumhafte Küstenstraße am Kap ganz ohne Autos zu erleben (Informationen unter www.cycletour.co.za).

Wer sich im Urlaub gern Berge hinaufquält, der sollte sich rechtzeitig zum Start anmelden für den **Two Oceans Marathon**. Jedes Jahr am Ostersamstag wirkt der Marathon wie ein Besuchermagnet. Tausende von Schaulustigen und Sportlern kommen auf die Kaphalbinsel zum Qualifikationslauf für den »Comrades' Marathon«. Auf einer der weltweit schönsten Marathonstrecke stehen 56 oder 21 Kilometer zur Wahl. Spektakuläre Aussichten sind für die Teilnehmer garantiert (www.twooceansmarathon.org.za).

Mitte Juni ist es für Spitzensportler soweit: Der **Comrades' Marathon** findet statt. Der Ultramarathon, 86 Kilometer durch das »Valley of 1000 Hills« zwischen Durban und Pietermaritzburg, zieht jährlich an die 20 000 Teilnehmer aus aller Welt an (www.comrades.co.za).

Mr. Price Pro nennt sich das Event für Weltklassesurfer im Juli vor Durbans Küste, das für ausgelassene Partystimmung sorgt (www.mrpricepro.com).

Anfang Dezember winkt dem besten Golfer beim **Nedbank Golf Challenge** die welthöchste Siegesprämie von 1,2 Millionen US-Dollar. Das spannende Turnier um den begehrten Preis wird in Sun City, dem Las Vegas von Südafrika, nördlich von Johannesburg, ausgetragen.

Kurz vor Weihnachten bietet sich an der Westküste den Besuchern ein besonderes Spektakel bei der **Rothmans Week**, der größten Segelregatta Südafrikas von Kapstadt bis nach Saldanha (Informationen unter www.tourismcapetown.co.za).

VOLKS- UND RELIGIONSFESTE

Das neue Jahr beginnt in Kapstadt am 1. und 2. Januar mit, dem **Coon Carnival**, dem Straßenkarneval der Coloureds (→ Der gute Tipp von MERIAN, S. 63). Der farbenfrohe Umzug bewegt sich vom District Six (→ Spezial, S. 352) nach Bo-Kaap. Die Tradition des Coon Carnival entstand, als die farbigen Sklaven ihren einzigen freien Tag im Jahr, den 2. Januar, zum Feiern nutzten. Sie ließen sich bei den Festtagsumzügen im 19. Jahrhundert von amerikanischen Seeleuten aus New Orleans inspirieren. Mit Blaskapellen und bunten Tanztruppen ist der Umzug straff organisiert; die Gruppen proben das ganze Jahr über und stehen miteinander im Wettbewerb. Sehenswert sind die »moffies«, Transvestiten und schwule Paradiesvögel, die sich einen besonderen Spaß daraus machen, jedes Klischee zu bedienen. Ein farbenfrohes Ereignis, eine große Straßenparty und ein Familienfest in Kapstadt, kann sich aber nicht mit dem Karneval in Rio messen.

Jährlich über Ostern versammeln sich zum **Gottesdienst der Zionisten** mehr als eine Million Anhänger der Zionistenkirche am Hauptsitz ihrer Kirche in Moria in Limpopo östlich von Polokwane.

Ein Volksfest besonderer Art erleben Besucher Anfang Juli rund um die Lagune von Knysna. Alles dreht sich dann um die Auster beim **Knysna Oyster Festival** – ein kulinarische Höhepunkt für Liebhaber der Schalentiere. Ganze zehn Tage lang frönt man in Knysna Gaumenfreuden, veranstaltet Kochwettbewerbe, Theateraufführungen – und treibt vor allem viel Sport (www.oysterfestival.co.za).

Zur jährlichen Ankunft der Wale in der Walker Bay Ende September spielt das Städchen Hermanus eine Woche lang verrückt. Das **Hermanus Whale Festival** zieht scharenweise Touristen und Kapstädter an, die sich auf Märkten, mit Straßenkunst und auf den vielen Konzerten vergnügen (www.whalefestival.co.za).

Ende September bis Anfang Oktober findet in Limpopo in einem der wohl schönsten Täler in ganz Südafrika das **Magoebaskloof Spring Festival** statt, ein traditioneller Jahrmarktrummel mit allerlei Kunstgewerbe (Informationen unter www.magoebaskloof.com).

Pretoria hat touristisch nicht viel zu bieten, aber jedes Jahr Ende Oktober beginnt die Stadt zu leuchten, wenn die Jacaranda-Bäume blühen und ganze Straßenzüge in pastelliges Violett tauchen. Das Ereignis begehen die Einwohner mit dem **Jacaranda-Festival**, einem Straßenfest mit Kulturprogamm (Tourist Information Centre; Church Square; Tel. 012/3 58 14 30; www.tshwane.gov.za).

Die Regenbogennation besteht aus vielen unterschiedlichen Glaubensrichtungen und Religionsgemeinschaften, die jede für sich ihre eigenen Feiertage begehen. Neben den christlichen Feiertagen sind es die Feiertage der Moslems, Hindus, Juden und die rituellen Feiern der schwarzen Bevölkerung.

Diwali, das **Festival of Lights,** ist ein Höhepunkt im Jahr der Hindus und beginnt am fünfzehnten Tag des Hindumonats Kartik (Oktober/November). Gefeiert wird an der Beach Front in Durban, an einigen Tempeln gibt es auch Feuerwerke (Infos unter Tel. 0 31/3 66 75 00).

Am **King Shaka Day Festival** (variables Datum) kommen Tausende von Zulu in KwaDukuza (ehemals Stanger) zusammen, um in traditioneller Tracht und mit Musik und Tanz ihres Nationalhelden Shaka zu gedenken (www.kzn.org.za).

FEIERTAGE

1.1.	New Year's Day (Neujahr)
21.3.	Human Rights Day (Tag der Menschenrechte)
27.4.	Freedom Day (Tag der Freiheit)
1.5.	Worker's Day (Tag der Arbeit)
16.6.	Youth Day (Tag der Jugend)
9.8.	National Women's Day (Nationaler Tag der Frauen)
24.9.	Heritage Day (Tag des Kulturerbes, Geburtstag von Zulukönig Shaka)
16.12.	Reconciliation Day (Tag der Versöhnung)
25.12.	Christmas (1. Weihnachtsfeiertag)
26.12.	Day of Goodwill (2. Weihnachtsfeiertag)

Bekannter ist sicher der »Reed Dance« der Zulu-Frauen (→ S. 65), doch auch die Zulu-Männer beeindrucken mit ihrer Festtracht.

Wem Segeln an der Küste zu gefährlich ist, für den ist das ruhige Paddeln auf Binnengewässern wie hier in den Cedarbergen eine lohnende Alternative.

VON ABSEILING BIS RAFTING

Südafrikaner sind sportbegeistert. Bei Zaungästen heißen hierzulande die »Big Three« Fußball, Rugby und Cricket. Wenn Sie Genaueres wissen möchten, fragen Sie doch den erstbesten Südafrikaner!

ABSEILING

Das Abseilen (»abseiling«) in Kletterausrüstung garantiert bleibende Erinnerungen und wird im ganzen Land angeboten (www.abseilafrica.co.za).

ANGELN UND TIEFSEEFISCHEN

Für Süßwasserfische empfehlen sich das Lowveld (Mpumalanga), die Region südlich der Drakensberge (Forellen) und der Lake Jozini (Tigerfische). Die Küsten bieten überall ideale Bedingungen. Tiefseefischer profitieren von der Artenvielfalt, die die am Kap aufeinandertreffenden Meeresströme mit sich bringen. Beachten Sie die strengen Regeln, Fangquoten und Schutzzeiten!

FLIEGEN

Passionierte Flieger können hier mehr Zeit in der Luft als auf dem Boden verbringen. Drachenflieger und Paraglider mit eigenem Equipment müssen sich registrieren lassen (Tel. 0 21/6 68 12 19; www.sahpa.co.za).

GOLFEN

Über 400 Golfplätze gibt es, meist in traumhafter Lage – mit Blick auf den Tafelberg (»Royal Cape«, »Mowbray«, »Milnerton«), im Busch (»Phalaborwa«, »Malelane«), in den Dünen (»Wild Coast«) oder im Township (»Soweto Country Club«). Infos: www.golfinginsouthafrica.com

KAJAKFAHREN

Anbieter (auch »sea kayaking« in Küstennähe«) und Bootsverleihe finden sich in Kapstadt, an der »Garden Route« und in KwaZulu-Natal. Fragen Sie in den örtlichen Touristen-Informationen nach.

RADFAHREN

Spektakuläre Strecken können Radsportler an der Küste und in der Karoo kennenlernen, rasante Mountainbike-Trails in den Bergen und Nationalparks. Leider gibt es fast nirgendwo Radwege, und den Autofahrern kann man nicht über den Weg trauen. Am besten fährt man in der Gruppe, organisiert über die »Pedal Power Association« (Tel. 0 21/6 89 84 20).

REITEN

Das Land am Kap ist ein Paradies für Reiter. Viele Hotels haben eigene Pferde oder organisieren Reittouren – von einer halben Stunde bis zu Mehrtagesritten. In den kaum erschlossenen Gebieten wie der Wild Coast (→ Spezial, S. 200) und Kosi Bay (→ Spezial, S. 236) sind Pferde das beste Fortbewegungsmittel. Adressen finden Sie bei den jeweiligen Orten im Kapitel »Unterwegs in Südafrika«.

SCHWIMMEN

Südafrika ist berühmt für seine Strände mit ganz unterschiedlichem Charakter von wild und felsig bis sandig und flach.

An der Atlantikküste sind die Wassertemperaturen zum Schwimmen allerdings zu kalt, weshalb man hier Gezeitenpools nutzt. Der Indische Ozean vom Cape Agulhas ostwärts bietet dagegen ideale Badetemperaturen, weiter nördlich ist es auch in den Wintermonaten angenehm warm. Die schönsten unberührten Strände liegen an der West Coast (Lambert's Bay), an der Wild Coast (→ Spezial, S. 200), im »St. Lucia Wetlands Park« und in Maputaland bei Kosi Bay (→ Spezial, S. 236). Achtung: Hainetze gibt es fast nur in KwaZulu-Natal.

SEGELN

Am Kap der Stürme definitiv ein Sport für Profis: Der starke Wind, hohe Wellen und felsige Küsten machen Törns zum Abenteuer (www.sailing.org.za; www.waterfrontcharters.co.za).

SURFEN

Jährlich von Oktober bis April, wenn der Passatwind bläst, sind die Gewässer um die Kaphalbinsel das Surferparadies schlechthin. Ansonsten bietet die rund 3000 Kilometer lange Küste Südafrikas fantastische Surfbedingungen für Anfänger und für Profis. Achtung: Am Atlantik geht bei Wassertemparaturen von maximal 18°C nichts ohne Schutzanzug!

Die unterschiedlichen Wassertemperaturen erzeugen am Westkap teilweise unberechenbare, hinterhältige Meeresströmungen. Daher muss das Material in Topzustand sein und der Surfer über gute Kondition verfügen. Achtung Haie! Nur die Buchten um Durban sind mit Hainetzen gesichert (→ Spezial, S. 250).

TAUCHEN

Unzählige Tauchspots liegen vor der Küste. Infos gibt's bei der südafrikanischen Tauchvereinigung (Tel. 0 11/9 55 14 26; www.cmas.co.za). Um Kapstadt kann man nach Wracks tauchen (→ Spezial, S. 250).

WANDERN

Zu den Wanderparadiesen der Welt zählen unbestritten die Kaphalbinsel, die Cedarberge, die Drakensberge und die Wild Coast (→ Spezial, S. 200). Im Hochgebirge, aber auch auf dem Tafelberg (→ Spezial, S. 135), kann das Wetter sehr schnell umschlagen, weshalb die richtige Ausrüstung wichtig ist. Generell sollte man aus Sicherheitsgründen nicht allein wandern gehen, sondern am besten in der Gruppe. Für ausgedehnte Spaziergänge empfiehlt sich der Aufenthalt auf Farmen, beispielsweise in den südlichen Drakensbergen oder in Mpumalanga. In den Nationalparks und in privaten »game reserves« werden auch Safaris zu Fuß angeboten wie der »Bushman Trail« (→ Der gute Tipp von MERIAN, S. 59).

WHITE WATER RAFTING

Rafting auf Flüssen wird immer beliebter, so auf dem Oranje River, dem Breede River, dem Tugela River und Blyde River (→ Tour 4). Wenden Sie sich an die Touristeninformation vor Ort. Information auch unter www.southafrica.info/plan_trip/holiday/roughing_it/canoeing.htm.

Der Tafelberg wird von Hunderten von Wanderwegen überzogen – manche sind anspruchsvoll, andere leicht zu gehen.

UNTERWEGS IN SÜDAFRIKA

Die Natur bietet alles: einsame Strände, windumtoste Küsten, saftig grüne Landschaften, dichte Urwälder, beeindruckende Gebirgsmassive oder blühende Halbwüste. Die Vielfalt der Landschaft ist berauschend – ebenso berauschend ist das Leben in den Städten wie in Kapstadt oder Johannesburg.

Imposante Kulisse: die Atlantikküste vor der Bergkette »Twelve Apostles« auf der Kaphalbinsel

Die »Devil's Peak«, eine der vielen Spitzen des Tafelbergs. Ursprung des Namens ist die Legende, dass der Teufel hier einst seine Pfeife geraucht haben soll.

KAPSTADT UND DIE WINELANDS

Kapstadt hat das Meer. Kapstadt hat den Tafelberg. Kapstadt hat den Wein. Kapstadt ist die »Mother City« des Landes – und der nächste Strand ist nie sehr weit entfernt.

So viel natürlicher Überfluss hat sich angeblich tief in die Mentalität der Capetonians eingegraben. Man hält sie für Genussmenschen, wähnt sie gar unter dem Einfluss des »Kap-Komas«! Schön sei die Stadt zwar durchaus, so das einhellige Urteil aus dem Rest des Landes – aber eben nicht Afrika: zu weiß, zu verschlafen, zu »pretty« – die Innenstadt, wohlgemerkt. Ein Urlaubsparadies, das Europa des Kontinents, aber eben auch eine Stadt, in der die Apartheid weiterlebt und wenige über den eigenen ethnischen, religiösen und kulturellen Tellerrand hinausblicken.

Beides, die Lobreden und die Vorwürfe, kommen nicht von ungefähr. Wohl nirgendwo im Land tritt der Unterschied zwischen Reich und Arm so krass zutage wie hier. Niemand erreicht den Flughafen, ohne im Landeanflug einen Blick auf die Cape Flats zu werfen, die Slums von Kapstadt, in denen Millionen auf eine bessere Zukunft hoffen. Der Weg in die Innenstadt führt vorbei an Nyanga, Gugulethu und Langa, die zu den ältesten Townships des Landes gehören und in Zeiten der Apartheid Zentren des schwarzen Widerstands waren. Je näher man dem legendären Tafelberg kommt, desto heller werden die Hautfarben und desto größer die Grundstücke. Links die Townships der »coloureds«, dann ein Golfplatz. In Sichtweite klebt die Universität Kapstadt am Berg. Rechts liegt, versteckt hinter dem Devil's Peak, die Innenstadt. Traumhaft umrahmt von der Steilwand des Tafelbergs liegen Lion's Head, Signal Hill und Table Bay. Hier wachsen die Grundstückspreise in den Himmel, hier tanzt man in den Clubs die Nächte durch – und der Tourismus boomt. Die Gegensätze könnten größer nicht sein. Viele Besucher, die das erste Mal nach Kapstadt kommen, fühlen sich einem Wirbel von visuellen Eindrücken und Emotionen ausgesetzt. Doch wer sich der vielschichtigen Realität dieser Stadt nicht verschließt, wird schnell merken, dass er hier überall mit offenen Armen empfangen wird. Denn darin sind sich die Kapstädter einig: Ihre Stadt ist die schönste der Welt!

KAPSTADT

ca. 1,5 Mio. Einwohner; 12 m ü.d.M.

➤ Kapstadt, S. 116 ➤ [C 8]

Vorwahl: 021

Die relativ kleine Innenstadt von Kapstadt kann man bequem zu Fuß entdecken. Sie ist das Geschäftszentrum und verwöhnt Besucher mit einem reichen Angebot an Restaurants, Kneipen, Geschäften und Sehenswürdigkeiten. Der offizielle Mittelpunkt der Stadt liegt am Greenmarket Square und ist ein idealer Ausgangspunkt für Spaziergänge (→ Tour 5). Nicht weit hinter der

a
b
c
d
1
2
3
4
5
6
Atlantischer
Ozean
Mouille Point
Green Point
Green Pt. Lighthouse
Three Anchor Bay
Rocklands Bay
Graaff's Pool
Boat Bay
Sea Point Pavilion
Camps Bay, Hout Bay
Metropolitan Golf Course
Fort Wynyard Museum
Green Point Common
Green Point Stadium
Western Boulevard
Main Rd.
Beach Rd.
Bay Rd.
Surrey Pl.
Stephan Way
Fritz Sonnenberg Rd.
Bill Peters Drive
Vlei Rd.
Kiewiet Ln.
Park Rd.
Stanley Pl.
High Level Rd.
Joubert Rd.
Ocean View Dr.
Springbok Rd.
Sea Point
Signal Hill
350
Noon Gun
Signal Hill Rd.
Schotsche Kloof
Bo-Kaap
Bo-Kaap Mus.
Tamboerskloof
German School
South African Mus. Planetarium
The Little Theater
Bertram Hse. Mus.
Mount Nelson Hotel
Melissa's
Kloof Nek Rd.
Regent Rd.
Kloof Road
Fresnaye
Top Road
Strand St.
Buitengracht St.
Long St.
Loop St.
Bree St.
Orange St.
Annandale
Camp St.
Union St.
Military Rd.
Tafelberg, Constantia-Tal, Kirstenbosch Gardens, Twelve Apostels, Newlands
Gardens, Oranjezicht
0
600 m
© MERIAN-Kartographie

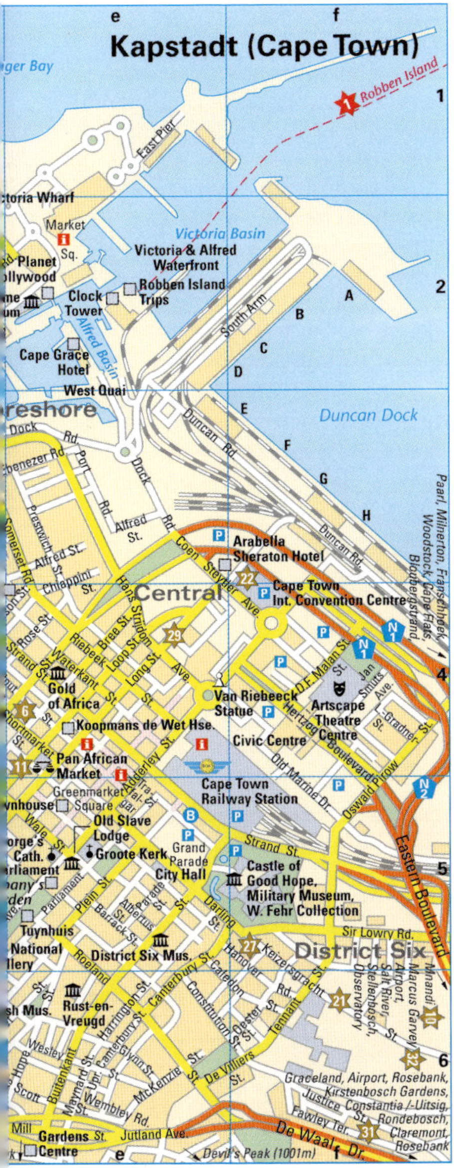

Hauptgeschäftsstraße, der Long Street (→ Der gute Tipp von MERIAN, S. 77), schmiegt sich das historische Viertel Bo-Kaap an die Hänge des Signal Hill.

Am Fuß des Lion's Head liegt der noble Stadtteil Tamboerskloof, und daneben – umrahmt von Tafelberg (→ Spezial, S. 135) und Devil's Peak – befinden sich die Wohngebiete Gardens mit der Ausgehmeile Kloof Street, Oranjezicht und Vredehoek. Am unteren Hang des Devil's Peak zeugt heute noch ein riesiges unbebautes Gebiet vom in Apartheidzeiten zerstörten Multi-Kulti-Viertel District Six (→ Spezial, S. 352).

Zwischen dem Signal Hill und der am Hafen liegenden Einkaufsmeile »Victoria & Alfred Waterfront«, kurz V & A, findet man Green Point, ein Trendviertel mit guten Ausgehmöglichkeiten. Fährt man weiter Richtung Atlantik gelangt man nach Sea Point, das mit seinen einfallslosen Hotelbauten an architektonische Fehltritte am Mittelmeer erinnert, dafür aber mit einer lebendigen Hauptstraße und einer Promenade am Meer aufwarten kann. Von Sea Point aus führt die Küstenstraße in die Viertel der Reichen und Schönen, Clifton und Camps Bay, mit ihren fantastischen Sandstränden vor der malerischen Kulisse der Gebirgskette Twelve Apostles. Über die Kloof Nek Road zwischen dem Lion's Head und dem Tafelberg gelangt man wieder zurück in die Innenstadt.

Südlich der Devil's Peak erstrecken sich die englisch geprägten Southern Suburbs – das angesagte Künstlerviertel Woodstock, das verlotterte Salt River, und das Studentenviertel Observatory.

Südlich der Nationalstraße (N2) liegen Mowbray, Rosebank, Rondebosch und die unmittelbare Umgebung der Universität in Claremont – auch hier trifft man viele Studenten. Dann wird es wieder exklusiver mit Newlands und den Luxusvororten Bishop's Court und Constantia. Generell gilt: Je näher am Berg oder am Meer, desto edler ist die Wohngegend.

Die Northern Suburbs sind eher burisch geprägt, modern bebaut und erstrecken sich vor allem nördlich der Nationalstraße (N1). Touristisch interessant sind vor allem Milnerton, Table View und Bloubergstrand wegen ihrer traumhaften Lage am Meer und dem Postkartenblick auf Kapstadt.

Von Kapstadt aus lässt sich in Tagestouren die Umgebung entdecken – und allein dafür sollte man mindestens eine Woche einplanen: Im Süden erstreckt sich die Kaphalbinsel bis zum »Cape Point«, der Kapspitze, und dem Kap der Guten Hoffnung (→ TopTen, S. 6).

Im Osten von Kapstadt liegen die Townships der Cape Flats. Dahinter schließlich erstrecken sich die Winelands um Franschhoek, Paarl und Stellenbosch mit charmanten kapholländischen Weingütern, exzellenten Restaurants und erstklassigen südafrikanischen Weinen (→ Spezial, S. 148), die zu den besten der Welt zählen. Davon überzeugt man sich am besten bei einer Weinprobe!

Cape Town Tourism

➤ Kapstadt, S. 116, [e 4] und [e 2]

Ecke Burg Street/Castle Street; Tel. 0 21/ 4 87 68 00; www.tourismcapetown.co.za; Mo–Fr 8–18, Sa 8.30–13, So 9–13 Uhr; Weitere Infos am »Clock Tower Precinct«: »Cape Town Tourism«, Tel. 0 21/4 05 45 00; tgl. 9–21 Uhr (Schwerpunkt Westkap); »Waterfront Information Centre«; Tel. 0 21/ 4 08 76 00; Mo–Sa 9–21, So 10–21 Uhr

Hotels

Cape Grace Hotel

Eines der edelsten und besten Hotels des Landes, direkt an der Waterfront. Über eine Zugbrücke gelangt man zu Geschäften und Restaurants. Luxuriöse Zimmer, preisgekröntes Restaurant und traumhafter Blick auf die Stadt.

➤ Kapstadt, S. 116, [e 2]

West Quay, Waterfront, Kapstadt; Tel. 0 21/4 10 71 00, Fax 0 21/4 19 76 22; www.capegrace.com; 122 Zi. •••• (inkl. Frühstücksbuffet) CREDIT ♿

Das noble »Cape Grace Hotel« liegt direkt an der Waterfront. Die Zimmer zum Meer sind die schönsten.

Cellars Hohenort Hotel

Gediegener Luxus in traumhafter Lage mitten in den Weinbergen im Tal von Constantia: elegante Möbel, gemütliche Bar, Pools, Tennisplätze und freier Zugang zum Fitnessclub in der Nähe. Im Gebäude aus dem 18. Jahrhundert im typischen kapholländischen Stil befindet sich das Spitzenrestaurant »The Cellars«.

➤ Kapstadt, S. 116, südl. von [c 6]

93 Brommersvlei Road, Contantia, Kapstadt; Tel. 0 21/79 21 37, Fax 7 94 21 49; 53 Zi. und Suiten ●●●● CREDIT

Mount Nelson Hotel (→ Spezial, S. 90)

The Twelve Apostles Hotel & Spa

Preisgekröntes Privathotel mit elegant eingerichteten Zimmern und Wellness-Centre. Zwischen Camps Bay und Hout Bay am Hang der Twelve Apostles mit grandiosem Blick auf die Küste. Gemütliche Bar, oft Livemusik.

➤ Kapstadt, S. 116, südl. von [b 6]

Victoria Road, Oudekraal, Kapstadt; Tel. 0 21/4 37 90 00, Fax 4 37 90 55; www.12apostleshotel.com; 70 Zi. ●●●● CREDIT ♿

Alphen Hotel

Hotel in einem schönen Gebäude aus dem 18. Jahrhundert nah am Botanischen Garten Kirstenbosch (→ Der gute Tipp von MERIAN, S. 81). Gediegener Charme, elegante Zimmer, rustikaler Pub (»Boer n' Brit«) mit Fassbier.

➤ Kapstadt, S. 116, südl. von [b 6]

Alphen Drive, Constantia, Kapstadt; Tel. 0 21/7 94 50 11, Fax 7 94 57 10; www.alphen.co.za; 21 Zi. ●●● CREDIT

The Bay Hotel

Traumlage direkt am Palmenstrand von Camps Bay mit Blick auf den Atlantik. Hier ist man mitten im Promi-Viertel und gleich neben netten Cocktailbars, Läden und Restaurants. Geschmackvoll eingerichtete, helle Zimmer.

➤ Kapstadt, S. 116, südwestl. von [b 6]

69 Victoria Rd., Camps Bay, Kapstadt; Tel. 0 21/4 30 44 44, Fax 4 38 44 55; www. the-bay.co.za; 80 Zi. ●●● bis ●●●● CREDIT ♿

Cape Heritage Hotel

Individuell eingerichtete Zimmer in einem denkmalgeschützten Haus aus dem 18. Jahrhundert. Das Hotel direkt im Stadtzentrum ist ein Teil des Heritage-Square-Ensembles mit einer Reihe empfehlensweter Restaurants und Cafés. Sehr gute Weinboutique.

➤ Kapstadt, S. 116, [e 4]

90 Bree Street, Zentrum, Kapstadt; www.capeheritage.cp.za; Tel. 0 21/4 24 46 46, Fax 4 24 49 49; 15 Zi. ●●● CREDIT

Hippo Boutique Lodge

Kleines, sehr charmantes Luxushotel. Das Ambiente ist modern minimalistisch, ohne jedoch kalt und unpersönlich zu wirken. Zentrale Lage im Stadtteil Gardens an der angesagten Kloof Street mit ihren vielen Läden und Restaurants. Exzellent essen lässt sich im »Greens on Park« direkt vor der Haustür.

➤ Kapstadt, S. 116, südl. von [c 6]

5–9 Park Road, Gardens, Kapstadt; Tel. 0 21/4 23 25 00, Fax 4 23 25 15; www.hippotique.co.za; 20 Zi. ●●● (ohne Frühstück) CREDIT
Keine Kinder unter 12 Jahren

Metropole Hotel

Modernes Boutique-Hotel ganz zentral gelegen an der Long Street (→ Der gute Tipp von MERIAN, S. 77), der quirligen Multi-Kulti-Ausgehmeile von Kapstadt. Im Hotel befindet sich ein sehr gutes Restaurant. Riesiges Aquarium im Barbereich. Ideale Unterkunft für diejenigen, die sich zu Fuß ins Nachtleben stürzen wollen. Deutschsprachig.

➤ Kapstadt, S. 116, [e 4]

38 Long Street, Zentrum, Kapstadt;
Tel. 0 21/4 24 72 47, Fax 4 24 72 48;
www.metropolehotel.co.za;
29 Zi. ••• CREDIT

Villa Belmonte

Kleines Luxushotel in einer Villa aus dem 19. Jahrhundert im viktorianischen Stil im ruhigen Stadtteil Oranjezicht. Vom Hotel aus bietet sich ein grandioser Blick über die Stadt. Der Service ist tadellos, die Küche exzellent.

➤ Kapstadt, S. 116, südl. von [d 6]

33 Belmont Ave, Oranjezicht, Kapstadt;
Tel. 0 21/4 62 15 76, Fax 4 62 15 79;
www.villabelmontehotel.co.za;
15 Zi. ••• bis •••• CREDIT

Bluegum Hill Guest House

Das Gästehaus mit familärer Atmosphäre liegt ganz zentral am Hang des Signal Hill. Von hier aus bietet sich eine wunderbare Aussicht auf das Viertel Green Point und die Victoria & Alfred Waterfront. Die Zimmer im Gästehaus sind gemütlich und individuell eingerichtet. Umwerfend gut und üppig ist das Frühstück.

➤ Kapstadt, S. 116, [d 3]

13 Merriman Road, Green Point, Kapstadt;
Tel. 0 21/4 39 87 64, Fax 4 34 63 02;
www.bluegumhill.co.za; 6 Zi •• CREDIT

Ein außergewöhnliches Haus, direkt an der Ausgehmeile Long Street: das schicke »Metropole Hotel«

Besticht durch viktorianischen Charme und fantastische Küche: die Villa Belmonte im Stadtteil Oranjezicht

Breakwater Lodge

Ein ehemaliges Gefängnisgebäude mit entsprechend kleinen, aber freundlichen Zimmern. Zentral gelegen und die günstigste Übernachtungsmöglichkeit an der Waterfront im Zentrum von Kapstadt.

➤ Kapstadt, S. 116, [d 2]

Portswood Road, Waterfront, Kapstadt; Tel. 0 21/4 06 19 11, Fax 4 06 10 70; www.breakwaterlodge.co.za; 250 Zi. •• (ohne Frühstück) CREDIT ♿

iKhaya Guest Lodge

»iKhaya« – so heißt das »Zuhause« auf Xhosa – bietet Luxus im afrikanischen Design mit viel Charme und Liebe zum Detail wie geschnitzten Türstöcken und rauen Sandsteinwänden – und das mitten in der Innenstadt von Kapstadt. Blick auf den Tafelberg.

➤ Kapstadt, S. 116, südl. von [d 6]

Dunkley Square/Wandel Street, Gardens, Kapstadt; Tel. 0 21/4 61 88 80, Fax 4 61 88 89; www. ikhaya lodge.co.za; 11 Zi., 7 Lofts •• (ohne Frühstück) CREDIT

Monkey Valley Beach Nature Resort

Umweltfreundlich aus Holz gezimmerte Häuschen, versteckt in einem dichten Urwald aus White-Milkwood-Bäumen am südlichen Ende des Chapman's Peak Drive. Schöner Blick auf den Sandstrand von Noordhoek. Eine echte Öko-Oase.

➤ Kapstadt, S. 116, südwestl. von [a 4]
➤ (Tour 3)

Mountain Road, Chapman's Peak, Noordhoek; Tel. 0 21/7 89 13 91, Fax 7 89 11 43; www.monkeyvalleyresort.com; 24 Zimmer und Ferienhäuser, je nach Größe und Saison (Hauptsaison Nov.–Apr.) •• bis ••• CREDIT

Nine Flowers Guest House

Gemütliches Gästehaus in einem liebevoll restaurierten viktorianischen Haus. Zentral, aber ruhig gelegen im Zentrum von Kapstadt. Deutschsprachig.

➤ Kapstadt, S. 116, [d 6]

133–135 Hatfield Street, Gardens, Kapstadt; Tel./Fax 0 21/4 62 14 30; www.nineflowers.com; 8 Zi. •• VISA MASTER AmEx

Quayside Lodge

Traumhafter Blick auf die False Bay und den Hafen von Simon's Town – allerdings nicht von allen Zimmern aus! Ideale Basis, um von hier aus die südliche Kaphalbinsel zu entdecken.

➤ Kapstadt, S. 116, südl. von [b 6]
➤ (Tour 3)

St. George's Street, Simon's Town;
Tel. 0 21/7 86 38 38, Fax 7 86 22 41;
www.quayside.co.za; 22 Zi. •• CREDIT

Sea Castle

Das »Schloss am Meer« in Clifton präsentiert sich luxuriös in Marmor, Granit und Ahorn. Große Ferienwohnungen mit Balkon und Meerblick. Für alle, die mitten im Viertel der Reichen und Schönen übernachten wollen.

➤ Kapstadt, S. 116, südl. von [b 6] ➤ Tour 3
15 Victoria Road, Clifton;
Tel. 0 21/4 38 40 10, Fax 4 38 40 15;
www.primi-seacastle.com; 10 Zi. •• CREDIT

Victoria Junction Hotel

Besonders gern logieren im modernen Design-Hotel der Protea-Gruppe Künstler, Models und Filmcrews. Sehr zentrale Lage im Stadtteil Green Point zwischen der V&A Waterfront und Cape Quarter. Ein Wohnerlebnis für alle Sinne.

➤ Kapstadt, S. 116, [d 3]
Somerset Road/Ebenezer Road,
Green Point; Tel. 0 21/4 18 12 34,
Fax 4 18 56 78;
www.proteahotels.co.za;
172 Zi. •• CREDIT ♿

Spaziergänge und Ausflüge

Shipwreck Trail (→ Tour 1)

Rund um die Kaphalbinsel
(→ Tour 3)

Kapstadt zu Fuß entdecken
(→ Tour 5)

Sonnenuntergang am Strand

Die nördlichen Vororte von Kapstadt sind berühmt für ihre endlosen, wunderbaren Traumstrände. Milnerton und Bloubergstrand liegen nur knapp 20 Autominuten vom Zentrum entfernt. Von der Nationalstraße (N1) Richtung Paarl geht es auf der R27 weiter zu diesen beiden Orten. Ob am »Sunset Beach« bei Milnerton oder etwas weiter draußen in Bloubergstrand: Der Blick von hier aus über die Table Bay auf Kapstadt und den Tafelberg (→ Spezial, S. 135) ist besonders bei Sonnenuntergang ein überwältigendes Erlebnis. Zwar hundertmal auf Postkarten abgelichtet, aber an das Original kommt nichts heran.

➤ Kapstadt, S. 116, nördl. von [f 4] ➤ [C 8]
18 km nördl. von Kapstadt

AUTORENTIPP Empfehlenswert für ein Picknick bei Sonnenuntergang ist die Wiese vor dem Hotel »Blue Peter« in Bloubergstrand an der Popham Road. Mit einem Glas Wein und einem Snack kann man hier genießen, wie die untergehende Sonne den Tafelberg in blauviolettes Licht taucht.

Robben Island ✱1

Die Gefängnisinsel, auf der neben Nelson Mandela auch viele andere Anti-Apartheidkämpfer eingekerkert waren, ist seit 1999 Weltkulturerbe. Schon von den Portugiesen als Gefängnis genutzt, diente die Insel unter anderem als Irrenanstalt, Leprakolonie und Naturschutzgebiet. Die von ehemaligen Häftlingen geleiteten Führungen dauern etwa zweieinhalb Stunden. Besichtigt wird auch die sechs Quadratmeter große Zelle, in

Jeden Abend ein anderes Spiel der Farben: der Tafelberg bei Sonnenuntergang, vom Bloubergstrand aus gesehen

der Mandela ab 1960 einen Großteil seiner 19 Jahre langen Haft auf Robben Island absaß und heimlich seine Memoiren schrieb.

➤ Kapstadt, S. 116, [e 2] ➤ [C 8]

Insel ca. 11 km vor Kapstadt; das Boot legt von 9–15 Uhr stündlich am Clock Tower an der V & A Waterfront ab; im Sommer reservieren; Tel. 0 21/4 13 42 20; www.robbenisland.org.za; Tour 150 Rand (Kinder 75 Rand)

Vogelschutzgebiet »Rondevlei« und die Weingüter in Constantia

Immer noch relativ unbekannt ist das Vogelschutzgebiet »Rondevlei« (»Rondevlei Bird Sanctuary«) im Süden Kapstadts bei Muizenberg. Bis zu 230 verschiedene Vogelarten sind in der Dünenlandschaft heimisch. Außerdem lebt im Salzwassersee in den Dünen die einzige Flusspferdfamilie der Stadt. Für den Rest des Tages lohnt sich ein Ausflug in die nah gelegenen Weingüter des Constantia Valley. »Groot Constantia«, das bekannteste und älteste Weingut, bietet ein historisches kapholländisches Anwesen mit einem Weinmuseum und dem feinen Restaurant »Jonkershuis« (→ S. 153). Weitere Weingüter in der Gegend sind »Klein Constantia«, »Constantia Uitsig« und »Buitenverwachting« (→ S. 130).

➤ Tour 3 ➤ [C 8]

Ca. 80 km südl. von Kapstadt; »Rondevlei Bird Sanctuary«; Fisherman's Walk, Zeekoevlei bei Muizenberg; Tel. 0 21/7 06 24 04; www.rondevlei.co.za; tgl. 7.30–17, Dez.–Feb. Sa/So 7.30–19 Uhr

Silvermine Nature Reserve

Das fantastische Wandergebiet liegt zwischen Atlantik (Noordhoek) und der False Bay (Muizenberg, Kalk Bay). Die Berglandschaft, die zu den schönsten der Kapinsel zählt, bietet üppig blühende Fynbosvegetation (→ Spezial, S. 160), darunter viele Proteenarten. Grandiose Panoramablicke über die Halbinsel. Zugang entweder per Wanderweg von Kalk Bay (Boyes Drive) oder über den Ou Kaapse Weg.

➤ Tour 3 ➤ [C 8]
ca. 70 km südl. von Kapstadt; Informationen und Karten bei »Cape Town Tourism«; Tel. 0 21/4 87 68 00; www.tourismcapetown.co.za

Sehenswertes

Bo-Kaap

Das Viertel mit den bunt bemalten Häusern und Moscheen am Hang des Signal Hill ist eine Welt für sich, die von den Kapmalaien muslimischen Glaubens geprägt ist. Hier herrscht ein enges Zusammengehörigkeitsgefühl, und anders als in den vorrangig von Weißen bewohnten Stadtteilen spielt sich das Leben auf der Straße ab. Das Viertel entstand 1780 und ist damit das älteste der Stadt. Wie durch ein Wunder ist Bo-Kaap, anders als District Six (→ Spezial, S. 352), während der Apartheidzeiten nicht zerstört worden.

Seit einigen Jahren steigen die Immobilienpreise hier dramatisch – gleichzeitig wächst die Sorge der Bewohner, dass Bo-Kaap sich zum Yuppie-Viertel entwickelt und seine Identität verliert. Das Museum in Bo-Kaap informiert über das Leben der Muslime im 19. Jahrhundert und die Tradition des Islam am Kap. In der Straße hinter dem Museum steht Südafrikas älteste Moschee, die Auwal Mosque von 1795 (nicht zugänglich).

Das älteste Viertel der Stadt, Bo-Kaap, überrascht mit einer ausgelassenen Farbenfreude. Hier leben überwiegend Muslime.

➤ Kapstadt, S. 116, [d 4/5]

Bo-Kaap-Museum, 71 Wale St., Bo-Kaap, Kapstadt; Tel. 0 21/4 81 39 39; www.museums.org.za/bokaap; Mo–Sa 9.30–16.30 Uhr, an islamischen Feiertagen geschlossen; historisch Interessierte sollten eine Tour durch Bo-Kaap über »Andulela« buchen (Tel. 0 21/7 90 25 92, auch deutschsprachig).

Botanischer Garten Kirstenbosch 31

(→ Der gute Tipp von MERIAN, S. 81)

Strände bei Camps Bay und Clifton

Das Wasser ist hier zwar eiskalt, die Lage dafür umso malerischer: Im Hintergrund ragen der Lion's Head, das Tafelbergmassiv und die Silhouette von Twelve Apostels auf, vorne schäumt wild der Atlantik. Wenn tagsüber die Sonne brennt, empfiehlt sich der Strand im Nobelvorort Camps Bay mit seinen Schatten spendenden Palmen und dem besten Eiscafé der Stadt, dem »Sinfull Ice Cream Emporium«. Kleiner und exklusiver sind die vier Strände von Clifton.

➤ Kapstadt, S. 116, südwestl. von [a 4]

➤ Tour 3

»Sinfull Ice Cream Emporium« versteckt sich im »Promenade Centre« an der Hauptstraße (tgl. 9–23 Uhr) von Camps Bay.

Castle of Good Hope

Die Festung in Form eines Fünfecks ist der älteste Kolonialbau Südafrikas. Sie wurde von den ersten holländischen Siedlern zwischen 1666 und 1679 zum Schutz der Kapkolonie errichtet. Heute gibt es hier mehrere eher unbedeutende Kunstsammlungen, ein Militärmuseum, Führungen durch die Kerkerräume und auf die Burgmauer sowie täglich Punkt 12 Uhr Mittag eine zeremonielle Schlüsselübergabe (»key ceremony«).

➤ Kapstadt, S. 116, [f 5]

Castle of Good Hope an der Grand Parade, Zentrum, Kapstadt; Tel. 0 21/7 87 12 49; www.castleofgoodhope.co.za; tgl. 9–15.30 Uhr, Führungen um 11, 12 und 14 Uhr

City Hall

Die 1905 in einer Mischung aus britischem Kolonialstil und Neo-Renaissance erbaute City Hall ist Sitz der Kapstädter Philharmonie. Der Turm wurde dem Londoner Big Ben nachempfunden. Nach seiner Entlassung aus der Gefängnishaft im Jahr 1990 sprach Nelson Mandela vom Balkon der City Hall aus zu mehr als 100 000 Menschen, die ihn jubelnd in der Freiheit begrüßten.

➤ Kapstadt, S. 116, [e 5]

City Hall, Darling Street, Zentrum, Kapstadt;

Company's Gardens

Kapstadts Stadtpark liegt als Fortsetzung der Adderley Street, einer der Haupteinkaufsmeilen in der Innenstadt, hinter der St. George's Cathedral in der Government Avenue. Der Garten, versteckt hinter großen Eichen, diente einst als Gemüsegarten der ersten Siedler. Hier wachsen exotische Pflanzen, es gibt einen Duftgarten – und im Sommer finden hier regelmäßig auch Open-Air-Konzerte statt.

➤ Kapstadt, S. 116, [d/e 5]

Company's Gardens, Government Avenue; Zentrum, Kapstadt; Infos zu den Konzerten bei »Cape Town Tourism«, Tel. 0 21/4 87 68 00; www.tourismcapetown.co.za

Das südafrikanische Parlament tagt in diesem Gebäude. Dienstags, mittwochs und donnerstags finden Plenardebatten statt.

Houses of Parliament und Tuynhuis

Das südafrikanische Parlament tagt im House of Parliament das ganze Jahr über, außer in den Ferien im April, Juni und Dezember/Neujahr. Die Sitzungen des Parlaments sind öffentlich; Plenardebatten beginnen meist Dienstag, Mittwoch und Donnerstag um 14.15 Uhr. Der Haupteingang liegt in der Parliament Road. Führungen durch das Gebäude werden über das Besucherzentrum rechts neben dem Haupttor an der Plein Street organisiert. Das Tuynhuis von 1751 links neben dem Parlamentsgebäude ist der Amtssitz des Präsidenten der Republik Südafrika (nicht zugänglich).

➤ Kapstadt, S. 116, [e 5]

Government Avenue, Zentrum, Kapstadt; Führungen Mo–Fr 9, 10, 11 und 12 Uhr; Reservierung notwendig: Tel. 0 21/4 03-22 66 oder -22 01/ -86 18/ -25 37; www.parliament.gov.za; Zugang nur mit Reisepass!

Long Street 29

(→ Der gute Tipp von MERIAN, S. 77)

Greenmarket Square und Old Townhouse

Der 1710 angelegte Platz bildet das Zentrum der Stadt. Hier findet täglich, außer am Sonntag, ein afrikanischer Flohmarkt statt. Das Alte Rathaus (Old Townhouse) am Platz im kapholländischen Stil aus dem 18. Jahrhundert diente bereits als Sitz der Stadtwache, der Stadtverwaltung, des Gerichtshofs und in späterer Zeit als Polizeiwache. Heute beherbergt es die Sammlung »Michaelis« mit Werken niederländischer Meister des 17. Jahrhunderts, unter anderem Gemälden von Künstlern wie Frans Hals und Jacob van Ruysdal (Mo–Fr 10–17, Sa 10–16 Uhr).

➤ Kapstadt, S. 116, [e 5]

Signal Hill und Lion's Head

Der 350 Meter hohe Signal Hill ist ein beliebter Aussichtspunkt in Kapstadt, auf den man bequem mit dem Auto fahren kann. Der beeindruckende Panoramablick von diesem Hügel reicht vom Tafelberg (→ Spezial, S. 135) über die Innenstadt, den Hafen, die Gefängnisinsel Robben Island und Sea Point zum Lion's Head. Lohnendes Fotomotiv ist von hier aus der Tafelberg, der an Wochenenden nachts mit Flutlicht angestrahlt wird. Seit einiger Zeit gibt es auf dem Signal Hill allerdings immer mal wieder Überfälle. Bleiben Sie daher besonders am Abend in Sichtweite anderer Besucher.

Etwas weiter unten auf dem Signal Hill in Richtung Green Point wird täglich außer am Sonntag um Punkt 12 Uhr die »Noon Gun« abgefeuert – eine alte Tradition, die einst den in der Bucht ankernden Seeleuten die Zeit anzeigte und dem Signal Hill seinen Namen verlieh.

Anders als den Signal Hill muss man den Lion's Head in einer einstündigen Wanderung zu Fuß erklimmen.

Auf den höher gelegenen Lion's Head (669 m) führt eine etwa einstündige Wanderung. Auch hier gilt: Wandern Sie möglichst nicht allein, sondern in der Gruppe, und vermeiden Sie es, dort bei Dämmerung oder bei Nacht unterwegs zu sein!

➤ Kapstadt, S. 116, [c 4]

Der Zugang zum Signal Hill und zum Lion´s Head liegt am obersten Punkt der Kloof Nek Road gegenüber der Straße zur Seilbahn (»cable car«), die auf den Tafelberg führt.

St. George's Cathedral

Die große neogotische Sandsteinkathedrale in Kapstadts Innenstadt mit den bunten Glasfenstern und den geschnitzen Altären, die gotische Formen imitieren, entstand um 1900. Sie galt in Zeiten der Apartheid als das Zentrum des friedlichen Widerstands gegen das Regime – nicht zuletzt, weil Desmond Tutu hier von 1986 bis 1996 als Erzbischof der Anglikanischen Kirche Südafrikas residierte. Der Friedensnobelpreisträger Desmond Tutu ist noch heute hin und wieder in St. Georges beim Gottesdienst zu sehen. Jeden Sonntag um 19 Uhr gibt es in der Kathedrale eine musikalische Abendandacht mit Orchester- oder Chormusik.

➤ Kapstadt, S. 116, [e 5]

1 Wale Street, Zentrum, Kapstadt; Information zu den musikalischen Abendandachten im Internet unter www.stgeorgescathedral.com

Museen

District Six Museum

Nicht im District Six (→ Spezial, S. 352), sondern an der Buitenkant Street liegt das Museum, das an die Geschichte der Zerstörung des Stadtteils erinnert.

➤ Kapstadt, S. 116, [e 5]

Buitenkant Methodist Church, 25a Buitenkant Street, Zentrum, Kapstadt; Tel. 0 21/4 61 87 45; www.districtsix.co.za; Mo 9–14.30, Di–Sa 9–16.00 Uhr

Gold of Africa Museum

Das Museum in einem Haus aus dem 18. Jahrhundert erklärt alles, was Sie schon immer über Gold wissen wollten – von der Geschichte der ersten Goldfunde in Südafrika über historisch bedeutende Ausstellungsstücke bis hin zur Verarbeitung des Edelmetalls. Goldschmiedekurse werden vor Ort angeboten.

➤ Kapstadt, S. 116, [e 4]

Martin Melck House, 96 Strand Street, Zentrum, Kapstadt; Tel. 0 21/4 05 15 40; www. goldofafrica.com; Mo–Sa 9.30–17 Uhr; Eintritt 20 Rand

Jewish Museum

Das Jüdische Museum zeigt – museumspädagogisch aufbereitet – die Geschichte der Juden in Südafrika. Neben dem Museum steht die älteste Synagoge des Landes, und direkt gegenüber das »Holocaust Centre« mit Bildern und Tonaufnahmen von Holocaust-Überlebenden.

➤ Kapstadt, S. 116, [d/e 6]

84 Hatfield Street, Gardens, Kapstadt (neben der National Gallery); Tel. 0 21/4 65 15 46; www.sajewishmuseum.co.za; So–Do 10–17, Fr 10–14 Uhr; Eintritt 50 Rand

Slave Lodge

Das 1679 als Sklavenquartier erbaute Haus am unteren Ende der Company Gardens ist heute ein Museum mit einer Sammlung zur Kulturgeschichte, interessanten Wechselausstellungen und Jan van Riebeecks Grab im Innenhof. Das zweitälteste Gebäude Kapstadts blickt auf eine bewegte Geschichte zurück: Neben Sklaven waren hier zeitweise Prostituierte untergebracht. Ab dem 19. Jahrhundert residierten Regierungspolitiker in den Räumen und später der Oberste Gerichtshof.

➤ Kapstadt, S. 116, [e 5]

Adderley Street/Wale Street, Zentrum, Kapstadt; Tel. 0 21/4 60 82 40; www.museums.org.za/slavelodge; Mo–Fr 8.30–16.30, Sa 9–13 Uhr

South African Museum

Das älteste Museum des Landes ist eine Gründung aus dem Jahr 1825 und hat sich auf naturgeschichtliche und archäologische Sammlungen spezialisiert. Höhepunkte der ständigen Sammlung sind drei gigantische Walskelette, die über mehrere Stockwerke von der Decke hängen, eine Sammlung zur Frühgeschichte des südlichen Afrika und zur Kultur der Ureinwohner, der Khoi-San (→ Spezial, S. 340). Außerdem gibt es im Museum ein Planetarium mit wechselnden Shows, die sehr empfehlenswert für Kinder sind.

➤ Kapstadt, S. 116, [d 5]

25 Queen Victoria Street, Zentrum, Kapstadt; Tel. 0 21/4 81 38 00; www.museums.org.za/sam; tgl. 10–17 Uhr; Eintritt 10 Rand (Kinder 5 Rand), Sa freier Eintritt

South African National Gallery

Die Nationalgalerie ist zweifellos das beste Museum der Stadt. Dauerausstellungen zeigen Gemälde französischer, flämischer und niederländischer Meister des 17. und 18. Jahrhunderts, vor allem aber südafrikanische Kunst und Kunsthandwerk. Die Wechselausstellungen sind ein Spiegel der zeitgenössischen südafrikanischen Kultur. Nettes Museumscafé.

➤ Kapstadt, S. 116, [d 5]

Gallery Lane, Company Gardens, Zentrum, Kapstadt; Tel. 0 21/4 67 46 60; www.museums.org.za/sang; Di–So 10–17 Uhr; Eintritt 10 Rand (Kinder 5 Rand)

Wer ohne Adrenalinschub und Käfig einem Hai begegnen möchte, besucht die gefährlichen Jäger im Two Oceans Aquarium.

Two Oceans Aquarium

Das Aquarium in Kapstadt gilt als eines der besten der Welt. Rund 3000 Meeresbewohner, darunter 300 Fischarten tummeln sich in den rund 30 Seewasserbassins. Am imposantesten sind dabei wohl die verschiedenen Haie, die Meeresschildkröten und die Mantarochen in einem Aquarium mit einem großen Wald aus Seetang. Dieses riesige Becken des Aquariums fasst insgesamt ganze zwei Millionen Liter Wasser.

➤ Kapstadt, S. 116, [d 2]

Dock Road an der Waterfront, Zentrum, Kapstadt; Tel. 0 21/4 18 38 23; www.aquarium.co.za; tgl. 9.30–18 Uhr; Eintritt 70 Rand, Kinder von 4 bis 17 Jahre 32 Rand, Kinder unter 4 Jahre frei

Essen und Trinken

Buitenverwachting

Eines der besten Restaurants des Landes in malerischer Lage auf dem Weingut »Klein Constantia« im Constantia-Tal mit edler, aber entspannter Atmosphäre. Gute Gerichte mit Fleisch (reichhaltige Portionen) und ausgezeichnete Fischgerichte.

➤ Kapstadt, S. 116, südwestl. von [b 6]
➤ Tour 3

Klein Constantia Road, »Klein Constantia«; Tel. 0 21/7 94 35 22; www.buitenverwachting.co.za; wechselnde Öffnungszeiten ●●●● CREDIT ♿

La Colombe

International mehrfach preisgekröntes Restaurant im Constantia-Tal – und viele Kenner behaupten, das »La Colombe« sei das beste Restaurant der ganzen Kapregion. Edle französische Küche. Unbedingt reservieren.

➤ Kapstadt, S. 116, südwestl. von [b 6]
➤ Tour 3

Spaanschemaat River Road, »Constantia Uitsig« (Restaurant ausgeschildert); Tel. 0 21/7 94 23 90; www.lacolombe.co.za; tgl. 12.30–14.15 und 19.30–21 Uhr, im Winter So nur mittags ●●●● CREDIT ♿

Panama Jack

Ein Kapstädter Restaurant-Klassiker: In einem alten Bootshaus mit niedrigen Decken und bunten Flohmarktmöbeln werden frische Schalentiere und Fisch serviert. Zwar saftige Touristenpreise – aber dennoch ein Erlebnis!

➤ Kapstadt, S. 116, nördl. von [f 3]

Am Hafen, jedoch nicht an der belebten, schicken V & A Waterfront, sondern etwas abgelegen hinter dem »Royal Cape Yacht Club« Richtung Milnerton; Tel. 0 21/4 47 39 92; tgl. 18.30–22 Uhr ●●●● CREDIT ♿

The Africa Café 6

(→ Der gute Tipp von MERIAN, S. 48)

Cape Colony

Zentral und besonders: Elegantes Top-Restaurant im mondänen »Nellies«, dem Mount Nelson Hotel (→ Spezial, S. 90). Vielseitige Speisekarte mit kontinentalen, mediterranen, thailändischen und kapmalaiischen Gerichten.

➤ Kapstadt, S. 116, [d 6]

760 Orange Street, Zentrum, Kapstadt; Tel. 0 21/4 83 18 50; www.mountnelson.co.za; tgl. 18.30–23 Uhr ●●● CREDIT ♿

Verwegene Einrichtung, köstliche Fischgerichte: das Restaurant Panama Jack am Hafen

➤ Kapstadt, S. 116, [d 4]
121 Castle Street (in der Nähe der Rose Street), Zentrum, Kapstadt; Tel. 0 21/4 26 23 68; Mo–Sa 19–23 Uhr ••• CREDIT

Harbour House
Einmalige Lage direkt am Hafen von Kalk Bay (→ Der gute Tipp von MERIAN, S. 52). An stürmischen Tagen schlägt hier die Brandung bis an die Fensterscheiben im zweiten Stock. Die Einrichtung des Restaurants ist modern-minimalistisch, es gibt täglich wechselnde Menüs. Zu empfehlen sind im »Harbour House« besonders die vorzüglichen Fischgerichte, die kreativ angerichtet serviert werden.
➤ Kapstadt, S. 116, südl. von [f 6]
➤ Tour 3
Kalk Bay Harbour, Kalk Bay; Tel. 0 21/7 88 41 33; tgl. 12–16 und 18–22 Uhr ••• CREDIT

Five Flies Restaurant & Bar
Ein weiteres Top-Restaurant in Kapstadt mit einer vielseitigen und reichhaltigen Küche. Das »Five Flies« erstreckt sich auf unterschiedlich gestaltete Räume in zwei denkmalgeschützten Gebäuden aus dem 18. Jahrhundert. Gutes Preis-Leistungs-Verhältnis.
➤ Kapstadt, S. 116, [e 4]
14/16 Keerom Street (parallel zur Long Street), Zentrum, Kapstadt; Tel. 0 21/ 4 24 44 42; www.fiveflies.co.za; Mo–Fr 12–15, 19–22.30 Uhr ••• CREDIT ♿

Ginja
Ein echter Geheimtipp für Feinschmecker im Zentrum von Kapstadt, aber nicht leicht zu finden. Das »Ginja« bietet äußerst schmackhafte Gourmet-Küche, exzellente Weine und ein wunderschönes Ambiente in einem denkmalgeschützten Haus aus dem 18. Jahrhundert.

95 Keerom
Italienisches Top-Restaurant im Zentrum inmitten 300 Jahre alter Ziegelmauern, Einrichtung in modernem Dekor. Hervorragende innovative Küche, sehr empfehlenswert.
➤ Kapstadt, S. 116, [e 5]
95 Keerom Street (parallel zur Long Street), Zentrum, Kapstadt; Tel. 0 21/4 22 07 65; Mo–Fr 12–14.30, Mo–Sa 19–22.30 Uhr ••• CREDIT ♿

AUF TOWNSHIP-TOUR

Die Townships gehören zu Südafrika wie der Krügerpark – und zu Kapstadt genauso wie der Tafelberg.

In den Townships lebt die Mehrheit der Einwohner in Vierteln mit Namen wie Langa (Sonne), Nyanga (Mond), Gugulethu (Unser Stolz), Mitchell's Plain und Khayelitsha (Neues Zuhause). Gemeinsam haben diese Siedlungen, dass sie mit dem Ziel gegründet wurden, Schwarze und »coloureds« aus der Stadt herauszuhalten.

Auch heute noch pendeln täglich Millionen Südafrikaner vom Township in die Städte – per Zug oder in den vollgestopften Minibus-Taxis. Diese verdächtig verbeulten Sardinenbüchsen verkehren in Kapstadt zwischen der Innenstadt und den Cape Flats, der großen, sandigen und windgepeitschten Ebene östlich der Stadt, in denen die Armenviertel liegen. Die meisten weißen Capetonians haben diese Gebiete noch nie in ihrem Leben betreten – aus Angst vor Kriminalität und Rassenhass in den »Slums«.

»Was soll ich da?«, fragt sich auch mancher Tourist – noch dazu als weißer Europäer? Fest steht: Wer sich auf eine Township-Tour einlässt, lernt eine andere Welt kennen, eine ungeahnte kulturelle Vielfalt und eine zwischenmenschliche Wärme, die das Lächeln der Hotelrezeptionistin in Camps Bay blass dagegen aussehen lässt.

Township ist nicht gleich Township: Manche Gebiete, vor allem in den »coloured townships«, sehen nicht unbedingt anders aus als viele amerikanische Suburbs. In den schwarzen Gegenden jedoch, in Gugulethu, Nyanga, Philippi und Crossroads etwa, leben die Menschen ärmlich und beengt in winzigen Häusern. Die Ärmsten schließlich hau-

sen in Squatter Camps, den Siedlungen aus Wellblechhütten (»shacks«), meist ohne Strom und Wasser, dafür mit Schwindel erregenden Kriminalitätsraten.

Ein Sonntagsausflug à la Weintour ist eine Tour durch die Townships nicht – und auf eigene Faust sollte hier nur hinfahren, wer sich in dem Gewirr von Straßen auskennt. Doch für viele Besucher ist der Besuch in einem Township das einprägsamste Erlebnis ihres Südafrikaaufenthalts. Entgegen der weit verbreiteten Vorstellung von »Zoo« und »Armutstourismus« sind Besucher hier willkommen. Die meisten Bewohner sind stolz darauf, ihr Leben und ihre Kultur mit Touristen zu teilen.

Dazu gehört zum Beispiel der Besuch eines Marktes: Schon von Weitem steigt einem der appetitanregende Geruch nach gegrilltem Fleisch in die Nase. Man kommt

Das Leben in den Townships ist nicht einfach, doch dem Besucher schlägt eine authentische menschliche Wärme entgegen.

»Nie aufgeben«, könnte ihr Motto lauten: Die zehnjährige Xola träumt von einer Laufbahn als Balletttänzerin.

näher. Die Marktfrau strahlt übers ganze Gesicht: »Darf's ein ›smilie‹ sein?« Der Blick fällt nach unten, und ein einsamer Schafskopf grinst zurück. Schafsköpfe sind billig – und lecker. Sagt man. Sie haben keinen

AUTORENTIPP Empfehlenswerte Anbieter für Touren in den Townships sind: »Andulela Experience« (Tel. 021/7902592; www.andulela.com), »Bonani Township Tours« (Tel. 021/5314291; www.bonanitours.co.za) und »Zibonele Tours« (Tel. 021/5114263; www.ziboneletours.com)

Hunger? Kein Problem! Die Alternative für einen Snack zwischendurch sind knackige gegrillte Hühnerköpfe und gesalzene, knusprige Hühnerfüße – auch im Doppelpack als »Walkie-Talkies« erhältlich. Das Beste jedoch ist: Sie müssen diese Spezialitäten nicht probieren und können sich stattdessen auf einen ausgelassenen Klatsch mit der Verkäuferin konzentrieren – niemand wird es Ihnen übel nehmen.

Letztlich ist es der Kontakt mit den Menschen, der die Township-Tour so reizvoll macht. Gute Touren bieten deshalb mehr als nur eine Fahrt im klimatisierten Reisebus durchs Elendsviertel: Sie arbeiten mit örtlichen Familien, Projekten und Geschäften zusammen, leiten einen Teil der Einkünfte aus dem Tourismus an soziale Projekte weiter und sorgen dafür, dass Einheimische und Besucher miteinander in direkten Kontakt kommen – ob bei einer Xhosa-Familie am Mittagstisch, in einer der Townshipkneipen (»shebeen«), im Keramikstudio einer Künstlerin oder im Gottesdienst.

Khaya Nyama

Im »Haus des Fleisches« gibt es Fleisch von Eland, Kudu, Krokodil, Springbock und allen anderen Wildtieren, die in Südafrika leben. Das Restaurant mit Safari-Ambiente hat darüber hinaus sehr gute südafrikanische Weine im Angebot.

➤ Kapstadt, S. 116, [e 4]

267 Long Street, Zentrum, Kapstadt; Tel. 0 21/4 24 29 17; tgl. 16–open end ••• CREDIT

one.waterfront

Erstklassiges und preisgekröntes Restaurant im Cape Grace Hotel (→ S. 118). Die Küche bietet mediterran-asiatisch inspirierte Gerichte.

➤ Kapstadt, S. 116, [e 2]

West Quay, V & A Waterfront, Zentrum, Kapstadt; Tel. 0 21/4 18 05 20; www.onewaterfrontplace.com; tgl. 6.30–11, 12–15, 18.30–22 Uhr ••• CREDIT ♿

Savoy Cabbage

Täglich wechselnde Gerichte in edlem Ambiente aus Chrom, Glas und Ziegelwänden. Unbedingt reservieren.

➤ Kapstadt, S. 116, [e 5]

Heritage Square, 101 Hout St., Kapstadt; Tel. 0 21/4 24 26 26; Mo–Fr 12–14, Mo–Sa 19–22 Uhr ••• CREDIT

Café Paradiso

Gute südafrikanisch-mediterrane Küche in ruhiger Atmosphäre mit traumhaftem Blick von der Terrasse auf den Tafelberg.

➤ Kapstadt, S. 116, [c 6]

110 Kloof Street, Gardens, Kapstadt; Tel. 0 21/4 23 86 53; www.cafeparadiso.co.za; Mo–Fr 10–23, Sa/So 9.30–23 Uhr •• CREDIT

Cape to Cuba (→ Spezial, S. 96)

Manna Epicure

Trendiges Café ganz in weiß mit exzellenter und innovativer Küche. Vorzügliche Steaks und Gemüse-Shakes.

➤ Kapstadt, S. 116, [c 6]

51 Kloof Street, Gardens, Kapstadt; Tel. 0 21/4 26 24 13; Di–Sa 8–18, So 8–15 Uhr •• VISA MASTER DINERS

Melissa's

(→ Spezial, S. 96)

weiter auf S. 143

Gute Hotels, gehobene Restaurants und bis in den Abend geöffnete Geschäfte: die Victoria & Albert Waterfront

AUFSTIEG ZUM TAFELBERG 2

Der Blick von unten imponiert, der von oben verzaubert: Der berühmteste »Tisch« des Landes krönt jeden Südafrikabesuch.

Vor rund 2000 Jahren nannten die Khoi-Khoi das markante Massiv »Hoerikwaggo«, »Meeresblick«. Heute ist der Tafelberg das unübersehbare Wahrzeichen Kapstadts und Teil eines weitläufigen Nationalparks, der sich vom Tafelberg aus über weite Teile der Kaphalbinsel erstreckt.

Wenn, wie an vielen Tagen, eine dünne Wolkenschicht direkt über seinem Gipfel kondensiert, sieht es aus, als sei der größte Tafelberg der Welt mit einem weißen Tischtuch (»table cloth«) bedeckt. Über der Devil's Peak bildet sich oft eine kleine Wolke. Einer Legende nach ist sie nichts anderes als der Rauch aus des Teufels Pfeife, der einst am Hang des Tafelbergs geschmaucht haben soll.

So beeindruckend er von unten wirkt, so atemberaubend ist die Aussicht vom 1087 Meter hohen Berg. Fast drei Kilometer misst das Plateau an seiner breitesten Stelle. Der Blick von der aus dem Felsen ragenden Gipfelstation der Seilbahn reicht über die gesamte Stadt, die Table Bay mit der vorgelagerten Insel Robben Island und die Bergkette der Twelve Apostles bis hin zur False Bay und den Winelands. Und besonders schön ist der Ausblick am Abend, wenn die untergehende Sonne ihr Farbenspiel entwickelt, und bei Nacht mit den Lichtern der Großstadt tief unten.

Im Jahr 1951 wurde der Tafelberg zum Natur- und Historischen Denkmal ernannt. Er besteht überwiegend aus weißem, harten Sandstein, der auf einem Granit-Schiefer-Unterbau lagert. Das Massiv ist rund 600 Millionen Jahre alt und war einst etwa fünfmal so hoch wie heute. Sein jetziges Aussehen erhielt der Berg im Lauf der Jahrmillionen durch Wind- und Wassererosion. Das Naturschutzgebiet des Tafel-

Bildlegenden
Gondel »with a view«: Die Kabinen der Seilbahn drehen sich während der Fahrt. Nächste Seiten: Der Tafelberg thront über der Kaphalbinsel. Oben genießt man einen grandiosen Blick auf die Höhenzüge, Orte und Buchten.

Devil's Peak (1000 m)
False Bay
Waterfront
Signal Hill (350 m)
Citybowl

Tafelberg (1087 m)
Cape of Good Hope
Twelve Apostles
Clifton
Lion's Head (669 m)
Seilbahnstation

bergs umfasst 6000 Hektar unberührter, karger Klippen mit einer artenreichen Fynbosvegetation, die im September und November in allen Farben leuchtet (→ Spezial, S. 160).

Auf den Gipfel der meist besuchten Touristenattraktion Südafrikas führen mehr als 300 Pfade unterschiedlicher Schwierigkeitsgrade. Den schnellsten Aufstieg garantiert »Skeleton Gorge« von der Tafelberg Road aus, den schönsten Aufstieg der sanft ansteigende Weg vom Constantia Nek. Wer es komfortabeler mag, der kann den »Table Mountain Trail«, eine geführte Dreitages-Wanderung mit Übernachtungen buchen (www.tmnp.co.za). Eine andere Möglichkeit, den Tafelberg bequem und sicher zu erklimmen, ist die Fahrt mit der modernen Schweizer Seilbahn (»cable car«). Die Kabinen drehen sich, während sie lautlos nach oben schweben, und bieten einen fantastischen Rundumblick. Auf dem Gipfel gibt es ein Restaurant mit Panoramaterrasse und Souvenirshop, von dem aus man Postkarten mit Tafelberg-Briefmarken verschicken kann. Drei Plateauwanderungen eignen sich für einen Rundweg (Dauer eine Stunde): Der »Tortoise Walk«, der »Klippspringer Walk« und der »Rock Dassie Walk« – letzterer benannt nach den Klippschliefern, einer possierlichen, kaninchengroßen Tierart mit Hufen, die – man glaubt es kaum – mit Elefanten und Seekühen verwandt ist. Einen grandiosen Ausblick – nicht vom, sondern auf den Gipfel – hat man am Wochenende vom Signal Hill aus, wenn der Tafelberg mit Flutlicht angestrahlt wird.

Die zahlreichen Klippschliefer auf dem Tafelberg sind so zahm – und verfressen –, dass sie sich von Besuchern füttern lassen.

AUTORENTIPP Denken Sie daran, dass das Wetter auf dem Tafelberg sehr schnell umschlagen kann. Eine Wanderung auf das Wahrzeichen Kapstadts ist kein Nachmittagsspaziergang! Jedes Jahr müssen unzählige Touristen mit Hubschraubern vom Berg gerettet werden. Nehmen Sie deshalb wetterfeste, warme Kleidung mit, ein aufgeladenes Handy, genug Wasser und Essen – und wandern Sie immer in der Gruppe.

➤ Kapstadt, S. 116, [c 1] ➤ [C 8]
www.tablemountain.net; die Fahrt mit der Seilbahn kostet ca. 120 Rand (Jugendliche ca. 65 Rand, Kinder unter 3 Jahren frei)

Noon Gun Tea Room & Restaurant
Wenig romantisches Ambiente, aber dafür ein traumhafter Blick über die Stadt vom höchsten Punkt des Bo-Kaap am Signal Hill. Näher an authentische kapmalaiische Küche kommt man nicht heran – und die hausgemachten Samoosas und Curries sind vorzüglich. Alter Familienbetrieb.

➤ Kapstadt, S. 116, [d 4]

273 Longmarket Street, Bo-Kaap, Kapstadt; Tel. 0 21/4 24 05 29; Mo–Sa 10–22 Uhr

••

Einkaufen

Einkaufszentren

Die Kapstädter »Victoria & Alfred Waterfront« ist mit Abstand die schönste Einkaufsmeile Südafrikas, weshalb sogar Binnenstädte wie Johannesburg und Bloemfontein nach diesem Vorbild ihre eigene »Waterfront« gebaut haben. Hier gibt es, was es nur geben kann – allerdings meist zu Touristenpreisen.

Kleiner, zentral in der Innenstadt gelegen und praktisch für den täglichen Bedarf auf Reisen ist das »Gardens Centre« an der Ecke Mill Street/Buitenkant Street. Außerhalb der Innenstadt in Century City an der N1 Richtung Paarl liegt das riesige Einkaufzentrum »Canal Walk«. »Cavendish Square« in der Main Road in Claremont schließlich ist überschaubar, aber groß genug für einen formidablen Shopping-Trip.

➤ Kapstadt, S. 116, [e 2], [e 6], südöstl. von [f 4] ➤ Tour 3 [Claremont]

Gold, Diamanten und Edelsteine

Im Zentrum liegt »Prins & Prins« mit relativ günstigem Schmuck aus Gold und Silber und einer Schauwerkstatt. In Constantia hat sich »Peter Gilder« auf Tanzanite spezialisiert und holt die Steine selbst in der tansanischen Mine ab.

➤ Kapstadt, S. 116, [d 5]
➤ Tour 3 [Constantia]

»Prins & Prins«, 66 Loop Street, Zentrum, Kapstadt; Tel. 0 21/4 22 10 90; »Peter Gilder«, Shop 40, Constantia Village; Tel. 021/7942116; www.petergilder.com

Etwas zu Hause vergessen? In Einkaufszentren wie hier im »Canal Walk« kann man sich mit allem Erdenklichen versorgen.

Kalk Bay 9 (→ Der gute Tipp von MERIAN, S. 52)

Kunsthandwerk und Souvenirs
Der berühmteste und schönste afrikanische Markt findet täglich (Mo–Sa 9–16 Uhr) in der Innenstadt auf dem Greenmarket Square statt. Mehr Auswahl und oft auch bessere Preise gibt es auf dem großen Afrikamarkt am Stadion im Stadtteil Green Point (So 8.30–18 Uhr). Bessere Qualität und auch Ungewöhnliches findet man auf dem »Waterfront Craft Market« (tgl. 9.30–18 Uhr) und im »Red Shed Craft Workshop« unter dem Dach des großen Einkaufszentrums »Victoria Wharf Mall« an der Waterfront gleich neben dem »Cinema Nouveau«.

➤ Kapstadt, S. 116, Greenmarket Square, [e 5], Markt im Stadion von Green Point, [c/d 2], »Waterfront Craft Market«, [e 2], »Red Shed Craft Workshops«, [e 2]

Pan African Market 11
(→ Der gute Tipp von MERIAN, S. 54)

Wein bei »Vaughan Johnson«
Kapstadts bester Weinladen mit einer riesigen Auswahl und einer exzellenten Beratung. Wer sich ein paar schöne Flaschen zu viel davon ausgesucht hat, kann sie mit dem Service von »Vaughan Johnson« weltweit auf dem Luft- oder Seeweg versenden lassen (»shipping«).

➤ Kapstadt, S. 116, [e 3]

Wine & Cigar Shop, Dock Road, Waterfront, Kapstadt; Tel. 021/4192121; Mo–Fr 9–18, Sa 9–17, So 10–17 Uhr

Am Abend

Bascule Whisky Bar and Wine Cellar
Stilvolle Bar im »Cape Grace Hotel« mit mehr als 400 Whisk(e)ysorten. Für Spendierfreudige gibt es 50 Jahre alten Glenfiddich für 15 000 Rand das Glas.

➤ Kapstadt, S. 116, [e 2]

Cape Grace Hotel, West Quay, Waterfront, Kapstadt; Tel. 021/4107082; 9–2 Uhr CREDIT

Cape Philharmonic Orchestra
Das Kapstädter Sinfonieorchester spielt traditionell in der City Hall, regelmäßig aber auch auf Festivals, im »Artscape« (Malan St., Foreshore) oder im »Baxter Theatre« (Main Rd., Rondebosch).

➤ Kapstadt, S. 116, [e 5], südl. von [d 6], nordöstl. von [f 6]

Programminformationen und Kartenvorverkauf über »Computicket«, www.cpo.org.za

Hemisphere Night Club
Musik, Tanzfläche und Drinks beiseite: Allein der Blick vom 31. Stock eines Bürogebäudes in der Innenstadt sorgt für Stimmung und Adrenalin im Blut. Da kann kein Club auf Straßenniveau mit-

Freunde schottischer Single Malts freuen sich in der »Bascule Whisky Bar« über alte Abfüllungen.

halten. Gespielt wird Musik der 70er, 80er und 90er Jahre, in den frühen Morgenstunden Hip-Hop und Rock and Beat.

➤ Kapstadt, S. 116, [e 4]

ABSA Centre, 2 Riebeek Street, Zentrum, Kapstadt; Tel. 0 21/4 21 05 81; www.hemisphere.org.za

Kennedy's Cigar Lounge

Eine Kapstädter Institution und beliebter Treffpunkt für Politiker und Künstler. Ledersofas, Marmortische, sanfte Klaviermusik und Live-Jazz. Geschmaucht werden kubanische Zigarren (zwischen 50 und 200 Rand das Stück).

➤ Kapstadt, S. 116, [d 5]

251 Long Street, Zentrum, Kapstadt; Tel. 0 21/4 24 12 12; www.kennedys.co.za; Mo–Sa 18–4 Uhr CREDIT

Theater in Kapstadt

In der Innenstadt ist das »Artscape«, in dem auch internationale Tanzshows und Musicals zu sehen sind, das größte Theater (Malan Street, Foreshore). Modernes, seltener klassisches Theater und Comedy zeigt das »Baxter Theater« etwas außerhalb in der Nähe der Universität (Main Road, Rondebosch). Ein Geheimtipp ist das »Little Theatre«, auf dessen Bühne die Schauspielstudenten der »University of Cape Town« eigene Produktionen vorstellen (»Hiddingh Campus«, Orange Street, gegenüber dem »Labia«-Kino, nur Abendkasse). Das Theater »On the Bay« bietet vor allem britische Comedy, aber auch klassische Stücke (Link Street, Camps Bay).

➤ Kapstadt, S. 116, südl. von [d 6], nordöstl. von [f 6], [d 5], südwestl. von [a 4]

Programmübersicht und Karten für alle Profi-Theater liefert »Computicket« an den Schaltern in großen Einkaufszentrum oder online über www.computicket.co.za

Feste

Cape Town Festival (März)

»Eine Stadt, viele Kulturen« heißt das Motto. Gefeiert wird überall, auch in den Townships, vor allem aber in der Innenstadt. Straßenkunst in den Company Gardens und abendliche Märkte und Konzerte. Daneben Theater, Tanz, Literatur und bildende Kunst.

Information und Kartenvorverkauf unter www.capetownfestival.co.za

Coon Carnival 21

(→ Der gute Tipp von MERIAN, S. 63)

International Jazz Festival 22

(→ Der gute Tipp von MERIAN, S. 64)

FRANSCHHOEK

4000 Einwohner, 275 m ü.d.M.

➤ Winelands, S. 146, [c 2] ➤ [D 8]

Eigentlich liegt Franschhoek irgendwo in Südfrankreich – das jedenfalls lassen die Namen der Hotels und die Speisekarten in den Restaurants vermuten.

Umgeben von den Franschhoek-Bergen und den Groot-Drakenstein-Bergen haben sich hier im 17. Jahrhundert Hugenottenfamilien niedergelassen, und es dauerte nicht lange, bis die holländischen Siedler dem Ort den Namen »de fransche hoek«, »französische Ecke«, verpassten. Seitdem blüht und gedeiht hier alles, was französisch ist – und die Südafrikaner lieben ihr kleines Stück Frankreich von Herzen.

Hotels

Le Franschhoek Hotel & Spa

Elegantes Luxushotel mit großem Pool und einem Wellness-Bereich. Modern eingerichtete Zimmer; zwei Restaurants und Sportangebote. Für Heiratswillige gibt es einen »Hochzeitskoordinator«.

➤ Winelands, S. 146, [c 2]

Farm Keerwededer, 16 Minor Rd., Franschhoek; Tel. 021/8768900; www.lefranschhoek.co.za; 63 Zi. ••• bis •••• CREDIT ♿

Ausflüge

Franschhoek Pass

Am Ende des Talkessels von Franschhoek führt die Straße nur noch aufwärts: Hier schraubt sich der Franschhoek Pass auf 701 Meter Höhe nach oben. Am Straßenrand gibt es einige Plätze, die sich hervorragend für ein Picknick eignen. Oben angekommen, kann man wandern, sollte sich aber vorher in der Touristeninformation eine Wandererlaubnis (»permit«) besorgen.

Wer etwas Zeit hat, kann der Straße über den Bergrücken folgen, nach dem Theewaterskloof-Stausee rechts auf die R321 abbiegen und den kurvenreichen Viljoens-Pass (525 m) mitnehmen. Kurz nach Grabouw im Elgin-Tal, Herzen des Apfelanbaugebietes, trifft man wieder auf die N2 Richtung Kapstadt und kommt über Somerset West und Stellenbosch zurück nach Franschhoek.

➤ Winelands, S. 146, [c 2] ➤ [D 8]

Weinverkostung in Boschendal 3

Etwa 20 Kilometer von Franschhoek liegt eines der ältesten und malerischsten Weingüter Südafrikas. Der Weinkeller von 1685 und das kapholländische Herrenhaus von 1812 können besichtigt werden. Lassen Sie den Tag mit einem Picknick und erstklassigem Wein ausklingen.

➤ Winelands, S. 146, [b 2] ➤ [D 8]

Pniel Road (an R310 Richtung Stellenbosch); Tel. 0 21/8 70 42 74; www.boschendal.com

Essen und Trinken

Reuben's

Warme, informelle Atmosphäre – die Bar besteht aus der Tragfläche eines Flugzeugs – und eine Speisekarte mit klassischen und teils gewagteren Gerichten wie Chili-Tintenfisch. Besonders empfehlenswert sind auf der Karte die »specials«.

➤ Winelands, S. 146, [c 2]

19 Huguenot Road (»Oude Stallen Centre«), Franschhoek; Tel. 0 21/8 76 37 72; tgl. 12–15, 19–20.30 Uhr ••• CREDIT

Tasting Room im »Le Quartier Français«

In wechselnden Vier–, Sechs- und Acht-Gänge-Menüs gibt es hier das Feinste vom Feinsten – nicht umsonst ist der »Tasting Room« zur Restaurantlegende geworden. Unbedingt reservieren!

➤ Winelands, S. 146, [c 2]

»Le Quartier Français«, 16 Huguenot Road, Franschhoek; Tel. 0 21/8 76 21 51; Dinner beginnt zwischen 19 und 20.30 Uhr •••• CREDIT

iCi

Gemütliches, buntes Bistro. Hier gibt es das Edelessen aus dem »Tasting Room« des »Le Quartier Français« à la carte. Viele Gerichte kommen direkt aus dem mit Holz befeuerten Ofen. Großartige Weinkarte und oft etwas zu süße Desserts.

➤ Winelands, S. 146, [c 2]

»Le Quartier Français«, 16 Huguenot Road, Franschhoek; Tel. 0 21/8 76 21 51; 17–22 Uhr ••• CREDIT

Luxus und Wellness in der »französischen Ecke«: das Franschhoek Hotel

EDEL SEI DER TROPFEN

Schon Napoleon schwor auf den südafrikanischen Muscadel. Heute zählen die Weine vom Kap zu den besten der Welt.

Erst in den 1970er-Jahren schafften die südafrikanischen Winzer den Sprung auf den internationalen Massenmarkt. Da hatten sie bereits dreihundert Jahre lang gepflanzt, geerntet, gekeltert und abgefüllt.

Alles begann damit, dass der holländische Gründer der Kapkolonie, Jan van Riebeeck, sich 1654 in den Kopf gesetzt hatte, das Kapland sei wie geschaffen für den Weinanbau. Er sollte Recht behalten. Nach kläglichen ersten Versuchen fasste sich der spätere Gouverneur der Kolonie, Simon van der Stel, ein Herz und gründete das Weingut »Constantia«. Wenig später siedelten sich aus Frankreich vertriebene Hugenotten in Franschhoek an und besannen sich rasch auf ihre Winzertradition.

Heute, nach der politischen und wirtschaftlichen Öffnung des Landes, gehören die Kapweine zu den beliebtesten der Welt. Produziert wird alles – von Rot-, Weiß- und Schaumwein über Brandwein bis hin zu Port. Insgesamt gibt es mehr als 500 Weinproduzenten, die meisten davon in und um Stellenbosch, Franschhoek, Somerset West und Paarl. Die mit Rebstöcken bepflanzte Fläche liegt landesweit deutlich über 100 000 Hektar. Man ist auf den Export ausgerichtet: Bei den internationalen Weinproduzenten steht Südafrika mittlerweile an siebenter Stelle. Und 1999 schließlich kam mit »New Beginnings« der erste Wein auf den Markt, der von schwarzen Winzern produziert wurde.

Saftige Ernte: Kalkreiche oder saure Böden und das mediterrane Klima eignen sich hervorragend für den Weinanbau.

Für den Weinanbau könnte das Western Cape idealer nicht sein. Das Klima ist mediterran; Frost, Hagel gibt es kaum – und selbst im Sommer sind die Nächte meist kühl, was den Zuckeranteil der Beeren in die Höhe treibt. Bei Kapstadt bietet saures, sandiges Schwemmland optimale Bedingungen für den Anbau von Rotwein; die kalkreichen Böden bei Robertson und Tulbagh wiederum sorgen für ausgezeichnete Weißweine.

Diese sanften Hügel versprechen Genuss: Weinberge des Gutes »Klein Constantia« (→ S. 123) im Constantia Valley.

In der Little Karoo hat man sich auf Dessert- und Destillierweine spezialisiert. Wie fast überall geht der Trend in Südafrika zum Rotwein. Ganz vorn steht der Cabernet-Sauvignon, gefolgt von Shiraz, Merlot und Pinot Noir. Eine südafrikanische Spezialität ist der Pinotage, eine Rebe, die aus Pinot Noir und Cinsault (Hermitage) gezüchtet wurde. Der purpurrote, leicht- bis mittelschwere Wein reift in Eichenfässern und hat eine füllig-samtige und fruchtige Note.

Unter den Weißweinen findet man vor allem Chenin Blanc (Steen), Colombard, Chardonnay, Sauvignon Blanc und Riesling (Achtung: nicht verwechseln mit »Cape Riesling«!). Für Süßweine wird Muscat d'Alexandrie (Hanepoot) angebaut.

Ein Ausflug von Kapstadt in die Winelands gehört zum Pflichtprogramm. Die Region mutet ausgesprochen europäisch an. In den erstklassigen Hotels und edlen Restaurants wird den Gourment- und Weintouristen jeder Wunsch von den Augen abgelesen. Im Buchhandel bekommt man detaillierte Karten, auf denen die Güter eingezeichnet sind; Schilder weisen den Weg zu den Weinrouten. Auch wenn nicht alle Güter für Touristen geöffnet sind, so bieten doch die meisten Weinproben und Kellertouren an. Zu den schönsten Weingütern in der Region Paarl zählen »Nederburg« und »Fairview«. Bei Stellenbosch und Somerset West sind es »Boschendal«, »Blaauwklippen«, »Delheim« und »Vergelegen« (für romantische Picknicks) sowie das Weingut »Spier«.

➤ **Winelands, S. 146**

AUTORENTIPP Wer sich ernsthaft mit dem Thema Wein beschäftigen möchte, sollte sich den »Platter« besorgen. Die südafrikanische Weinbibel bietet eine ausführliche Beschreibungen der Weingüter und Rebsorten, Tipps für Übernachtungen und Restaurantkritiken (www.platterwineguide.co.za).

PAARL

88 000 Einwohner, 145 m ü.d.M.

➤ Winelands, S. 146, [b 1] ➤ [C 8]

Das Städchen Paarl (Afrikaans für »Perle«) ist benannt nach einer Gruppe 500 Millionen Jahre alter Granitmonolithe, von denen aus man eine atemberaubende Aussicht über das Tal und Klein Drakenstein hat. Paarl ist nicht ganz so lieblich wie Franschhoek oder Stellenbosch, kann aber ebenfalls mit exzellentem Wein, sehr guten Restaurants und einer einladenden Umgebung aufwarten.

Hotels

Goedemoed Country Inn

Wunderschönes, kleines Landhotel in einem denkmalgeschützten Haus mitten in Paarl mit geschmackvoll eingerichteten Zimmern in Pastellfarben.

➤ Winelands, S. 146, [b 1]

Cecilia Street, Paarl; Tel. 0 21/8 63 11 02, Fax 0 21/8 63 11 04; www.goedemoed.com; 8 Zi. •• CREDIT ♿

Grande Roche Hotel

Preisgekröntes Luxushotel in den Weinbergen vor einer dramatischen Bergkulisse. Die Zimmer liegen in einem wunderbar restaurierten alten Weingut.

➤ Winelands, S. 146, [b 1]

Plantasie Street, Paarl; Tel. 0 21/8 63 51 00, Fax 8 63 22 20; www.granderoche.co.za; 34 Zi. •••• CREDIT ♿

Santé Winelands Hotel

Von der Weintherapie bis zur Aromamassage dreht sich hier alles um Wellness und Entspannung. Das moderne Hotel hat ein »Wellness«-Restaurant und bietet einen der besten Panoramablicke des ganzen Tals.

➤ Winelands, S. 146, [a 1]

Simonsvlei Road, an der R101, Paarl-Klapmuts; Tel. 0 21/8 75 81 00, Fax 8 75 81 11; www.santewellness.co.za; 49 Zi. ••• CREDIT ♿

Sehenswertes

Weingut Nederburg

Eines der größten und bekanntesten Weingüter am Kap. Täglich finden hier Weinproben und Führungen durch die Weinberge und Weinkeller statt (Anmeldung erforderlich!). Im Herbst werden im Weingut südafrikanische Spitzenweine versteigert.

➤ Winelands, S. 146, [b 1] ➤ [C 8]

Sonstraal Road, Daljosafat, Paarl; Tel. 0 21/8 62 31 04; www.nederburg.co.za

Die abgerundete Form der Granitfelsen gab dem »Pearl Mountain« und der Stadt Paarl ihre Namen.

Das Grande Roche Hotel in Paarl ist ein ehemaliges Weingut und wurde schon mit Preisen ausgezeichnet.

Essen und Trinken

Bosman's (→ Spezial, S. 96)

Marc' s

Ein charmantes, kleines Restaurant mitten im Zentrum von Paarl. Die Küche ist leicht und »lekker« mit einem mediterranen Einschlag, die Weinkarte beeindruckend. Das »Marc's« mit seiner schönen Terrasse ist perfekt für lauschige Sommerabende geeignet.

➤ Winelands, S. 146, [b 1]

129 Main Road, Paarl; Tel. 0 21/8 63 39 80; Di–So mittags, Mo–Sa abends ••• ▭

STELLENBOSCH

67 000 Einwohner, 114 m ü.d.M.

➤ Winelands, S. 146, [a 2] ➤ [C 8]

Stellenbosch ist das unangefochtene Zentrum der Winelands und die Wiege der burischen Kultur am Kap. Die Universität Stellenbosch gilt als eine der besten des Landes und die Universitätsgebäude nehmen große Teile des historischen Städtchens ein. Entsprechend lebendig geht es auf den Straßen zu. Bis heute ist das Straßenbild sehr von Weißen geprägt – man fühlt sich eher wie in Europa als in Südafrika.

Informationen bei »Stellenbosch Tourism«, 36 Market Street; Tel. 0 21/8 83 35 84; www.stellenboschtourism.co.za (Informationen zur »Stellenbosch Wine Route«); Mo–Fr 8–18, Sa und So 9.30–17, im Winter Mo–Fr 9–17, Sa und So 10–14 Uhr

In der Dorp Street in Stellenbosch kann man Handwerkern und Künstlern zusehen – wie hier einer Seidenteppichweberin.

Hotels

The Village at Spier

Leben in einem Edeldorf: Das feine Boutique-Hotel liegt auf halber Strecke zwischen dem Flughafen Kapstadt und Stellenbosch auf dem Weingut »Spier«. Die Gäste schlafen hier in großzügigen Zimmern in einem von 32 kapholländischen Häuschen, die gemeinsam ein kleines Dorf bilden.

➤ Winelands, S. 146, [a 2]

Südwestl. von Stellenbosch an der R310, Lynedoch Road; Tel. 0 21/8 09 11 00, Fax 8 09 11 34; www.spier.co.za; 155 Zi. •• CREDIT ♿

Ausflüge

Jonkershoek Nature Reserve

Eines der schönsten Wandergebiete in den Winelands. In diesem fast 25 000 Hektar großen Naturschutzgebiet kann man zwischen Wasserfällen und Seen mindestens einen ganzen Tag verbringen.

➤ Winelands, S. 146, [a 2] ➤ [C 8]

10 km nördl. von Stellenbosch; »Jonkershoek Nature Reserve« im Jonkershoek Valley; Tel. 0 21/8 66 15 60; tgl. 7.30–19, im Winter 7.30–18 Uhr

Stellenbosch Wine Route

Die älteste Weinstraße am Kap und eine der großen Attraktionen für Besucher der Region (seit 1971) führt vorbei an 42 Weingütern und fünf Genossenschaften, darunter auch das berühmte »Simonsig« (»Simonsig Wine Estate«, Tel. 0 21/8 88 49 00) und das romantische »Neethlingshof« (»Neethlingshof Estate«, Tel. 0 21/8 83 89 88). Ein Weingut liegt idyllischer als das andere und fast alle Güter auf der Route bieten neben Weinverkauf und -verkostungen auch eine gute Küche im eigenen Restaurant an.

➤ Winelands, S. 146, [b 2] ➤ [C 8]

Informationen zur den einzelnen Weingütern unter www.wineroute.co.za

Spier Leasure

Kein Weingut vermarktet sich in den Winelands so konsequent wie »Spier«. Neben dem erstklassigen Hotel »The Village at Spier« (s.o.) gibt es hier drei hervorragende Restaurants, darunter das berühmte »Jonkershuis« (→ S. 153) sowie einen historischen Dampfzug, der die Besucher direkt aus der Kapstädter Innenstadt abholt und in die Winelands transportiert. Hinzu kommt ein eindrucksvolles Kulturprogramm mit Konzerten, Theatervorstellungen und Kunstausstellungen (»Spier Arts Summer Season«) und für Kinder Ponyreiten und ein Wildtiergehege.

➤ Winelands, S. 146, [b 2] ➤ [C 8]

An der R310, Lynedoch Road; Infos beim »Welcome Center at Spier«, Tel. 0 21/8 09 11 00; Information zum Gut und den Veranstaltungen unter www.spier.co.za

Sehenswertes

Dorp Street

Fast die gesamte Straße steht unter Denkmalschutz: viktorianische Häuser, kleine Läden und nette Cafés. Bei einem Spaziergang durch die Dorfstraße kommen Sie am Braak vorbei, dem zentralen Platz mit schönen kapholländischen Bauten aus dem 18. und 19. Jahrhundert, dem VOC Kruithuis (Pulverhaus), der St. Mary's Church, der Rhenish Mission Church und dem alten Burgerhuis.

Museen

Rupert Museum

Das Museum der Stadt beherbergt die private Kunstsammlung des Tabak- und Zigarettenbarons Anton Rupert. Zu sehen sind hauptsächlich regionale Künstler wie Van Wouw oder Irma Stern.

➤ Winelands, S. 146, [a 2]

Stellentia Avenue (unteres Ende der Dorp Street), Stellenbosch; Tel. 0 21/8 88 33 44; Mo–Fr 9.30–13, 14–16, Sa 10–13 Uhr, geschlossen an Sonn- und Feiertagen; Eintritt 40 Rand (Kinder 10 Rand)

Village Museum (Dorp Museum)

Das Museum besteht aus vier einzelnen Gebäuden, die jeweils auf verschiedene Phasen der Entwicklung der Stadt Stellenbosch vom 17. bis zum 19. Jahrhundert zurückgehen. Alle Gebäude sind noch weitgehend im Originalzustand erhalten und authentisch eingerichtet.

➤ Winelands, S. 146, [a 2]

18 Ryneveld Street, Stellenbosch; Tel. 0 21/8 87 29 48; www.museums.org.za/stellmus; Mo–Sa 9–17, So 10–16 Uhr

Essen und Trinken

De Volkskombuis

Alles ist hier auf kapholländischen Stil getrimmt, im Hauptquartier der burischen Kochkunst. Charmantes Dekor, antike Möbel. In der »Volkskombüse« hat man sich ganz auf Touristen eingestellt – und manchmal geht die Masse leider auf Kosten von Klasse.

➤ Winelands, S. 146, [a 2]

An de Wagenweg (in der Nähe der Dorp Street), Stellenbosch; Tel. 0 21/8 87 21 21; tgl. 12–15.30, 18.30–21.30 Uhr; im Winter geschlossen ••• CREDIT

Jonkershuis

Das Hausrestaurant des Weinguts »Spier« (→ S. 152) bietet ein koloniales Buffet der Spitzenklasse. Die Karte verführt mit Gerichten der traditionellen Kapküche, Fleisch und Fisch, perfekt.

➤ Winelands, S. 146, [a 2]

im Hotel »Village at Spier« an der R310, Lynedoch Road, südwestl. von Stellenbosch; Tel. 0 21/8 09 11 59; tgl. 12–15.30, Do–Sa 18–22 Uhr ••• CREDIT

Einkaufen

Oom Samie se Winkel

Ein Trödelladen – aber was für einer! Hier sieht es aus wie auf Großmutters Dachboden: Auf Regalen türmen sich altes Emaillegeschirr, Konserven, Weine, Gewürze und tausend nützliche, spannende oder einfach skurrile Dinge, die wie von selbst im Einkaufskorb landen ...

➤ Winelands, S. 146, [a 2]

82 Dorp Street, Stellenbosch; Tel. 0 21/8 87 07 97; Mo–Fr 8.30–17.30, Sa, So 9–17 Uhr

Am stürmischen Cape Agulhas (Portugiesisch für »Kap der Nadeln«) – und nicht am Kap der guten Hoffnung – treffen der Atlantische und der Indische Ozean aufeinander.

WESTERN CAPE UND NORTHERN CAPE

Die Provinzen Western und Northern Cape bieten landschaftliche Gegensätze von besonderem Reiz: von schneebedeckten Bergen über staubtrockene Wüste bis hin zu türkisblauem Meer.

Die Westküste nördlich von Kapstadt ist geprägt von einsamen, windgepeitschten Stränden, karger Vegetation und weiß gekalkten Fischerhäuschen. Im nördlichen Landesinneren liegen die bislang noch kaum von Touristen entdeckten Cedarberge mit schroffen Sandsteinformationen und den Felszeichnungen der Khoi-San (→ Spezial, S. 340).

Zwischen den Kapstädter Winelands und der nordöstlich gelegenen Halbwüste Karoo erstreckt sich das Breede River Valley: Hier geben Weinberge und ausgedehnte Obstplantagen den Ton an. Das Tal grenzt im Osten an die Klein Karoo mit ihren idyllischen Burenstädtchen wie Montagu und Oudtshoorn, dem Zentrum der Straußenzucht.

Am südlichsten Küstenstreifen Afrikas, der Whale Coast, dreht sich alles um die riesigen Meeressäuger: Zentrum des Geschehens ist die »Wal-Metropole« Hermanus. Etwas weiter östlich liegt Cape Agulhas, der südlichste Punkt des Kontinents, an dem Atlantischer und Indischer Ozean aufeinandertreffen.

Folgt man der Küste ostwärts gelangt man zur romantischen »Garden Route«, bekannt für ihre schneeweißen Strände, verwunschenen Flußläufe, unberührten Wälder und die Lagune von Knysna.

Unendliche Weite bietet das Northern Cape. Die größte Provinz des Landes ist gleichzeitig die am dünnsten besiedelte. Von der Diamantenmetropole Kimberley einmal abgesehen gibt es hier Natur pur: Wildblumen im Namaqualand, die Bilderbuch-Wüste Kalahari – und mit den Augrabies Falls den vielleicht beeindruckendsten Wasserfall Südafrikas.

WEST COAST

Noch weitgehend unberührt vom Massentourismus erstreckt sich nördlich von Kapstadt die raue Atlantikküste mit lieblichen Fischerdörfern, einem Meer von Wildblumen im Frühling und Zehntausenden von Seevögeln. Im Landesinneren laden die zerklüfteten Cedarberge mit Khoi-San-Felszeichnungen zum Wandern ein. Am besten reist man zwischen September und März in diese Region – im Winter kann es sowohl an der Küste als auch in den Bergen feucht, windig und bisweilen unangenehm frisch werden. Information zur Westküste und den Cedarbergen liefert »West Coast Regional Tourism« (Tel. 0 22/4 33 85 05; www.capewestcoast.org; www.sawestcoast.com; www.route27sa.com).

CEDARBERGE

➤ Western Cape, S. 156, [b 2] ➤ [C/D 7]

Die Cedarberge (Zederberge) liegen östlich von Citrusdal und Clanwilliam. 1973 wurden sie unter Naturschutz gestellt. Nach den Drakensbergen ist der Naturpark um die Cedarberge das schönste

Western Cape
Vanrhynsdorp
Doringbos
R364
Parkhuise Pass
Clanwilliam
Tankwa-Karoo National Park
Die Bos
Bonekraal
Middelpos
North
Cap
Roggeveldberge
Fish
Renoster
Snyd
1735
Sutherland
Bo Wadrif
Tankwa
Komsberg Pass
Koringp
Lamberts Bay
Graafwater
Elands Bay
Sandberg
Clanwilliamdam
Cedarberge
Tweefontein
Wolfberg Arch & Cracks, Maltese Cross
Doring
Redelinghuys
Het Kruis
Citrusdal
Middelberg Pass
St. Helena Bay
Velddrif
Paternoster
Piketberg
Olifants River
Bokfontein
Western
Vredenburg
Great Berg
Porterville
1666
Hillandal
Saldanha Bay
Langebaan
Hopefield
Groot Winterhoek Wilderness Area
Moorreesburg
Tulbagh
Kagga Kama Private G. R.
Hottentotskloof
Matroosberg 2252
Great
West Coast National Park
Yzerfontein
Darling
Ceres
Breede River Valley
Touwsrivier
Witteberge
1623
Dassen Island
Malmesbury
Hexrivierberge
De Doorns
Wellington
Du-Toit's-Kloof-Pass
Worcester
Little
Paarl
Paarl Mtn. 729
Wemmershoek Dam
Robertson
Montagu
Warmwaterberg
Melkbosstrand
Robben Island
Milnerton
Table Bay
KAPSTADT
Greater Brandvlei Dam
Sanbona Wildlife Res
Marloth Nature Rese
Stellenbosch
Franschhoek
Cape
Swellendam
Noordhoek
Somerset West
Greyton
Strand
Gordon's Bay
Theewaterskloof Dam
Stormsvlei
Bontebok National Par
Kommetje
False Bay
Rooils
Caledon
Protem
Pringle Bay
Betty's Bay
Hermanus
Napier
Cape of Good Hope
Cape Hangklip
Walker Bay
Stanford
Bredasdorp
De Hoop Nature Re
Elim
Gansbaai
Soetendalsvlei
Arniston/ Waenhuiskrans
Whale Coast
Dyer Island
L'Agulhas
Cape Agulhas

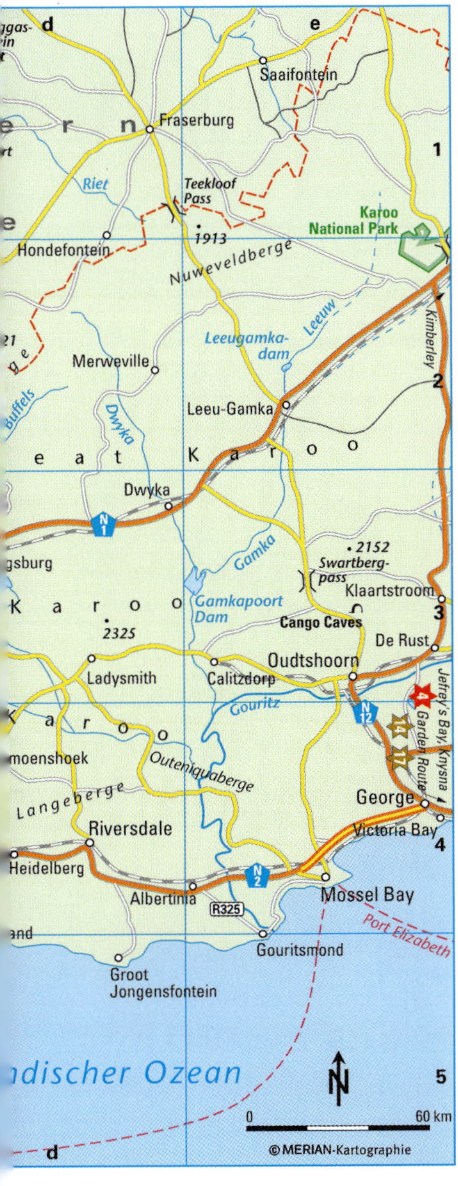

Tausende Jahre alte Zeichnungen dokumentieren sowohl das Leben der damaligen Menschen als auch ihre Kunstfertigkeit.

Wander- und Klettergebiet Südafrikas. Das Areal ist 71 000 Hektar groß und wild zerklüftet mit bizarren Gesteinsformationen aus Tafelberg-Sandstein wie dem »Maltese Cross«, dem »Wolfberg Arch« und den »Wolfberg Cracks«. Hier findet man die heute selten gewordenen Cedarberg-Zedern, die bis in die 1970er-Jahre bedenkenlos als Bauholz gefällt und unter anderem für Telefonmasten genutzt wurden. Zahlreiche Felsmalereien der Khoi-San (→ Spezial, S. 340), die bis zu 6000 Jahre alt sind, können von Wanderern unterwegs auf eigene Faust besichtigt werden.

Wandergenehmigungen (»permits«) und Informationen gibt es beim »Citrusdal Tourist Information Office« (39 Voortrekker Street, Citrusdal; Tel. 0 22/9 21 32 10; www.citrusdal.info) und bei »Cape Nature Conservation« (Tel. 0 22/9 31 20 88/29 00; www.capenature.org.za). Eintritt in den Naturpark 35 Rand (70 Rand bei Übernachtung), Bergsteiger 70 Rand. Es gibt zwei Zeltplätze: »Algeria« (mit Hütten, je nach Größe, Wochentag und Saison • bis ••) und »Kliphuis«.

Hotels

Bushman's Kloof Private Reserve

Eines der besten Hotels im ganzen Western Cape. Unvergesslicher Luxus mitten in den Bergen. Viele Sportmöglichkeiten, Swimmingpool, Sauna. An die 130 San-Felszeichnungen befinden sich auf dem Gelände. Nicht asphaltierte Straße, Abholung möglich.

➤ Western Cape, S. 156, [b 1] ➤ [C 7]

In den Cedarbergen, 34 km östlich von Clanwilliam; 0 27/4 82 26 27, Fax 4 82 10 11; www.bushmanskloof.co.za; 20 Zi. ●●●● CREDIT

Kardouw Tree Tops

Keine Luxusunterkunft, aber die rustikalen Baumhäuser für Selbstversorger direkt am Olifants River haben romantisches Flair und sind ideal für beschauliche Urlaubstage. Kleine Küche auf der Veranda, Blick auf den Fluß und die Berge. Ideal für Schwimmen, Angeln und Vogelbeobachtung.

➤ Western Cape, S. 156, [b 2] ➤ [C 8]

25 km südl. von Citrusdal, zwei Autostunden von Kapstadt; Tel. 0 22/9 21 36 26; kardouw@lando.co.za; www.citrusdal.info/kardouw; 5 Hütten, Selbstversorger ●●

Saint du Barrys Country Lodge

Mitten in Clanwilliam: liebevoll eingerichtete Gästezimmer in einem restaurierten Farmhaus im kapholländischen Stil. Dazu Katzen, Hunde, ein Papagei und in der Mitte ein 150 Jahre alter wilder Feigenbaum.

➤ Western Cape, S. 156, [b 1] ➤ [C 7]

13 Augsburg Road, Clanwilliam; Tel. 0 27/4 82 15 37; www.saintdubarrys.co.za; 6 Zi. ●● MASTER VISA

Sehenswertes

Rooibos Tea Tour

Die Tour gibt einen Überblick über die Geschichte des Rotbuschs (»rooibos«), der nur hier in der Region wächst und 1904 von einem russischen Immigranten erstmals als Tee im großen Stil vermarktet wurde. Besichtigung der Tee-Fabrik, Videoshow und – natürlich – eine Tasse heißen Rooibos-Tee.

➤ Western Cape, S. 156, [b 1] ➤ [C 7]

Fabrik bei Clanwilliam; Tel. 0 27/4 82 21 55; www.rooiboslt d.co.za; Touren Mo–Fr 10, 11.30, 14 und 15.30 Uhr

Essen und Trinken

Khoisan Kitchen am Pakhuis Pass

Exquisite regionale Küche mit Bredies, Fleischspießen und frischem Brot. Liebliche Lage inmitten roter Felsen am Fluss.

➤ Western Cape, S. 156, [b 1] ➤ [C 7]

»Traveller's Rest Farm«, Pakhuis Pass, 34 km von Clanwilliam an der R364; Tel. 0 27/4 82 18 24; www.travellersrest. co.za; nur geöffnet, wenn für min. 10 Pers. reserviert wird – vorher anrufen! ●●

Einkaufen

Goue Vallei Wines

Weinkeller in Citrusdal mit exzellenter Auswahl an lokalen Weinen der »Western Coast«-Region. Gutes Preis-Leistungs-Verhältnis.

➤ Western Cape, S. 156, [b 2] ➤ [C 7]

Kelder Street, am unteren Ende der Hauptstraße, Citrusdal; Tel. 0 22/9 21 22 35; www.gouevallei.co.za; Mo–Fr 9–17, Sa 9–12.30 Uhr

LAMBERT'S BAY

3600 Einwohner, 50 m ü.d.M.

➤ Western Cape, S. 156, [a 1] ➤ [C 7]

Der verschlafene Fischereihafen Lambert's Bay, benannt nach dem britischen Admiral Sir Robert Lambert, ist touristisch wenig erschlossen; entsprechend mager ist das Hotelangebot. Sehenswert sind der Hafen und zur Wildblumenzeit im Frühling der Küstenstreifen. Die Gegend ist bekannt für ihr Seafood. Die Kap-Langusten (»cray fish«) sind jedoch nur in den Sommermonaten von November bis März zu empfehlen. Eland's Bay (Elandsbaai) mit seinem fantastischen Strand liegt 30 Kilometer südlich von Lambert's Bay an einer Schotterstraße und ist im Sommer Dorado der Surfer.

Tourist Information, Church Street, Lambert's Bay; Tel. 0 27/4 32 10 00; www.lambertsbay.co.za

Sehenswertes

Bird Island

Dieses Vogelparadies liegt auf einer Insel 100 Meter vor der Küste von Lambert's Bay. Man erreicht die Vogelinsel über einen Damm. Bekannt für ihre Kolonien von Kormoranen und Brillenpinguinen ist sie der einzige Ort weltweit, an dem man als Tourist den Kap-Tölpeln (»cape gannets«) beim Brüten zusehen kann. Der Besuch von »Bird Island« lohnt sich vor allem in den Sommermonaten zwischen November und März.

➤ Western Cape, S. 156, [a 1] ➤ [C 7]

Vor der Küste von Lamberts's Bay; Tel. 0 72/1 33 14 40; www.capenature.org.za; Sommer 7–19, Winter 7–17 Uhr

Hobbyornithologen, aufgepasst: Auf Bird Island bei Lambert's Bay kann man eine große Kolonie von Kap-Tölpeln beobachten.

ES GRÜNT SO BUNT

Der Fynbos, die Pflanzenwelt des Western Cape, ist einzigartig und so artenreich wie das Dickicht der Amazonaswälder.

Die typische Vegetation im Western Cape, die praktisch überall in Küstennähe wächst, ist auf den ersten Blick eher unscheinbar: Ein Gemisch aus langen Gräsern, kleinblättrigen Sträuchern und Blüten, die sich bescheiden zurücknehmen – von ein paar auffälligen Exemplaren abgesehen. Einzig die bis zu 30 Zentimeter großen Blüten der Königsprotea – Südafrikas Nationalblume – sind schon von weitem zu erkennen und zu bestaunen.

Wohl dem, der am Wegrand stehen bleibt und sich den Pflanzenteppich einmal genauer beschaut! Da fällt auf, dass sich im Gewirr der Gewächse so gar nichts zu wiederholen scheint: Jeder Halm, jeder Zweig, jedes Blättchen ist verschieden – und, so könnte man schwören, kringelt sich das Kraut nur müde angesichts ehrgeiziger, zum Scheitern verurteilter Klassifikationsversuche.

Doch auch der unauffälligen Vielfalt ist beizukommen: Was sich hinter dem Begriff »Fynbos« (Feinblättrige Pflanzen) versteckt, sind in erster Linie Erika-Arten, immergrüne Protea-Gewächse, Rutenstrauchgewächse und Sauergräser. Dahinter wiederum verbergen sich etwa 8000 Pflanzenarten, von denen 5000 Arten nirgendwo sonst auf der Welt zu finden sind. Allein auf der Kaphalbinsel wachsen über 2000 unterschiedliche Arten. Das ist eine unvorstellbare Vielfalt, die die Kapregion in Botanikerkreisen zu einem Kleinod macht: Das so genannte »Cape Floral Kingdom« ist eines von sechs »Pflanzenkönigreichen« weltweit, und trotz

seines botanischen Schatzes bei weitem flächenmäßig das kleinste. Eine ähnlich große, geballt auf kleinstem Raum auftretende Artenvielfalt findet man nur am Amazonas.

Warum entwickelten sich hier so viele Pflanzenarten? Was hat das Kap, was andere Regionen nicht haben? Zum einen gab es hier keine Eiszeit, die vor Jahrmillionen die Evolution der Flora unterbrochen hätte. Zum anderen wachsen Pflanzen an der Südwestspitze Afrikas unter ausgesprochen schwierigen Bedingungen. Dazu gehören vor allem karge Böden, wenig Wasser und lange Trockenzeiten. Pflanzen, die es schafften, sich diesem Klima anzupassen, taten dies mit nie gesehener Perfektion. Manche Proteenarten kommen nur an einem Hang, manches Heidekraut nur in einem einzigen Tal vor – exakt eingestellt auf das jeweilige Mikroklima. Begünstigt wurde diese hohe genetische Ausdifferenzierung durch

Erst auf den zweiten Blick ist die Vielgestaltigkeit der Fynbos-Gewächse zu erkennen.

Bis zu 30 Zentimeter kann die Blüte der Königsprotea groß werden. Die Schöne ist die Nationalblume Südafrikas.

AUTORENTIPP Den vielleicht besten Überblick über die verschiedenen Fynbos-Arten bietet der Kirstenbosch Botanical Garden in Kapstadt, wo die Pflanzen in ihrem natürlichen Lebensraum wachsen (→ Der gute Tipp von MERIAN, S. 81). **Rhodes Drive, Newlands, Tel. 0 21/7 99 87 83; www.sanbi.org/kirstenbosch/mainpage.htm**

Buschbrände, die alle zwölf bis fünfzehn Jahre große Teile der Vegetation vernichten. Liegt erst einmal alles in Asche, geben die nun auf dem vorübergehend fruchtbaren Boden keimenden Samen den Startschuss für eine neue Generation.

Die zunehmende Zersiedlung gerade der Küstenstreifen ist die größte Bedrohung für den Fynbos. Feind Nummer Zwei sind fremde, von den Menschen importierte Arten (»alien species«): Eukalyptusbäume, die rascher wachsen, sich schneller vermehren, den Fynbos mit rasender Geschwindigkeit verdrängen – und dabei so viel Grundwasser verbrauchen, dass, wie am Tafelbergmassiv, große Teile zwischenzeitlich zur steinigen Wüsten verkommen waren. Auch wenn das robuste Heidekraut Anderes vermuten lässt: Fynbos ist sehr anfällig gegen Veränderungen des Biotops. Rund 500 Arten gelten momentan als vom Aussterben bedroht. Die Südafrikaner haben dieses Problem bereits vor Jahren erkannt und versucht, fremdländische Gehölze Stamm für Stamm wieder zu verbannen. Das Ergebnis lässt sich im »Silvermine Nature Reserve« (→ S. 123) bewundern.

Feste

Cray Fish Festival

In Lambert's Bay geht es immer um Langusten (»cray fish«) und jeden November wird das Schalentier hier gefeiert – und in unglaublichen Mengen vertilgt.

»Lambert's Bay Tourism; Tel. 027/4321000; www.tourismlambertsbay.co.za

PATERNOSTER

110 km südl. von Lambert's Bay

➤ Western Cape, S. 156, [a 2] ➤ [C 8]

Noch vor wenigen Jahren war Paternoster ein verschlafenes Fischerdorf. Rasant hat es sich zum beliebten Ferienort entwickelt, der für seine Ruhe und die romantischen Cottages berühmt ist. Entsprechend haben die Preise angezogen. Die Häuser sind traditionell weiß verputzt und reetgedeckt, und das Angebot an Gästehäusern und Unterkünften ist groß. Allerdings sollte man die Sommermonate meiden, denn dann kann es wegen des Ansturms an Kapstädtern schwierig werden, ohne Reservierung eine Unterkunft zu bekommen.

Hotels

Paternoster Hotel

Das erste Haus am Platz: Hundert Jahre alt, nah am Strand, köstliche Gerichte im Restaurant, Zimmer mit allen Annehmlichkeiten. Besonders schön sind die Zimmer mit Balkon und Blick aufs Meer.

➤ Western Cape, S. 156, [a 2]

Main Road, Paternoster; Tel. 022/7522703; www.paternosterhotel.co.za; 10 Zi.

●● MASTER VISA

Essen und Trinken

Voorstrandt Restaurant

Ein romantisches Restaurant direkt am Strand mit einem wunderbarem Blick auf die Küste und den Atlantik. Vom Restaurant aus kann man mit etwas Glück sogar Wale beobachten.

➤ Western Cape, S. 156, [a 2]

Im Strandloper Way, Paternoster; Tel. 022/7522038; tgl. 10–20 Uhr ●● CREDIT

WEST COAST NATIONAL PARK

120 km nördl. von Kapstadt

➤ Western Cape, S. 156, [a 3] ➤ [C 8]

Bis zu 70000 Seevögel, darunter im Sommer Tausende von Zugvögeln aus Osteuropa, tummeln sich auf den windgeschützten Inseln und im glasklaren, türkisfarbenen Wasser der Lagune von Langebaan. Der 18000 Hektar große Naturpark ist ein weltweit wichtiges Schutzgebiet für Zugvögel und lockt mit rund 250 Vogelarten (unter anderem Kormoran, Wasserläufer, Regenpfeifer,

Ein Teppich von Wildblumen im »West Coast National Park«. Die verschiedenen Antilopen sind häufig nicht leicht zu entdecken!

Tölpel, Flamingo, Brillenpinguin), sowie mit Antilopenarten wie Kudu, Streifengnu, Spring- und Buntbock und mit seinen endlosen, unberührten Traumstränden. Nehmen Sie ein Fernglas mit! Der Park eignet sich sehr gut für einen Tagesausflug von Kapstadt aus, denn er ist nur knapp eineinhalb Autostunden entfernt. Wer sich mehr Zeit für die Westküste nehmen will, der hat in Langebaan am Nordende der Lagune eine große und gute Auswahl an Unterkünften.

An der Lagune südlich von Langebaan, von Kapstadt über die R27 zu erreichen; Tel. 0 22/7 72 21 44; www.sanparks.org; Juni–Sep. 7–18.30, Okt.–März 6–20 Uhr; Eintritt 60 Rand

Essen und Trinken

Strandloper 7 (→ Der gute Tipp von MERIAN, S. 50)

BREEDE RIVER VALLEY

Bekannt ist das Breede River Valley, etwa 115 Kilometer östlich von Kapstadt gelegen (➤ [D 8]), für seine malerische Landschaft, den Obstanbau im Norden, sowie für Wein und hochprozentige Getränke im Süden. Offiziell gehört diese Region mit ihren nördlichen Ausläufern um die kleinen Städtchen Ceres und Tulbagh zu den Weingebieten um Kapstadt. Doch die Gegend liegt etwas ab vom Schuss hinter einer Bergkette, die sich östlich von den Weinorten Paarl, Franschhoek und Stellenbosch von Nord nach Süd zieht. Für einen Ausflug in das Breede River Valley von Kapstadt aus lohnt es sich allemal, eine Übernachtung einzuplanen.

CERES

13 000 Einwohner, 502 m ü.d.M.

➤ Western Cape, S. 156, [b 3] ➤ [D 8]

Der idyllisch zwischen 2000 Meter hohen Bergen gelegene Ort nordöstlich von Kapstadt ist ein Zentrum des Obstanbaus im Westkap, und die Fruchtsäfte aus Ceres sind über die Grenzen Südafrikas hinaus bekannt. Im Winter ist in den Höhenlagen häufig Skifahren möglich.

AUTORENTIPP In der näheren Umgebung von Ceres gibt es einige natürliche Felsenpools, in denen man ungestört baden kann. Leider sind sie meist nicht ausgeschildert, also fragen Sie am besten im Ort nach.

Hotels

Kagga Kamma Private Game Reserve

Das edle Ressort liegt auf etwa 1250 Metern in einem der trockensten Gebiete Südafrikas an der Grenze zur Karoo-Wüste. »Kagga Kamma« ist ein idealer Ort für Fans von abenteuerlichen Fahrten mit Allradantrieb auf unebenen Pisten und für alle, die das Sternengucken lieben (es gibt ein modernes Teleskop). Unvergesslich blieben hier die abendlichen Drinks (»sundowners«) am Rand der 500 Meter tiefen Schlucht.

➤ Western Cape, S. 156, [b 3]

Das Resort liegt ca. 90 Autominuten nordöstl. von Ceres; Tel. 0 21/8 72 43 43, Fax 8 72 45 24; www.kaggakamma. co.za; 15 strohgedeckte Rundhütten und als »Höhlen« gestaltete Zimmer

●●●● CREDIT

ROBERTSON

35 000 Einwohner, 209 m ü.d.M.

➤ Western Cape, S. 156, [c 4] ➤ [D 8]

Die »Stadt der Rosen und des Weins« ist weniger attraktiv als das nah gelegene Montagu. Dafür ist Robertson mit den kapholländischen reetgedeckten Häuschen bekannt für exzellenten Sauvignon Blanc, Dessertwein und Brandy; zudem für Trauben und Trockenfrüchte.

»Robertson Tourism«, Voortrekker Street, Robertson; Tel. 0 23/6 26 44 37; www.robertsonr62.com

Hotels

Ballinderry Guest House

Ein 2000 Quadratmeter großer tropischer Garten und das legendäre Champagner-Frühstück machen den Zwischenstopp im »Ballinderry« zum Erlebnis.

➤ Western Cape, S. 156, [c 4]
8 Le Roux Street, Robertson; Tel. 0 23/ 6 26 53 65, Fax 6 26 63 05
●●● CREDIT

Essen und Trinken

Fraai Uitzicht 1798

Eines der Top-Restaurants in Südafrika mit wunderbarem Blick über die Weinberge der Winelands. Himmlische Desserts – und angeblich die besten Weine des Tals, darunter den »Fraai Uitzicht 1798 Merlot«. Unbedingt reservieren.

➤ Western Cape, S. 156, [c 4] ➤ [D 8]
Klaas Voogds East, an der R62 zwischen Robertson und Montagu; Tel. 0 23/6 26 61 56, Fax 6 26 52 65; www.fraaiuitzicht.com; tgl. ganztägig; Juni, Juli, Aug., 25.12. und 1.1. geschlossen
●●● CREDIT

TULBAGH

3000 Einwohner, 200 m ü.d.M.

➤ Western Cape, S. 156, [b 3] ➤ [D 8]

Die kleine Stadt im Schatten des Witsenbergs etwa 30 Kilometer nordwestlich von Ceres gehört zu den etwas abgelegeneren Weinorten in der Umgebung von Kapstadt. Von seiner mehr als 200-jährigen Siedlergeschichte zeugen die liebevoll restaurierten kapholländischen Giebelhäuschen.

Tourist Information, 14 Church Str., Tulbagh; Tel. 0 23/2 30 13 48; www.tulbagh.com

Hotels

The Old Tulbagh Hotel

Feines Boutique-Hotel mit einer langen Tradition und mit viel Stil im historischen Stadtzentrum von Tulbagh. Individuell dekorierte Räume und ein erstklassiges Restaurant.

➤ Western Cape, S. 156, [b 3]
22 Van der Stel Street, Tulbagh; Tel. 0 23/2 30 00 71, Fax 2 30 00 71; www.tulbaghhotel.co.za; 5 Zi. ●●● CREDIT

Rijk's Country Hotel

Luxuriöses Landhotel in den Weinbergen bei Tulbagh mit preisgekrönten Weinen aus eigenem Keller.

➤ Western Cape, S. 156, [b 3]
Van der Stel Street, Tulbagh; Tel. 0 23/2 30 10 06, Fax 2 30 11 25; www.rijks.co.za; 15 Zi.
●●● CREDIT

»Oase« in einer der trockensten Gegenden des Landes: das »Kagga Kamma Private Game Reserve«

Ausflüge

Groot Winterhoek Wilderness Area

Das Naturschutzgebiet ist ein Teil der Groot-Winterhoek-Berge, einer zerklüfteten Bergwelt mit Höhenzügen bis zu 2077 Metern. Zu entdecken gibt es hauptsächlich Fynbosvegetation (→ Spezial, S. 160), daneben verwitterte Felsen aus Tafelberg-Sandstein und Felszeichnungen der Khoi-San (→ Spezial, S. 340). Besonders lohnenswert ist ein Besuch zur Blütezeit der »red disas« (Orchideenart) im Januar und Februar.

➤ Western Cape, S. 156, [b 3] ➤ [D 8]

10 km nördl. von Tulbagh; Tel. 0 22/9 31 20 88; www.capenature.org.za

Essen und Trinken

Readers

Innovative Küche gibt es in Tulbaghs ältestem Haus von 1754. Unkonventionelle Geschmackskombinationen und eine täglich wechselnde Karte.

➤ Western Cape, S. 156, [b 3]

12 Church Street, Tulbagh; Tel. 0 23/2 30 00 87; mittags und abends, Di geschl. •• ✉

WORCESTER

87 000 Einwohner, 221 m.ü.d.M.

➤ Western Cape, S. 156, [b 4] ➤ [D 8]

Worcester ist das wirtschaftliche Zentrum des Breede River Valley. Wein und Obst werden hier angebaut. Die Stadt ist weniger attraktiv für Besucher als die Umgebung: Zu empfehlen ist die Anfahrt von Kapstadt über den landschaftlich schönen »Du-Toit' s-Kloof-Pass« und die Fahrt in nördlicher Richtung nach Ceres und nach Süden Richtung Robertson.

Ausflüge

Auf der Brandy Route von Worcester bis Stellenbosch

Südafrikanischer Brandy rinnt selbst den internationalen Kennern samtig durch die Kehle. Seit über 330 Jahren wird er am Kap gebrannt und reift für mindestens drei Jahre in französischen Eichenfässern. Die Brandy-Route reicht von Worcester über Paarl und Franschhoek bis nach Stellenbosch. Auf dem Weg liegen zehn Brandykeller, unter anderem in Worcester die »KWV Cellar Brandy Distillery«, weltweit die größte Brennerei ihrer Art.

➤ Western Cape, S. 156, [b 3] ➤ [D 8]

»KWV Cellar Brandy Distillery«, Church Street/Smith Street, Worcester; Tel. 0 23/3 42 02 55

Sehenswertes

Karoo Desert National Botanical Garden

Der einzige botanische Garten in der südlichen Hemisphere, der sich auf Sukkulenten, also Pflanzen trockener Gebiete, spezialisiert hat, darunter Aloen (insgesamt über 400 Arten), die in der Karoo-Wüste heimisch sind. Hinzu kommen 300 weitere Pflanzenarten. Die Kakteenblüte im August und September ist ein unvergessliches Erlebnis. Nur knapp ein Zehntel des Gartens ist kultiviert. Durch den wilden Teil führen Naturlehrpfade. Rund 70 Vogelarten leben hier.

➤ Western Cape, S. 156, [b 4] ➤ [D 8]

Roux Road, Van Riebeeck Park, Worcester; Tel. 0 23/3 47 07 85; www.sanbi.org/frames/karfram.htm; tgl. 7–18 Uhr

Unbefestigte, gewundene Passstraßen in der Karoo sind eine Herausforderung ans fahrerische Können und Spaß zugleich.

KLEIN KAROO UND WESTLICHE CENTRAL KAROO

Für viele ist die trockene Gegend im Landesinneren östlich von Kapstadt (➤ Western Cape, S. 156, [c/d 3/4] ➤ [D/E 7]) eine Zwischenstation auf dem Weg zur »Garden Route« oder nach Kapstadt. Doch es lohnt sich auf jeden Fall, den rauen Charme der Karoo kennenzulernen, die atemberaubenden Passstraßen, die einsamen Wandergebiete, das gemütliche Ambiente der alteingesessenen Hotels und Restaurants und die Liebenswürdigkeit ihrer Bewohner.

KAROO NATIONAL PARK

6 km südwestl. von Beaufort West

➤ Western Cape, S. 156, [c/d 3] ➤ [D/E 7]

Die Halbwüste Karoo nimmt fast ein Drittel der Landesfläche Südafrikas ein und ist damit das größte Ökosystem des Landes. Der »Karoo National Park« zeigt die Wüste im Kleinformat auf knapp 80 000 Hektar, komplett mit den bizarren Felsformationen, einem beeindruckenden Farbenspiel und mehr als 7000 Pflanzenarten. Zu sehen sind Spitzmaulnashörner, Büffel, Bergzebras, Felsenadler, Reptilien und 194 Vogelarten. Wunderschöne Unterkünfte gibt es im Park; ein echter Geheimtipp ist das Außencamp »MountainView« für Selbstversorger (Schlüssel an der Parkrezeption abholen).

Tel. 023/4 15 28 28; tgl. 5–22 Uhr; Eintritt 60 Rand. Buchung der Unterkünfte unter Tel. 012/4 26 50 00 oder www.sanparks.org

MONTAGU

7500 Einwohner, 223 m ü.d.M.

➤ Western Cape, S. 156, [c 4] ➤ [D 8]

Montagu südwestlich von Worcester an der R62 bietet entspannende Ruhe, pittoreske Häuschen im kapholländischen Stil, hübsche Hotels und eine Hand voll exzellenter Restaurants mit guter

Weinkarte. Begrenzt wird das Städtchen im Süden von der Langeberg-Kette und im Norden von den Ausläufern der Klein Karoo. In der Umgebung werden Wein und Obst angebaut.

Hotels

Sanbona Wildlife Reserve

Das »Sanbona Wildlife Reserve« liegt in der Klein-Karoo-Region am Fuße der Warmwaterberg-Kette. Hier erwarten den Besucher ganze 54 000 Hektar unberührte Bergwelt mit einheimischer Fauna und Flora und vielen Khoi-San-Felszeichnungen. Einer der wenigen Orte im Westkap, wo man die »Big Five« zu sehen bekommt (unter anderem auch einen weißen Löwen). Führungen durch die Raubvogel-Aufzuchtstation. Luxuriöser Wellness-Bereich.

➤ Western Cape, S. 156, [c 4]

Westl. von Montagu an den Warmwaterbergen; Tel. 0 28/5 72 13 65, Fax 5 72 13 61; www.sanbona.com; 10 Zi. •••• CREDIT

Ausflüge

Die »Route 62« von Montagu nach Calitzdorp

Südafrikas Äquivalent zur amerikanischen »Route 66« führt von Paarl aus nach Port Elizabeth und ist mit etwa 700 Kilometern die längste Weinstraße der Welt. Wegen der kargen Böden sind die Weingüter vor allem für Brandy, Portwein und Dessertweine aus Muscadel bekannt.

Das schönste Stück der Weinstraße liegt zwischen Montagu und der Portwein-Stadt Calitzdorp. Früher war die »Route 62« eine Hauptverkehrsader, doch mit dem Bau der Autobahn N2 führt sie jetzt nur noch durch das verschlafene Hinterland. Den an der Weinstraße liegenden Orten hat das Wegbleiben der Laufkundschaft allerdings nicht geschadet, und wer heute die R62 fährt, der genießt einen weitgehend ungestörten Blick auf die bezaubernde Bergwelt.

➤ Western Cape, S. 156, [c 4–e 3] ➤ [D/E 8]

OUDTSHOORN

84 000 Einwohner, 335 m.ü.d.M.

➤ Western Cape, S. 156, [e 3] ➤ [E 8]

Die größte Stadt in der Klein Karoo ist umgeben von den Groot Swartbergen und den Outeniqua-Bergen. Vier Autostunden von Kapstadt und zwei Stunden von Knysna entfernt, ist Oudtshoorn heute ein beliebter – wenn auch ziemlich

touristischer – Zwischenstopp auf dem Weg zur »Garden Route« (→ S. 177). Der Straußenfeder-Boom im späten 19. und frühen 20. Jahrhundert hat Oudtshoorn als Weltzentrum der Straußenzucht fest auf der Landkarte verankert. Bis heute gibt sich der große Laufvogel hier ganzjährig die Ehre – und lässt längst nicht nur Federn: Verwertet wird hier alles vom Strauß – von den Eiern bis zur Haut und dem Fleisch. Sehenswert sind in der Innenstadt von Oudtshoorn die sogenannten »Straußenpaläste«, die luxuriösen ehemaligen Wohnsitze der »Federbarone«, die in der Zeit zwischen 1880 und 1915 entstanden sind.

»Oudtshoorn Tourism«, Baron van Reede Street, Zentrum, Oudtshoorn; Tel. 0 44/ 2 79 25 32; www.oudtshoorn.com

Wer noch nicht alles über Strauße weiß – und wer tut das schon? – erfährt viel Neues in der »Cango Ostrich Farm«.

Hotels

Rosenhof Country House

Einladendes Gästehaus im Zentrum. Viktorianische Gebäude, Antikmöbel, Originalfußböden aus Gelbholz (Yellow Wood) und ein betörender Rosengarten.

➤ Western Cape, S. 156, [e 3]

Baron Van Reede Street/North Street, Oudtshoorn; Tel. 0 44/ 27 2 22 23; www.rosenhof.co.za; 14 Zi. ••• bis •••• CREDIT

De Zeekoe Guest Farm

Rustikale Holzhütten mit allen Annehmlichkeiten, romantisch am Ufer des Olifants River gelegen. Mitten auf einer Straußenfarm mit 3000 Vögeln.

➤ Western Cape, S. 156, [e 3]

Etwa 7 Autominuten außerhalb von Oudtshoorn an der R62; Tel./Fax 0 44/2 72 67 21; www.dezeekoe.co.za; 8 Zi. •• CREDIT

Ausflüge

Cango Ostrich Farm

Auf einer Tour duch die Straußenfarm lernen Besucher alles über Brut und Aufzucht, können mit dem Federvieh schmusen, auf Eiern balancieren und – wenig straußenfreundlich – auch auf ihnen reiten. Ein Souvenirladen und ein Restaurant runden das Straußenfarm-Erlebnis ab.

➤ Western Cape, S. 156, [e 3] ➤ [E 8]

14 km nordöstl. von Oudtshoorn in Richtung Cango Caves; Tel. 0 44/2 72 46 23; www.cango-ostrich.co.za; auch Touren in deutscher Sprache

Größer als die »großen Fünf«: An der Whale Coast kann man Wale sogar vom Land aus sehen.

WHALE COAST

Die Region am südlichen Zipfel des afrikanischen Kontinent (➤ Western Cape, S. 156, [b/c 5] ➤ [C/D 9]) hat einige Besonderheiten aufzuweisen: An erster Stelle stehen die Wale, die sich jedes Jahr hier zu Hunderten zwischen Juni und Dezember vor der Küste tummeln. Wer das Zentrum des Waltourismus, das Städtchen Hermanus, meiden möchte, hat entlang der Westküste die Wahl zwischen verschlafenen Fischerdörfern, exklusiven Resorts und den Sanddünen von De Hoop, um von dort aus die Giganten des Meeres bei der Paarung oder beim Kalben zu beobachten.

Am Cape Agulhas, dem »Kap der Nadeln« ganz am südlichsten Punkt Afrikas, treffen Indischer Ozean und Atlantischer Ozean aufeinander. Im Inland warten malerische Dörfer im typisch kapholländischen Stil wie zum Beispiel Swellendam, Bredasdorp oder Caledon.

Ein absolutes Highlight der »Whale Coast« aber ist die Küstenstraße, die von Gordon's Bay an der False Bay entlang zum kleinen Urlauberort Pringle Bay am Kap Hangklip und dann weiter bis nach Hermanus führt.

Informationen zur »Whale Coast« liefert »Overberg Tourism«, 22 Plein Street, Caledon; Tel. 0 28/2 14 14 66; www.tourismcapeoverberg.co.za

Essen und Trinken

Buffelsdrift Game Lodge Restaurant

Perfekt für ein romantisches Abendessen auf der Terrasse über dem Flusspferd-Tümpel. Cocktails zum Sonnenuntergang und ein wärmender Kamin im Winter. Lokale Karoo-Küche, frisch gebackenes Brot, großes Lunch-Buffet am Sonntag.

➤ Western Cape, S. 156, [e 3] ➤ [E 8]

Etwa 7 km von Oudtshoorn in Richtung Cango Caves; Tel. 0 44/2 72 01 06; www.buffelsdrift.com; tgl. mittags und abends geöffnet ••• ✉

OUTENIQUA CHOO TJOE

Zwischen George und Knysna fährt die letzte Passagier-Dampfeisenbahn des südlichen Afrika.

Als 1907 der erste Dampfzug schnaubend in den neu gebauten Bahnhof von George einfuhr, hatte sich fast die ganze Stadt versammelt. »Wie wenn ein Prinz eine schlafende Schönheit wachküsst!«, deklamierte damals der Erzdiakon. Die 67 Kilometer lange Schmalspur-Eisenbahnstrecke durch die wunderbare Landschaft zwischen Goerge, dem Hauptort der »Garden Route«, und dem Küstenstädtchen Knysna gehört zu den reizvollsten der Welt. Das Stahlross selbst mag in die Jahre gekommen sein, doch seine Rauchfahne versprüht heute noch immer dieselbe verheißungsvolle Romantik wie vor hundert Jahren: Allein mehr als 100 000 Touristen nutzen den Zug jährlich .

Erinnert das vielleicht an eine Filmszene? Der Outeniqua Choo Tjoe bei der Fahrt über den Kaaimans River

AUTORENTIPP Für Liebhaber historischer Loks lohnt sich ein Besuch im »Outeniqua Transport Museum«. Das Museum in George zeigt eine Kollektion von Dampfloks und Waggons. Highlight: der Zug, in dem King George und Queen Mary in den 1940er-Jahren durch Südafrika fuhren.
2 Mission Road, George (Ausgangspunkt der Fahrt); Tel. 0 44/8 01 82 95; Mo–Sa 7–18 Uhr

Von George aus geht es nach Victoria Bay, dann durch zwei dunkle Tunnel hindurch direkt auf die langgestreckte Brücke über den Kaaimans River. Links blickt man den Fluss hinauf, rechts auf den Indischen Ozean, und bald sieht man in der Ferne die Küste von Wilderness. Jetzt überquert der Zug mehrmals den Touw River und folgt malerischen Lagunen und Seen. Ein Stopp in Sedgefield – dann schnaubt die Lok hinunter ins Goukamma Valley. Jetzt taucht glitzernd die Lagune von Knysna auf, und über eine schmale Holzbrücke erreicht der Zug nach zweieinhalb Stunden Knysna.
Information: 2 Mission Road, George, Tel. 0 44/8 01 82 88; Knysna, Tel. 0 44/ 3 82 13 61; www.onlinesources.co.za/choo-tjoe; Abfahrt George Mo–Sa 9.30, 14 Uhr; Abfahrt Knysna Mo–Sa 9.45, 14.15 Uhr. Im Winter fährt der Zug nur auf Anfrage!

CAPE AGULHAS UND L'AGULHAS

140 m.ü.d.M.

➤ Western Cape, S. 156, [c 5] ➤ [D 9]

Am Cape Agulhas (portugiesisch »Kap der Nadeln«), dem südlichsten Punkt Afrikas, treffen sich Indischer und Atlantischer Ozean. Der Aussichtspunkt mit dem Leuchtturm ist wenig spektakulär mit einem nicht sehr attraktiven Kieselstrand. Der moderne Ferienort L'Agulhas liegt knapp fünf Kilometer östlich.

Hotels

Cape Agulhas Guest House

Das gemütliche Gästehaus liegt nur zwei Kilometer vom südlichsten Punkt Afrikas entfernt. Buchen Sie unbedingt eines der fünf Zimmer mit Blick auf das Meer.

➤ Western Cape, S. 156, [c 5]

5 Cooper Street, L'Agulhas;
Tel./Fax 0 28/4 35 79 75;
9 Zi. •• MASTER VISA

Ausflüge

Arniston

Noch gehört dieses malerische Fischerdorf knapp 25 Kilometer südöstlich von Cape Agulhas für Reisende zu den Geheimtipps im Westkap. Die Einheimischen nennen den Ort »Waenhuiskrans« (Wagenburg) wegen der zwei Kilometer südlich vom Dorf gelegenen riesigen Höhle, die nur bei Ebbe begehbar ist und Platz für mehrere Ochsengespanne bietet.

➤ Western Cape, S. 156, [c 5] ➤ [D 9]

Shipwreck Museum in Bredastorp

Hier sieht es aus wie nach einem Raubzug: Ausgestellt sind in dem kleinen, Museum Fundstücke von Schiffen, die am Kap gesunken sind, wie Münzen, Möbelstücke, Galionsfiguren, die zum Teil aus dem 17. Jahrhundert stammen.

30 km nördl. von Cape Agulhas

➤ Western Cape, S. 156, [c 5] ➤ [D 9]

Independent Street, Bredastorp;
Tel. 0 28/4 24 12 40; Mo–Fr 9–16.45, Sa und So 11–15.45 Uhr

Sehenswertes

Cape Agulhas Lighthouse

Der zweitälteste, noch in Betrieb befindliche Leuchtturm in Südafrika wurde 1849 eingeweiht und 1973 zum Nationaldenkmal erklärt. Der Architekt hat sich vom Pharos-Leuchtturm in Alexandria inspirieren lassen. Im einzigen Leuchtturmmuseum des Landes sind 56 Leuchttürme am Kap dokumentiert.

➤ Western Cape, S. 156, [c 5] ➤ [D 9]

Cape Agulhas; Tel. 0 28/4 35 62 22;
Mo–Sa 9–16.15, So 9–14 Uhr

Schon über 150 Jahre alt und ägyptisch inspiriert: Der Cape Agulhas Leuchtturm ist noch in Betrieb und beherbergt ein Museum.

Einkaufen

The Red Corridor Gallery

Moderne Kunst aus Europa am äußersten Ende von Afrika: ansprechend, unangepasst und charismatisch. Die drei Künstler, die ihre Werke präsentieren – Rudi Neuland, Joanna Skurska und Leszek Skurski –, teilen ihre Vorliebe für die Farbe Rot und das stürmische Cape Agulhas.

➤ Western Cape, S. 156, [c 5]

4 Main Road, L'Agulhas; Tel. 0 28/4 35 75 03; www.redcorridor.com

DE HOOP NATURE RESERVE

➤ Western Cape, S. 156, [c/d 5]
➤ [D/E 9]

An die 120 südliche Glattwale (»southern right whales«) kommen jedes Jahr zwischen Mai und Dezember nach De Hoop, um hier in den geschützten Buchten direkt vor der Küste zu kalben und sich zu paaren. Keinen besseren Aussichtspunkt gibt es für dieses Spektakel als die Dünen von Koppie Alleen. Wer frühzeitig reserviert, kann sich auch direkt in einer der schönsten Unterkünfte der Kapküste einquartieren: dem Selbstverpfleger-Haus »Lekkerwater«.

Vor der Küste von De Hoop erstreckt sich einer der größten geschützten Küstenstreifen Afrikas mit 250 Fischarten. Im Naturreservat leben 86 Säugetierarten auf über 40 000 Hektar, darunter Buntböcke, Bergzebras, Delfine und Robben sowie 34 Arten der typischen Fynbosvegetation (→ Spezial, S. 160). Das »De Hoop Vlei« lockt ganzjährig eine große Zahl von Wasservögeln an. Es gibt hier wunderschöne Wanderwege und Ferienhäuschen. Der Haken am Paradies: 50 Kilometer unasphaltierte Straße auf dem Weg von Bredasdorp oder Swellendam – und, wenn man mit dem PKW unterwegs ist, ungemütliche Pisten im Park. Es empfiehlt sich, im Reservat zu übernachten. Rechtzeitig vorbuchen!

Das Reservat liegt südl. von Swellendam; Tel. 0 28/4 25 50 20, Fax 4 25 50 30; www.capenature.org.za; tgl. geöffnet von 7–18 Uhr. Achtung: Geschäfte und Tankstellen 15 km vom Park entfernt!

GAANSBAI

➤ Western Cape, S. 156, [b 5] ➤ [D 9]

Der einfache Fischerort Gaansbai südöstlich von Hermanus ist längst zum Synonym für das Haifischtauchen geworden. Die Küstengewässer um Dyer Island haben die größte Dichte an Weißen Haien weltweit, und im Sommer kommen die Ehrfurcht gebietenden Tiere bis nah an den Strand heran. Am Danger Point sank um 1852 ein Schiff mit 443 Menschen an Bord, aber erst 43 Jahre später wurde nach weiteren Havarien der heutige Leuchtturm von Gaansbai erbaut.

Hotels

Grootbos Private Nature Reserve

Wunderschöne kleine Anlage inmitten von Fynbosvegetation (→ Spezial, S. 160) mit Blick auf die Walker Bay. Die Gebäude wurden vor kurzem bei Buschbränden schwer beschädigt. Erkundigen Sie sich nach dem Stand der Restaurierungsarbeiten.

➤ Western Cape, S. 156, [b 5]

Ca. 10 km nordöstl. von Gaansbai; Tel. 0 28/3 84 80 00; www.grootbos.co.za; 36 Zi. ●●●● VISA MASTER AmEx

Sehenswertes

Haifisch-Tauchen

Für das »shark cage diving« braucht man eine Portion Verwegenheit, um sich freiwillig in einen Käfig pferchen und versenken zu lassen, um kurz darauf einem Weißen Hai direkt ins Maul zu schauen. Keine Taucherfahrung nötig, und selbst wer im Boot bleibt, bekommt mehr als ein paar Haifischflossen zu sehen.

»Shark cage diving«, 61 Ingang St., Gaansbai; Tel. 0 28/3 84 17 41, Fax 3 84 17 23; 1000 Rand, 1250 mit Transfer von Kapstadt

HERMANUS

20 000 Einwohner, 223 m.ü.d.M.

➤ Western Cape, S. 156, [b 5] ➤ [D 9]

Seit sich das einst verschlafene Städtchen Hermanus in der Walker Bay zu einem internationalen Mekka der Walbeobachter entwickelt hat, ist der Ort förmlich explodiert, um den Touristenmassen Herr zu werden. Jedes Jahr im September lockt das Walfestival außerdem unzählige Besucher aus der ganzen Welt an (www.whalefestival.co.za).

Glücklicherweise hat sich die kleine Stadt mit vielen kleinen Geschäften und einem romantischen Marktplatz ihren ursprünglichen Charme bewahren können.

Mehrere Veranstalter bieten Bootstouren zu den Walen an. Doch auch auf dem zwölf Kilometer langen Pfad über die Klippen kann man bewegende Momente erleben: Die riesigen Säuger kommen zuweilen bis auf zehn Meter an die Küste heran.

Auf akkustische Tuchfühlung mit Walen geht man im kleinen Museum am Hafen, in dem ein Mikrophon live die Gesänge der Tiere überträgt. Stolz ist Hermanus außerdem auf seinen Wal-Ausrufer (»whale crier«) – den einzigen der Welt.

»Tourism Hermanus«, Old Station Building, Mitchell Street, Hermanus; Tel. 0 28/3 12 26 29; www.tourismhermanus. co.za

Hotels

Blue Gum Country Estate

Die Fünf-Sterne-Luxuslodge liegt am Hang der Berge von Klein River außerhalb des Touristenrummels von Hermanus. Buchen Sie eines der Zimmer mit Blick auf Berge und Weinberge.

➤ Western Cape, S. 156, [b 5]

In der Nähe von Stanford, ca. 20 km südöstl. von Hermanus; Tel. 0 28/ 3 41 01 16, Fax 3 41 01 35; www.bluegum. co.za; 12 Zi. ●●●● CREDIT

The Marine Hotel

Nichts außer Wasser bis zum Südpol. Hoch auf den Klippen von Hermanus bietet das Hotel einen unvergleichlichen Blick über die Walker Bay – in manchen Räumen sogar direkt vom Bett aus.

➤ Western Cape, S. 156, [b 5]

Marine Drive, Hermanus; Tel. 0 28/3 13 10 00, Fax 3 13 10 60; www. marinehermanus.co.za; 55 Zi. ••• CREDIT

Essen und Trinken

The Burgundy

Kreative Küche wie Bobotie mit Springbock oder »line fish« auf Marokkanisch. Blick auf das Meer – und auf Wale.

➤ Western Cape, S. 156, [b 5]

Market Square, Hermanus; Tel. 0 28/3 12 28 00 ••

Meilen über Meilen nichts als Ozean. Im »Marine Hotel« an der Walker Bay wiegen einen glitzernde Wellen ins Träumen.

Marimba Café

Bunt zusammengewürfelte afrikanische Karte und afrikanische Live-Musik an den meisten Samstagen. Günstige Weine aus der Region.

➤ Western Cape, S. 156, [b 5]

Shop 9, Royal Lane, Main Road, Hermanus; Tel. 0 28/3 12 21 48; tgl. mittags und abends geöffnet •• VISA

SWELLENDAM

8500 Einwohner, 122 m.ü.d.M.

➤ Western Cape, S. 156, [c 4] ➤ [D 8]

Nach Kapstadt und Stellenbosch ist Swellendam die drittälteste Stadt Südafrikas. Das Zentrum ist ein echtes Schmuckstück. In der Voortrekker Street findet man liebevoll restaurierte kapholländische, gregorianische und viktorianische Häuser. Ideal für einen Zwischenstopp auf halbem Weg von Kapstadt zur »Garden Route«.

Auch wenn viele auf dem Weg zur »Garden Route« sind: Die Landschaft um Swellendam ist ebenfalls einen Blick wert.

Hotels

De Kloof Luxury Estate

Denkmalgeschütztes Anwesen von 1801 in zentraler Lage. Täglich kostenlose Weinprobe, Bibliothek, Zigarren-Lounge, Fitness-Bereich. Deutschsprachig.

➤ Western Cape, S. 156, [c 4]

8 Weltevrede Street, Swellendam; Tel. 028/5141303; www.dekloof.co.za; 6 Zi. ••• CREDIT

Ausflüge

Bontebok National Park

Der Nationalpark wurde gegründet, um den Buntbock (»bontebok«) vor dem Aussterben zu bewahren. Heute leben 200 der seltenen Tiere hier und versorgen die Reservate im ganzen Land mit Nachwuchs. Das Rest Camp wurde während der Buschfeuer im Jahr 2006 schwer beschädigt, wird aber wieder aufgebaut. Wenn Sie übernachten möchten, vorher am besten im Park anrufen. »Bontebok« wird von den Langebergen und dem Breede River begrenzt und ist das ganze Jahr über ein lohnenswertes Ziel.

➤ Western Cape, S. 156, [c 4] ➤ [D 8]

7 km südöstl. von Swellendam; Information und Buchung: Tel. 028/5142735; www.sanparks.org; Okt.–Apr. tgl. 7–19, Mai–Sep. tgl. 7–18 Uhr

Essen und Trinken

Koornlands

Echt afrikanische Karte mit Straußenterrine, Kudu und Krokodil. Interessante Auswahl an Weinen der Region.

➤ Western Cape, S. 156, [c 4]

5 Voortrekker Street, Swellendam; Tel. 028/5143567; tgl. mittags und abends geöffnet ••

The Old Goal Coffee Shop
Legendäre Kneipe mit echt burischer Kost von »biltong« bis »melktert« (exquisites Blätterteiggebäck), lokale Weine.
➤ Western Cape, S. 156, [c 4]
26 Swellengrebel Street, Swellendam; Tel. 0 28/5 14 38 47; tgl. mittags •

GARDEN ROUTE ✪4

Neben Kapstadt und dem Krügerpark gehört die »Garden Route« zu den beliebtesten Zielen in Südafrika (➤ Garden Route, S. 177 ➤ [E/F 8]). Entsprechend gut ist die rund 200 Kilometer lange Strecke der N2 entlang der Küste von Mossel Bay bis zum »Tsitsikamma National Park« ausgebaut – was sich auch im Preisniveau widerspiegelt.

Die bezaubernde Natur – weiße Sandstrände, Lagunen, unberührte Wälder, wunderbare Dünenlandschaften, kristallklare Flüsse – und ebenso die liebevoll hergerichteten Städtchen in der Region lassen Urlaubsstimmung aufkommen. Die »Garden Route« mit ihren Hauptorten Goerge und Knysna ist in den Sommermonaten überlaufen – dafür ist hier die Hotelauswahl groß und das Angebot an Restaurants noch größer. »Typisch Südafrika« ist dieser eher europäisch anmutende Küstenstreifen am Indischen Ozean sicher nicht, aber ein wunderbares Einstiegsziel für Besucher, die das erste Mal am Kap unterwegs sind. Informationen zur »Garden Route« vor Ort bei »Tourism Knysna«, Tel. 0 44/ 3 82 55 10, www.tourismknysna.co.za

GEORGE

106 000 Einwohner, 226 m ü.d.M.
➤ Garden Route, S. 177 ➤ [F 8]
Die Stadt, die 1811 gegründet wurde, erhielt von dem damaligen englischen König George III. ihren Namen. George wartet mit herrlichen Eichenalleen und einer schönen Lage auf einem Küstenplateau auf und ist bekannt für seinen Weltklasse-Golfplatz beim »Fancourt Hotel« sowie den legendären »Choo-Tjoe«-Dampfzug, der zwischen George und Knysna verkehrt (→ Spezial, S. 171). Außerdem befindet sich in George der einzige größere Flughafen der »Garden Route« mit Direktverbindungen nach Johannesburg und Kapstadt.

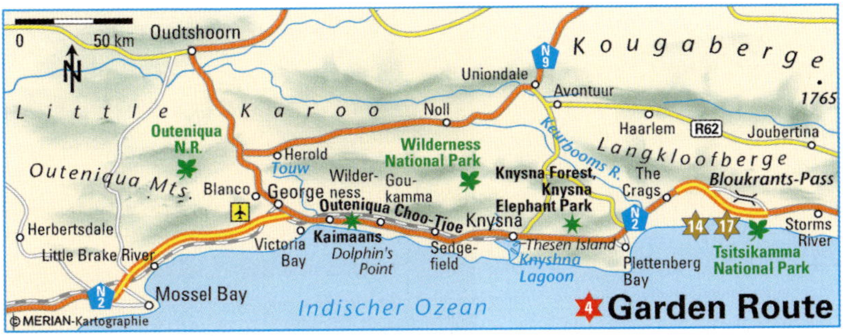

Hotels

Fancourt Hotel

Die erste Adresse für begeisterte Golfer in Südafrika: Gäste haben Zugang zu drei Golfplätzen (»Outeniqua«, »Montagu« und »The Links«), außerdem zu einem luxuriösen Wellness-Bereich mit Thermalbad, Sportplätzen und Pools.

➤ Garden Route, S. 177

Montagu Street, George; Tel. 0 44/8 04 00 00, Fax 8 04 07 00; www.fancourt.com; 7 Zi. •••• CREDIT ♿

Botlierskop Private Game Reserve

Eines der schönsten privaten Wildreservate in der Provinz, mit den »Big Five«, Safaris auf dem Pferderücken, Elefantenritten und Helikopterflügen. Unterbringung in zwölf luxuriösen Safarizelten. Aufgrund von Tagesgästen weniger privat und exklusiv als die meisten Game Reserves im Osten des Landes.

➤ Garden Route, S. 177

Bei Little Brake River zwischen Mossel Bay und George; Tel. 0 44/6 96 60 55, Fax 6 96 62 72; www.botlierskop.co.za; 12 Zelte •••• CREDIT

Ausflüge

Outeniqua Nature Reserve

Der schroffe Bergzug verläuft parallel zur Küste und liegt damit klimatisch zwischen dem regenreichen Küstenstreifen und der trockenen Little Karoo. Nebel gibt es hier häufig. Der Fynbos (→ Spezial, S. 160) ist hier besonders attraktiv im September und Oktober, wenn Protea und Erika blühen. Es gibt Felszeichnungen der Khoi-San (→ Spezial, S. 340), Antilopenarten, Leoparden, Felsenadler und Fynbos-Vögel wie den winzigen Honigfresser (»sugarbird«), Wanderwege und Mountain-Biking-Trails.

➤ Garden Route, S. 177

10 km nordwestl. von George; der Weg zum Park ist von George aus beschildert; Tel. 0 44/8 70 83 23/5; www.capenature.org.za; tgl. 7–18 Uhr

Essen und Trinken

Fancourt Hotel

Gleich fünf Restaurants im »Fancourt Hotel« (s.o.) bieten für jeden Geschmack etwas: »La Cantina« Italienisches, »Le

Wälder und Seen im Hinterland, vor der Haustür die glasklare Lagune: Knysna liegt einfach fantastisch.

Pêcheur« Fisch, »Morning Glory« ein gesundes Frühstück. Afrikanische Küche gibt es im »Sansibar« und in der »Links Lodge« eine kreative Verbindung von pazifischer Küche mit europäischer Kochkunst (»fusion food«). Die Karte offeriert zudem preisgekrönte Weine.

➤ Garden Route, S. 177

Montagu Street, George; Tel. 0 44/8 04 00 00, Fax 8 04 07 00; www.fancourt.com; tgl. ganztägig •• CREDIT

Reel 'n Rustic

Schwere Samtvorhänge, Kronleuchter und Kerzenlicht sorgen für gediegene Atmosphäre. Gute Fleischgerichte, aber auch Vegetarisches und bekannte Weine.

➤ Garden Route, S. 177

79 Davidson Street, George; Tel. 0 44/8 84 07 07; tgl. mittags und abends geöffnet •• MASTER VISA

KNYSNA

54 000 Einwohner, 0 bis 150 m ü.d.M.

➤ Garden Route, S. 177 ➤ [F 8]

Das Juwel der »Garden Route« liegt an einer zauberhaften, 18 Quadratkilometer großen Lagune, die während der Flut von Meerwasser und sonst von glasklaren Gebirgsbächen gefüllt ist. Romantisch bei Tag und Nacht ist der kleine Ort komplett auf Touristen eingestellt. Knysna (gesprochen »naisna«) gilt als einer der schönsten und beliebtesten Badeorte auf der »Garden Route« und liegt in einem Naturparadies aus sattgrünen Wäldern und ruhigen Seen.

Hotels

Portland Manor

Eine Obstfarm mit Wildtieren in den Hügeln über Knysna. Edles Ambiente mit Live-Klaviermusik vor dem Dinner und einer erstklassigen Speisekarte.

➤ Garden Route, S. 177

Rheenendal Road, Knysna; Tel. 0 44/3 88 46 04, Fax 3 88 46 84; www.portland manor.com; 24 Zi. •• CREDIT (vorher absprechen)

The Elephant Hide of Knysna Guest Lodge

Die Lage auf den Klippen außerhalb des Ortes verspricht fantastische Blicke auf die Lagune und die Outeniqua-Berge. Dekadenz pur in luxuriösem Ambiente!

➤ Garden Route, S. 177

Cherry Lane (N2 Richtung George); Tel. 0 44/3 82 04 26; www.elephanthide.co.za; 7 Zi. •• VISA MASTER

Sehenswertes

Knysna Elephant Park

Kein Nationalpark mit wilden Elefanten, dafür kann man hier mit den Dickhäutern auf Tuchfühlung gehen: Die Tiere stammen ursprünglich aus dem Krügerpark und sind an Besucher gewöhnt. Ein Erlebnis nicht nur für Kinder.

➤ Garden Route, S. 177

An der N2 Richtung Plettenberg Bay; Tel. 0 44/5 32 77 32; www.knysnaelephantpark.co.za; Touren tgl. zwischen 8.30 und 16.30 Uhr; Eintritt 100 Rand (Kinder unter 12 Jahren 50 Rand)

Essen und Trinken

Knysna Oyster Company

Austern – und noch mehr Austern. In der Lagune von Knysna werden Austern gezüchtet, die in den meisten örtlichen Restaurants auf der Karte stehen. Die 1949 gegründete »Knysna Oyster Company« befindet sich auf Thesen Island und bietet Führungen, begleitet von kulinarischen Leckerbissen. Im Restaurant am Wasser gibt es auch Fisch und Seafood (zuweilen gemächliche Bedienung).

➤ Garden Route, S. 177

Thesen Island in der Lagune; Tel. 0 44/3 82 69 41/2; www.knysnaoysters.co.za; tgl. ganztägig geöffnet •• MASTER VISA ♿

La Loerie

Wunderbar altmodisches Restaurant mit französisch inspirierten, schmackhaften Gerichten wie »Shrimp Taj Mahal«.

➤ Garden Route, S. 177

57 Main Street, Knysna; Tel. 0 44/3 82 16 16; Mo–Sa abends geöffnet •• MASTER VISA ♿

MOSSEL BAY

35 000 Einwohner, 76 m ü.d.M.

➤ Garden Route, S. 177 ➤ [E 9]

Die »Muschelbucht« markiert den Anfang der »Garden Route« im Osten. Hierher verschlug es 1488 den Portugiesen Bartholomëu Diaz, nachdem er das Kap der Guten Hoffnung umrundet hatte. Mossel Bay ist ein beliebter Ferienort und hat den einzigen nach Norden gerichteten Strand Südafrikas.

Hotels

African Oceans

Edles Hotel direkt am Meer mit allen modernen Annehmlichkeiten (Satelliten-TV, Hi-Fi-Anlage, Klimaanlage, Internet).

➤ Garden Route, S. 177

7 Bob Bouwer Cresent, Bayview, Mossel Bay; Tel. 0 44/6 95 18 46, Fax 6 95 18 46; www.africanoceans.co.za; 8 Zi. •• VISA MASTER DINERS

Museen

Bartholomëu Diaz Museum Complex

Nicht ein, sondern eine ganze Sammlung von Museen befindet sich hier unter einem Dach. Das berühmteste Exponat des Schifffahrtsmuseums (»Maritime Museum«) ist ein Nachbau der Caravelle, mit der Bartholomëu Diaz Ende des 15. Jahrhunderts das Kap umsegelte. Im Muschelmuseum (»Shell Museum«) sind Muscheln aus der ganzen Welt zu bewundern, darunter auch noch lebende.

➤ Garden Route, S. 177

Market Street, Mossel Bay; Tel. 0 44/6 91 10 67; www.gardenroute.net/mby/mbmuseums.htm; Mo–Fr 8.15–17, Sa und So 9–16 Uhr

Weiche Sandstrände und der warme Indische Ozean locken viele Badegäste nach Plettenberg Bay.

Essen und Trinken

Jazzbury's Restaurant

Klassische Gerichte, köstlich und kreativ zubereitet – vom gegrillten Strauß, Maisbrei mit Soße (»mielie pap«) bis hin zu den traditionellen Gerichten mit fangfrischem einheimischen Fisch.

➤ Garden Route, S. 177

11 Marsh Street, Mossel Bay; Tel. 0 44/ 6 91 19 23; tgl. ganztägig geöffnet ●● ▭

PLETTENBERG BAY

10 000 Einwohner, 73 m ü.d.M.

➤ Garden Route, S. 177 ➤ [F 8]

»Plett« ist das Schicki-Micki-Badeparadies der Südafrikaner und im Sommer sind die kilometerlangen Strände überfüllt mit sonnenhungrigen Städtern aus Johannesburg. Geprägt ist der beliebte Badeort heute ganz von den zahlreichen Luxushotels, die zuweilen klotziger daherkommen als es dem romantischen Küstenstreifen guttut. Am besten genießt man die herrliche Küste, die grandiosen Sandstrände und das angenehm warme Wasser außerhalb der südafrikanischen Ferienzeiten in den Monaten Februar, März und April.

Hotels

The Plettenberg

Preisgekröntes Hotel auf einer Felsklippe mit einem atemberaubenden Blick auf die Küste und den Indischen Ozean. Außerdem hat das Hotel eine hervorragende Küche zu bieten.

➤ Garden Route, S. 177

40 Church Street, Plettenberg Bay; Tel. 0 44/5 33 20 30, Fax 5 33 20 74; www.plettenberg.com; 38 Zi. und zwei frei stehende Ferienhäuser ●●● bis ●●●● CREDIT ; keine Kinder unter 12 Jahren

Essen und Trinken

Hunters Country House

Gediegenes Hotelrestaurant mit täglich wechselndem Sechs-Gänge-Menü. Kreative Küche, beeindruckender Weinkeller.

➤ Garden Route, S. 177

10 km westl. von Plettenberg Bay; Tel. 0 44/5 32 78 18; tgl. ganztägig geöffnet ••• MASTER VISA ♿

WILDERNESS

➤ Garden Route, S. 177 ➤ [F 8]

Wilderness – der Name ist Programm: Hierher kommt man wegen der traumhaften Lage. In verspielten Windungen fließt der Kaaimans River ins Meer, und im »Wilderness National Park« tauchen Eisvögel in glasklares Wasser. Vom Dolphin's Point hoch über dem Meer, kann man den Walen und Delfinen im Indischen Ozeans zuschauen.

Hotels

Hilltop Country Lodge

Idyllisch zwischen Wilderness und Victoria Bay gelegen mit Wanderwegen im privaten Naturreservat. Alle Zimmer mit Balkon und Blick über Wilderness, das Meer und die Outeniqua-Berge.

➤ Garden Route, S. 177 ➤ [F 8]

Victoria Bay Hights, am Victoria Bay westl. von Wilderness; Tel. 0 44/8 89 01 42; www.hilltopcountrylodge.co.za; 8 Zi. •• MASTER VISA

Ausflüge

Wilderness National Park

Verwunschene Seen, dichte Urwälder, kristallklare Flüsse und Strände. Der Park ist berühmt für seine Wasservögel. Es gibt allein fünf verschiedene Eisvogel-Arten (»kingfisher«), nach denen auch die Wanderwege benannt sind. Das Baden im Meer ist wegen starker Strömungen nicht zu empfehlen. Im Park kann man im Rest Camp »bb & Flow« übernachten.

➤ Garden Route, S. 177 ➤ [F 8]

Nordöstl. von Wilderness; Tel. 0 44/8 77 11 97; www.sanparks.org; Jan.–Nov. tgl. 8–17, Dez. 8–19 Uhr geöffnet; Eintritt 60 Rand

NORTHERN CAPE

Zwischen der Grenze zu Namibia im Norden, dem Atlantik im Westen, Pofadder im Osten und Varhynsdorp im Süden erstreckt sich Südafrikas schönster Garten: Wenn im Frühling hier die Wildblumen blühen, verschwindet das karge Land unter einem schier endlosen Farbenteppich. Bewundern kann man das Schauspiel entweder im »Namaqua National Park« oder direkt an der namibischen Grenze im einsam gelegenen »Richtersveld Transfrontier Park«.

Im Landesinnern schließt sich die atemberaubende Landschaft der Kalahari an: roter Sand, wilde Tiere und über Stunden keine Menschenseele in Sicht. Was Siedler hierher verschlug, waren Diamantenfunde in der Gegend von Kimberley. Heute zieht es eine wachsende Zahl von Touristen zu den gewaltigen Augrabies Falls und in den »Kgalagadi Transfrontier-Park«, wo man die Wüste hautnah erleben kann. Information zum Norden liefert »Northern Cape Tourism Authority« (Tel. 0 53/8 32 26 57; www.northerncape.org.za).

AI-AIS/RICHTERSVELD TRANSFRONTIER PARK

➤ [B 4]

In Südafrikas größtem Bergwüstenpark an der Grenze zu Namibia wechseln Lavagestein und sandige Hochebenen in einem bezaubernden Naturschauspiel. Seit 2003 erstreckt sich der Park über den Orange River hinaus auf das Nachbarland Namibia. In erbarmungsloser Trockenheit und bei Temperaturen von bis zu 50 Grad wachsen hier 30 Prozent aller in Südafrika heimischen Sukkulentenarten, so auch die beeindruckenden »Halbmenschen« (»halfmens«), die nur auf diesem Stückchen Erde gedeihen. Leoparden, Echsen und Insekten haben sich dem extremen Klima angepasst.

Besucher sollten die Wildnis mögen, denn viel Komfort kann man hier nicht erwarten. Ein Geländewagen ist unbedingte Voraussetzung! Es ist möglich, in den Wildniscamps zu übernachten (Selbstversorgung). Der Park ist so abgelegen, dass man zumindest in der Nähe eine Übernachtung einplanen sollte.

Von Kapstadt aus über die N7 über Steinkopf, Port Nolloth und Alexander Bay (die letzten 80 km sind nicht asphaltiert!); Tel. 0 27/8 31 15 06; www.sanparks.org; Okt.–Apr. 7–19, Mai–Sept. 7–18 Uhr; Eintritt 80 Rand pro Tag (Kinder unter 12 Jahren 40 Rand)

Hotels

Aquacade Camp

Das Camp befindet sich fast an der Grenze zu Namibia direkt am Ufer des Orange River. Die Hütten sind für die Lage charakteristisch, haben aber sogar eine Kli-

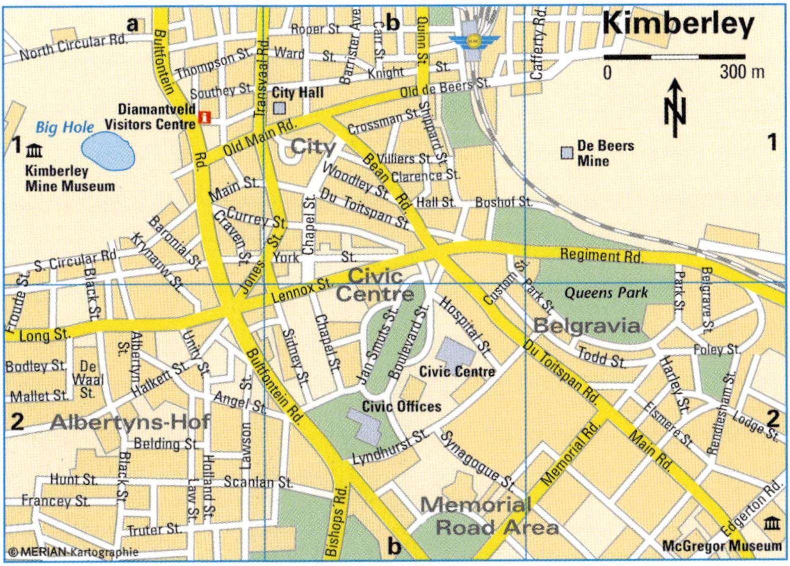

maanlage! Im Fluss kann man schwimmen und Kanu fahren.

➤ [B 5]

Bei Vioolsdrift; Tel. 0 27/7 61 87 77; www.aquacade.co.za; 3 Häuschen • ✉

AUGRABIES FALLS NATIONAL PARK

➤ [D 5]

Nordwestlich von Kakamas stürzt der mächtige Orange River (»oranje river«) auf einer Breite von über hundert Meter in mehreren Kaskaden 56 Meter in die Tiefe einer Granischlucht. Die Khoi-Khoi nannten die Wasserfälle »Ort des gewaltigen Lärms«, und tatsächlich donnern hier nach starken Regenfällen so gewaltige Wassermassen herunter, dass man eher an einen Dammbruch als an einen natürlich dahinfließenden Fluss glaubt. Der Rest des Parks ist dagegen so trocken wie die Wüste in der er liegt. Es lohnt sich unbedingt, ein paar Tage einzuplanen – nicht nur für Safaris, sondern auch für Mehrtageswanderungen, Mountainbike-Touren, Kanufahrten und White-Water-Rafting auf dem Orange River (14 km außerhalb des Parks; Tel. 0 54/4 51 01 77 oder www.kalahari-adventures.co. za). Im Park kann man in Selbstversorgerhütten übernachten (Restaurant, Swimmingpool).

40 km westl. von Kakamas; Tel. 0 54/4 52 92 00; www.sanparks.org; Apr.–Sept. 6.30–22, Okt.–März 6–22 Uhr; Eintritt 60 Rand pro Tag (Kinder 30 Rand pro Tag); die Straßen im Park sind nicht aspaltiert!

An den Augrabies Falls stürzt der Oranje River über hundert Meter in die Tiefe.

KALAHARI

➤ [D/E 2–4] ➤ [Tour 6]

Die Kalahari – das ist Weite, kompletter Rundumblick, Einsamkeit und eine Wüstenlandschaft wie aus dem Bilderbuch. Die Kalahari erstreckt sich in Südafrika, Namibia und Botswana über eine Fläche von rund 900 000 Quadratkilometern. Der »Kgalagadi Transfrontier Park« liegt im Grenzgebiet der drei Staaten und gilt als das ultimative Reiseziel für alle, die das ursprüngliche Afrika weitab der Zivilisation suchen.

Im »Augrabies Falls National Park« westlich von Upington erwartet Besucher ein besonderes Naturschauspiel, wenn der Orange River zwischen März und Mai, wenn der Fluss enorme Wassermassen führt, in einem atemberaubenden Naturschauspiel über Granitklippen in die Tiefe donnert.

AUTORENTIPP Wer in der Kalahari unterwegs ist, sollte die riesigen Entfernungen nicht unterschätzen. Man kann sich die lange Anfahrt von Kapstadt oder Johannesburg sparen und mit »South African Airways« direkt nach Upington fliegen.

Hotels

Vergelegen Country Guesthouse

Das hübsche Gästehaus liegt auf einer Farm am Ortsrand der Kleinstadt Kakamas mit Blick auf die Weinberge des Orange River Valley. Alle Zimmer haben einen privaten Eingang und eine eigene Terrasse; es gibt einen Swimmingpool und Internetzugang.

➤ [D 5]

Ca. 3 km von Kakamas entfernt; Tel. 0 54/4 31 09 76; www.augrabiesfalls.co.za; 10 Zi. •• CREDIT

Witsand Nature Reserve

Unglaublich, aber keine Fata Morgana: Bis zu 60 Meter hohe weiße Sanddünen liegen hier mitten in der sonst rostroten Kalahari! Und wenn man genau hinhört, dann »grollen« die Dünen sogar vor sich hin, was ihnen den Namen »brulsand« oder »roaring sands« eintrug. Eine Übernachtung im Reservat ist ein echtes Erlebnis. Man schläft in Vier-Sterne-Luxushütten (Selbstversorgung).

➤ [F 5]

Zwischen Kimberley und Upington in der Nähe der R64; Tel. 0 53/3 13 10 61; www.witsandkalahari.co.za; 10 Lodges, 7 Bungalows • (Camping), •• (Lodges) CREDIT ♿; Eintritt ins Reservat 20 Rand, 30 Rand für Picknickplatz

Sehenswertes

Kgalagadi Transfrontier Park

Der aus dem südafrikanischen »Kalahari Gemsbok Park« und dem botswanischen »Gemsbok National Park« entstandene »Kgalagadi Transfrontier Park« ist mit 3,7 Millionen Hektar heute eines der größten Naturschutzgebiete der Welt. Rote Sanddünen und die ausgetrockneten Flussbetten des Auob und Nossob mit ihrer spärlichen Dornbuschvegetation prägen die karge Landschaft.

Seit Menschengedenken streifen hier die hellen Kalaharilöwen mit ihrer charakteristischen schwarzen Mähne umher. Leoparden, Geparden, Oryxantilopen, Springböcke, Stachelschweine und andere Wildtiere leben in der Savanne. In drei »rest camps« (Selbstversorgung) hat man die Wahl zwischen Hütten und Zeltplätzen. Überall sind Nachtsafaris und geführte Wanderungen im Angebot. Dazu gibt es sechs nicht eingezäunte Wildniscamps. Für einige Teile des Parks lohnt sich ein Geländewagen.

➤ [D/E 2/3]

250 km nördlich von Upington an der Grenze zu Botswana (die letzten 60 km sind nicht asphaltiert!); Tel. 0 54/5 61 20 00; Information und Buchung: www.sanparks.org; Eintritt 120 Rand pro Tag (Kinder 60 Rand)

KIMBERLEY

250 000 Einwohner, 1198 m ü.d.M.

➤ S. 183 ➤ [G 5]

Die Stadt im Nordosten des Northern Cape hat Geschichte: Als ein spielendes Kind 1866 hier am Ufer des Orange River einen Diamanten fand, gab es für die »Glücksritter« kein Halten mehr: Aus allen Himmelsrichtungen strömten mehr als 30 000 Diamantensucher in die Siedlung und gruben, von der Hoffnung auf plötzlichen Reichtum angefeuert, das größte Loch der Erde. Als die Digger genug hatten, buddelte der von dem späteren Premierminister Cecil John Rhodes hier gegründete Diamantenkonzern »De Beers« weiter nach Schätzen – und schuf damit den Grundstock für ein Unternehmen, das heute 90 Prozent der weltweiten Diamantenproduktion kontrolliert. Als erste Stadt des Landes erhielt die Diamantendigger-Siedlung im Jahr 1822 elektrische Straßenlampen.

»Diamantveld Visitors Centre«,
121 Bultfontein Road, Kimberley; Tel. 0 53/8 32 72 98; Mo–Fr 8–17, Sa 8–12 Uhr

Hotels

Edgerton House

Die Zimmer dieser liebevoll restaurierten, denkmalgeschützten Villa sind mit Antikmöbeln eingerichtet und erinnern an die Zeit,

Die Firma De Beers in Kimberley kontrolliert 90 Prozent der weltweiten Diamantenproduktion.

als Kimberley mit seinem Diamantenreichtum glänzte.

➤ Kimberley, S.183, [c 2]

5 Edgerton Rd., Belgravia, Kimberley; Tel. 0 53/8 31 11 50; www.edgertonhouse.co.za; 13 Zi. •• bis ••• CREDIT

Sehenswertes

The Big Hole und das Kimberley Mine Museum

Das größte von Menschen jemals gegrabene Loch hat einen Durchmesser von 470 Meter und eine Tiefe von 800 Meter und ist heute zum Großteil mit Wasser gefüllt. Es ist Zeugnis des Diamantenrausches um 1900. Insgesamt wurden hier 2722 Kilogramm Rohdiamanten zu Tage gefördert und 22,5 Millionen Tonnen Erde ausgehoben. Bereits seit 1914 wird hier nicht mehr gegraben.

Im Kimberley Mine Museum direkt neben dem »Big Hole« sind Südafrikas erster Diamantenfund von 1869 sowie einer der größten ungeschliffenen Diamanten der Welt zu bewundern. Außerdem zu sehen sind in einem Museumsdorf original rekonstruierte Häuschen, Kneipen und eine Kirche aus der Zeit, als das Diamantenfieber die Digger nach Kimberley lockte.

➤ Kimberley, S.183, [a 1]

Tucker Street, Kimberley; Tel. 53/8 33 15 57; www.museum.com; tgl. 8–18 Uhr; 15 Rand

Essen und Trinken

The Kimberley Club

Von Cecil John Rhodes und den Bossen der Diamantenindustrie wurde der Club 1881 gegründet. Über die Jahre hat er sich zur ersten Adresse entwickelt. Im »Club« trifft sich, wer Rang und Namen hat. Nichtmitglieder des Clubs dürfen hier zwar essen, müssen aber 7,5 Prozent Zuschlag auf alle Rechnungen zahlen. Dafür kann sich die Speisekarte allerdings auch sehen lassen!

➤ Kimberley, S.183, [b 1]

35 Currey Street, Kimberley; Tel. 0 53/8 32 42 24; www.kimberleyclub.co.za; tgl. 12–14.30, 18–21 Uhr •• CREDIT

NAMAQUA NATIONAL PARK

➤ [B/C 6]

Jedes Jahr im August und September explodiert das Namaqualand und wird zum Blütenmeer. Kilometerweit leuchten die Wildblumen, Insekten schießen umher, und Abertausende von Schmetterlingen flattern über dem Blütenteppich. Fast ein Drittel der 3500 heimischen Pflanzenarten wächst nirgendwo sonst auf der Welt. Zwischen Kakteen und Aloen lassen sich Paviane sehen, und Stachelschweine gehen gleichgültig ihrer Wege zwischen den von der Erosion glattgeschliffenen Granitblöcken.

Nahe der N7, 67 km vor Springbok; Tel. 0 27/6 72 19 48; www.sanparks.org; während der Wildblüte tgl. 8–17 Uhr

Hotels

Naries Guest Farm

Im dem kapholländischen Haus werden Besucher mit köstlicher burischer Hausmannskost verwöhnt. Eine wahrhaft edle Unterkunft in der Weite des Nordkaps.

➤ [B/C 6]

Zwischen Springbok und Kleinsee an der R355; Tel. 0 21/9 30 45 64; www.naries.co.za; 4 Zi., 1 Häuschen ••• CREDIT

Der »Addo Elephant Park« wurde vor über 70 Jahren zum Schutz der Elefanten gegründet, die in dieser Gegend damals so gut wie ausgerottet waren.

EASTERN CAPE

Der Osten ist ein Traumziel für Safari-Fans und Wassersportler. Mitten in der Karoo schlummern bezaubernde Orte – und die Wild Coast ist schlicht das Paradies!

Das Eastern Cape ist die Heimat der Xhosa, Südafrikas zweitgrößter ethnischer Gruppe. Die Region zählt zu den ärmsten des Landes. Die Bevölkerung lebt weitgehend auf traditionelle Art in Dörfern, die über die sanfte Hügellandschaft verstreut liegen. In Zeiten der Apartheid befanden sich hier die Homelands Transkei und Ciskei, die als Zentren des Widerstands galten. Dies – und die dünn gesäte Infrastruktur – sind wohl Gründe dafür, dass der Westen der Ost-Provinz vom Massentourismus bislang verschont blieb.

SUNSHINE COAST

Ganzjährig angenehm warm und weniger überlaufen als die »Garden Route« präsentiert sich die Sunshine Coast zwischen Port Elizabeth und East London (➤ Eastern Cape, S. 190, [b 2], ➤ [H/J 8]). Endlose Sandstrände und, besonders im Winter, exzellente Wellen machen die Küste zum Surferparadies. Im Inland warten der beeindruckende »Addo Elephant Park« und eine ständig wachsende Zahl privater Game Reserves, in denen man die »Big Five« zu sehen bekommt, ohne sich über Malaria Gedanken machen zu müssen. Das englisch geprägte Universitätsstädtchen Grahamstown ist jedes Jahr Zentrum des gigantischen »National Arts Festival« (Der gute Tipp von MERIAN, S. 62).

ADDO ELEPHANT NATIONAL PARK

➤ Eastern Cape, S. 190, [b 2] ➤ [H 8]

Als der Park 1931 entstand, hatten in der Gegend gerade mal elf Elefanten die gnadenlose Jagd auf Elfenbein überlebt. Heute streifen durch den 164 000 Hektar großen Park, der künftig mehr als doppelt so groß sein wird, 420 Elefanten durch den Busch, dazu 450 Kap-Büffel, Nashörner, Antilopen und ein Heer flügelloser Pillendreherkäfer (»dung beetle«), die es fast ausschließlich im »Addo« gibt.

Auch Löwen und Hyänen haben sich wieder angesiedelt. Der »Addo Elephant Park« wächst unaufhaltsam: Demnächst soll er auf 37 2000 Hektar und auf einen Küstenstreifen von 120 000 Hektar ausgeweitet werden. Dann wird es zusätzlich noch Wale, Weiße Haie und Leoparden zu sehen geben.

Auf Safari geht man im »Addo« entweder im eigenen Auto oder im Geländewagen, mit einem eigenen Führer, organisiert mit einer Gruppe oder auf dem Pferderücken.

AUTORENTIPP Empfehlenswert sind Ausritte im Park. Infos hierzu gibt es über Tel. 0 42/2 33 11 51, addogamedrives@sanparks.org (Anfänger zwei Hektar am Morgen, 140 Rand; erfahrene Reiter drei Hektar am Nachmittag, 190 Rand)

Ca. 72 km nördl. von Port Elizabeth, N2 Abfahrt Motherwell; Tel. 0 42/2 33 05 56; www.addoelephantpark.com; tgl. 7–19 Uhr; Eintritt 80 Rand

Hotels

Bushman Sands

Modernes Hotel mit Golfplatz, Wellness-Bereich, Safaris und Bootsfahrten. »Bushman Sands« praktiziert ökologischen und sozialverträglichen Tourismus.

➤ Eastern Cape, S. 190, [b 2], ➤ [H 8]

Alicedale, westl. von Grahamstown; Tel. 0 42/2 31 80 00; www.bushmansands.com; 39 Zi. •••• CREDIT

EAST LONDON

135 000 Einwohner, 36 m ü.d.M.

➤ Eastern Cape, S. 190, [c 2] ➤ [J 8]

East London liegt an der Mündung des Buffalo River und gilt als Tor zur »Wild Coast«. Die Stadt selbst ist überraschend provinziell. Ein kurzer Spaziergang entlang der Oxford Street und der Strandpromenade (Esplanade) reicht aus, um das Wichtigste zu sehen: Die City Hall mit der überlebensgroßen Bronzestatue des von der Geheimpolizei ermordeten »Black Consciousness«-Aktivisten Steve Biko; das »German Settler's Memorial«, das an die rund 3000 deutschen Männer und Frauen erinnert, die sich 1858 hier ansiedelten, und das »East London Museum«. Nördlich der Flussmündung liegen schöne Strände.

»East London Tourism«, Shop 1/2, King's Entertainment Centre, Esplanade, East London; Tel. 0 43/7 22 60 15; www.eastlondontourism.co.za; Mo–Fr 8–16.30, Sa 9–14, So 9–13 Uhr

Hotels

The Mandolin Guesthouse

Modernes »Bed & Breakfast« im idyllischen Badeort Gonubie nördlich von East London. Die Terrasse ist ideal für gemütliche Dämmerstunden.

➤ Eastern Cape, S. 190, [c 2]

1 Smith Street, Gonubie; Tel. 0 43/ 7 40 35 15; www.themandolin.co.za; 6 Zi. •• CREDIT

The Thatch Guesthouse

Elegantes Design, traumhafte Blicke auf den Indischen Ozean und subtropische Vegetation ringsumher. Swimmingpool und gutes Frühstück.

➤ Eastern Cape, S. 190, [c 2]

37 Flamingo Cres., Beacon Bay, East London; Tel. 0 43/7 48 36 72; Fax 7 48 62 27; 5 Zi. •• CREDIT

Museen

East London Museum

Zu sehen sind Schiffswracks, eine Ausstellung zur Kultur der Xhosa und eine paläontologische Sammlung zur der auch ein präparierter Quastenflosser mit seinen beinartigen Flossenfortsätzen gehört. Ein rund 1,50 Meter langes und 52 Kilogramm schweres Exemplar dieser längst ausgestorben geglaubten Art fischte man 1938 in den Gewässern um East London.

➤ Eastern Cape, S. 190, [c 2]

Upper Oxford Street (Eingang Dawson Road), East London; Tel. 0 43/7 43 06 86; Mo–Fr 9.30–17, Sa 14–17, So und feiertags 11–16 Uhr

Essen und Trinken

Le Petit

Das Lokal ist berühmt für Flambiertes. Man wählt zwischen dem günstigen Bar-Menü und der Hauptkarte mit etwas höheren Preisen. Weine zum Tagesmenü.

➤ Eastern Cape, S. 190, [c 2]

54 Beach Road, East London; Tel. 0 43/7 35 36 85; Mo–Fr 12–14.30, 18–22.30 Uhr, Sa nur abends •• CREDIT ♿

GRAHAMSTOWN

56 000 Einwohner, 540 m ü.d.M.

➤ Eastern Cape, S. 190, [b 2] ➤ [H 8]

Das hübsche, 1812 von Engländern gegründete Städtchen zwischen East London und Port Elizabeth liegt im Herzen des Settler Country, in dem weiße Siedler und Xhosa im 18. und 19. Jahrhundert insgesamt neun Grenzkriege ausfochten.

Grahamstown ist bekannt für die Rhodes University, eine der ältesten des Landes; außerdem gilt es als »Stadt der Heiligen«. Mehr als 40 Kirchen stehen hier, darunter die älteste anglikanische Kathedrale des Landes, deren Bau 128 Jahre dauerte. In Grahamstown befindet sich außerdem das englische Pendant zum »Voortrekker Monument« der Buren in Pretoria: das »Settler's Memorial« von 1820. Am besten besucht man die Stadt zum »National Arts Festival« im Juli (→ Der gute Tipp von MERIAN, S. 62) – allerdings sollte man die Unterkunft dafür frühzeitig buchen.

»Makana Tourism«, 63 High Street; Tel. 0 46/6 22 32 41; www.grahamstown.co.za; Mo–Fr 8.30–13, 14–17, Sa 8.30–12 Uhr

Hotels

Cock House Guest House

Dieses Hotel ist nicht nur für Komfort und für gute Küche bekannt, sondern auch für seine prominenten Gäste. Der südafrikanische Schriftsteller André Brink und sogar Nelson Mandela haben schon hier gewohnt.

➤ Eastern Cape, S. 190, [b 2]

10 Market Street, Grahamstown; Tel. 0 46/6 36 12 87 95; www.cockhouse.co.za; 9 Zi. •• CREDIT

Protea Hotel Grahamstown

Angenehmes Landhotel mit gutem Restaurant und einer gemütlichen Bar. Zentral, aber ruhig gelegen.

➤ Eastern Cape, S. 190, [b 2]

123 High Street; Tel. 0 46/6 22 23 24; 33 Zi. •• CREDIT

Essen und Trinken

Calabash

Die Speisekarte spiegelt die Vielfalt der südafrikanischen Küche wieder – von würziger Bohnensuppe bis zum »Hot Pot« nach Xhosa-Art, von Steaks bis zu Meeresfrüchten. Sehr guter Kaffee.

➤ Eastern Cape, S. 190, [b 2]

123 High Street, Grahamstown; Tel. 0 46/6 22 23 24; tgl. 7–23 Uhr •• CREDIT ♿

Norden's Restaurant

Frische Kräuter, knackiges Gemüse und dazu noch selbst gebackenes Brot – »Norden's« ist ein Paradies – nicht nur für Vegetarier. Probieren sollten Sie zum Nachtisch unbedingt die herrlichen Rum-SchokoladeTrüffel. Hervorragende Weinkarte und sehr gutes Frühstück.

➤ Eastern Cape, S. 190, [b 2]

»Norden´s Restaurant« im »Cock House Guest House«, 10 Market Street, Grahamstown; Tel./Fax 0 46/6 36 12 87/95; www.cockhouse.co.za; tgl. 7.30 bis 9.30, Mo–Sa 12–14.30 Uhr, Dinner ab 19 Uhr; So nur Dinner •• CREDIT

Port Elizabeth ist ein guter Ausgangspunkt für Touren zum »Addo Elephant Park« (→ S. 189).

PORT ALFRED

25 000 Einwohner

➤ Eastern Cape, S. 190, [b 2] ➤ [H 8]

Port Alfred, ein kleiner, englisch geprägter Ferienort an der Mündung des Kowie River, ist benannt nach dem zweiten Sohn von Queen Victoria. Der Küstenort besticht vor allem durch seine Traumstrände, durch glänzende Bedingungen für den Wassersport und einen schön gelegenen 18-Loch-Golfplatz.

»Port Alfred Tourism«, Van der Riet Street, Port Alfred; Tel. 0 46/6 24 12 35; www.portalfred.co.za; Mo–Fr 8.30–16.30, Sa 8.30–12 Uhr

Hotels

The Residency

1898 als Ferienhaus für den obersten Richter von Grahamstown erbaut, ist das »Residency« heute ein gemütliches »Bed & Breakfast« am Ufer des Kowie River, mit behaglichen Holzfußböden und einer großen Veranda.

➤ Eastern Cape, S. 190, [b 2]

11 Vroom Road, Port Alfred; Tel./Fax 0 46/6 24 53 82; www.theresidency.co.za; 4 Zi. •• CREDIT

Essen und Trinken

Butler's Riverside Restaurant

Informelles Restaurant am Kowie River. Serviert wird Exotisches wie Lachs mit Banane. Köstliche Meeresfrüchte.

➤ Eastern Cape, S. 190, [b 2]

25 Van der Riet Street, Port Alfred; Tel. 0 46/6 24 34 64; Mi–Mo ab 9 Uhr •• CREDIT ♿

PORT ELIZABETH

850 000 Einwohner, 60 m ü.d.M.

➤ Eastern Cape, S. 190, [b 2] ➤ [H 8]

Die drittgrößte Hafenstadt des Landes ist Zentrum der südafrikanischen Automobilindustrie und keine touristische Perle. Im Volkmund wird die Stadt kurz P. E. genannt. Direktflüge gehen von hier nach Kapstadt und Johannesburg. Die meisten Besucher fahren von Port Elizabeth aus weiter zum »Addo Elephant Park«.

Auf dem einstündigen »Donkin Heritage Trail«, einem ausgeschilderten Stadtrundgang durch Port Elizabeth – von der City Hall zum St. George's Park – sieht man im Grunde alles, was die Stadt zu bieten hat, unter anderem das 1858 gebaute Rathaus, die denkmalgeschützten, viktorianischen Häuser auf der Donkin Street, den 52 Meter hohen Campanile und das »Nelson Mandela Metropolitan Museum«. Im Süden liegt der »Humewood Golf Course«, einer der besten Golfplätze des Landes.

»Nelson Mandela Bay Tourism«, Donkin Reserve, Port Elizabeth; Tel. 0 41/5 81 75 40/5 82 25 75; www.nmbt.co.za; Mo–Fr 8–16.30, Sa/So 9.30–15.30 Uhr

Hotels

The Windermere Hotel

Elegantes Boutique-Hotel in einmaliger Lage mit Blick auf den Kings Beach mit einem guten Restaurant und einem Golfplatz in der Nähe.

➤ Eastern Cape, S. 190, [b 2]

35 Humewood Road, Port Elizabeth; Tel. 0 41/5 82 22 45; www.thewindermere.co.za; 8 Zi. ••• CREDIT ♿

Chapman Manor

Das Designer-Hotel liegt zwischen dem King's Beach und dem Hobie Beach, ganz in der Nähe des »Humewood Golf Course«. Sehr gutes Restaurant mit exzellentem Seafood.

➤ Eastern Cape, S. 190, [b 2]

1 Lady Bea Crescent, Brookes Hill, Humewood, Port Elizabeth; Tel./Fax 0 41/5 84 06 78; www. chapman. co.za; 24 Zi., 4 Ferienwohnungen •• CREDIT

Museen

Bayworld

Am Humewood Beach im Süden der Stadt liegt der Museumskomplex »Bayworld« mit Aquarien, Schlangenpark, Tropenhaus, einer Marineausstellung, einem naturkundlichen Museum und einer Ausstellung zur Kultur der Xhosa.

➤ Eastern Cape, S. 190, [b 2]

Im Stadtteil Humewood, Port Elizabeth; Tel. 0 41/5 84 06 50; www.bayworld.co.za; Museum, Oceanarium tgl. 9–16.30 Uhr (Oceanarium 12.45–13.45 Uhr geschlossen)

Essen und Trinken

Café Brazilla

Portugiesische Küche, Blicke auf den Hafen und gemischtes Publikum aus Geschäftsleuten, Politikern und Touristen.

➤ Eastern Cape, S. 190, [b 2]

Shop 12, Humerail Centre, Humewood, Port Elizabeth; Tel. 0 41/5 85 14 82; tgl. 10–14.30, ab 18 Uhr •• CREDIT ♿

Natti's Thai Kitchen

»Natti's« authentische Thaigerichte gehören zu Port Elizabeth wie der Hafen. Den »Thai Snacks Platter« (gemischter Teller) können sich kleine Gruppen teilen. Wunderbar ist das »Green Chicken Curry«.

➤ Eastern Cape, S. 190, [b 2]

21 Clyde Street, Port Elizabeth; Tel. 0 41/5 85 43 01; tgl. ab 19 Uhr •• CREDIT

KAROO

Die Halbwüste Karoo (➤ Eastern Cape, S. 190, [a/b 1] ➤ [G/H 7]) nimmt den nördlichen Teil des Eastern Cape ein und lockt mit endloser Weite, maleri-

Typischer Karoo-Stil, innen wie außen farbenfroh: das Hotel »Die Tuishuise Guest House«

schen Dörfern wie Graaff Reinet, dem »Owl House« in Nieu Bethesda, vor allem aber mit dem »Mountain Zebra National Park« bei Cradock. Schroffe Höhen, Gras bewachsene Plateaus und dicht bewaldete Schluchten charakterisieren diesen Park, der die neue Heimat der seltenen Kap-Bergzebras ist, die seit 1937 hier vor dem Aussterben bewahrt werden. Mittlerweile gibt es im »Mountain Zebra National Park« wieder 300 Exemplare, zudem Antilopenarten, Büffel, Nashörner und kleinere Raubtiere. Einfache Übernachtungsmöglichkeit (Restaurant, Pool) im Park.

»Mountain Zebra National Park«, 12 km südwestl. von Cradock; Tel. 0 48/8 81 24 27; www.sanparks.org; Okt.–März 7–19, Apr.–Sept. 7–18 Uhr; Eintritt 60 Rand

Hotels

Die Tuishuise Guest House

Das Gästehaus in unmittelbarer Nähe des »Mountain Zebra National Park« besteht aus einem ganzen Straßenzug! Die Besucher wohnen hier in original restaurierten, individuell eingerichteten, einfachen Karoo-Häuschen. Ideal als Unterkunft für Tagestouren in den Nationalpark.

➤ Eastern Cape, S. 190, [b 1] ➤ [H 7]

36 Market Street, Cradock;
Tel. 0 48/8 81 13 22; www.tuishuise.co.za
•• CREDIT

The Cradock House

Historisches Gebäude im typischen Karoo-Stil im Zentrum der Kleinstadt Cradock. Reichhaltiges Frühstück.

➤ Eastern Cape, S. 190, [b 1] ➤ [H 7]

98 Stockenstroom Street, Cradock;
Tel. 0 48/8 81 51 85, Fax 8 81 51 85;
3 Zi. •• CREDIT

Museen

Olive Schreiner House

Das Museum ist Olive Schreiner gewidmet, einer der bekanntesten Autorinnen des Landes, deren Roman »Story of an African Farm« weltweit im 19. Jahrhundert Furore machte. Schreiner war die Tochter eines deutschen Missionars und wandte sich gegen den Rassismus und Imperialismus. Wegen ihrer Opposition zu Cecil John Rhodes wurde sie im Burenkrieg (1899–1902) interniert.

AUTORENTIPP Eine nicht ganz einfache Halbtageswanderung (man sollte einigermaßen fit sein) führt von Cradock aus zu Olive Schreiners Grab auf den Buffelkop, von dem aus man einen wunderbaren Blick über das Tal des Great Fish River hat.

➤ Eastern Cape, S. 190, [b 1] ➤ [H 7]

9 Cross Street; Tel. 0 48/8 81 52 51; Mo–Fr 8–12.45, 14–16.30 Uhr; Wanderung: 24 Kilometer südlich von Cradock an der Mortimer Road

GRAAFF REINET

37 000 Einwohner, 663 m ü.d.M.

➤ Eastern Cape, S. 190, [a 1] ➤ [G 7]

Graaff Reinet wurde 1786 von burischen Siedlern gegründet. Sie ist die älteste und gleichzeitig eine der hübschesten »europäischen« Städte des Ostkaps, eine wahre Perle inmitten der kargen Wüstenlandschaft der Karoo. Unter alten Bäumen reihen sich weiß gekalkte viktorianische Häuser aneinander, darunter auch einige gute Gästehäuser.

Church Street, Graaff Reinet; Tel. 0 49/8 92 42 48; www.graaffreinet.co.za; Mo–Fr 8–17, Sa 9–12, So 10–12 Uhr

Hotels

Aan die Oewer

Komfortable Unterkunft direkt neben einem Naturreservat. Alle Zimmer haben eine private Terrasse. Kinder können die Karpfen im Teich füttern und sich auf dem Spielplatz vergnügen.

➤ Eastern Cape, S. 190, [a 1]

23 Op die Oewer, Graaff Reinet; Tel. 0 49/8 92 47 61, Fax 8 91 02 95; 3 Zi., 1 Ferienwohnung ••

Drostdy Hotel

Die pompöse Fassade des Hotels erinnert an seine Vergangenheit als Gerichtsgebäude. Antiquitäten und Gemälde.

➤ Eastern Cape, S. 190, [a 1]
30 Church Street, Graaff Reinet; Tel. 0 49/8 92 21 61; www. drostdy. co.za; 51 Zi. •• CREDIT

Ausflüge

Valley of Desolation

Das 16 000 Hektar große »Karoo Nature Reserve« bei Graaff Reinet ist bekannt für die bizarren Sandsteinformationen des »Valley of Desolation«, dem »Tal der Verlassenheit«. Der Aussichtspunkt bietet einen beeindruckenden Blick auf Graaff Reinet, die Felsen und die Landschaft der Karoo. Zurück auf der R63 lohnt sich ein Ausflug ins angrenzende Wildreservat.

➤ Eastern Cape, S. 190, [b 1]
14 km östl. von Graaff Reinet an der R63, »Karoo Nature Reserve«; Tel. 0 49/8 92 34 53; tgl. 7 Uhr bis Sonnenuntergang

Der Sandstein glüht in der Abendsonne: Das »Valley of Desolation« ist für seine Felsformen berühmt.

Sehenswertes

The Dutch Reform Church

Im Stadtzentrum von Graaff Reinet liegt die um 1885 erbaute Kirche. Sie ist der gotischen Kathedrale von Salisbury in England nachempfunden und eines der besten Beispiele für neogotische Architektur in Südafrika. Für den Bau der großen Kirche haben die Gemeindemitglieder von Graaff Reinet mit eigener Kraft die die schweren Sandsteinblöcke auf Ochsenwagen vom acht Kilometer entfernten Steinbruch herangekarrt.

➤ Eastern Cape, S. 190, [a 1]

Essen und Trinken

Drostdy Hotel Restaurant & De Camdeboo Restaurant

Im »Drostdy« speist man im ehemaligen Gerichtssaal, der allabendlich von 144 Kerzen festlich erhellt wird. Spezialitäten sind »Boontjiesop«-Brot aus Bohnen und Karoo-Lamm.

Das »De Camdeboo« im Haus daneben bietet nicht nur eine gute Küche, sondern glänzt auch mit einer exzellenten Weinkarte.

➤ Eastern Cape, S. 190, [a 1]
30 Church Str., Graaff Reinet; Tel. 0 49/8 92 21 61; www.drostdy.co.za; Hotelrestaurant »Drostdy«: Mo–Sa 7–10, Dinner ab 19 Uhr; So 12.30–14.30, 18.30–20.30 Uhr; »De Camdeboo«: Mo–Sa 18.30–22 Uhr ••• CREDIT (vorher reservieren!)

NIEU BETHESDA

➤ Eastern Cape, S. 190, [a 1] ➤ [G 7]

Nieu Bethesda, ein verschlafenes Karoo-Nest nördlich von Graaff Reinet, würde niemand kennen, stünde hier nicht das »Owl House«, das merkwürdigste Haus des Landes und Ausflugsziel für alle, die Skurriles lieben. Die Anfahrt in das Dorf erfolgt über eine Sandpiste, die scheinbar mitten in die Einsamkeit der Wüste führt (mit dem Pkw befahrbar).

Im ehemaligen Haus der Künstlerin Helen Martins wohnen Geschöpfe der Fantasie.

Hotels

House No. 1

Das erste Haus am Platz lockt mit typischem Karoo-Charme, liebevoll eingerichteten Zimmern und einer schattigen Veranda.

➤ Eastern Cape, S. 190, [a 1]

Dorfzentrum von Nieu Bethesda; Tel. 0 49/8 41 17 00; 3 Zimmer • CREDIT

Sehenswertes

Owl House

Wer das ehemalige Zuhause der exzentrischen Künstlerin Helen Martins betritt, reibt sich verwundert die Augen: Unzählige Eulen aus Zement glotzen aus riesigen Glasaugen auf die Besucher herab, der Garten ist zugestellt mit mehr als hundert fantastischen und sonderbaren Tierskulpturen, einer Kamelparade der Heiligen Drei Könige, Meerjungfrauen, Sonnen – und überall Eulen über Eulen.

Das Eulen-Haus selbst erstrahlt in grellen Farben und wirkt mit seinen aus zerstampftem Glas tapezierten Wänden fast wie aus einer anderen Welt.

➤ Eastern Cape, S. 190, [a 1]

Bei Nieu Bethesda; Tel. 0 49/8 41 16 03; www.owlhouse.co.za; Apr–Sept. tgl. 9–17, Okt.–März 8–18 Uhr

Essen und Trinken

Two Goats Deli & Brewery

Das nette Restaurant gehört einem ehemaligen Wirtschaftswissenschaftler der Universität Kapstadt, der heute hier Bier braut und Ziegenkäse herstellt.

➤ Eastern Cape, S. 190, [a 1]

Pienaar Street, Nieu Bethesda; Tel. 0 49/8 41 16 02; Mo–Sa ab 10 Uhr, So nur mit Reservierung •

TSITSIKAMMA UND SÜDLICHE KÜSTE

Wer von der »Garden Route« kommt und nach Osten an der Küste Richtung Port Elizabeth, East London oder an die »Wild Coast« weiterfährt, sollte einen längeren Zwischenstopp im »Tsitsikamma National Park« einlegen (➤ Eastern Cape, S. 190, [a 2] ➤ [F/G 8]). Alternativ bietet sich ein Ausflug durch das unberührte »Baviaanskloof« weiter nördlich an – allerdings ist diese Strecke nur sehr bedingt PKW-tauglich und besser mit einem Geländewagen zu bewältigen.

Die südliche Küste ist bekannt für ganzjährig exzellente Wassersportbedingungen und ideal für Familienurlaube. Für Surfer und Strandliebhaber sind Oyster Bay, Cape St. Francis und Jeffrey's Bay ideale Ziele.

TSITSIKAMMA NATIONAL PARK

➤ Eastern Cape, S. 190, [a 2]
➤ [F/G 8]

Viele halten den »Tsitsikamma National Park« mit seiner 80 Kilometer langen wilden Küste, Fynbos (→ Spezial, S. 160), den versteckten Tälern und mit Urwald bewachsenen Bergen für den schönsten Nationalpark des Landes. Der Name »Tsitsikamma« stammt aus dem Wortschatz der Khoi-San und bedeutet »Ort des vielen Wassers«. Von den bis zu 180 Meter hohen Klippen aus kann man im Winter und im Frühling Wale und Delfine beobachten. Außerdem sind hier Kormorane, verschiedene Mövenarten, Schwarze Austernfischer (»black oystercatcher«), mehrere Eisvogelarten (»kingfisher«) und die seltenen Helmturakos (»knysna loerie«) zu sehen. Wunderschöne Übernachtungsmöglichkeiten gibt es im »Storms River Restcamp« (Zelten; Hütten im Wald und am Meer) und im »Nature's Valley Restcamp« (Zeltplatz und Hütten im Wald).

70 km westl. von Plettenberg Bay an der N2; Infos und Buchung: Tel. 0 42/2 81 16 07 oder 2 83 5 61, Fax 2 81 18 43; www.tsitsikamma.info, www.sanparks.org; »Tsitsikamma Tourist Information« an der »Petro Port Petrol Station«, N2; tgl. 7–19 Uhr; Eintritt 80 Rand pro Tag (Kinder 40 Rand)

REITEN IN PONDOLAND

An der nördlichen Wild Coast liegt das Paradies – das glaubt jeder, der hier auf verschlungenen Pfaden unterwegs ist.

Wir sind an der nördlichen Wild Coast, einem Küstenabschnitt von gewaltiger Schönheit. Er gehört zu den ärmsten Landstrichen der Republik. Die »Straßen« verwandeln sich hier im Sommerregen zu Sumpfpisten; es gibt kaum Infrastruktur, erst recht keine für Touristen. Ausnahmen sind der Urlauberort Port St. Johns und die von »Amadiba Adventures« geführten Touren.

Dass man die Wild Coast am besten auf dem Pferderücken entdeckt, dachten sich die Dorfbewohner vom Stamm der Pondo und gründeten 1997 ein Ökotourismus-Projekt, das für eine perfekte Symbiose zwischen Touristen und Einheimischen sorgt.

Aber auch zu Fuß und im Kanu zeigen die Pondo-Führer den Gästen ihre Heimat – darunter Naturwunder, die kaum ein Südafrikaner kennt, und die doch zum Spektakulärsten gehören, was das Land zu bieten hat: Traumstrände, romantische Flussläufe und Flussmündungen, dramatische Wasserfälle und tiefe Canyons, die die zahlreichen ins Meer mündenden Flüsse in den Natal-Sandstein gegraben haben.

Der Viertagesritt mit »Amadiba Adventures« beginnt in Port Edward mit einem drei Kilometer langen Strandspaziergang. Links liegen versteinerte Bäume in der Brandung, die Fossilien des »Mzamba Fossil Forrest«; rechts haben die Wellen eindrucksvolle Höhlen in 80 Millionen Jahre alte Felsen gegraben. Wir erreichen die Mündung des Mzamba River. Eigentlich sollte ein Kanufahrer hier auf uns warten, doch weit und breit ist niemand zu sehen. Dafür grasen am anderen Ufer unsere bereits gesattelten Pferde. Also heißt es: Hosen hochkrempeln und durch das Wasser waten. (Obwohl die Tour gut organisiert ist, sollte man auf solche Überraschungen gefasst sein!).

Ein Blick auf die Pferde macht deutlich, dass wir es statt mit edlen Rössern mit waschechten Dorfpferden zu tun haben. Doch Sattel und Zaumzeug sind in Ordnung, und nach wenigen Schritten im Sattel ist klar: Die Pondo-Ponys sind ideal für diese Tour! Vielleicht sind es die gleichmäßig an den Strand rollenden Wellen, die sich in der Hügellandschaft im Landesinnern fortsetzen, vielleicht das fette Ngongoni-Gras oder der Sand unter ihren Hufen – die Ponys sind durch nichts aus der Ruhe zu bringen.

Nach kurzem Galopp am Strand wählt unser Führer wegen der hereinströmenden Flut die Route durch die Dörfer. Vor uns treibt ein Junge eine Herde Nguni-Rinder über den Pfad, rechts und links wachsen Mais, Kürbisse und Süßkartoffeln, dazwischen blühen Krantz-Aloen. Hier und da heben Menschen zum Gruß eine Hand, manchmal entspinnt sich ein Dialog. Englisch spricht hier kaum jemand, und so enden die Gespräche meist in Gelächter.

Nach einer Übernachtung im einfachen »Kwanyana Camp« (Holzhütten und »Buschdusche« zwischen Palmen) wartet am nächsten Morgen eine Überraschung auf uns.

Vom Strand abbiegend klettern die Pferde über die Dünen hinein in eine fantastische Landschaft: eine Art Miniaturwüste mit rotem Sand wie die Marsoberfläche, spitzen Steinen und einsamen Palmen. Dahinter ragen die 80 Meter hohen »Red Dunes« aus paprikafarbenen Steinen und Sand auf. Oben angelangt schweift der Blick über grünes Land und auf den türkisblauen Ozean.

Weiter geht es, vorbei an wilden Feigenbäumen, mäandernden Bächen, traumhaften Lagunen und Schiffswracks. Wer mag, kann in der Hütte eines Heilers vorbeischauen oder den Chief im Dorf besuchen.

Kurz vor Sonnenuntergang erreichen wir das »Mtentu Camp«, wo ein fünfgängiges Abendessen mit Pap (Maisbrei), Fleisch, Gemüse und Schokoladenkuchen auf uns wartet. Nicht weniger als sechs Frauen aus dem Dorf verdienen sich hier mit der Bewirtung ihren Lebensunterhalt. Am nächsten Morgen führt die Tour mit dem Kanu den Mtentu River hinauf bis zu einem der schönsten Wasserfälle der Wild Coast. Am Ufer wachsen die nur hier vorkommenden Mkambati-Palmen. Immer wieder tauchen Kronen- und Schreiseeadler auf und seltene Vogelarten wie Strichelzistensänger und Honigfresser. Den dritten Tag ist man in der Wildnis unterwegs und reitet am nächsten Morgen zurück nach Port Edward.

➤ Eastern Cape, S. 190, [c 2] ➤ [K/L 7]

»Amadiba Adventures«; Tel. 0 39/3 05 64 55; www.wild-coast.co.za; Ritte für max. 12 Personen (auch Anfänger) beginnen in Port Edward; ein Viertagesritt kostet rund 2300 Rand und verschafft ca. 16 Einheimischen ein bescheidenes Monatseinkommen.

Hotels

Tsitsikamma Lodge

Gemütliche Holzhütten mit einem wunderschönen Blick auf Wald und Berge. Außerdem hat die Lodge eine fantastische Küche zu bieten. Eines der besten Freizeithotels des Landes. Leider hört man als Hintergrundgeräusch die Autos auf der N2.

➤ Eastern Cape, S. 190, [a 2] ➤ [G 8]

An der N2, 8 km östl. der Storms River Bridge; Tel. 0 42/2 80 38 02, Fax 2 80 37 02; www.tsitsikamma.com; 30 Hütten ••• MASTER VISA

Protea Hotel Tsitsikamma Village Inn

Sie schlafen in einem typischen kapholländischen Dorf. Ob im Haus des Landvoigts, in der Hütte des Fischers oder im Pfarrhaus – jedes Ferienhäuschen hat seinen individuellen Charme.

➤ Eastern Cape, S. 190, [a 2] ➤ [G 8]

Darnell Street, Storms River, ein kleiner Ort direkt im »Tsitsikamma«, nicht zu übersehen; Tel. 0 42/2 81 17 11, Fax 2 81 16 69; www.village-inn.co.za; 49 Zi. •• MASTER VISA

Durch die »Storms River Gorge« kommt man nur per Boot. In den steilen Seitenwänden leben Fledermäuse.

Ausflüge

Baviaanskloof

Das »Tal der Paviane« ist ein Geheimtipp für alle, die im Geländewagen unterwegs sind und Lust auf Einsamkeit und ursprüngliche Landschaft haben. Die spektakuläre Piste führt bei sechs bis acht Stunden Fahrtzeit 200 Kilometer von Komdomo aus durch die Grootrivier Gorge nach Willowmore, vorbei an bunten Sandsteinfelsen, leuchtenden Proteen und Erikagewächsen. Im Gebiet leben Leoparden, Büffel, Kudus, Bergzebras, Antilopen – und natürlich Paviane. Auf dem Weg liegen unter anderem ein empfehlenswerter Zeltplatz (»Rooihoek«) und mehrere Gästehäuser und Lodges.

➤ Eastern Cape, S. 190, [a 2] ➤ [F/G 8]

Parallel zur Küste, etwa 50 km im Landesinneren vom »Tsitsikamma National Park«; Tel./Fax 0 42/2 83 79 00; www.baviaanskloof.net; Straßenzustandsbericht: Tel. 0 42/2 83 08 82

Canopy Tours 17

(→ Der gute Tipp von MERIAN, S. 60)

Otter Trail 14

(→ Der gute Tipp von MERIAN, S. 58)

Mit dem Boot durch die Storms River Gorge

An Bord der »Spirit of Tsitsikamma« geht es von der Anlegestelle unter einer Hängebrücke, der Storms River Bridge, durch die sonst unbegehbare »Storms River Gorge«. Die Fahrt durch die beeindruckende Schlucht führt vorbei an bis zu 20 Meter hohen Höhlen, in denen Fledermäuse leben.

➤ Eastern Cape, S. 190, [a 2] ➤ [F/G 8]

Storms River Gorge; Tel. 0 42/2 81 16 07; Tour alle 45 Min., Tickets an Bord; 40 Rand

Essen und Trinken

De Oude Martha Restaurant

Das beste Restaurant in der ganzen Gegend. Schmackhafte und bodenständige südafrikanische Gerichte.

➤ Eastern Cape, S. 190, [a 2] ➤ [F/G 8]

Im Hotel »Tsitsikamma Village Inn«, Darnell Street, Storms River; Tel. 0 42/2 81 17 11; www.village-inn.co.za; tgl. mittags und abends •• MASTER VISA

Rafters Restaurant

Hier wird südafrikanische Küche serviert. Das Gemüse stammt aus ökologischem Anbau aus dem Dorf, die Meeresfrüchte kommen frisch aus Plettenberg Bay, das Fleisch aus der näheren Umgebung. Spezialisiert auf Weine aus Robertson.

➤ Eastern Cape, S. 190, [a 2] ➤ [F/G 8]

In der »Armagh Country Lodge«, Storms River; Tel. 0 42/2 81 15 12; www.thearmagh.com; tgl. mittags und abends ••

Aktiv

Bloukrans Bungee Jump

Ein Muss für alle Adrenalinjunkies ist der höchste Bungee-Sprung der Welt von der »Bloukrans-Brücke« in der Nähe von Nature's Valley: Enorme 216 Meter ist die Brücke hoch – und fast so tief fällt man. Damit ist der »Bloukrans-Sprung« deutlich höher als der von der »Victoria Falls Bridge« in Simbabwe.

➤ Eastern Cape, S. 190, [a 2] ➤ [F 8]

»Face Adrenalin«; Tel. 0 42/2 81 14 58; www.faceadrenalin.com; 580 Rand

JEFFREY'S BAY

➤ Eastern Cape, S. 190, [a 2] ➤ [G 8]

Auf der Liste der Surferparadiese in Südafrika steht Jeffrey's Bay ganz oben. Vor allem im Winter sorgen hier gleichmäßige bis zu drei Meter hohe Wellen für endlose Ritte. Auch für Nicht-Surfer ist Jeffrey's Bay ein attraktiver Ferienort.

»Jeffrey's Bay Tourism« im »Shell Museum Complex«, Da Gama Road, Jeffrey's Bay; Tel. 0 42/2 93 29 23; www.jbaytv.co.za; Mo–Sa 8–16, So 8–13 Uhr

Hotels

Diaz 15

Hotel im mediterranen Stil mit Pool und Meerblick. Üppiges Frühstück, organisierte Safaris zum »Addo Elephant Park«.

➤ Eastern Cape, S. 190, [a 2]

15 Diaz Road, Jeffrey's Bay; Tel./Fax 0 42/2 93 17 79; www.diaz15.co.za; 7 Zi. ••• CREDIT

Museen

Shell Museum

Über 600 Muschelarten aus aller Welt, außerdem auch Anleitung zum Muschelsuchen am Strand.

➤ Eastern Cape, S. 190, [a 2]

Da Gama Road, Jeffrey's Bay; Tel. 0 42/2 93 29 23; Mo–Sa 8–16, So 8–13 Uhr

Essen und Trinken

20 Pepper Street

Gespickt mit Südost-Asiatischem und mit südamerikanischen und europäischen Einflüssen bietet die Karte für jeden Geschmack etwas. Das Dinner steht ganz im Zeichen der Meeresfrüchte (Sushi, Muscheln, Kalamari-Steaks); sehr zu empfehlen als Nachtisch ist die Crème Brulé.

➤ Eastern Cape, S. 190, [a 2]

20 Pepper Street, Jeffrey's Bay; Tel. 0 42/2 93 14 01; www.africanperfection.co.za; tgl. früh und mittags ••• CREDIT

Kitchen Windows

Direkt am Strand: Im Holzofen gebackenen »kingklip« in Weißweinsauce auf Shrimps und Muscheln – außerdem Schokoladenmousse der besten Sorte ...

➤ Eastern Cape, S. 190, [a 2]

23 Diaz Street, Jeffrey's Bay; Tel. 0 42/2 93 42 30; Di–So mittags und abends •• CREDIT

Aktiv

Sandboarding

Rund um Jeffrey's Bay liegen einige der höchsten und spektakulärsten Sanddünen Südafrikas. Wer sich auf einem Snowboard wohl fühlt, wird am Sandboarding

In Jeffrey's Bay finden immer wieder internationale Surfer-Wettbewerbe statt, die ein großes Publikum anziehen.

ebenso Spaß haben; auch absolute Anfänger können sich probieren.

➤ Eastern Cape, S. 190, [a 2]

»Aloe Afrika Adventures«, Jeffrey's Bay; Tel. 0 42/2 96 29 74; aloe@agnet.co.za

WILD COAST

Egal, ob in den gut besuchten Ferienorten im Süden (Gonugie, Haga Haga, Morgan Bay, Kei Mouth, Cintsa) oder an der unberührten Küste im Pondoland (→ Spezial, S. 200) zwischen Port St. Johns und Port Edward im Norden: Die »Wild Coast« macht ihrem Namen alle Ehre (➤ Eastern Cape, S. 190, [b/c 2] ➤ [J–L 7/8]). Ungezähmte Küste, einsame Lagunen, Canyons und Wasserfälle grenzen an sanft gewelltes Hinterland, das gesprenkelt ist mit den grün oder rosa gestrichenen Rondavels der Xhosa. Touristische Infrastruktur sucht man oft vergeblich, doch gerade deshalb ist die »Wild Coast« für viele Kenner die ursprünglichste und schönste Region des Landes.

Ein Dutzend Wanderwege führen an der Küste entlang; wer am liebsten ohne Rucksack unterwegs ist, kann organisierte Trails wie den »Wild Coast Meander« und den »Luxury Three Sisters Trail« buchen. Das Wetter ist das ganze Jahr über angenehm subtropisch warm, ab Dezember heiß und schwül (Sommerregen). Bringen Sie Zeit mit, Geduld für unbefestigte Straßen und ein paar Brocken Xhosa, um leichter mit den Menschen in Kontakt zu kommen.

Information zur »Wild Coast« liefert www.wildcoast.co.za. Kartenmaterial erhalten Sie bei den örtlichen Informationsstellen, u.a. in East London unter Tel. 0 43/7 22 22 03.

KEI MOUTH

➤ Eastern Cape, S. 190, [c 2] ➤ [J 8]

Kei Mouth und das acht Kilometer entfernte Morgan Bay sind noch ein echter Geheimtipp. Eine Fähre führt über den Great Kei River, der hier ins Meer mündet. Mit ihren steil ins Meer abfallenden Klippen ist die Region ein Paradies für Kletterer. Wanderwege führen durch Fynbosvegetation (→ Spezial, S. 160),

Das Meer an der Wild Coast bearbeitet unermüdlich die felsige Küste. Diese Formation wird »Hole in the Wall« genannt.

über bewaldete Dünen oder am Strand entlang, zum Beispiel zum Leuchtturm von Morgan Bay. In der geschützten Lagune von Kei Mouth kann man unbeschwert schwimmen.

Hotels

Morgan Bay Hotel

Direkt über den Felsen am Strand mit einem beeindruckenden Meerblick liegt dieses alteingesessene Familienhotel. Mit Sonnentagen am Indischen Ozean, endlosen Strandwanderungen und Bootsfahrten auf dem Fluss vergeht der Urlaub hier wie im Flug.

➤ Eastern Cape, S. 190, [c 2]

Beach Road, Morgan Bay; Tel. 0 43/8 41 10 62; www.morganbay.co.za; 40 Zi. •• CREDIT

Ausflüge

Strandloper Hiking Trail

Fünf Tage lang wandert man bei der geführten Tour auf dem »Strandloper Hiking Trail« auf den Spuren der Strandloper (Khoi-Khoi und Gonaqua-Nomaden). Die Strecke führt vom Kei Mouth südlich an Sandstränden und bizarren Felsklippen vorbei – und auch an Hotels, die zur Einkehr laden – bis nach Gonubie. Die Tagesdistanzen, die zu bewältigen sind, liegen bei etwa zehn bis fünfzehn Kilometern. Gute Unterkünfte und Verpflegung. Die beste Wanderzeit ist zwischen März und Juni.

➤ Eastern Cape, S. 190, [c 2] ➤ [J 8]

Wanderung von Kei Mouth aus nach Gonubie; Reservierung unter Tel. 0 43/ 8 41 10 46; www. strandlopertrails. org.za; 350 Rand pro Person (Gruppen bis zu zwölf Personen)

MTHATHA (UMTATA)

➤ Eastern Cape, S. 190, [c 1] ➤ [K 7]

Die Hauptstadt des ehemaligen Homelands der Xhosa (Transkei) liegt in der Nähe des Geburtsorts von Nelson Mandela, dem hier ein Museum gewidmet ist. Die kleine Stadt Mthatha (Umtata) mit dem Mandela-Museum und einem kleinen Flugplatz bietet Besuchern der »Wild Coast« vor allem Einkaufsmöglichkeiten, die ansonsten in der Region selten sind.

Hotels

Garden Court Umtata

Wer eine Übernachtung in Mthatha (Umtata) nicht vermeiden kann, kommt hier gut unter (Pool, Restaurant, Bar).

➤ Eastern Cape, S. 190, [c 1]

Nelson Mandela Drive, Mthatha (Umtata); Tel. 0 47/5 37 01 81; www.southernsun.com; 116 Zi. •• CREDIT

Museen

Nelson Mandela Museum

Hier dreht sich alles um den berühmtesten Südafrikaner – um Stationen aus seinem Leben, den Friedensnobelpreis und Geschenke, die »Madiba« erhielt.

➤ Eastern Cape, S. 190, [c 1]

Nelson Mandela Drive/Owen Str., Mthatha; Tel. 0 47/5 32 51 10; www.mandela-museum. org.za; Mo–Fr 9–16, Sa 9–12.30 Uhr

AUTORENTIPP Der zweite Teil des Museums, das »Nelson Mandela Monument«, befindet sich in Mvezo, dem 31 Kilometer entfernten Geburtsort Mandelas (von der N2 westlich von Umtata den Schildern folgen; die Straße ist nicht befestigt!).

In der Stadt Mthatha in der Nähe seines Geburtsorts ist Nelson Mandela ein Museum gewidmet.

PORT ST. JOHNS

➤ Eastern Cape, S. 190, [c 1] ➤ [K 7]

Port St. Johns ist einer der wenigen Küstenorte, die man über eine befestigte Straße erreicht. Mit seinem kolonialen Charme und der entspannten Atmosphäre ist er ein beliebtes Ziel für Aussteiger.

»Port St. Johns Tourism«; Tel. 0 47/5 64 11 87; www.portstjohns.org.za

Hotels

Mbotyi Lodge

Diese ganz aus Holz gefertigte Lodge liegt in einem der schönsten und vielfältigsten Gebiete der »Wild Coast«, mitten in dem kleinen Dorf Mbotyi (gesprochen »Mboiki«). Von einigen Zimmern aus hat man einen fantastischen Blick auf den Strand und den hier ins Meer mündenden Fluss, durch den am frühen Morgen die Schulkinder waten. Mbotyi ist ideal für Wanderungen: am Strand entlang, durch den nahen Urwald, zu spektakulären Wasserfällen und der Teeplantage von Magwa.

Außerdem ist die Lodge eines der raren Beispiele für sensiblen Tourismus: Die Dorfbewohner, die zum Teil als freischaffende Fremdenführer beschäftigt sind, profitieren durch Arbeitsplätze und einen eigenen, der Lodge angeschlossenen Zeltplatz. Gern sind Gäste daher im Dorf gesehen, und die dort angebotenen »cultural tours« sind ein Erlebnis.

➤ Eastern Cape, S. 190, [c 1]

26 km südlich von Lusikisiki an einer gut befahrbaren, aber teils nicht asphaltierten Piste; Tel. 0 39/2 53 88 88 oder 2 53 88 22; www.mbotyi.co.za; 48 Zi. ••• MASTER VISA (detaillierte Wanderkarten an der Rezeption!)

Umngazi River Bungalows

Idyllisches Feriendorf an der Mündung des Umngazi River. Das Restaurant ist bekannt für exzellentes Seafood.

➤ Eastern Cape, S. 190, [c 1]

Tel. 0 47/5 64 11 15; www.umngazi.co.za; 47 Bungalows •• MASTER VISA

Ausflüge

Magwa Tea Plantation und Magwa Falls

Die größte zusammenhängende Teeplantage Afrikas liegt malerisch in den Hügeln zwischen Mbotyi und Lusikisiki. Noch vor ein paar Jahren war das Unternehmen bankrott. Jetzt wird es wieder unter neuem Management aufgebaut.

Die nicht asphaltierten Straßen sind gut mit einem PKW befahrbar, und die beeindruckenden Magwa Falls mitten in den Plantagen sollte man sich unbedingt anschauen. Mitten im fast unbewohnten Grasland stürzen sie ganze 110 Meter tief in einen spektakulären Canyon, von dessen oberem Rand sich ein grandioser Blick bietet.

➤ Eastern Cape, S. 190, [c 1] ➤ [K 7]

Zwischen Mbotyi und Lusikisiki, ca. 30 Minuten von Port St. Johns entfernt.

Mkambati Nature Reserve

Mkambati ist die höchste Steigerungsform der Schönheit der Wild Coast. Abgelegen und nur im Geländewagen zu erreichen, erstreckt sich dieses Naturschutzgebiet zehn Kilometer die Küste entlang und hält bizarre Felsenformationen, Traumstrände, Küstenwälder, Mangroven und versteckte Wasserfälle bereit. Die Horseshoe Falls stürzen im weiten

Bogen über eine Terrasse, bevor sie über einen zweiten Wasserfall das Meer erreichen. Die Flüsse Msikaba und Mtentu teilen das hügelige Grasland, der Blick in die Msikaba Gorge und ein natürliches Amphitheater ist unvergleichlich.

➤ Eastern Cape, S. 190, [c 1] ➤ [K 7]

Südöstl. von Port St. Johns auf einer beschilderten Schotterpiste, an Flagstaff vorbei zum »Holy Cross Hospital« nach Mkambati; tgl. 6–18 Uhr

Waterfall Bluff

In einem seltenen Naturschauspiel stürzt dieser sagenhaft schöne Wasserfall direkt ins Meer. Was anderswo Tausende von Touristen anlocken würde, kann man hier so gut wie für sich allein genießen. Die Wasserfälle von »Waterfall Bluff« erreicht man in einer etwa achtstündigen Tageswanderung von Mbotyi aus (meist flaches Terrain). Weitere Wasserfälle im Gebiet sind ebenfalls einen Ausflug wert, zum Beispiel die Fraser Falls, Angel Falls, Waterfall No Name und andere.

➤ Eastern Cape, S. 190, [c 1] ➤ [K 7]

Von Mbotyi aus ca. 28 km Richtung Port St. Johns. Information zu den Wasserfällen und Kartenmaterial erhalten Sie in Port St. Johns in der Touristeninformation (Tel. 0 47/5 64 11 87).

Essen und Trinken

Gecko Moon

Das kleine, einfache Restaurant liegt direkt am Strand von Port St. Johns. Hier gibt es nicht nur gute Pizza, sondern auch die besten (fangfrischen!) Meeresfrüchte weit und breit.

➤ Eastern Cape, S. 190, [c 1]

First Beach, Port St. Johns; Tel. 0 47/5 64 12 21, tgl. ab 11 Uhr •

»Mkambati Nature Reserve«: Der Fluss Msikaba hat im Laufe der Jahrtausende diese tiefe Schlucht in den Fels gespült.

In den Drakensbergen (→ S. 228) sind viele Felsformationen mit sprechenden Begriffen benannt. Dieser Gipfel heißt »Policeman's Head«.

KWAZULU-NATAL UND FREE STATE

Von Hochgebirge bis zum Korallenriff, von pulsierenden Städten zur tiefsten afrikanischen Wildnis bietet der Südosten des Landes Stoff für europäische Winterträume – und genug für mehr als einen Urlaub.

Wie der Name vermuten lässt, ist die Provinz KwaZulu-Natal Heimat der »Zulu Nation«, Südafrikas größter Sprachgruppe. Sie entstand Mitte des 19. Jahrhunderts unter dem Zepter des berüchtigten Zulu-Kriegers Shaka, dem »schwarzen Napoleon Afrikas«, der in ausgedehnten Feldzügen benachbarte Stämme unterwarf und als grausamer Kriegsstratege in die Geschichte des Landes einging.

Der heute regierende König der Zulu, Goodwill Zwelithini, wird durch die südafrikanische Verfassung als traditioneller Führer geschützt und mit Steuergeldern subventioniert. Bekannt ist der Monarch dafür, dass er goldene Klobrillen in seinen Palästen einbauen ließ und gern sein Konterfei im Ankunftsbereich des internationalen Flughafens sähe.

Und mittendrin liegt Durban, Südafrikas drittgrößte Stadt, ein subtropischer Schmelztiegel aus indischer Kultur, afrikanischer Tradition und dem westlichen Lebensgefühl. Die überwiegende Mehrheit der indischstämmigen Südafrikaner ist hier zu Hause, doch spätestens an der Strandpromenade mischt sich alles: die Dame im goldbestickten Sari und der sonnengebräunte Surfer, der Souvenirhändler von der Elfenbeinküste und die bunt gekleidete Zulu-Frau, fantasievoll herausgeputzte Rikscha-Fahrer und stadtmüde Johannesburger in Partystimmung. In der Umgebung reiht sich ein Badeort an den nächsten. Zwischen Umhlanga Rocks und Port Edward liegt im Sommer halb Johannesburg in der Sonne. Kein Wunder: Die Provinz lockt mit Traumstränden auf 600 Küstenkilometern und der Indische Ozean ist ganzjährig warm genug zum Baden und Schnorcheln – und ideal zum Surfen.

Im Westen KwaZulu-Natals und im angrenzenden Free State ragen die mächtigen Dreitausender der Drakensberge auf. Rund um das Bergkönigreich Lesotho finden Wanderer und Kletterer ein Paradies mit bizarren Felsformationen und spektakulären Wasserfällen.

Nicht weit entfernt von den Bergen erinnern die »Schlachtfelder« (»battlefields«) daran, wie Briten, Buren und Zulu einst um die fruchtbaren Midlands kämpften. Gesiegt haben im 19. Jahrhundert die Briten. Alles blieb danach friedlich, bis die Provinz kurz vor Ende der Apartheidzeit erneut in Flammen aufging, als Mitglieder der Zulupartei IFP (»Inkatha Freedom Party«) und des ANC (»African National Congress«) sich gegenseitig bekriegten. Heute ist von dieser blutigen Vergangenheit nur noch wenig zu spüren. Idyllische Hügel, subtropische Vegetation und Zuckerrohrfelder bestimmen das Bild der Landschaft. Und wer sich neben der Schönheit des Landes für die afrikanische Kultur inter-

① KwaZulu-Natal & Free State
② Elephant Coast
③ Drakensberge
④ Durban & South Coast

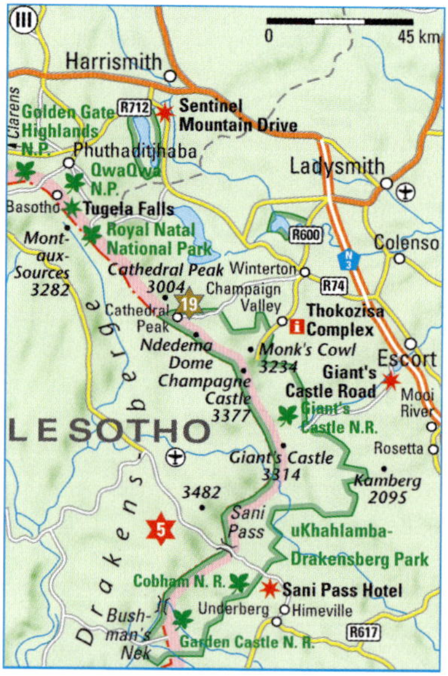

essiert, wird all das in Zululand finden. Afrikanische Wildnis prägt den Norden: Hier liegen zwei der schönsten Nationalparks des Landes: »Hluhluwe-Imfolozi« und das riesige Feuchtgebiet von St. Lucia, mit Flusspferden, Krokodilen und Wasservögeln.

Im äußersten Nordosten schließlich fühlt sich Südafrika an wie Mosambik: sandiger Boden, Raphia-Palmen, tropische Flussmündungen und Natur pur, so weit das Auge reicht. Wer nach Kosi Bay (→ Spezial, S. 236) kommt, findet einen der ursprünglichsten Flecken Südafrikas vor – und verabschiedet sich hier endgültig von der Zivilisation.

KwaZulu-Natal ist die einzige Provinz, die ihre Nationalparks selbst verwaltet. Für Buchungen und Information kontaktiert man hier nicht SANPARKS, sondern »KZN Wildlife« (Tel. 033/845 1000; www.kznwildlife.com).

Heute lebt die Mehrheit der indischstämmigen Südafrikaner in der Region, ursprünglich war sie das Land der Zulus.

SOUTH COAST

Ein längerer Zwischenstopp zum Baden lohnt sich an der »South Coast« (Margate, Ramsgate, Port Edward) – und nicht nur wegen der endlosen Strände: Rund 50 Flüsse münden hier ins Meer, und es gibt einige schöne Naturschutzgebiete im Inland. Das Klima ist subtropisch mit reichlich Regen im Sommer. Am besten kommt man außerhalb der hektischen und schwül-heißen Monate Januar und Februar.

DURBAN

3 Mio. Einwohner, 5 m ü.d.M.

➤ Durban, S. 216 ➤ [L 6]

Lebendig, bunt und sonnig – das ist Durban. Hier liegt der wichtigste Hafen des Landes, und dem verdankt die Dreimillionen-Stadt auch ihr indisches Flair: 1860 trafen 150 000 Inder in Durban ein, um auf den Zuckerrohrfeldern der englischen Kolonie Natal zu arbeiten. Es folgten indische Geschäftsleute und 1893 auch der Rechtsanwalt Mahatma Gandhi

hierher, der sich 21 Jahre lang für die Rechte der indischen Einwanderer einsetzte. Heute lebt in der drittgrößten Stadt Südafrikas die Mehrheit der eine Million indischstämmigen Südafrikaner, gemeinsam mit den Zulu und Nachfahren britischer und holländischer Siedler.

Die jährlich zwei Millionen Besucher lieben die Stadt wegen dieses Kulturenmix, vor allem aber wegen der Beachfront. Sie bietet Platz für Tausende von Sonnenanbetern – und das ganzjährig warme Wasser an der »South Coast« mit Hainetzen garantiert ein unbegrenztes Badevergnügen. Durban ist die Partyhauptstadt des Landes. Im Zentrum des Trubels liegt die sechs Kilometer lange Strandpromenade »Golden Mile« mit Hotels, Restaurants, Pools und Liegewiesen. Doch auch der Hafen und die Point Waterfront sind Anziehungspunkte. Stilecht ist man in Durban per Rikscha unterwegs. Die fantasievoll gekleideten Fahrer sind mit ihrem überdimensionierten Kopfschmuck bereits von Weitem zu erkennen. Aber Achtung: Wer sie mal schnell fotografiert, wird sofort lautstark zur Kasse gebeten!

»Tourist Junction«, 160 Pine Street, Durban; Tel. 0 31/3 66 75 00; Mo–Fr 8–17, Sa 9–14 Uhr

Hotels

The Royal Hotel

Durbans Hotellegende: Möbel aus Gelbholz (»yellowwood«) und ein königsblaues Dekor beherrschen die Zimmer, dazu kommt der Panoramablick auf die Stadt, kolonialer Charme, bester Service und zwei exzellente Restaurants.

➤ Durban, S. 216, [b 3]

267 Smith Street, Durban; Tel. 0 31/3 33 60 00, Fax 3 33 60 02; www.theroyal.co.za; 271 Zi. ●●●● CREDIT ♿

Prunkvoll in der »surf city« Durban: das »Royal Hotel«

Emakhosini Boutique Hotel

Das kleine Luxushotel bietet einen geschmackvollen Mix aus französischem Kolonialstil und Zulu-Design, einen eigenen Wellnessbereich und ein erstklassiges Restaurant.

➤ Durban, S. 216, nordwestl. von [a 1]

3 Lumsden Crescent, Morningside, Durban; Tel. 0 31/2 03 45 00, Fax 203 45 10; www.emakhosini.com; 23 Zi. ••• CREDIT

Protea Hotel Edward Durban

Das »Edward« ist seit 1911 erste Adresse für Stars und Sternchen, Präsidenten und Millionäre. Viktorianische Eleganz und edles Flair, zentral am North Beach.

➤ Durban, S. 216, [d 2]

149 Marine Parade, Durban; Tel. 0 31/3 37 36 81, Fax 3 32 16 92; www.proteahotels.co.za; 101 Zi. ••• CREDIT

Essenwood House

Zauberhafte Villa im Stil König Edwards in zentraler, aber ruhiger Lage im Edelviertel Berea. Strand, Geschäfte und Restaurants in der Nähe.

➤ Durban, S. 216, westl. von [a 3]

630 Essenwood Road, Durban; Tel./Fax 0 31/2 07 45 47; www.essenwoodhouse.co.za; 7 Zi. •• CREDIT

Sica's Guest House

Viktorianisches Farmhaus aus dem 19. Jahrhundert im Nobelstadtteil Berea. Private Terrassen, Pool, Tennisplatz und Internetanschluss auf allen Zimmern.

➤ Durban, S. 216, westl. von [a 3]

19 Owen Avenue, Mayville, Durban; Tel. 0 31/2 61 27 68/ 61 55, Fax 2 61 50 81; www.sica.co.za; 48 Zi. •• CREDIT

Sehenswertes

Botanic Gardens

Der 1849 angelegte botanische Garten nordwestlich von Durbans Zentrum im Viertel Berea lockt Besucher mit alten Bäumen, einem Orchideenhaus, einem Kräutergarten, einem Tastgarten für Blinde, seltenen, großen Palmfarnen (Zykadeen) und einem Gartencafé. Hier finden regelmäßig auch Konzerte statt.

➤ Durban, S. 216, westl. von [a 1]

Sydenham Road, Berea, Durban; Tel. 0 31/2 01 13 03; tgl. 9.30–12.30, 14–16.45 Uhr

Jumah Mosque

Die größte Moschee der südlichen Hemisphäre steht Besuchern offen. Beachten Sie aber die Vorschriften: Schuhe vor Betreten des Gotteshauses ausziehen und für Frauen Kopfbedeckung! Ganz in der Nähe liegt der Victoria Market (→ Der gute Tipp von MERIAN, S. 55).

➤ Durban, S. 216, [a 3]

QueenStreet/Grey Street, Durban; Tel. 0 31/3 06 00 26; Mo–Fr 9–16, Sa 9–11 Uhr; Führungen nur nach Voranmeldung!

Sugar Terminal

Durban ist auf Zucker gebaut – reich geworden Mitte des 19. Jahrhunderts durch den Export von Rohrzucker, der überall im Umland auf Plantagen angebaut wird. An der »Maydon Wharf« im Hafen, einem der größten Zuckerumschlagplätze der Welt, werden täglich 750 Tonnen Zucker verladen.

➤ Durban, S. 216, südl. von [a 4]

51 Maydon Road, Durban; Tel. 0 31/3 65 81 53; Führungen Mo–Do 8.30, 10, 11, 14, Fr 10 und 11 Uhr; 15 Rand

Temple of Understanding

Der Hare-Krishna-Tempel im Vorort Chatsworth mit seinem golden und silbern glänzenden Dach ist ganz in Form einer Lotusblüte gestaltet und gilt als der größte Hindutempel der südlichen Hemisphäre. Sehr zu empfehlen ist das vegetarische Restaurant im Untergeschoss.

➤ **Durban, S. 216, südl. von [a 4]**

50 Bhaktivendanta Swami Circle, Chatsworth, Durban; Tel. 0 31/4 03 33 28; Führungen bei Voranmeldung möglich!

uShaka Marine World

Der größte marine Vergnügungspark des Kontinents erstreckt sich auf 15 Hektar Fläche an der südlichen Beachfront und stellt sogar das »Two Oceans Aquarium« in Kapstadt in den Schatten. Für echtes Titanic-Feeling sorgt ein nachgebautes Schiffswrack, in dessen Heck sich ein Restaurant mit Blick auf die Unterwasserwelt befindet. In insgesamt sieben Aquarien ist das halbe Meer zu Hause – nicht zuletzt hat »uShaka« die größte

Hinter Glas und ganz ungefährlich: einer der vielen Rochen in der »uShaka Marine World«

Hai-Population der Südhalbkugel vorzuweisen. Dazu kommt noch die gigantische Badewelt »Wet 'n Wild« mit Riesenrutschen, Strand und viel Platz für Wassersport. Wer künstliche Welten mag, kann hier problemlos ein ganzes Wochenende verbringen und mit Souvenirs bepackt nach Hause fliegen.

➤ Durban, S. 216, südl. von [c 4]

Addington Beach, The Point, Durban; Tel. 0 31/3 68 66 75; www.ushakamarine-world.co.za; Sommer tgl. 9–18, Winter 10–17 Uhr; Eintritt 130 Rand (alles inkl.), 65 Rand (nur »Wet' n Wild«), 87 Rand (nur »Sea World«)

Vasco da Gama Clock

Die Uhr am Victoria Embankment ist ein Geschenk der portugiesischen Regierung als Erinnerung an den Entdecker und Seefahrer Vasco da Gama, der am 25. Dezember 1497 hier landete. Die Portugiesen nannten das Land »Weihnachtsland« (natal), was sich heute noch im Namen der Provinz KwaZulu-Natal widerspiegelt.

➤ Durban, S. 216, [b 3]

Wilson's Wharf

Direkt an der Marina, mit Blick auf den Hafen bietet die »Wilson's Wharf« einen bunten Mix von Restaurants und Geschäften, der zu einem Bummel einlädt.

➤ Durban, S. 216, südl. von [a 4]

Museen

KwaMuhle Museum

In Durbans ungewöhnlichstem Museum begeben sich die Besucher auf eine Zeitreise in die Vergangenheit: Das Museumsgebäude beherbergte einst das berüchtigte »Department of Native Affairs«, in dem zu Zeiten der Apartheidregierung über das Wohl und Wehe der schwarzen Einwohner entschieden wurde. Einige der Räume sind noch original eingerichtet. Wachsfiguren, Fotos und Dokumente, die auch akustisch untermalt werden, erinnern an historisch bedeutende Ereignisse der jüngeren Geschichte Südafrikas. Außerdem interessant zu sehen: die Dauerausstellung über »Cato Manor«, eines der ärmsten Slums (»squatter camps«) des Landes.

➤ Durban, S. 216, [b 2]

130 Ordnance Road, Durban; Tel. 0 31/3 11 22 23; Mo–Fr 8.30–16, Sa, So und feiertags 11–16 Uhr

Natural Science Museum und Durban Art Gallery

Im Rathaus der Stadt (City Hall) sind das Naturkundemuseum und eine der wohl besten und umfassendsten Kunstsammlungen des Landes untergebracht. Die naturkundliche Sammlung muss man nicht unbedingt gesehen haben, die »Art Gallery« aber ist umso empfehlenswerter. Neben einer älteren Sammlung mit einigen guten Werken europäischer Maler aus dem 15. Jahrhundert sind hier zudem auch Werke südafrikanischer Künstler ganz unterschiedlicher Herkunft ausgestellt (KwaZulu-Natal und »South African Collection«). In der Ausstellung »Red Eye« schließlich regiert ganz die experimentelle Kunst der neuen Kunstszene in Südafrika (Tanz, Film, Fotografie, Mode, Musik).

➤ Durban, S. 216, [b 3]

City Hall (1. Stock), Smith Street, Durban; Tel. 0 31/3 11 22 42; Mo–Sa 8.30–17, So und feiertags 11–17 Uhr

Port Natal Maritime Museum

Hier geht es um die Seefahrtsgeschichte und um die Geschichte Durbans als wichtigster Hafen Afrikas. Zu sehen sind neben historischem Navigationsequipment auch mehrere Schiffe.

➤ Durban, S. 216, [c 3]

Bay End/Aliwal Street, Durban; Tel. 0 31/ 3 11 22 31; Mo–Sa 8.30–15.45, So 11–15.45 Uhr

Essen und Trinken

Baanthai

Exzellente thailändische Küche, traditionell zubereitet und serviert. Der Koch lässt seine Gewürze zum Teil aus Thailand einfliegen.

➤ Durban, S. 216, nordwestl. von [a 1]

138 Florida Road, Moringside, Durban; Tel. 0 31/3 03 42 70; Mo–Fr mittags und abends, Sa nur abends, So geschlossen ••• CREDIT

The Famous Fish Company

Bei köstlichem Seafood kann man hier den in den Hafen einlaufenden Schiffen zusehen. Empfehlenswert sind die Steaks und das exotisch gewürzte »Portuguese Chicken«.

➤ Durban, S. 216, südl. von [c 4]

Kings Battery, Point Waterfront, Durban; Tel. 0 31/3 68 10 60/9; tgl. ab 12 Uhr ••• CREDIT

Rainbow Terrace

Internationale Karte mit Schwerpunkt auf mediterraner und traditioneller afrikanischer Küche. Außerdem gibt es eine stilvolle Cigar Bar.

➤ Durban, S. 216, [b 2]

Durban Hilton International, 12 Walnut Street, Durban; Tel. 0 31/3 36 81 00; tgl. 6.30–10.30, 12.30–15, 18.30–22.30 Uhr ••• CREDIT ♿

Bean Bag Bohemia

Der Name ist Programm: Hier treffen sich Künstler und Studenten zu gutem Essen in gemütlichem, lockerem Ambiente.

➤ Durban, S. 216, nördl. von [a 1]

18 Windermere Road, Greyville, Durban; Tel. 0 31/3 09 60 19; tgl. ab 10 Uhr •• CREDIT ♿

The New Café Fish

Eines der besten Fischrestaurants der Stadt mit Terrasse direkt am Yachthafen und einer umfangreichen Cocktailauswahl am Abend.

➤ Durban, S. 216, [b 3]

31 Yacht Mole, Victoria Embankment, Durban; Tel. 0 31/3 05 50 62/3; tgl. 12–15, 18.30–22 Uhr •• CREDIT

In vielen anderen Städten ist die wichtigste Meile eine Geschäftsstraße, in Durban aber ist es die »Beachfront«.

Am Abend

Nachtspaziergänge in der Innenstadt von Durban sind nicht zu empfehlen, aber an der Point Waterfront am Ende der Point Road und rund um den »Yacht Club« am Victoria Embankment herrscht die ganze Nacht über rege Partystimmung.

Neben dem klassischen Ausgehviertel Berea hat sich die Florida Road in Morningside zu einer Ausgehmeile ersten Ranges entwickelt. Ständig eröffnen hier neue Restaurants und Clubs, oft in schönen alten viktorianischen Häusern mit

romantischen Gartenterrassen. Die Jazzmusik-Szene ist in Durban deutlich von den Rhythmen der Zulu gefärbt; wer gern mehr über die ursprüngliche südafrikanische Musik erfahren möchte, der sollte eine Tour in die Townships buchen (→ Spezial, S. 132) und dort der typischen Maskanda- und Isicathamiya-Musik der Zulu lauschen – ganz stilecht in einer der »shebeens«, den typischen Townshipkneipe.

BAT Centre

Das quirlige Kulturzentrum von Durban liegt direkt am Hafen (Victoria Embankment). Im BAT Centre zeigen die lokalen Musiker und junge Künstler ihr Können. Regelmäßig finden hier ganz unterschiedliche Konzerte statt – von orientalischer Musik über Afro-Jazz, Folk, Trommelmusik, Hip Hop, Rock bis hin zu Reggae-Musik.

➤ **Durban, S. 216, [b 3]**

45 Maritime Place, Victoria Embankment, Durban; Tel. 0 31/3 32 04 51

Sommerkonzerte im Botanischen Garten von Durban

Die Sommerkonzerte im Botanischen Garten von Durban sind mittlerweile genauso Kult geworden wie die Konzerte im Botanischen Garten Kirstenbosch in Kapstadt (→ Der gute Tipp von MERIAN, S. 81). Auf dem Programm steht in Durban durchweg klassische Musik. Es spielt das »KwaZulu-Natal Philharmonic Orchestra«. Vergessen sollten Sie beim Gang zur Konzertwiese nicht den gefüllten Picknickkorb!

➤ **Durban, S. 216, westl. von [a 1]**

Nordwestl. an den Berea-Bergen, Infos zum Konzertprogramm unter Tel. 0 31/3 69 94 38; www.kznpo.co.za

Rivets

Traditioneller, stilvoller Club, in dem Livemusik gespielt wird, jeden Donnerstag Jazz. Dresscode: »smart casual«.

➤ **Durban, S. 216, [b 3]**

Durban Hilton International, 12 Walnut Street, Durban; Tel. 0 31/3 36 81 00

Ein Katzensprung zum Indischen Ozean: »Beverley Hills Hotel« in Umhlanga Rocks (→ S. 224).

Einkaufen

African Art Centre

Die erste Adresse für alle, die sich für zeitgenössische Kunst der Zulu interessieren. Hier vermarkten einheimische Künstler ihre besten Werke – und so mancher Nachwuchskünstler präsentiert sich auf dem »African Art Centre« erstmals der Öffentlichkeit.

➤ Durban, S. 216, [c 2]

»Tourist Junction«, 160 Pine Street (1. Stock), Durban; Tel. 0 31/3 04 79 15; www.afriart.org.za; Mo–Fr 8.30–17, Sa 9–13 Uhr

Essenwood Market

Bunter Straßenmarkt, der in Durban nicht afrikanisch, sondern ganz indisch bestimmt ist – hier findet man indische Schnäppchen und viel Kreatives, das es nicht an jeder Ecke gibt.

➤ Durban, S. 216, westl. von [a 1]

Essenwood Road, Musgrave (hinter dem »Musgrave Centre« im Berea Park), Sa 9–14 Uhr

Victoria Street Market 12

(→ Der gute Tipp von MERIAN, S. 55)

The Workshop Mall

Wo ehemals die Züge repariert wurden, befindet sich heute das schönste Einkaufszentrum der ganzen Stadt – im viktorianischen Stil, mit vielen Läden und Restaurants. Überschaubar für einen gemütlichen Einkaufbummel und zentral gelegen in der Innenstadt.

➤ Durban, S. 216, [b 2]

99 Aliwal Street, Durban; Tel. 0 31/3 04 98 94; Mo–Fr 8.30–17, Sa 9–17, So 10–17 Uhr

UMHLANGA ROCKS

➤ KwaZulu-Natal, S. 212, IV ➤ [L 6]

Umhlanga Rocks, 25 Kilometer nördlich von Durban, ist einer der beliebtesten Badeorte Südafrikas mit wunderbaren Stränden, allerdings dominiert von modernen, teils klotzigen Hotelbauten.

Für Wassersportler, insbesondere für Surfer, ist Umhlanga Rocks ein Paradies – hier gibt es auch die weltweit größten künstlichen Surfwellen. Die hin und wieder durch Felsen unterbrochenen kilometerlangen Sandstrände sind alle durch Hainetze gesichert und garantieren damit das ganze Jahr über ein unbegrenztes Badevergnügen. In der Nähe des Badeorts liegt das »Umhlanga Lagoon Nature Reserve«.

LEICHT UND »LEKKER«

Die Welt kocht in Südafrika – und wie bei vielen Dingen, so fasziniert auch auf den Speisekarten am Kap die bunte Vielfalt.

Die traditionelle Kapküche verrät viel über die Einwanderungsgeschichte Südafrikas: Die typische südafrikanische Küche gibt es nicht. Den Grundstock bildet die deftige Kost holländischer und deutschstämmiger Siedler, die ihre Rezepte und Kochbücher auf den Schiffen der Ostindien-Kompanie nach Südafrika mitbrachten.

Bereits kurz nach der Gründung Kapstadts um 1652 holte Jan van Riebeeck Sklaven aus Südostasien und Ostafrika an den Tafelberg. Und deren kulinarische Wurzeln, die in Indien, Indonesien, Ceylon und Madagaskar liegen, sind es vor allem, die man heute in der kapmalaiischen Küche findet. Fast nichts geht ohne eine Prise Zimt – und ohne Atjars, Pickles aus Früchten oder Gemüse, bedeckt mit einer Mischung aus Öl, Chili, Knoblauch und Curry.

Wenig später, im Jahr 1688, ließen sich französische Hugenotten am Kap nieder. Sie brachten edle Weine und Käse aus ihrer Heimat mit und rührten ebenfalls kräftig im Kochtopf. Heraus kamen so schmackhafte Gerichte wie Bredie: Lammfleisch, das mit Gemüse und mit Seerosen (»waterblommetjies«) zusammen in einem gusseisernen Topf gekocht wird.

Ebenfalls typisch für die Küche – insbesondere am Kap – sind die milden Curries, gefüllte Teigtaschen (»samoosas«), Fleisch- und Fruchtspieße (»sosaties«), die Aufläufe (»boboties«) und eine generelle Vorliebe für alles Süßsaure.

Köstliche Gerichte mit Fisch und allerlei Meeresfrüchten gibt es in Südafrika nicht nur an der Küste.

Variantenreichtum: Die »bobotie« genannten Aufläufe der Kapküche können mit allen möglichen Zutaten zubereitet sein.

Nicht nur Deko: Seerosenblüten kann man essen. Am Kap werden sie zum Beispiel zu Lamm serviert.

Leider gibt es nur wenige Orte in Kapstadt und Umgebung, an denen man diese authentischen kapmalaiischem Gerichte auf den Teller bekommt. Ausnahmen sind Restaurants in Kapstadt, die hauptsächlich von Einheimischen frequentiert werden und auf den ersten Blick ziemlich unspektakulär aussehen: Das etwas düstere »Biesmiellah« etwa im historischen Stadtteil Bo-Kaap ist zu muslimischen Feiertagen proppevoll – ein gutes Zeichen für die Qualität der Speisen. Ebenfalls empfehlenswert ist der »Noon Gun Tea Room« am Signal Hill mit seinem unschlagbaren Blick über ganz Kapstadt. Etwas edler – aber dafür auch etwas teurer – geht es im »Cape Malay Restaurant« in Constantia zu.

Wer sich lieber selbst am Herd versuchen möchte, für den gibt es die »Cape Malay Cooking Safaris«.
In der Küche einer kapmalaiischen Hausfrau mitten im Kapstädter Viertel in Bo-Kaap lernt man in wenigen Stunden das Einmaleins der südafrikanischen Gaumenfreuden: Die Gäste falten Teigtaschen, mixen Masala-Gewürze, rühren Curries und bereiten je nach Gusto auch vegetarische Gerichte zu. Am Ende der Küchenarbeit winkt das kulinarische Vergnügen eines authentischen südafrikanischen Dinners und das zu Hause anwendbare praktische Wissen um ein paar kleine und große Geheimnisse der Kapküche.
»Cooking Safaris« werden bei »Andulela« in Kapstadt angeboten und kosten 325 Rand; Tel. 0 21/7 90 25 92; www.andulela.com
Empfehlenswerte Restaurants mit kapmalaiischen Gerichten sind:
»Cape Malay Restaurant«, Hohenhort-Hotel, Brommersvlei, Constantia; Tel. 0 21/7 94 21 37; 19–22 Uhr, im Winter geschl. ••• CREDIT ♿
»Biesmiellah«, Ecke Wale Street/Pentz Street, Bo-Kaap, Kapstadt; Tel. 0 21/4 23 08 50; Mo–Do 12–22, Fr–Sa 12–23 •• CREDIT
»Noon Gun Tea Room«, 273 Longmarket Street, Kapstadt; Tel. 0 21/4 24 05 29; Mo–Sa 10–22 Uhr ••

Hotels

Beverley Hills Hotel

Das Hotel ganz in der Nähe des Leuchtturms von Umhlanga wirbt mit zeitloser Eleganz, etwas Hollywood-Glamour und seinem preisgekrönten Garten. Vom Pool aus blickt man direkt auf den Indischen Ozean – und zum Strand ist es nur ein Katzensprung.

➤ KwaZulu-Natal, S. 212, IV

Lighthouse Road, Umhlanga Rocks; Tel. 0 31/5 61 22 11, Fax 5 61 37 11; www.southernsun.co.za ••• CREDIT ♿

Oyster Box

Direkt neben dem Umhlanga-Leuchtturm bietet das edle Hotel einen stilvollen High Tea mit Blick auf den Indischen Ozean, täglich frisch geerntete Austern und luxuriös eingerichtete Zimmer in Strandnähe. Das »Grill Room Restaurant« im Haus ist am Ort bekannt für seinen guten Fisch und für seine exzellenten südafrikanischen Weine.

➤ KwaZulu-Natal, S. 212, IV

2 Lighthouse Road, Umhlanga Rocks; Tel. 0 31/5 61 22 33, Fax 5 61 40 72; www.oysterbox.co.za •• CREDIT

AUTORENTIPP Wer am ersten oder letzten Sonntag im Monat in Umhlanga Rocks ist, sollte sich eine Fahrt mit dem »Umgeni-Dampfzug« zwischen Kloof Station und Cato Ridge nicht entgehen lassen (Abfahrt 8.30 und 12.30 Uhr von Kloof Station; Erwachsene 80, Kinder 50 Rand; www.umgenisteamrailway.co.za).
Sparen dagegen kann man sich hier den »PheZulu Safari Park« (5 Old Main Road, Botha's Hill, nördlich von Durban) – eine Touristenfalle der Extraklasse, in dem es neben barbusigen Zulutänzerinnen vor allem Busladungen voll Touristen zu bewundern gibt.

Sehenswertes

Natal Sharks Board

Seit über 35 Jahren erforscht die Organisation »Natal Sharks Board« das Leben der Haie und sucht nach Möglichkeiten, um Angriffe von Haien auf Menschen zu verhindern. Der Besuch im »Hai-Museum« beginnt mit einer Multimedia-Show auf drei großen Leinwänden. Die Besucher können im Museum auch anatomische Studien betreiben und zusehen, wie ein Hai seziert wird.

➤ KwaZulu-Natal, S. 212, IV

1A Herrwood Drive, Umhlanga Rocks; Tel. 0 31/5 66 04 99; www.shark.co.za; Show und Hai-Sektion Di, Mi, Do 9 und 14 Uhr, So 9 Uhr; Eintritt 20 Rand

VALLEY OF 1000 HILLS

➤ KwaZulu-Natal, S. 212, IV ➤ [L 6]

Das liebliche Tal des Mnegeni River, wegen seinen unzähligen grünen Buckel auch »Tal der 1000 Hügel« genannt, liegt nur wenige Kilometer nördlich der Stadt Durban und gehört zu den landschaftlichen Attraktionen von KwaZulu-Natal. Das Tal eignet sich perfekt für einen Ausflug mit Übernachtung von Durban aus. Am besten fährt man die R103 (alte Verbindungsstraße zwischen Durban und Pietermaritzburg/Msunduzi) nach Westen und biegt kurz vor der N3 rechts zum Nagle Dam ab. Neben dem Stausee erhebt sich der fast tausend Meter hohe Natal Table Mountain mit einer fantasti-

Eine Stimmung wie im Traum: das »Tal der 1000 Hügel« am Mnegeni River in der blauen Stunde am frühen Morgen

schen Aussicht. Im Tal hat sich ein florierendes Hotel- und Gaststättengewerbe entwickelt. Unzählige Gästehäuser, Pubs, Cafés und Läden liegen am Weg – eine bunte Mischung aus Kultur, Kunsthandwerk, Abenteuer- und Ökotourismus.

Hotels

Chantecler

Das Hotel am Rande des »Tals der 1000 Hügel« empfängt seine Gäste mit Zimmern im Safaristil und mit einem Gourmet-Restaurant. Kinder können sich unter Aufsicht am Swimmingpool und auf dem Spielplatz vergnügen.

➤ KwaZulu-Natal, S. 212, IV

Nördl. von Durban, 27 Clement Stott Road, Botha's Hill; Tel. 0 31/7 65 26 13, Fax 7 65 61 01; www.chantecler.co.za; 18 Zi. ••• CREDIT

VON DURBAN NACH PORT EDWARD

➤ KwaZulu-Natal, S. 212, IV ➤ [L 6]

Zwei Stunden fährt man mit dem Auto an der »South Coast« entlang von Durban nach Port Edward. Auf der gut ausgebauten N2 geht es durch üppige subtropische Vegetation. Auf dem Mittelstreifen wachsen Bananenstauden und die Hügel, bepflanzt mit Zuckerrohr, erinnern zuweilen an die Frisuren der Obstverkäuferinnen am Straßenrand. Lassen Sie die Bettenburgen von Amanzimtoti links liegen. Die Badeorte bei Durban zeichnen sich durch Bausünden aus, über die höchstens meereshungrige Johannesburger hinwegsehen.

Richtig schön wird es erst an der »Hibiscus Coast«, besonders südlich der Industriestadt Port Shepstone. Tropenwald säumt den Küstenstreifen mit dem weißen Sandstrand. Die Badeorte Uvongo, Margate, Ramsgate, Southbroom, Marina Beach und Port Edward (direkt an der Grenze zum Eastern Cape) eignen sich hervorragend für Tage am Strand – gute und günstige Unterkünfte gibt es genug.

»Hibiscus Coast Tourism«, Panorama Parade, Main Beach, Margate; Tel. 0 39/3 12 23 22; www. hibiscuscoast.kzn.org.za; »Regional Information Office«, Shelly Beach, Margate; Tel. 0 39/3 15 70 65; www.southcoast.kzn.org. za

Einmal im Jahr kommt der Schwarm vorbei. Menschen, Vögel, Raubfische machen beim »Sardine Run« vor Port Edwards leichte Beute.

Hotels

Caribbean Estates

Mieten Sie sich eine Villa, legen Sie die Beine hoch, schauen Sie den umher tollenden Affen zu, und fühlen Sie sich wie im Paradies! Das Resort grenzt sowohl an den Umtamvuna River als auch ans Meer, dazu gibt es Swimmingpools, Tennisplätze und einen Spielplatz.

➤ KwaZulu-Natal, S. 212, IV

Main Road, Port Edward; Tel. 0 39/3 11 20 45, Fax 0 39/311 20 46; www.caribbean-estates.co.za ••• MASTER VISA

Beach Lodge Hotel & Apartments

Das nette Strandhotel im Badeort Margate wirbt mit deutscher Gastlichkeit. Urlauber haben hier die Wahl zwischen

einem gemütlichen Hotelzimmer und einer Ferienwohnung mit Selbstversorgung. Der Strand liegt in nächster Nähe.

➤ KwaZulu-Natal, S. 212, IV

Lot 3510, Marine Drive, Margate; Tel. 0 39/ 3 12 14 83/4, Fax 3 17 12 32; www.beach-lodge.org.za; 10 Zi. •• CREDIT

Blue Marlin

Modernes Hotel mit einem bewachten Sandstrand, einem subtropischem Garten, einem Swimmingpool und Rundumbetreuung für Kinder.

➤ KwaZulu-Natal, S. 212, IV

180 Scott Street, Scottburgh; Tel. 0 39/ 9 78 33 61, Fax 9 76 09 71; www.bluemarlin.co.za; 120 Zi. •• CREDIT

Umtamvuna River Lodge

Die Lodge mit ihren modern eingerichteten Zimmern liegt in einem wenig besuchten Naturparadies nicht weit vom Strand und dem »Wild Coast Sun Casino«. Im Sommer eine wunderbare Alternative zur überfüllten Küste.

➤ KwaZulu-Natal, S. 212, IV

Lot 80 Banners Rest, Port Edward; Tel. 0 39/3 11 23 13, Fax 3 11 23 26; •• MASTER VISA

Lighthouse in Port Edward 5

(→ Der gute Tipp von MERIAN, S. 47)

Ausflüge

Umtamvuna Nature Reserve

Das Naturschutzgebiet am Umtamvuna River ist mit seinen Auenwäldern und seiner großen Pflanzenvielfalt ein Dorado für Botaniker. Es brüten hier auch seltene Kapgeier und Schreiseeadler.

➤ KwaZulu-Natal, S. 212, IV

10 km westl. von Port Edward; Tel. 0 39/3 13 23 83; www.kznwildlife.com; Okt.–März 6–18, Apr.–Sept. 6.30–17.30 Uhr; Eintritt 10 Rand (Kinder 5 Rand)

Sehenswertes

Sardine Run

Wie ein Spuk erscheint jedes Jahr zwischen Mai und Juli der (angeblich) größte Fischschwarm der Welt vor der südafrikanischen Küste zwischen Cape Point und dem Norden KwaZulu-Natals. Milliarden von Sardinen, gejagt von Delfinen, Raubfischen und unzähligen Seevögeln, bringen von einem Tag auf den anderen das Meer zum Kochen. Hai-Fans dürfen sich unter anderen auf Hammerhaie und Weiße Haie freuen. Warum sich die Sardinen jedes Jahr dieser gigantischen Jagd aussetzen, weiß niemand so genau – zumindest haben Meereströmungen und Wassertemperatur etwas damit zu tun. Selbst der genaue Zeitpunkt sorgt jedes Jahr für wochenlange Spekulationen. Southbroom bei Port Edward ist der beste Ort, um den »sardine run« zu sehen.

➤ KwaZulu-Natal, S. 212, IV ➤ [L 6]

»The Natal Sharks Board Sardine Hotline«, Tel. 0 82/2 84 94 95; Tourist Information: www.hibiscuscoast.kzn.org.za

Essen und Trinken

Trattoria La Terrazza an der Umkombi Lagoon

Die beste Pizza der »South Coast« – von der Pasta ganz zu schweigen. Kein Wunder: Der Kochlöffel ist fest in der Hand der italienischen Eigentümer.

➤ KwaZulu-Natal, S. 212, IV ➤ [L 6]
17 Outlook Road, Southbroom; Tel. 0 39/3 16 61 62; www.southbroom.org.za/trattoria.html; Mi–So mittags, Di–So ab 18 Uhr ••

DRAKENSBERGE ✡5

Wie eine riesige Festung ragt das höchste Gebirge des Landes auf. Die meisten Hänge sind dicht mit Gras bewachsen – im Frühling bunt betupft mit Wildblumen, im Sommer saftig grün und im Winter glänzen sie golden in der Sonne.

Von den Südafrikanern schlicht der »Berg« genannt, lockt Südafrikas Wander- und Kletterparadies Nummer Eins mit seinen atemberaubenden Felsformationen, einsamen Gipfeln, tosenden Wasserfällen und über 20 000 Felsmalereien der San (→ Spezial, S. 340).

Im Jahr 2000 wurden die Drakensberge westlich von Durban (➤ [K 5/6]) zum UNESCO-Weltnaturerbe erklärt.

AUTORENTIPP Wohl eines der besten Wanderbücher für die Drakensberge-Region (insgesamt 87 Touren verschiedener Schwierigkeitsgrade) ist der 2003 erschienene Bestseller »Best Walks of the Drakensberg« von David Bristow. Das Tourenbuch gibt es in vielen Buchhandlungen in Südafrika.

Höhepunkte im Norden der Drakensberge sind der Sentinel-Gipfel, der »Golden Gate Highlands National Park« und die Panoramastraße R26 nach Ficksburg. In südöstlicher Richtung liegt der »Royal Natal National Park« (→ Tour 2) – und südlich davon erstreckt sich der weitläufige »uKhahlamba-Drakensberg Park« mit dem »Monk's Cowl«, dem »Champaign Castle«, dem »Cathedral Peak«, und dem »Giant's Castle«.

Ganz im Süden schließlich, in der Nähe von Underberg, klettert der atemberaubende Sani-Pass auf eine Höhe von bis zu 2865 Meter. Die Hauptwandergebiete liegen nördlich, östlich und südlich der Grenze zu Lesotho.

Um mehr als nur einen Teil des Gebirges zu genießen, sollte man mindestens drei Tage einplanen. Beste Reisezeit ist September bis Mai. Im Winter, von Juni bis August, kann es durchaus schneien. Wer Einsamkeit liebt, ist dann genau richtig. Hotels und Gästehäuser haben fast ausnahmslos Kamine, Ölradiatoren, Heizdecken oder eine Fußbodenheizung. Allerdings muss man in dieser Jahreszeit mit gefrorenen Wasserfällen rechnen, die deutlich weniger spektakulär sind als im Sommer.

Drakensberg Tourism Association, http://drakensberg.kzn.org.za; »Central Drakensberg Information Centre« im Champagne Valley; Tel. 0 36/4 88 12 07 (tgl. 9–17 Uhr); www.cdic.co.za; allgemeine Informationen unter www.drakensberg-tourism.com

NÖRDLICHE DRAKENSBERGE

300 km nordwestl. von Durban

➤ KwaZulu-Natal, S. 212, III ➤ [K 5/6]

Die nördlichen Drakensberge in Free State lohnen sich besonders, wenn man auf dem Weg vom oder ins Eastern Cape ist. Am interessantesten ist das Gebiet um Clarens, den »Golden Gate Park« und den »Sentinel Mountain Drive«. Aber auch die Strecke über Fouriesburg nach Ladybrand ist landschaftlich sehr reizvoll.

Hotels

La Nathi Country Guest House

Romantisch gelegenes Landhotel. Auf dem Grundstück tummeln sich mehrere Antilopenarten, Zebras und Strauße. Paare, die hier heiraten, übernachten kostenlos in der »Honeymoon Suite«.

➤ KwaZulu-Natal, S. 212, III

An der N3, 3km von Harrismith Richtung Durban; Tel. 0 58/6 23 02 82; Fax 6 23 02 82; 17 Zi. •• (ohne Frühstück) CREDIT

Wanderparadies: In den »Golden Gate Highlands« wechseln sich schroffe Felsen mit grünen Senken ab.

Red Mountain House

Gemütliches kleines Hotel; Zimmer mit Balkon, Kamin, schönen Antikmöbeln und Perserteppichen.

➤ KwaZulu-Natal, S. 212, III

Westl. des »Golden Gate Highlands National Parks«, 325 Market Square, Clarens; Tel. 0 58/2 56 14 56, Fax 2 56 13 28; 6 Zi., 1 Ferienwohnung •

Ausflüge

Golden Gate Highlands National Park

Der Park hat seinen Namen von den beiden markanten Sandsteinfelsen, die in der Abendsonne ein rot glühendes Tor bilden. Auf dem 26 Kilometer langen »Rhebok Trail« (vorher buchen!) wandert man in zwei Tagen vom »Glen Reenen Rest Camp« hinauf und wieder zurück. Zu sehen sind unter anderem Zebras, Riedböcke, Gnus, Felsenadler und seltene Bartgeier. Übernachtung in einfachen Hütten (Schlafsack, Kochgeschirr und Verpflegung selbst mitbringen).

Im schmucken Nationalpark-Camp »Didima« sind großer traditioneller Komfort und die Khoi-San-Kultur vereint.

➤ KwaZulu-Natal, S. 212, III ➤ [K/J 5]

Tel. 0 58/2 55 00 12, Fax 2 55 00 22; www.parks-sa.co.za; tgl. 7–17.30 Uhr; Eintritt 60 Rand pro Tag (Kinder 30 Rand)

Sentinel Hiking Trail

Eine der schönsten Wanderungen in den Drakensbergen: Nach drei Kilometern geht es über zwei 30 Meter hohe Leitern auf den Gipfel (»Amphitheatre«) mit spektakulären Blicken auf »Eastern Buttress«, »Mount-aux-Sources«, »Devil's Tooth«, »Maluti Mountains«, »Sentinel«, »Broom Hill« und »Tugela Falls« (→ Tour 2).

Die etwa sechsstündige Wanderung ist nicht schwierig, allerdings sollte man einigermaßen fit sein und sich einer Hochgebirgswanderung gemäß kleiden. Im Winter oft Schnee. Ausgangspunkt ist ein Parkplatz auf 2540 Meter Höhe am Ende der Straße von Phuthaditjhaba über »Witzieshoek Mountain Resort«.

➤ KwaZulu-Natal, S. 212, III ➤ [K 5]

Tel. 0 58/2 55 00 12, Fax 2 55 00 22; Information und Karten unter www.parks-sa.co.za

Museen

Basotho Cultural Village

Mitten im »QwaQwa National Park«, etwa 20 Kilometer östlich des »Golden Gate National Park«, liegt das Schaudorf der »South Sotho«. Auf geführten Touren lernen Besucher die traditionelle Architektur und Lebensweise des aus Lesotho stammenden Bergvolks kennen, können das dickflüssige Bier aus Sorghum, einer Hirseart, probieren, Marabaraba, ein afrikanisches Brettspiel spielen, einen traditionellen Heiler konsultieren (→ Spezial, S. 316) und Sotho-Musik hören. In einer kleinen Galerie gibt es Werke einheimischer Künstler und in einem Laden Basotho-Souvenirs zu kaufen.

➤ KwaZulu-Natal, S. 212, III ➤ [K 5]

An der R712 zwischen QwaQwa und »Golden Gate Highlands National Park«; Tel. 0 58/7 21 03 00; Mo–Fr 8–16.30, Sa und So 8–17 Uhr

Essen und Trinken

Red Mountain House

Im Künstlerstädtchen Clarens bietet das Restaurant edle afrikanische Küche, und einen Blick auf die Drakensberge.

➤ KwaZulu-Natal, S. 212, III ➤ [J 5]
20 km westlich des »Golden Gate Highlands National Parks«; 325 Market Square, Clarens; Tel. 0 58/2 56 14 56, Fax 2 56 13 28; tgl. mittags und abends ••

UKHAHLAMBA DRAKENSBERG PARK

200 km nordwestlich von Durban
➤ KwaZulu-Natal, S. 212, III ➤ [K 5]
Der Zulu-Ausdruck »uKhahlamba« bringt es auf den Punkt: Wie eine »Mauer aus Speeren« erheben sich die zentralen Drakensberge über den sanften Hügeln der Midlands. Von Winterton aus erreicht man das Wanderparadies um die »Cathedral Peak« auf 3004 Metern. Geländewagenfahrer können dem »Mike's Pass« auf den Gipfel des »Little Berg« folgen und zur »Ndedema Gorge« wandern – allein dort kann man rund 4000 San-Felszeichnungen bewundern (→ Spezial, S. 340), die, von Sandsteinüberhängen geschützt, die Jahrtausende fast unbeschadet überstanden haben. Entlang der R600 gelangt man in die Region um »Monk's Cowl« (3234 m) und »Champagne Castle« (3377 m) mit zahlreichen Wanderwegen in allen Schwierigkeitsgraden.

AUTORENTIPP Orientieren Sie sich an den gut ausgeschilderten Touristeninformationen, in denen es Karten und detaillierte Wanderbücher gibt. Die Wandergebiete erreicht man über asphaltierte Stichstraßen. Fahren Sie besonders in den Nachmittagsstunden vorsichtig: Dann sind Gruppen von Schulkindern auf der Straße, und das Vieh wird von der Weide getrieben.

Central Drakensberg Information Centre: Thokozisa Complex, 13 km von Winterton an der R600; Tel. 0 36/4 48 15 57; www. cdic.co.za; tgl. 9–18 Uhr

Hotels

Champagne Castle Hotel
Schönes Hotel mit Übernachtungsmöglichkeiten in mehreren Preiskategorien, Restaurant, Bar und viele Sportmöglichkeiten. Kostenlose Kinderbetreuung.
➤ KwaZulu-Natal, S. 212, III
Im Champaign Valley bei Winterton; Tel. 0 36/4 68 10 63, Fax 4 61 3 06; www.champagnecastle.co.za ••• CREDIT

The Antbear
Der Eigentümer dieses Gästehauses ist ein Künstler. Das sieht man nicht nur den Möbeln an, sondern auch den Treppen, Handtuchhaltern und Kerzenständern. Und wer einmal »bio food« auf Marokkanisch gegessen hat, will so schnell nicht wieder von hier weg.
➤ KwaZulu-Natal, S. 212, III
»Fernhust Farm«, im »Moor Park« an der Giants Castle Road von Escourt; Tel. 0 36/ 3 52 31 43, Fax 3 52 31 43; www.antbear.de; 5 Zi. •• (Frühstück/Abendessen inkl.)

Didima
Modernes Nationalpark-Camp mit Luxuscharakter. Alles dreht sich um die Khoi-San (→ Spezial, S. 340). die Häuschen sind Höhlen nachempfunden. Jede Einheit besteht aus zwei Doppelzimmern, meist komplett mit Küche und Bad, die bei Bedarf miteinander verbunden werden können. Es gibt einen Pool,

Die Malereien der Khoi-San können bis zu 20 000 Jahre alt sein. Das beherrschende Thema ist die Jagd.

Tennisplätze und ein kleines Khoi-San-Museum, an dem auch Kinder ihren Spaß haben. Mit Blick auf das Preis-Leistungs-Verhältnis und die besondere Atmosphäre ist »Didima« eine deutlich bessere Wahl als das nah gelegene »Cathedral Peak Hotel«.

➤ KwaZulu-Natal, S. 212, III

Von der R74 aus Richtung »Cathedral Peak Hotel«, »Didima« ist ausgeschildert; Tel. 0 33/8 45 10 00; www.kznwildlife.com; 65 Hütten für 2–6 Personen (Selbstversorger), Restaurant • CREDIT ♿

Ausflüge

Giant's Castle Nature Reserve

Von Estcourt, Mooi River und Rosetta aus führen Stichstraßen in das Gebiet um den »Giant's Castle« (3314 m), der berühmt ist für seine große Population an Antilopen (Eland) und eine Höhle (»Main Cave«) mit über 500 Felszeichnung der San (→ Spezial, S. 340). Am Restaurant ganz in der Nähe des Naturreservats können Besucher im Winter manchmal den vom Aussterben bedrohten Bartgeiern beim Dinieren zuschauen.

➤ KwaZulu-Natal, S. 212, III
➤ [K 5]

Tel. 0 36/3 53 37 18; www.kznwildlife.com; Okt.–März tgl. 5–19, Apr.–Sept. 8–18 Uhr; Eintritt pro Tag 25 Rand (Kinder 13 Rand)

Hubschrauberflüge um die »Cathedral Peak« 19

(→ Der gute Tipp von MERIAN, S. 61)

Drakensberge auf dem Pferderücken

So hervorragend ausgebildete Pferde findet man selten auf einem Reiterhof – und für jeden Reiter – ob noch Anfänger oder bereits Profi – wird hier das passende Appaloosa-Pferd gefunden. Kein Wunder also, dass die Ausritte ein besonderer Genuss sind für alle, die die grandiose Landschaft der Drakensberge am liebsten auf vier Hufen genießen möchten.

➤ KwaZulu-Natal, S. 212, III ➤ [K 5]

»Drakensberg Excursions«, auf der Straße von Rosetta in Richtung Kamberg. Der Hof liegt rechts ca. 1 km hinter einer scharfen Rechtskurve. Ausritt 175 Rand

Sehenswertes

Drakensberg Boys' Choir

Mit Tourneen nach Europa und Amerika hat dieser Knabenchor sich bereits international einen Namen gemacht. Das große Repertoire reicht von Bach über Freddy Mercury bis zu afrikanischem Folk. Öffentliche Konzerte des Chors gibt es jeden Mittwoch um 15.30 Uhr in der Schule der jungen Sänger – außer in den Ferien! (Erkundigen Sie sich vorher telefonisch nach aktuellen Terminen).

➤ KwaZulu-Natal, S. 212, III ➤ [K 5]

Im Champaign Valley, an der R600 von Winterton (ausgeschildert); Tel. 0 36/4 68 10 12; www.dbchoir.co.za

Kamberg Rock Art Centre und Game Pass Shelter

Der »Game Pass Shelter« ist vielleicht die international wichtigste Fundstelle von San-Felsmalereien und hat viel zum Verständnis der Kunst der Ureinwohner beigetragen. Die dargestellten Jagdszenen stellen dabei nicht nur die Alltagswelt der San dar, sondern haben eine tiefe mythologische Bedeutung. Zugang zu den Felsmalereien bietet eine geführte Wanderung vom »Kamberg Camp« aus.

➤ KwaZulu-Natal, S. 212, III ➤ [K 5]

»Kamberg Camp« (ab Rosetta ausgeschildert); Tel./Fax 0 33/2 63 72 51; www. kznwildlife. com; Führungen tgl. 8, 11, 12.30, 13 Uhr; Eintritt 20 Rand (Kinder 10 Rand)

UNDERBERG UND SÜDLICHE DRAKENSBERGE

160 km westlich von Durban

➤ KwaZulu-Natal, S. 212, III ➤ [K 6]

In der Nähe von Himeville windet sich der halsbrecherische »Sani Pass«, einer der sensationellsten Bergpässe in Afrika, hinauf nach Lesotho. Weiter südlich weichen die schroffen Berggipfel endlosen Ebenen, die nur hin und wieder noch von Gebirgsketten unterbrochen werden. Die Strahlen der Abendsonne spiegeln sich in den unzähligen Fischteichen und tauchen das Land bis zum Horizont in ein

Eine der herrlichsten Bergstraßen in ganz Südafrika führt von Underberg über den »Sani Pass« nach Lesotho.

goldenes Licht, das entfernte Berge in grau schattierte Silhouetten verwandelt. Man sollte Zeit mitbringen: Underberg ist nichts für Urlauber in Eile.

»Tourist Information«, Clocktower Centre, Old Main Road, Underberg; Tel. 0 33/7 01 14 71; www.sanisaunter.com; Mo–Fr 9–16.30, Sa 9–13 Uhr

Hotels

Sani Pass Hotel

Das erste Haus am Platz liegt am Fuß des »Sani Pass« im Mkhomazana-Tal. Gäste schlafen in reetgedeckten Ferienhäuschen, Familienunterkünften oder luxuriös im Haupthaus. Viele Sportmöglichkeiten, unter anderem Golf, Bowling, Badminton, Tennis. Riesiger Spielplatz für Kinder mit Trampolin, Schaukeln, Rutschen und einem eigenen Pool.

➤ KwaZulu-Natal, S. 212, III

Am »Sani Pass« auf 1566 m Höhe; Tel. 0 33/ 7 02 13 20, Fax 7 02 02 20; www. sanipasshotel.co.za ••• CREDIT

Penwarn Country Lodge

Vor den Füßen liegt ein spiegelglatter Teich, dahinter erstreckt sich endloses Grasland mit ein paar Zebras und Antilopen, und am Horizont ragen die Drakensberge auf. Die Unterkünfte sind über die ganze Farm verteilt und reichen vom einsamen Holzhaus für Verliebte, über eine Lodge am See bis hin zum rustikalen Hauptgebäude mit geschmackvoll eingerichteten Zimmern und einer gemütlichen Bar. Rechnen Sie mit einem ungewöhnlichen Haustier: Nimrod, der zahme Otter, übernachtet gern mal in ein Handtuch gewickelt in Ihrer Badewanne!

➤ KwaZulu-Natal, S. 212, III

Von Underberg aus auf der R 617, Richtung Swartberg, nach Bushmans Nek abbiegen; Tel. 0 33/ 7 01 17 77; www.penwarn.com; 4 Suiten, 1 Hütte, 2 Lodges für Familien und Gruppen • bis •• (Selbstversorger oder Vollverpflegung) VISA MASTER DINERS

AUTORENTIPP Offiziell ist die gesamte Elephant Coast westlich der N2 Malariagebiet (→ S. 367). Allerdings hat es laut Einheimischen seit Jahren hier keine Malariafälle mehr gegeben. Ausnahme ist das »Ndumo Reserve«. Wer sich besonders während der mückenreichen Regenzeit im Sommer unsicher ist, sollte vorher im Hotel oder bei »KZN Tourism« in Durban anrufen (Tel. 0 31/3 66 75 00).

Ausflüge

Sani Pass

Die höchste Bergstraße Südafrikas führt auf bis zu 2865 Höhenmeter und ist gleichzeitig die einzige Verbindung zwischen KwaZulu-Natal und Lesotho. Ohne Allradantrieb hat man keine Chance: Auf den letzten sechs Kilometern sind allein 1000 Höhenmeter zu überwinden! Der unbefestigte (!) Pass ist eine Herausforderung für erfahrene Geländewagenfahrer. Weniger nervenaufreibend ist es, einen Tagestrip bei einem der Anbieter in Underberg oder Himeville zu buchen. Man kann sich aber auch zu Fuß oder auf dem Pferderücken an den Aufstieg machen. Auf dem Gipfel warten eine spektakuläre Aussicht und der höchste Pub Südafrikas. Reisepass mitnehmen.

➤ KwaZulu-Natal, S. 212, III ➤ [K 5/6]

5 km westl. von Underberg

Giant' s Cup Trail

Wunderschöne Fünf-Tages-Wanderung vom Fuß des Sani Pass bis zum »Bushman's Nek« innerhalb der Naturschutzgebiete »Cobham« und »Garden Castle«. Der Weg führt hauptsächlich über Bergwiesen – und trotz steiler Anstiege ist der Weg auch von Kindern zu bewältigen. Übernachtung in Farmhäusern.

➤ KwaZulu-Natal, S. 212, III ➤ [K 6]

Westl. von Underberg; Tel. 0 33/7 02 08 31; www.kznwildlife.com; Okt.–März tgl. 5–19, Apr.–Sept. 6–18 Uhr; Eintritt 20 Rand (Kinder 10 Rand)

Museen

Himeville Fort Museum

Im ehemaligen Gefängnis der kleinen Ortschaft Himeville bei Underberg ist heute ein Heimatmuseum untergebracht, das das Leben der ersten Siedler der Gegend dokumentiert und einen Eindruck von der Geschichte der Region vermittelt.

➤ KwaZulu-Natal, S. 212, III ➤ [K 6]

Gegenüber dem Himeville Hotel, Himeville; Tel. 0 33/70 11 84; Di–So 9–12.30 Uhr

Einst Jagdgründe des Zulukönigs Shaka, heute Naturschutzgebiet: der »Hluhluwe-Imfolozi National Park« (→ S. 239)

KOSI BAY

Dieses Naturparadies am Indischen Ozean ist unvergesslich für alle, die unberührte Einsamkeit lieben.

Wer nach Kosi Bay kommt, darf nicht in Eile sein. Am Ostzipfel von KwaZulu-Natal, zwischen Indischem Ozean, Mosambik und Lebombo-Bergen ➤ [M 4], ist Kosi Bay ein Paradies abseits der Touristenpfade.

AUTORENTIPP Außer im Geländewagen lässt sich das Gebiet zu Fuß entdecken. Auf der viertägigen Kosi-Bay-Wanderung geht es vom First Lake zum Schnorcheln an eine Flussmündung, später zum Bhanga Nek (Schwimmen im Meer) und schließlich durch einen Wald von Raphia-Palmen zurück zum Ausgangspunkt (Buchung: Tel. 0 35/5 92 02 34/5/6; www.kznwildlife.com)

Der Boden ist sandig, hier und da unterbrechen stämmige Raphia-Palmen, Sandwälder und Feuchtgebiete die karge Dünenlandschaft. Zu sehen gibt es viel, doch ohne einheimische Hilfe wird man kaum etwas finden. Strom liefern allenfalls Solarzellen und Generatoren.

Kosi Bay ist etwas für Naturliebhaber mit ausgeprägtem Hang zum Robinson-Crusoe-Feeling. Wer hierher kommt, sollte mindestens zwei Übernachtungen gebucht haben, denn Kosi Bay ist nicht für Selbstfahrer-Tagestouren geeignet, dafür bieten aber alle Unterkünfte geführte Ausflüge an.

Ein Feuchtgebiet aus vier miteinander verbundenen Seen, die sich auf 18 Kilometer Länge parallel zur Küste hinziehen und über den Kosi Mouth ins Meer entwässern, bildet das Herz der Region. Die Seen sind Teil des »Greater St. Lucia Wetland Park« und gelten als das ursprünglichste Seengebiet der südafrikanischen Küste. Die Dünen gehören zu den höchsten der Welt.

Kosi Bay ist die Heimat der Tonga, ein Stamm, der noch heute stolz darauf ist, nie vom legendären Zulukönig Shaka besiegt worden zu sein. Berühmt sind die Tonga vor allem für ihre Fischfangtechnik, die ihnen seit Jahrhunderten das Überleben sichert. Schon von weitem springen im Mündungsgebiet des Kosi River, dem Kosi Mouth, einfache »U«-förmige »Zäune« aus Ästen ins Auge (»fish kraals«), in denen sich die Fische verfangen. Zum Fischen waten die Einheimischen lediglich mit einem kurzen Speer durch die Lagune – und das Abendessen ist gesichert.

Der Kosi Mouth gehört zum touristisch am besten erschlossenen Teil des Gebiets. Außer zum Fischen eignet sich das Paradies vor allem zum Schnorcheln: Mittendrin liegt ein Riff mit über 220 Fischarten.

Zwischen Januar und März schlüpfen die kleinen Schildkröten.
Rechts: Die Tonga fischen mit einem Speer.

Fast gänzlich unberührt vom Tourismus ist der südliche Teil von Kosi Bay, der nur über eine Brücke zugänglich ist. Durch einen dichten Urwald gelangt man zu einem See, in dem man nach Flusspferden und Krokodilen nicht lange suchen muss. Zehn oder sechzehn Flusspferde tummeln sich bereits in einem kleinen Tümpel – und das ist selbst für südafrikanische Verhältnisse einmalig.

Es lohnt sich, die zauberhafte Wasserwelt per Kanu oder Kajak zu erkunden – am besten kurz nach Sonnenaufgang. Dann liegt eine hauchdünne Nebelschicht über dem See, und wer genau hinschaut, sieht, wie das Wasser förmlich von der Morgensonne aufgesaugt wird und in kleinen Spiralen verdunstet. Tropenwald überwuchert die Ufer – und das Wasser ist so glasklar, dass das Spiegelbild der Palmen fast nicht vom Original zu unterscheiden ist. Einzig die Schläge des Paddels verzerren die Proportionen. Affen hangeln sich lärmend durch die Wipfel, hin und wieder hört man den Ruf eines exotischen Vogels – ansonsten herrscht vollendete Stille.
Je höher die Sonne steigt, desto mehr lockt der Traumstrand mit seiner kühlenden Brandung. Etwas ganz Besonderes ist »Black Rock Beach«: Völlig unerwartet wird hier der weiße Sandstrand von nadelscharfen schwarzen Felsen unterbrochen. An windigen Tagen schäumt die Brandung gegen das Gestein und kocht regelrecht in seinem Innern. Senkrechte Röhren, teils mehrere Meter tief, ziehen sich senkrecht durch den Felsen, und mit jeder Welle brodelt es in ihnen wie in einer Hexenküche.

Hier oben ist gleichzeitig der beste Platz, um Buckelwale zu beobachten, die alljährlich zum Kalben in die warmen Gewässer ziehen. Und noch ein Naturschauspiel wiederholt sich im Jahresrhythmus: der Landgang der Meeresschildkröten. Im Oktober und November kehren unzählige von ihnen zwischen St. Lucia und Kosi Bay an ihren »Geburtsstrand« zurück, um hier ihre Eier abzulegen. Dabei bevorzugen die mächtigen Karettschildkröten (»loggerhead turtles«) den Norden von Kosi Bay und die Lederschildkröten (»leatherback turtles«) die Strände um »Black Rock Beach«. Nach 70 Tagen, meist zwischen Januar und März, schlüpfen die Jungen und machen sich in rasantem Tempo auf den Weg ins schützende Wasser. Um diese Zeit bieten alle Lodges Schildkrötentouren an, die man sich keinesfalls entgehen lassen sollte.

ELEPHANT COAST

Im Süden und im Westen der »Elephant Coast« (➤ [M 3–5]) liegen zwei sehenswerte Naturparadiese: der »Hluhluwe-Imfolozi-Nationalpark« und der »Greater St. Lucia Wetland Park«, außerdem die kleineren Wildreservate »Phinda« und »Mkhuze«. An der Ostküste entlang erstreckt sich bis an die Grenze nach Mosambik die fast unberührte Traumlandschaft von Kosi Bay (→ Spezial, S. 236), zugänglich über die seit kurzem hervorragend ausgebaute R22 von Hluhluwe über Sodwana Bay, Pelindaba und KwaNgwanaze. Das Land ist flach wie eine planierte Fläche. Gelegentlich tauchen ein paar Palmen, Hütten oder bunt gekleidete Menschen auf. Fährt man von St. Lucia noch weiter nach Westen, passiert man die »Tembe Elephant«- und »Ndumo Game Reserves«.

Flusspferden wie hier im St.-Lucia-See kommt man besser nicht zu nahe: Sie sind gefährlich, wenn sie sich und ihre Jungen bedroht fühlen.

Innerhalb weniger Kilometer wechselt die Farbe der Erde von Rot zu einem tiefen Braunton, die Vegetation von Dünenwäldern, Sumpfgras und Raphia-Palmen zu Hartlaubgewächsen und Dornbüschen – und dann wieder zu kahler Savanne. Schließlich tauchen die Lebombo-Berge auf, man fährt über den Damm des Jozini-Stausees, ist für kurze Zeit mitten im Gebirge, und hat einen fantastischen Blick auf den See tief unten, bevor man wieder auf die N2 von Durban nach Ermelo trifft. Die beste Reisezeit ist April bis September, von Januar bis März ist es extrem schwül und heiß, im Oktober windig.

HLUHLUWE-IMFOLOZI NATIONAL PARK 25

➤ [M 5]

Südafrikas ältester Wildpark besteht aus zwei Teilen: Hluhluwe im Norden und Imfolozi im Süden und ist eine empfehlenswerte Alternative zum überlaufenen »Kruger National Park« (→ Der gute Tipp von MERIAN, S. 71). Hier hat man ebenfalls gute Chancen, die »Big Five« zu sehen. Außerdem ist der Park seit Jahren malariafrei. Man erreicht ihn über Mtubatuba in zwei Stunden von Durban aus oder über Hluhluwe auf der N2.

Buchungen unter Tel. 0 33/8 45 10 00; www.kznwildlife.com; tgl. 5–19, im Winter 6–18 Uhr

Hotels

Hluhluwe River Lodge

Wer mit dem Auto unterwegs ist, hat von hier aus optimalen Zugang zu allen Attraktionen der Umgebung. Wegen der anhaltenden Dürre in der Region hat sich zwar der Lake St. Lucia weit zurückgezogen, doch an Angeboten für Besucher herrscht kein Mangel: stundenlange Spaziergänge, Quad-Bike-Ausflüge, Fahrten in ein Zulu-Dorf, in den »Hluhluwe-Imfolozi-Park« nach Sodwana Bay sowie Ausritte. Besucher schlafen in geschmackvoll eingerichteten und luxuriösen Holzbungalows oder im rustikalen Selbstversorger-Camp.

➤ KwaZulu-Natal, S. 212, II

10 km östl. von Hluhluwe; Tel. 0 35/5 62 02 46; Fax 5 62 02 48; www.hluhluwe.co.za •• (inkl. Frühstück und Abendessen), 14 Bungalows ••• (inkl. Mahlzeiten und Aktivitäten) CREDIT ♿

Essen und Trinken

Savannah Restaurant

In einer Gegend, die nicht verwöhnt ist mit Restaurants, ist das »Savannah« eine Oase. Nette Atmosphäre, gutes Essen und eine Galerie mit Zulu-Kunst um die Ecke.

➤ KwaZulu-Natal, S. 212, II

»Ilala Weavers« am Ortsende von Hluhluwe Richtung Sodwana Bay; Tel. 0 35/5 62 06 33; tgl., So abends geschl. ••

Einkaufen

Ilala Weavers

Alles dreht sich um das Kunsthandwerk der Zulu: Ein Museum gibt Einblick in Geschichte und Funktion der Haushaltsutensilien in einem Kraal. Produkte von über 2000 lokalen Künstlern stehen zum Verkauf: Körbe, Matten, Schmuck und mehr. Im »Thembalethu Craft Village« kann man Künstlern über die Schulter schauen.

➤ KwaZulu-Natal, S. 212, II

Ortsende von Hluhluwe Richtung Sodwana Bay; Tel. 0 35/5 62 06 30; www.ilala.co.za; tgl. geöffnet

GREATER ST. LUCIA WETLAND PARK

➤ KwaZulu-Natal, S. 212, II ➤ [M 4/5]

Der riesige Park reicht über 220 Kilometer fast bis zur Grenze nach Mosambik und gehört seit 1999 zum UNESCO-Weltnaturerbe. Er besteht aus fünf miteinander verbundenen Ökosystemen: Meer, Grasland und Dünenwald (die zweithöchsten bewachsenen Sanddünen der Welt), dem 85 Kilometer langen und nur einen Meter tiefen St.-Lucia-See, dem Papyrus-Feuchtgebiet der Mkhuze-Sümpfe und dem trockenen Westen mit

Savanne und Buschland. Noch bis in die 90er-Jahre war das heutige Feuchtgebiet auf 25 000 Hektar mit einer Eukalyptus-Plantage bedeckt und die urspüngliche Vegetation fast vollständig verschwunden. Heute ist der Park wieder ein Naturparadies – und ein besonderer Ort für Vogelbeobachter; außerdem leben hier Leoparden, Flusspferde, mehrere Antilopenarten, Nachtäffchen und Grünmeerkatzen. Ein Highlight sind die riesigen Karettschildkröten (»loggerhead turtles«) und Lederschildkröten (»leatherback turtles«), die im Sommer am Strand ihre Eier ablegen (→ Spezial, S. 236).

Tel. 0 35/5 90 13 40; www.kznwildlife.com; tgl. 24 h; Eintritt 20 Rand (Kinder 15 Rand); es gibt Zeltplätze und Bungalows (Selbstversorger) in Cape Vidal.

Hotels

Elephant Coast House

»Bed & Breakfast« mit Blick über den Dünenwald, geräumigen Zimmern und Klimaanlage für schwüle Sommertage.

➤ KwaZulu-Natal, S. 212, II

Kingfisher Street/Garrick Street, St. Lucia; Tel. 0 35/5 90 18 88; Fax 5 90 10 87; ••• CREDIT ♿

Maputaland Guest House

Stilvoll eingerichtetes Gästehaus in subtropischem Garten und Pool. Alle Zimmer haben Klimaanlage. Jörg Orban, der Eigentümer, ist professioneller Guide, kennt die Region wie seine Westentasche und organisiert Touren nach Cape Vidal (Schnorcheln), Sodwana Bay (Tauchen), Swasiland, in den »Hluhluwe-Imfolozi« und den Krügerpark (→ Spezial, S. 262).

➤ KwaZulu-Natal, S. 212, II

Kingfisher Street/Kabeljou Street, St. Lucia; Tel. 0 35/5 90 10 41; www.maputaland.com; 7 Zi. (2–4 Betten) • MASTER VISA ♿

Ausflüge

Santa Lucia Boat Tours

Die Bootstouren in der Flussmündung von St. Lucia sind ein Erlebnis: Näher kann (und sollte!) man den Flusspferden und Krokodilen nicht kommen.

➤ KwaZulu-Natal, S. 212, II

Buchung über »KZN Wildlife« in St. Lucia oder Tel. 0 35/5 90 13 40/41; 90 Rand (Kinder 45 Rand)

Sehenswertes

Dumazulu Cultural Village

Hier können Besucher Handwerkern über die Schulter schauen, einen traditionellen Heiler (→ Spezial, S. 316) konsultieren oder einen Zulu-Tanz erleben.

➤ KwaZulu-Natal, S. 212, II

Westl. von St. Lucia an der N2 (Schildern folgen); Tel. 0 35/5 62 22 60; Eintritt »Cultural Show« 95 Rand; Eintritt »Snake Park« 25 Rand; Shows um 8.15, 11, 15.15 Uhr

Essen und Trinken

Fast alle Restaurants liegen in St. Lucia an der McKenzie Street. Das »Quarterdeck« ist nicht zu empfehlen. Den besten Fisch gibt es ironischerweise bei »Fishy Pete's«, einem Stehimbiss an der Tankstelle hinter dem SPAR-Supermarkt.

Alfredo's Restaurant

Die Speisekarte dieses ruhigen italienischen Restaurants ist von kreolischen Enflüssen inspiriert. Probieren Sie den frischen Fisch (»line fish«).

➤ KwaZulu-Natal, S. 212, II

McKenzie Street, St. Lucia; Tel. 0 35/5 90 11 50; Mo–Fr 11–22 Uhr, So nur Dez., Jan. und Ostern • VISA MASTER DINERS

MKHUZE GAME RESERVE

➤ KwaZulu-Natal, S. 212, II ➤ [M 4]

Das Reservat hat beeindruckend viele Tierarten zu bieten: 420 Vogelarten, Nashörner, Elefanten, Giraffen, Flusspferde, Büffel, Leoparden und Krokodile. Außerdem gibt es ein »Zulu Cultural Village«. Besucher können in Safarizelten (Selbstversorgung) oder in der »Nhlonhlela Bush Lodge« übernachten.

AUTORENTIPP Schwimmen kann man an der »Elephant Coast« zwar in wunderbar warmem Meer, allerdings gibt es keine Hainetze – und dafür reichlich Haie!
Auch das Baden in den Flüssen und Seen ist wegen der dort lebenden Krokodile lebensgefährlich und daher verboten (Krokodile sind die einzigen Tiere, bei denen auch Menschen auf der Speisekarte stehen!).
Übernachtungsmöglichkeiten außerhalb des »Greater St. Lucia Wetland Parks« liegen meist in dem malerisch zwischen Meer und Fluss gelegenen Ferienort St. Lucia, der ansonsten mit seinen von Mauern umgebenen, einfallslosen Häusern weniger romantisch ist. Wegen einer seit Jahren andauernden Trockenheit wurde der Fluss bei St. Lucia vom Meer abgetrennt, um das Feuchtgebiet zu erhalten. Wegen der Dürre sind auch drei Camps im »Greater St. Lucia Wetland Park« vorübergehend geschlossen (»Charter's Creek«, »Fani's Island« und »False Bay Park«).

An der N2, 50 km nördl. von Hluhluwe; Tel. 0 35/5 73 90 04/01; www.kznwildlife.com; Okt.–März tgl. 5–19 Uhr, Apr.–Sept. 6–18 Uhr; Eintritt 35 Rand (Kinder 18 Rand) plus 35 Rand für PKW; Übernachtung: Tel. 0 33/8 45 10 00; 35 Hütten und Safarizelte (Selbstversorgung) • CREDIT

Hotels

Ghost Mountain Inn

Wellness-Hotel am Fuß des geheimnisvollen Ghost Mountain. Angebot an organisierten Aktivitäten (Safaris, Vogelbeobachtung, Fischen, »cultural tours«).

➤ KwaZulu-Natal, S. 212, II

Von der N2 nach Mkhuze abbiegen und den Schildern folgen; Tel. 0 35/5 73 10 25, Fax. 0 35/5 73 13 59; www.ghostmountaininn.co.za; 52 Zi. •• CREDIT

KOSI BAY NATURE RESERVE

➤ KwaZulu-Natal, S. 212, II ➤ [M 4]

Ganz im Norden, im äußersten Winkel von KwaZulu-Natal liegt ein noch fast unberührtes Naturparadies aus Dünen, Seen und tropischen Flussmündungen (→ Spezial, S. 236). Die Straßen sind fast ausschließlich unwegsame Sandpisten und so verwirrend, dass man selbst im eigenen Geländewagen kaum eine Chance hat, sich in der Wildnis zurechtzufinden. Die meisten Hotels holen ihre Gäste auch am Reservat ab. Man kann also beruhigt im PKW kommen – und sollte mindestens drei Tage bleiben!

Tel. 0 35/5 92 02 34/5/6; www.kznwildlife.com; tgl. 6–18 Uhr; Eintritt 20 Rand (Kinder 10 Rand)

Hotels

Kosi Bay Lodge

Traumhafte Lodge in einem schattigen Wäldchen. Tagsüber geht es mit einem Guide auf Tour zu Seen, zu Stränden und verwunschenen Flussläufen. Leider ist man dafür jedes Mal einige Zeit unterwegs, da die Lodge vom Strand ein ganzes Stück entfernt liegt.

➤ KwaZulu-Natal, S. 212, II

Tel. 0 35/4 74 71 00; Fax 4 74 14 90; www.isibindiafrica.co.za; 8 luxuriöse Hütten ••• (alles inklusive) CREDIT

Maputaland Bush Camp

Die Eigentümer des »bush camps«, Willie aus Pretoria und Isabelle aus Belgien, haben sich an diesem Fleckchen Erde mitten in der Wildnis ein neues Leben aufgebaut – ohne Strom, ohne Wasserleitung, dafür mit zwei Kindern und mittlerweile zehn Pferden. Wenige Minuten vom Haus entfernt leben Flusspferde in einem Tümpel, etwas weiter weg liegt ein fantastischer Strand. Isabelle bietet Safaris auf dem Pferderücken an (»horse safaris«). Die Ausritte dauern von wenigen Stunden bis zu mehreren Tagen. Außerdem kann man hier wunderbar Kanu fahren, mit Delfinen schwimmen, schnorcheln und wandern – und das Naturparadies genießen.

➤ KwaZulu-Natal, S. 212, II

Tel. 0 35/5 92 99 25 oder 0 72/7 27 30 79 oder 0 73/3 36 22 64; www.maputaland.net; 4 einfache Safarizelte, 3 komfortable Hütten mit Bett, Moskitonetz und »Buschdusche« (Wassersack an Seilwinde); 1 Ferienhaus • (Vollpension) •• (zusätzlich inkl. aller Aktivitäten)

Ausflüge

Tembe Elephant Park

Hier leben die größten afrikanischen Elefanten, dazu Nashörner, Flusspferde, Leoparden, Büffel, Löwen und Antilopen. Der Naturpark an der Grenze zu Mosambik liegt klimatisch zwischen tropischer und subtropischer Zone. Ohne einen Geländewagen kommt man als Tagesbesucher nirgendwohin. Wer in Safarizelten der »Tembe Elephant Lodge« übernachtet, kann auch im PKW anreisen, sich am Parkeingang abholen lassen, und an den angebotenen »Game Drives« frühmorgens und abends teilnehmen (fragen Sie bei der »Information nach!).

➤ KwaZulu-Natal, S. 212, II ➤ [M 4]

Nördl. von St. Lucia, Abfahrt von der N2 bei Jozini, von dort auf einer Nebenstrecke; Tel. 0 35/5 92 00 01; www. kznwildlife.com; Okt.–März 5–19, Apr.–Sept. 6–18 Uhr; Eintritt 30 Rand plus 35 für PKW; Übernachtung in der »Tembe Elephant Lodge«; Tel. 0 31/2 02 90 90; www.tembe.co.za; 9 Luxus-Safarizelten •• CREDIT

FREE STATE

Berühmtheit erlangte die Region westlich der Drakensberge und südlich von Johannesburg, als die von den Briten in Natal verdrängten Buren hier 1854 den Oranje-Freistaat gründeten (➤ KwaZulu-Natal, S. 212, I ➤ [H/J 5]). Free State ist trotz seiner 2,7 Mio. Einwohner weitgehend noch touristisches Niemandsland. Allerdings eignet sich die Provinz wegen ihrer zentralen Lage als Zwischenstopp für Reisen quer durchs Land von Johannesburg nach Kapstadt über Durban und die »Garden Route«.

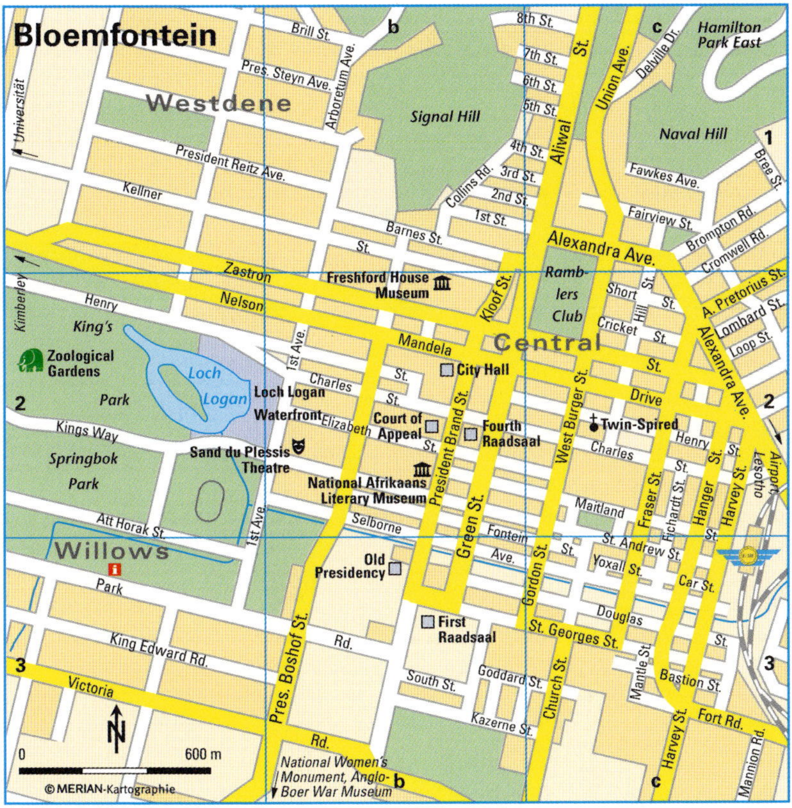

BLOEMFONTEIN

234 000 Einwohner, 1392 m ü.d.M.

➤ [H 5]

Bloemfontein, die Hauptstadt des Free State und »Stadt der Rosen«, ist Sitz des Obersten Gerichtshofs. Der freundliche und grüne Ort bietet für Touristen wenig Interessantes und ist ähnlich wie Stellenbosch sehr burisch geprägt. Ironie der Geschichte: Ausgerechnet an diesem Ort gründete sich um 1912 die Vorgängerorganisation des ANC (damals »South African Native National Congress«). »Bloem« ist auch Geburtsstadt des »Herr der Ringe«-Schöpfers J. R. R. Tolkien.

»Bloemfontein Tourism«: 60 Park Road; Tel. 0 51/4 05 84 89; www.bloemfontein.co.za; Mo–Fr 8–16.15, Sa 8–12 Uhr

Hotels

Hobbit Boutique Hotel

Das Hotel mit dem Namen, der auf Tolkien's Trilogie »Herr der Ringe« anspielt, liegt in einem weitläufigen Garten mit

Pool. Die reich dekorierten viktorianisch eingerichteten Suiten haben alle Klimaanlage, Kamin und Internetanschluss.

➤ Bloemfontein, S. 243, [a 1]

19 President Steyn Avenue, Westdene, Bloemfontein; Tel./Fax 0 51/4 47 06 63; www.hobbit.co.za; 12 Zi. ••• CREDIT

Sehenswertes

Kings Park

Der Rosengarten macht dem Namen von Bloemfontein, was so viel wie »Blumenquelle« heißt, alle Ehre: Allein im »Kings Park« wachsen 4000 edle Rosenarten. Auch ein kleiner Zoo, der für seine Affen berühmt ist, befindet sich hier.

➤ Bloemfontein, S. 243, [a 2]

Zentrum, Bleomfontein; Sommer tgl. 8–18, Winter 8–17 Uhr

Museen

National Women's Monument & Anglo-Boer War Museum

Das Monument im Süden der Stadt erinnert an die 26 000 burischen Frauen und Kinder, die im Burenkrieg zwischen 1899 und 1902 in britischen Konzentrationslagern ums Leben kamen. Das »Anglo-Boer War Museum« dokumentiert eindrücklich das Kriegsgeschehen.

➤ Bloemfontein, S. 243, südl. von [b 3]

Monument Road, Bloemfontein; Tel. 0 51/ 4 47 34 47; www.anglo-boer.co.za; Mo–Fr 8–16.30, Sa 10–17, So 14–17 Uhr

Essen und Trinken

Bloemfontein ist kulinarisch eine Wüste. Am besten hält man sich an Restaurantketten wie »Ocean Basket« (»Loch Logan Waterfront«; Tel. 0 51/4 30 81 95) und »The Famous Butchers Grill« (Mandela/Mellvill Drive; Tel. 0 51/4 44 49 80), die im ganzen Land gleichbleibend gute Qualität liefern.

➤ Bloemfontein, S. 243, [a 2] und [b 2]

Einkaufen

Loch Logan Waterfront

Angeblich die schönste »Waterfront« (Einkaufsmeile am Wasser) im südafrikanischen Inland – auf jeden Fall aber ist das Einkaufszentrum der ganze Stolz der Shopper von Bloemfontein. Mit einem Kino und täglichem Flohmarkt.

➤ Bloemfontein, S. 243, [a 2]

Loch Logan Waterfront, 105 Henry Street, Bloemfontein; Mo–Fr von 10–17 Uhr

BATTLEFIELDS

Wer von Durban Richtung Krügerpark (→ Spezial, S. 262) fährt, sollte einen Stopp auf den »Battlefields« (➤ KwaZulu-Natal, S. 212, I ➤ [K/L 5]) einlegen. Nirgendwo in Südafrika haben Briten, Buren und Schwarze (in diesem Fall Zulu) erbitterter gegeneinander gekämpft als in den Midlands des heutigen KwaZulu-Natal. Die Denkmäler und Museen der Battlefields sind sehenswert und touristisch gut erschlossen.

PIETERMARITZBURG

133 000 Einwohner, 613 m ü.d.M.

➤ KwaZulu-Natal, S. 212, I ➤ [L 6]

Die Provinzhauptstadt von KwaZulu-Natal ist benannt nach den Burenführern Pieter Retief und Gert Maritz und verdankt ihre Gründung der Schlacht vom Blood River (1838). 1843 wurde sie zum Verwaltungszentrum der Britischen Kolonie »Natal« – was ihr bis heute den

Ruf eingetragen hat, noch britischer zu sein als die Briten. Sehenswert ist das lebendige Stadtzentrum mit der Fußgängerzone um die Church Street und ihren Häusern im viktorianischen Stil. Das charmante Städtchen, eine Autostunde von Durban entfernt, eignet sich als Ausgangsort für Ausflüge in die Drakensberge und den »Midlands Meander«.

»Pietermaritzburg Publicity Association«, 177 Commercial Road; Tel. 0 33/3 45 13 48; www.pietermaritzburg.co.za

Hotels

Imperial Protea Hotel

Das erste Haus am Platz verbindet koloniales Ambiente mit allen Annehmlichkeiten eines modernen Hotels. Gediegene Zimmer, Klimaanlage, TV, gutes Restaurant, Ladies Bar.

➤ KwaZulu-Natal, S. 212, I

224 Jabu Ndlovu Street, Pietermaritzburg; Tel. 0 33/3 42 65 51, Fax 0 33/3 42 97 96; www.proteahotels. com; 70 Zi. •• CREDIT

Redlands Hotel & Lodge

Das kleine Hotel liegt mitten in einem Park, alle Zimmer sind mit Klimaanlage, Telefon ausgestattet. Außerdem gibt es Ferienwohnungen für Selbstversorger.

➤ KwaZulu-Natal, S. 212, I

1 George McFarlane Lane, Pietermaritzburg; Tel. 0 33/3 94 33 33; 12 Zi. •• CREDIT

Ausflüge

Karkloof Canopy Tours 17

(→ Der gute Tipp von MERIAN, S. 60)

Karkloof Falls

Wunderschöne Alternative zu den kommerzialisierten »Howick Falls« bei dem Städtchen Howick. Picknick im Grünen statt Schlangestehen!

➤ KwaZulu-Natal, S. 212, I ➤ [L 5]

20 km nördl. von Pietermaritzburg. Auf halbem Weg zwischen Howick und »Karkloof Nature Reserve« an der Karkloof Road.

Ungewöhnliche Spezies: Glasflügel-Schmetterlinge in »Butterflies for Africa« (→ S. 246)

Midmar Nature Reserve

Der angestaute Umgeni River ist ein Paradies für Wassersportler (es gibt einen Verleih für Surfboards, Kanus und Boote). Auch Fahrradtouren sind möglich (Fahrradverleih).

➤ KwaZulu-Natal, S. 212, I ➤ [K 5]

N3 Ausfahrt Howick oder Howick North/ Tweedie; Tel. 0 33/3 30 20 67; www.kznwildlife.com; Eintritt 15 Rand

Sehenswertes

Butterflies for Africa

In einer alten Schuhfabrik in Pietermaritzburg befindet sich einer der größten und schönsten Schmetterlingsgärten Afrikas. Tausende von bunt schillernden Insekten flattern hier zwischen Bananenstauden, Wasserfällen und tropischer Vegetation umher. Es gibt zudem einen sehenswerten Orchideengarten und ein Affenhaus.

➤ KwaZulu-Natal, S. 212, I

Willowton Road, Pietermaritzburg; Tel. 0 33/3 87 13 56; www.butterflies.co.za

Museen

Tatham Art Gallery

Eine der besten Kunstsammlungen des Landes. Im Erdgeschoss des Gebäudes, in dem früher der Oberste Gerichtshof untergebracht war, werden heute Werke moderner afrikanischer und südafrikanischer Künstler präsentiert. Im Obergeschoss sind hauptsächlich englische und französische Gemälde, u.a. von Degas, Matisse und Picasso, sowie Skulpturen, Drucke und Keramik zu sehen.

➤ KwaZulu-Natal, S. 212, I

Chief Albert Luthuli Street/Langalibalele Street gegenüber der City Hall, Pietermaritzburg; Tel. 0 33/3 92 28 01; Di–So 10–18 Uhr

Natal Museum

Ein Naturkundliches Museum mit einer ethnologischen Abteilung, in der die Geschichte Natals dokumentiert ist. Auch eine rekonstruierte Straße im viktoriani-

Bei Dundee lieferten sich Buren, Briten, Zulus harte Kämpfe. In »Isandlwana« (→ S. 248) steht das Denkmal der siegreichen Zulukrieger.

schen Stil ist zu sehen. Eines der fünf südafrikanischen Nationalmuseen.

➤ KwaZulu-Natal, S. 212, I

337 Jabu Ndlovu Street (südl. der City Hall), Pietermaritzburg; Mo–Fr 9–16.30, Sa 10–16; So 11–15 Uhr

Voortrekker Museum

Das Museum befindet sich in der »Church of Vow«, der Gelöbniskirche, die die Buren nach ihrer siegreichen Schlacht gegen die Zulu am »Blood River« errichteten. Die Ausstellung widmet sich dem Burentrek und den Vortrekkern sowie der Kultur der Zulu. Zu sehen sind auch etwas ungewöhnliche Objekte wie ein Ochsenwagen, der Stuhl eines Zulukönigs oder die Hose eines Burenführers.

➤ KwaZulu-Natal, S. 212, I

351 Langalibalele Street, Pietermaritzburg; Tel. 0 33/3 94 68 34; www.voortrekkermuseum. co.za; Mo–Fr 9–16, Sa 9–13 Uhr

Essen und Trinken

Els Amics Restaurant

Spanische Küche: Probieren sollten Sie »Artischocken mit Krabbenfüllung«, Gemüsesuppe (»caldo gallego«) oder die gegrillte Forelle mit Mandeln (»trucha con almendras«). Wildgerichte wie Warzenschwein stehen auf der Tageskarte.

➤ KwaZulu-Natal, S. 212, I

380 Langalibalele Street, Pietermaritzburg; Tel. 0 33/3 45 65 24; Di–Fr 12–14.30, Di–Sa ab 18 Uhr ••• CREDIT

Turtle Bay Restaurant & Bar

Das Restaurant hat Stil und bietet gleichzeitig eine ungezwungene Atmosphäre. Auf der Karte: Seafood und Gegrilltes.

➤ KwaZulu-Natal, S. 212, I

Cascade Centre, Mc Carthy Drive, Pietermaritzburg; Tel. 0 33/ 3 47 15 55; Mo–Sa 11–22, So 11–16 Uhr •• CREDIT

DUNDEE

28 000 Einwohner, 1442 m.ü.d.M.

➤ KwaZulu-Natal, S. 212, I ➤ [L 5]

Das unscheinbare Dundee ist bekannt für den Kohlebergbau und für seine blutige Geschichte. Hier und auf den umgebenden Schlachtfeldern (»battlefields«) lieferten sich Buren, Briten und Zulu im 19. Jahrhundert erbitterte Kämpfe und bestimmten damit maßgeblich die spätere Geschichte Südafrikas.

»Tourism Dundee«, »Civic Gardens«, Victoria Street, Dundee; Tel. 0 34/2 12 21 21; www.tourdundee.co.za

Hotels

Isandlwana Lodge

In den Felsen gebaut bietet diese Luxuslodge einen weiten Blick auf das Tal, in dem das Isandlwana-Schlachtfeld liegt. Hier kämpften 1879 Briten gegen Zulus.

➤ KwaZulu-Natal, S. 212, I247

Isandlwana, 74 km südöstl. von Dundee (den Schildern folgen); Tel.0 34/2 71 83 01/4/5, Fax 2 71 83 06; www.isandlwana.co.za; 12 Zi. •••• CREDIT

Rorke's Drift Lodge

Von der Lodge aus sieht man die wichtigsten Schlachtfelder, auf denen 1879 die Briten gegen die Zulu kämpften: »Rorke's Drift«, »Isandlwana«, »Isibindi«, »Shiyane« und »Fugitive's Drift«. Reiten, Wandern, Mountainbiken und White Water Rafting auf dem Buffalo River.

➤ KwaZulu-Natal, S. 212, I
Rorke's Drift, südöstl. von Dundee (den Schildern folgen); Tel./Fax 0 34/6 42 18 05; www.rorkesdrift-lodge.co.za •• CREDIT

Royal Country Inn

Nur vier Jahre jünger als Dundee selbst ist das Hotel von 1886 mit einem altmodischen Restaurant, einem rustikalen Pub und gemütlich eingerichteten Zimmern.

➤ KwaZulu-Natal, S. 212, I
61 Victoria Street, Dundee; Tel. 0 34/2 12 21 47, Fax 2 18 21 46; 26 Zi. •• MASTER VISA

Sehenswertes

Ncome-Blood River Heritage Site und Museum

1838 stießen hier 13 000 Zulu und 464 Voortrekker aufeinander. 3000 Zulu starben in der Schlacht; ihr Blut gab dem »Blood River« seinen Namen. Sehenswert ist die nachgebaute Wagenburg. Das Museum liefert detaillierte Informationen zur Geschichte.

➤ KwaZulu-Natal, S. 212, I ➤ [L 4/5]
Südl. der R33 zwischen Dundee und Vryheid; Tel. 0 34/2 71 81 21; tgl. 8.30–16.30 Uhr; Museum tgl. 8–17 Uhr; Eintritt 15 Rand

Rorke's Drift und Isandlwana

Die Schlacht von »Rorke's Drift« war eine der dramatischsten zwischen weißen Siedlern und schwarzen Stämmen: 1879 standen ganze 110 britische Soldaten einem Heer von 4000 Zulu gegenüber. Die Briten verbarrikadierten sich hinter Säcken mit Maismehl und Kisten mit Keksen, hielten zwölf Stunden durch, bis ihre Verstärkung die Zulu in die Flucht schlug und wurden danach mit Orden überschüttet. In »Isandlwana« erinnert ein Denkmal an Zulukrieger, die 1879 eine britische Truppe besiegten.

➤ KwaZulu-Natal, S. 212, I ➤ [L 5]
Südöstl. von Dundee zwischen R33 und R68; Museum tgl. 8–17 Uhr; »ELC Craft Centre« Mo–Fr 8–17.30, So 10–15 Uhr

Das »Hartford House« an der Route »Midlands Meander« verwöhnt seine Gäste mit grandioser Küche.

Feste

The Dundee History in Action Festival

Jedes Jahr, vom 20. bis 22. Oktober, zum Jahrestag der ersten Schlacht des Burenkriegs, erwachen die »Battlefields« um Dundee wieder zum Leben: In nachgestellten Kämpfen liefern sich Briten, Buren und Zulu in Isandlwana, Rorke's Drift, Talana, Colenso, Ladysmith und am »Blood River« Schaugefechte mit Platzpatronen. Mehr als 4000 Zuschauer kommen jährlich zu dem Spektakel in die »Battlefields«, das sich längst zu einem Volksfest entwickelt hat, und die Zuschauer offenbar ganz vergessen lässt, welch Gemetzel damals stattfand.

MIDLANDS MEANDER

Der »Midlands Meander« ist eine Route vorbei an zahlreichen Läden, Werkstätten, Ateliers, Restaurants und Hotels in und um Howick, Rosetta, Karkloof und Mooi River – clever vermarktet mit detaillierten Karten und Broschüren

➤ KwaZulu-Natal, S. 212, I ➤ [K/L 5]

Nähere Informationen zu den einzelnen »craft shops« und Antiquitätenläden des »Midlands Meander« finden Sie in fast jeder Touristeninformation Südafrikas.

Hotels

Hartford House

Das mit Preisen überschüttete Hotel verwöhnt Sie mit stilvollem Luxus, einer Küche vom Feinsten, sehr guten Weinen und einem wunderschönen Garten. Hier befindet sich auch Südafrikas berühmtestes Vollblüter-Gestüt, in dem sogar die Herrscher von Dubai regelmäßig ihre sündhaft teuren Hengste unterstellen.

➤ KwaZulu-Natal, S. 212, I ➤ [K 5]

Ab Mooi River, nordwestl. von Howick ausgeschildert; Tel. 0 33/2 63 27 13, Fax 2 63 28 18; www.hartford.co.za; 16 Zi. ••• CREDIT

NORTH COAST UND ZULULAND

Weniger überlaufen als die Badeorte an der »South Coast« sind die Strände zwischen Durban und der nördlich gelegenen Hafenstadt Richard's Bay.

Im Inneren des Landes beherrschen grüne Hügel und Zuckerrohrfelder das Bild. Hier schlägt das Herz des Zululandes, die Heimat von King Shaka ist immer noch ein ländliches Gebiet, in dem die Zeit stehen geblieben scheint und in dem Traditionen groß geschrieben werden. Den Besuchern bieten sich faszinierende Einblicke in die Kultur der Zulu.

NORTH COAST

➤ KwaZulu-Natal, S. 212, IV ➤ [L/M 5/6]

Die Küste nördlich von Durban entdeckt man am besten auf der Küstenstraße, die östlich der N2 durch Umhlanga Rocks über Umdloti Beach nach Ballito führt. Der von modernen Hotels dominierte Ferienort ist berühmt für seinen mit Hainetzen gesicherten Strand und für seine wenig überfüllten Gezeitenpools. Nördlich schließen sich die Seebäder Shaka's Rock und Salt Rock an.

»Information Dolphin Coast Publicity«, Ballito Drive, Ballito; Tel. 0 32/9 46 19 97; www.dolphincoast.kzn.org.za

Hotels

Zimbali Coastal Resort

Neben einem Golfplatz, von Seen umgeben, wohnt man in luxuriösen Zimmern.

➤ KwaZulu-Natal, S. 212, IV ➤ [L 6]

Zimbali Estate an der M4 bei Ballito; Tel. 0 32/5 38 10 07; www.suninternational.com/resorts/zimbali; 76 Zi. ••• CREDIT

BRANDUNG, RIFF UND TIEFSEE

Mancher Tourist kommt nur zum Surfen oder der weltbesten Tauchspots wegen ans Kap, manch einer wegen der Wale.

Surfen

Südafrika ist ein Dorado für Surfer – mit Neoprenanzug in den eisigen Fluten des Atlantik oder im wohl temperierten Indischen Ozean. Hervorragende Wellen gibt es überall und in jedem Schwierigkeitsgrad. Berühmt für die besten Tubes mit Linksdrall ist Elands Bay ➤ **[C 7]** an der Westküste. Auch rund um Kapstadt ➤ **[C 9]** gibt es hervorragende Bedingungen, vor allem in Llandudno, Noordhoek, Kommetjie und Muizenberg (besonders gut für Anfänger). Schöne Buchten locken an der »Garden Route«, zum Beispiel in Wilderness ➤ **[C 7]**. Je weiter man der Küste nach Nordosten folgt, desto angenehmer werden die Wassertemperaturen. Als Paradies für Surfer gilt St. Francis Bay/Jeffreys Bay im Eastern Cape ➤ **[G 8]** mit den angeblich besten »Rechtshändern« der Welt – und natürlich Durban, die Stadt, von der Spötter behaupten, dass sie zur Hochsaison eigentlich nur aus Surfern besteht. Hier sind Spots wie North Beach, Dairy/New Pier, Snake Park Beach und Cave Rock (ideal für Longboarder) mit Hainetzen gesichert – was in anderen Landesteilen allerdings nur selten der Fall ist ➤ **[L 6]**. Wer die idealen Bedingungen in East London nutzen möchte, muss wissen, dass nirgendwo auf der Welt mehr Surfer von Haien angegriffen wurden als hier ➤ **[J 8]**.

Sein eigenes Board kann man zu Hause lassen: Surfshops, Verleihe und Surfschulen gibt es reichlich.

Nur etwas für ziemlich abgebrühte Taucher mit großer Erfahrung: Kontakt mit einem Tigerhai im Indischen Ozean

Tauchen

Taucher kommen an der ganzen Küste auf ihre Kosten. Im Western Cape ist das Wracktauchen beliebt. In der Smitswinkel Bay bei Kapstadt ➤ **[C 9]** liegen gleich fünf gesunkene Schiffe – und bei bei Knysna ➤ **[F 8]** liegt ein wunderbar erhaltenes, über hundert Jahre altes Wrack 20 Meter tief. Tropisch bunt wird es an der Küste von KwaZulu-Natal: Aliwal Shoal ➤ **[L 6]** wartet als einer der besten Tauchspots der Welt mit Tigerhaien, Walen (im Winter) und Delfinen auf. Ein weiteres Weltklasseriff, noch

Traumwellen: Sowohl Anfänger als auch Profis finden an den südafrikanischen Stränden ideale Bedingungen zum Surfen.

dazu mit dem Status eines Weltnaturerbes, befindet sich bei Rocktail Bay an der »Elephant Coast« ➤ **[M 4]**. In zehn und in fünfundzwanzig Meter Tiefe tummeln sich mehr als 1250 Fischarten und damit fast so viele wie am Great Barrier Reef in Australien. Jährlich sammeln sich an diesem Ort außerdem unzählige trächtige Sandtigerhaie (»ragged tooth sharks«). Besonders zu empfehlen ist das »Gogo Reef« (»Old Women Angelfish«) und das farbenprächtige »Regal Reef«. Absoluter Höhepunkt eines Tauch- oder Schnorchelurlaubs ist Sodwana Bay, ebenfalls an der »Elephant Coast« ➤ **[M 4]** mit den südlichsten Korallenriffen Afrikas. Beste Bedingungen bieten sich zwischen April und September, wenn die Sichtweite oft bis zu 30 Meter beträgt. Rochen, Delfine, Wale, Meeresschildkröten und unzählige Fische machen jeden Tauchgang zum Erlebnis.
»Table Bay Diving«, Kapstadt; Tel. 0 21/4 19 88 22; www.tablebaydiving.com; »Heads Adventure Centre«, Knysna; Tel. 0 44/5 33 11 58; www.gardenroute.co.za /knysna/waterfront/index.htm
»Aliwal Shoal Adventures«, 15 St. Helier Road, Widenham; Tel. 0 39/ 9 73 10 77; www.aliwalsa.4t.com »Rocktail Bay Lodge« und »Dive Centre«, Elephant Coast; Tel. 0 11/2 57 51 09; Tel. 0 35/ 5 71 00 51/2/3; www.kznwildlife.com »Sodwana Bay Lodge Scuba Centre«; Tel. 0 35/5 71 01 17

Walbeobachtung und Shark Cage Diving

Zwischen Mai und November wandern die Wale die Südküste herauf, um ihre Kälber zur Welt zu bringen. Ganze 37 Arten leben in den südafrikanischen Gewässern, darunter ein Großteil der weltweiten Population des Südlichen Glattwals (»southern right whale«). Am besten beobachtet man Wale im Western Cape zwischen False Bay und »De Hoop Nature Reserve«. Allein nach Hermanus ➤ **[C/D 9]** pilgern zur Walsaison zwischen Mai und November Tausende von Schaulustigen. Die größten Entertainer sind die Buckelwale (»humpback whales«) mit ihren spektakulären Sprüngen und ihrem »Gesang«. Mit Glück sieht man Zwergglattwale (»pygmy right whale«) und Bryde-Wale (»brydeswhale«).

Dann wären da noch die Haie, vor allem Weißer Hai, Tigerhai, Sambesi-Hai, die man in der Regel selten zu Gesicht bekommt. Wer unbedingt einem Hai in die Augen schauen möchte, kann in Gaansbai im Western Cape ➤ **[D 9]** in einem Käfig tauchen – ein nicht ganz alltägliches Erlebnis.
Walbeobachtung: www.tourismhermanus. co.za; »Shark Cage Diving«: Tel. 0 28/ 3 84 17 41, Fax 3 84 17 23

Ausflüge

Amatigulu Nature Reserve

Das kleine Naturparadies liegt gleich hinter der Mündung des Tugela River. Auf Wanderwegen zwischen Küstenwäldern und Grasland trifft man auf Giraffen, Zebras, Wasserböcke und Antilopen. In den bis zu 100 Meter hohen Dünen steht ein Aussichtsturm, von dem aus man Wale beobachten kann. Das Mündungsgebiet des »Matigulu« eignet sich zum Kanufahren (50 Rand am Tag).

➤ KwaZulu-Natal, S. 212, I ➤ [L 5]

N2 bei Gingindlovu (»Dokodweni Toll Plaza«); Tel. 0 32/4 53 01 55; www. kznwildlife.com; Okt.–März 5–21, Apr.–Sept. 5.30–21 Uhr

Umlalazi Nature Reserve

Ohne dieses zauberhafte Naturschutzgebiet gäbe es wenige Gründe bei Empangeni die Küstenstraße N2 zu verlassen und das unromantische Hafenstädtchen Richard's Bay anzusteuern, in dem riesige Mengen Kohle verladen werden.

Seit 1948 ist der nah gelegene Naturpark sichere Heimstätte der seltenen Palmengeier. Außerdem leben in der Lagune Haie und Krokodile. Drei Wanderwege führen durch dichte Mangrovenwälder und wunderbare Dünenwälder entlang des Flusses. Übernachten kann man in gut ausgestatteten Holzhäusern (Selbstverpflegung) oder im eigenen Zelt.

➤ KwaZulu-Natal, S. 212, I ➤ [M 5]

Tel. 0 35/3 40 18 36/9; www.kznwildlife.com; tgl. 5–22 Uhr

ESHOWE

15 000 Einwohner, 520 m ü.d.M.

➤ KwaZulu-Natal, S. 212, I ➤ [L 5]

Eshowe ist eine durchschnittliche südafrikanische Kleinstadt auf dem Land und hat auf den ersten Blick touristisch wenig zu bieten. Gäbe es hier nicht Graham Chennels. Der ehemalige Bürgermeister, Rotarier und Eigentümer des heruntergekommenen Hotels »George« kennt alles und jeden – und gibt Besuchern die seltene Chance für einen ungefilterten Einblick in den Alltag der Zulu. Die Ausflüge mit Chennel in die Umgebung sind keine bestellten Shows und

Bei den Zulu hat jede Altersgruppe ihre Tänze und Rituale. In Eshowe hat man die Gelegenheit, die echte Zulu-Kultur zu erleben.

keine Safari-Dekoration. Mit ihm geht zu einer Zulu-Hochzeit, zu einheimischen Händlern, in die Häuser von Dorfältesten und traditionellen Heilern, zu norwegischen Missionaren und Schulprojekten, zum örtlichen Krankenhaus oder zur Zuckerrohrfabrik. Zudem können Besucher Zeremonien und Feste wie den »Reed Dance« (→ Der gute Tipp von MERIAN, S. 65), »King Shaka Day« und »Shembe Festival« miterleben. Ein Augenöffner im Land der Safariparks und Luxuslodges.

»Eshowe Tourism & Publicity Association«, Osborne Street, Eshowe; Tel. 0 35/4 74 11 41/23 48; www.eshowe.com

Ausflüge

Shakaland

Im Gegensatz zu den individuellen Touren in Eshowe bietet Shakaland ein Kultur-Disneyworld. Als Kulisse für den Film »Shaka Zulu« wurde hier 1984 ein typischer Zulu-Kraal errichtet. Shakaland wird von Schauspielern bevölkert, die Besuchern die Kultur der Zulu nahebringen. Neben vielen Attraktionen kann man hier die besten Tänzer des Zululandes in Aktion erleben. Wer Themenparks mag, kann direkt auf dem Grundstück im Protea Hotel nächtigen.

➤ [L 5]

30 Autominuten nördlich von Eshowe an der R34; Tel. 0 35/4 60 09 12; www.shakaland.com; Tanzshows tgl. 11 Uhr; Eintritt 75 Rand

Sehenswertes

»Aerial Boardwalk« im Dlinza Forest

Zehn Meter über dem Boden spaziert man auf hölzernen Galerien (»aerial boardwalk«), direkt unter den Baumkronen bis zu einem Aussichtsturm. Grandiose Aussicht über Zuckerrohrfelder und eine nicht enden wollende Hügellandschaft bis hin zum Indischen Ozean.

➤ KwaZulu-Natal, S. 212, I ➤ [L 5]

In Eshowe ausgeschildert; Tel. 0 35/74 40 29; www.zbr.co.za/boardwalk; Sept.–Apr. 6–18, Mai–Aug. 7–17 Uhr; Eintritt 25 Rand (Kinder 5 Rand)

Museen

Fort Nongqayi Museum Village

In einem alten Fort von 1883 befindet sich das »Zululand Historical Museum«. Auch Marginalien der Weltgeschichte haben hier Platz: der Bierkrug, den Queen Victoria dem Zulukönig Cetshwayo überreichte, oder die Geschichte des »weißen Zulu« John Dunn, einem Schotten mit 48 Zulu-Ehefrauen.

➤ KwaZulu-Natal, S. 212, I ➤ [L 5]

Nonqai Road, Eshowe; Tel. 0 35/4 74 11 41; tgl. 9–16 Uhr; Eintritt 20 Rand

Feste

Shembe Festival

Tanz, Gesang und die Trompeten von Jericho: Zum »Shembe Festival« im Oktober treffen sich bei Eshowe jedes Jahr an die 30 000 Zulu, um der Shembe-Religion zu huldigen und die »Church of the Holy Nazareth Baptists« zu feiern. Der Besuch des Festivals ist ein unvergleichliches Erlebnis.

15 km von Eshowe; Infos im »George Hotel«, Eshowe; Tel. 0 35/4 74 49 19

KWADUKUZA

27 000 Einwohner

➤ KwaZulu-Natal, S. 212, I ➤ [L 5]

KwaDukuza (ehemals Stanger) ist eine quirlige, indisch geprägte Kleinstadt – kaum von touristischer Bedeutung, aber wichtig für die Geschichte der Zulu. Hier befand sich einst der letzte Wohnort des legendären King Shaka, und hier wurde er von seinem Halbbruder, wie man vermutet, 1828 ermordet. Ein Muss für historisch Interessierte.

Sehenswertes

King Shaka Memorial Gardens

Der Vater der »Zulu Nation« wurde nach seinem Tod traditionell in einer Getreidevorratskammer beerdigt. Heute thront ein Gedenkstein über seinem Grab.

➤ KwaZulu-Natal, S. 212, I ➤ [L 5]

Cooper Street, KwaDukuza

Museen

Dukuza Museum

Hier geht es um die Geschichte der Zulu und ihre Kultur, um den Zuckerrohranbau in der Region und um das Schicksal der ersten weißen Siedler.

➤ KwaZulu-Natal, S. 212, IV ➤ [L 5]

King Shaka Street, KwaDukuza; Tel. 0 32/5 51 30 91; tgl. 8.30–12 Uhr; »Dukuza Interpretive Centre«, 5 King Shaka Street, KwaDukuza; Tel. 0 32/5 52 72 10; Mo–Fr 8.20–16, Sa und So 9–16 Uhr

Aus der afrikanischen Mythologie: Diese Maske repräsentiert Tokolosh, eine gefürchtete Gestalt.

LAKE JOZINI

➤ KwaZulu-Natal, S. 212, II ➤ [M 4]

Fragt man Südafrikaner nach dem Lake Jozini oder Pongolapoort Dam, erntet man meist fragende Blicke. Dabei ist dieser Stausee, begrenzt von den Lebombo-Bergen im Osten und dem »Pongola Game Reserve« im Westen schon wegen seiner Lage ein Schmuckstück. Wer auf dem Weg von der Küste nach Swasiland ist oder umgekehrt, sollte am Jozini-See unbedingt eine Übernachtung einplanen.

Hotels

Tamboti Ridge Cottage

Nicht direkt am See liegt dieses »Bed & Breakfast« – dafür hat man einen schönen Blick auf den Pongola River. Einfache, helle Zimmer, eigene Terrasse, Pool.

➤ KwaZulu-Natal, S. 212, II

An der N2, 50 m hinter der Abzweigung zum Golela-Grenzübergang nach Swasiland; Tel. 0 34/4 35 11 10; www.shayamoya.co.za; 5 Zi. • (inkl. Frühstück oder Selbstverpflegung, Dinner gegen Aufpreis) CREDIT

White Elephant Lodge ✪2 (→ Der gute Tipp von MERIAN, S. 43)

Ausflüge

Swasiland

Wer vom Lake Jozini weiter in Richtung Krügerpark (→ Spezial, S. 262) möchte, für den bietet sich eine Fahrt durch das kleine Königreich Swasiland an. Man braucht kein Visum, sollte aber seinen Autovermieter bei Abholung des Autos informieren. Auf den Straßen geht es wegen Baustellen und dem LKW-Verkehr oft langsam voran. In Swasiland regiert die Tradition – und der Stolz darauf ist überall spürbar. Neben unzähligen Handwerkermärkten mit Schnäppchenpreisen gibt es schöne Nationalparks.

Vom Grenzübergang Golela braucht man rund sechs Stunden, um über Big Bend, Mbabane und Piggs Peak zum Grenzübergang Matsomo/Jeppe's Reef nach Mpumalanga zu fahren. Wer sich Zeit für die landschaftlich schöne Strecke nehmen will, sollte im Königreich übernachten – in der Hauptstadt Mbadane (»Royal Swazi Sun«, Main Road; Tel. 02 68/6 10 01 •••) oder im Wildschutzgebiet »Mlilwane Wildlife Sanctuary«; Tel. 02 68/5 28 39 43/4; www.biggameparks.org oder www.swazi.com • bis ••).

➤ [L/M 3/4]

Der »Blyde River Canyon« am Rand der Drakensberge ist der drittgrößte der Welt. Hier sind beeindruckende Naturwunder zu sehen wie die Felsformation »Three Rondavels«.

DER NORDOSTEN

Im Nordosten liegen die Provinzen Mpumalanga und Limpopo mit dem weltberühmten »Kruger National Park«, einem Teil des rund 35 000 Quadratkilometer großen »Great Limpopo Transfrontier Park«.

Hier haben Besucher exzellente Chancen, die »Big Five« in ihrem natürlichen Lebensraum zu sehen und zu fotografieren. Durch den boomenden Tourismus im Krügerpark (→ Spezial, S. 262) hat sich auch die nähere Umgebung des Parks zum Urlaubsparadies entwickelt, vor allem die Region um den spektakulären Blyde River Canyon in Mpumalanga (→ Tour 4) Hier fällt das Südafrikanische Highveld (Hochland) dramatisch in Richtung »Great Limpopo Transfrontier Park« ab, und die Stadt Nelspruit bietet sich als Ausgangspunkt für Ausflüge in den Nationalpark, nach Mosambik oder Swasiland an. Von Johannesburg aus gelangt man in etwa vier Stunden auf der gut ausgebauten N4 Richtung Nelspruit/Maputo zur »Panorama Route«, in einer weiteren Stunde zum Krügerpark.

Wer sich lieber abseits der Touristenpfade bewegt, der sollte stattdessen die Strecke entlang der N1 nach Norden in Richtung Polokwane/Simbabwe wählen.

Etwa eine Autostunde von Pretoria entfernt liegen die malerischen Waterberge, ganz im Nordwesten des Landes das sagenumwobene Mapungubwe (→ Der gute Tipp von MERIAN, S. 73), einst Heimat einer der ältesten Zivilisationen Afrikas, heute archäologische Stätte und Weltkulturerbe. Entdecken Sie danach im Nordosten, entlang der R524 das weitgehend unberührte Vendaland mit seinen Mythen, uralten Traditionen und heiligen Orten. Alternativ dazu lohnt sich die Route über die R71, die von Polokwane ins »Valley of the Olifants«, Südafrikas schönstes Obstanbaugebiet führt, und danach über Phalaborwa in den Krügerpark (→ Spezial, S. 262).

KRUGER NATIONAL PARK 6

Der »Kruger National Park« (→ Spezial, S. 262; ➤ Kruger National Park, S. 264, ➤ Nordosten, S. 258, [c 1/2], ➤ [L/M 1–3]) gehört zu den Top-Touristenattraktionen des Landes und kann im eigenen Auto erkundet werden (detaillierte Karten gibt es am Eingang). Allerdings sollte man Zeit und Entfernungen im Auge behalten: Die Camps schließen abends ihre Tore, und die Höchstgeschwindigkeit im Park beträgt 50 Stundenkilometer auf asphaltierten Straßen, 40 Stundenkilometer auf unasphaltierten (durch den Busch fahren ist verboten!). Wie in allen Nationalparks darf man außerhalb der Camps und der ausgewiesenen Picknickplätze den geschlossenen Wagen nicht verlassen. Besonders bei Elefanten, die die Fahrbahn überqueren, sollte man einen respektvollen Sicherheitsabstand einhalten. Das angenehmste Wetter herrscht im Krügerpark von April bis Juni (warme Tage, kühle Nächte); für

die Tierbeobachtung eignen sich die Monate Juli bis Oktober am besten. Sehr heiß ist es von November bis Februar. In dieser Zeit liegen die Temperaturen teils deutlich und dauerhaft über 30 °C.

Kruger National Park; Tel. 0 13/7 35 40 00; www.sanparks.org; die Tore öffnen zwischen 5.30 und 6.00 Uhr und schließen zwischen 17.30 und 18.30 Uhr (Camps öffnen schon früher); Eintritt 120 Rand pro Tag (Kinder unter 12 Jahren 60 Rand); die insgesamt 4000 Betten im Park sind manchmal sogar in der Nebensaison ausgebucht, also unbedingt einige Monate im Vorfeld reservieren. Information unter www.sanparks.org; Tel. 0 12/4 28 91 11. Die Übernachtungen in den kleineren und rustikaleren Camps kosten zwischen 230 Rand (Safarizelt) und knapp 2000 Rand (komplettes Haus). Alle Hauptcamps mit Ausnahme von »Orpen« und »Crocodile Ridge« haben ein Restaurant und einen kleinen Laden; darüber hinaus versorgt man sich selbst.

Hotels

Lion Sands Game Reserve

Die beiden Lodges »Lion Sands« gehören zum Edelsten, was Private Game Reserves zu bieten haben, und die Safaris sind hier oftmals noch besser als zum Beispiel in »Sabi Sabi«. Ein fest angestellter Ökologe behält die Auswirkungen des Tourismus auf die Natur im Auge. Die Übernachtung in der luxuriösen und geschmackvoll gestalteten »Ivory Lodge« ist mit 13 000 Rand rund doppelt so teuer wie eine Nacht in der urigeren, aber nicht weniger stilvollen »River Lodge«.

➤ Kruger National Park, S. 264 ➤ [M 2/3]

14 Sabi Sands; Tel. 0 11/4 84 99 11; www.lionsands.co.za; 18 Zi. (»River Lodge«), 6 Zi. (»Ivory Lodge«) •••• CREDIT
Keine Kinder unter 10 Jahren

Makalali Private Game Reserve

Die »Makalali Lodge« besticht durch ihre ungewöhnliche und fantasievolle Architektur, für die ein italienischer Architekt sich von Baustilen aus ganz Afrika inspirieren ließ: Da gibt es kunstvoll verzierte Lehmwände und von der Sonne gebleichte Antilopenschädel, Kronleuchter und Strohdächer – und alles fügt sich zum harmonischen Ganzen. Je sechs strohgedeckte Hütten gruppieren sich um einen Swimmingpool und teilen sich ein Restaurant.

➤ Nordosten, S. 258, [c 2] ➤ [L 2]

Westl. von Phalaborwa zwischen R36 und R40, gut ausgeschildert; Tel. 0 15/7 93 17 20 (Lodge); 0 11/4 42 00 50; www.makalali.co.za; 24 Zi. •••• (alles inkl.) CREDIT

Ngala Lodge

Eine Safari-Lodge wie aus dem Märchenbuch – im afrikanischen Design und direkt über dem Mopane River. Zum Luxus gehört eine außergewöhnlich gute Küche und ein traumhafter Swimmingpool, von dem aus man ein von Wildtieren stark frequentiertes Wasserloch überblickt. Alternativ dazu kann der Gast in stilvoll eingerichteten luxuriösen Safarizelten nächtigen.

➤ Kruger National Park, S. 264

»Timbavati Game Reserve« bei Hoedspruit; Reservierung über Tel. 0 11/8 09 43 00, Fax 8 09 44 00; www.ngala.co.za; 20 Häuschen und Chalets •••• CREDIT

Hier trifft Natur auf Luxus: In »Sabi Sands« mangelt es dem Besucher an nichts (→ S. 260).

Phuza Moya Private Game Reserve

Diese traumhafte Lodge liegt etwas abseits des Nationalparks im Westen nahe dem Ort Phalaborwa und ist weniger überlaufen als die privaten Game Reserves im Süden. Drei der acht Luxussuiten bieten einen grandiosen Blick auf den Zusammenfluss von Blyde River (→ Tour 4) und Olifants River. Wer gern mit nur einer PS auf dem Pferderücken auf Safari geht, wird aus »Phuza Moya« nicht mehr weg wollen.

➤ Kruger National Park, S. 264

16 km von der R526 aus Richtung Phalaborwa; Tel. 0 15/7 93 19 71; www.phuza-moya.co.za; 4 Zelte, 8 Zi. •••• CREDIT

Sabi Sands Game Reserve und Earth Lodge

Das exklusivste Private Game Reserve am südwestlichen Rand des Krügerparks bietet beste Bedingungen für Foto-Safaris. Seit 1994 ist »Sabi Sands« nicht mehr durch Zäune vom Nationalpark getrennt. Die berühmtesten Lodges sind hier »Londolozi«, »Mala Mala« und »Sabi Sabi«.

»Mala Mala« unterhält drei Camps mit unterschiedlicher Ausstattung und Preiskategorien. Das Bush-Camp ist dabei am günstigsten, die Game-Drives aber sind überall dieselben.

Die exklusivste der drei Lodges von »Sabi Sabi« ist die »Earth Lodge« mit ihrem minimalistischen Design – mit Tauchbecken, eigenem Butler und einem unterirdischen Tunnel. Wie in vielen Luxuslodges gibt es auch hier einen Wellness-Bereich, dazu eine Kunstgalerie, eine Bibliothek und einen hervorragend bestückten Weinkeller.

Die edel gestaltete »Earth Lodge« ist die exklusivste der drei Lodges von »Sabi Sabi« im Sabi Sands Game Reserve.

➤ Kruger National Park, S. 264
➤ Nordosten, S. 258, [c 2] ➤ [L/M 2]

»Sabi Sands Game Reserve« an der südlichen Westgrenze des Krügerparks; Tel. 0 11/4 83 39 39; Informationen zu den einzelnen Lodges gibt es unter www.sabi.krugerpark.co.za, zu »Sabi Sabi« speziell unter www.sabisabi.com •••• CREDIT

Singita Game Reserve

Über dem Sand River gelegen bietet vor allem die »Ebony Lodge« eine gelungene Kombination aus Kolonialstil und modernem Wohnambiente. Die Küche ist international geprägt und afrikanisch inspiriert; das Weinangebot der Lodge erstreckt sich auf sage und schreibe 35 000 Flaschen. Bei einem Gläschen kann man abends den Tag Revue passieren lassen.

➤ Kruger National Park, S. 264
»Sabi Sands Reserve«; Buchung über Tel. 0 21/6 83 34 24, Fax 6 83 35 02; www.singita.com ●●●● CREDIT

Pezulu Treehouse Lodge 13

(→ Der gute Tipp von MERIAN, S. 56)

Sefapane Lodge

Direkt an der Grenze zum nördlichen Teil des Kruger National Parks wohnt man hier wahlweise in einfachen oder etwas großzügigeren Rundhütten. Es gibt einen großen Pool, geführte Safaris und ein gutes Restaurant.

➤ Kruger National Park, S. 264
➤ Nordosten, S. 258, [c 2] ➤ [L 2]
Copper Road, Phalaborwa; Tel. 0 15/7 80 67 00; www.sefapane.co.za; 30 Rondavels ●● CREDIT

Sehenswertes

Moholoholo Wildlife Rehabilitation Centre

Hier werden mit Hilfe privater Spenden verletzte oder von Farmern vergiftete Wildtiere gepflegt. Das gibt Besuchern die seltene Chance, auf Führungen nahe an sonst scheue Tiere wie Raubvögel und Löwen heranzukommen und gleichzeitig viel über sie zu lernen, ohne dass man sich wie im Zoo oder Zirkus vorkommt. Empfehlenswert auch – aber nicht nur – für Kinder.

➤ Kruger National Park, S. 264
➤ Nordosten, S. 258, [c 2] ➤ [L 2]
Bei Hoedspruit an der R40, westl. von Klaserie; Führungen Mo–Sa 9.30 und 15, So nur 15 Uhr; Eintritt 75 Rand (Kinder unter 12 Jahren 35 Rand)

Shangana Cultural Village

Der Stamm der Shangana entstand, als der ebenso legendäre wie skrupellose Zulukönig Shaka (→ S. 339) seine Krieger ins heutige Mosambik entsandte, um den Stamm der Tsonga anzugreifen. Doch statt sich in den Kampf zu stürzen, blieben seine Soldaten in der Gegend zwischen Blyde River und Krügerpark hängen. Sie nahmen sich dort Frauen, übernahmen die Architektur der dort lebenden Menschen und brachten ihnen im Gegenzug die Kampftechniken der Zulu bei. Heute lebt das Volk der Shangana im nordöstlichen Teil Südafrikas. Im Schaudorf »Shangana Cultural Village« kann man gemeinsam mit dem Häuptling essen und abends an einer beeindruckenden Musik- und Tanzshow bei Fackelschein teilnehmen.

➤ Nordosten, S. 258, [c 2] ➤ [L 3]
5 Autominuten von Hazyview an der R535 Richtung Graskop; Tel. 0 13/7 37 70 00; www.shangana.co.za; Führungen tgl. 12 und 13 Uhr (120 Rand, mit Tanz 150 Rand), »Evening Festival« tgl. 18, im Winter 17.15 Uhr, 190 Rand

Essen und Trinken

Leadwood Restaurant & Lapa

Edel diniert man hier im Restaurant, rustikaler geht es beim Grillen in der Lapa zu, der traditionellen offenen Hütte mit Feuerstelle.

➤ Kruger National Park, S. 264
➤ Nordosten, S. 258, [c 2] ➤ [L 2]
Hans Merensky Estate, Club Road, Phalaborwa, am nördlichen Teil des Krügerparks; Tel. 0 15/7 81 39 31; www.hansmerensky.com; tgl. ab 11 Uhr ●● CREDIT

DEN »BIG FIVE« AUF DER SPUR

Im »Kruger National Park«, der Attraktion im Nordosten des Landes, hat man die Chance die »Big Five« zu sehen.

Südafrika ist das Land der wilden Tiere und der unberührten Natur. Bereits heute stehen rund sechs Prozent der Landesfläche unter Naturschutz und sind als Nationalparks ausgewiesen, die immer häufiger über die Staatsgrenze hinaus erweitert werden. Diese »Transfrontier Parks« ermöglichen es dem Wild, angestammten Pfaden auch über die vom Menschen gesteckten Landesgrenzen hinaus zu folgen und ihren ursprünglichen Lebensraum zurückzuerobern. Die Grenze nach Namibia überschreitet der »Ai-Ais/Richtersveld Transfrontier Park« im Nordwesten Südafrikas. Etwas weiter östlich liegt der »Kgalagadi Transfrontier Park«, der Südafrika mit Namibia und Botswana verbindet.

Läuft alles nach Plan, dann wird der »Mapungubwe National Park« in Limpopo demnächst Teil des »Limpopo/Sashe Transfrontier Park«, mit Gebieten in Botswana und Simbabwe. Das vielleicht ehrgeizigste Projekt ist die »Lubombo Route«, die einmal ein Mammut-Nationalpark werden könnte, der vom »St. Lucia Wetlands Park« in KwaZulu-Natal über Mosambik und Swasiland bis hin zum Krügerpark reicht.

Der »Kruger National Park« geht auf ein kleineres Wildreservat zwischen den Flüssen Sabi und Crocodile zurück, das der Burenpräsident Paul Kruger 1898 gründete. Offiziell eröffnet wurde das Wildschutzgebiet 1926. Heute leben in Südafrikas berühmtestem Nationalpark auf rund 20000 Quadratkilometern 147 Säugetier-, 507 Vogel- und 114 Reptilienarten – darunter die berühmten »Big Five«: Elefant, Löwe, Leopard, Büffel und Nashorn, die als die imposantesten und gefährlichsten Wildtiere Afrikas gelten. Mit Geduld und Glück kann man im Krügerpark in wenigen Tagen alle fünf Wildtiere sehen.

Elefanten das erste Mal in freier Wildbahn gegenüberzustehen, ist ein bewegender Augenblick. Doch die Südafrikaner haben ein Problem mit den Elefanten: Sie haben sie seit Jahren so gehegt, dass sich die Population fast explosionsartig vermehrt hat. Allein im Krügerpark leben heute an die 13 000 Tiere. Und weil sie sich auch im Busch buchstäblich wie Elefanten im Porzellanladen benehmen und ein einziges ausgewachsenes Tier durchschnittlich etwa 300 Kilogramm pflanzliche Nahrung vertilgt, leidet die Vegetation erheblich, was sich negativ auf den Bestand an anderen Wildtieren auswirkt. Viele Ranger plädieren daher für gezielte Abschüsse der Elefanten – doch wehe, die lokale Presse und Tierschützer bekommt davon Wind! Noch haben die Wildhüter den Königsweg nicht gefunden. Wo immer es geht, siedeln sie überzählige Tiere in andere Nationalparks um und verabreichen zuweilen sogar Antibabypillen an Elefantenkühe.

Das Löwenjunge guckt putzig, doch die Tiere im Krügerpark sind keineswegs harmlos – auch wenn sie vor Autos keine Angst haben.

Einst stark dezimiert, heute ist die Population fast zu groß: Ein Elefant im Krügerpark frisst täglich 300 Kilo pflanzliche Nahrung.

Löwen sind der Höhepunkt jeder Safari – so man sie zu Gesicht bekommt. Sie leben und jagen in Rudeln von bis zu 30 Tieren und werden am späten Nachmittag aktiv. Im Krügerpark sowie im »Kgalagadi Transfrontier Park« findet man größere Gruppen, kleinere Rudel auch an anderen Orten.

Leoparden sind noch scheuer als Löwen und wohl die attraktivsten aller afrikanischen Raubkatzen – nachtaktiv und echte Einzelgänger. Einen Leoparden in freier Wildbahn zu sehen ist eher ein Glücksfall.

Afrikanische Büffel (»cape buffalos«) stehen im Ruf, das wehrhafteste Wild des Kontinents zu sein. Ihre geschwungenen Hörner erreichen eine Spannweite von mehr als einem Meter – und es gibt kein Raubtier, das nicht flüchtet, wenn eine Büffelherde mit gesenktem Kopf zum Verteidigungsangriff übergeht. Immerhin erreichen Büffel Geschwindigkeiten bis 56 Stundenkilometer. Größere Gruppen findet man im Krügerpark und in den umliegenden Game Reserves. Insgesamt gibt es rund 25 000 Einzeltiere.

Breitmaulnashörner (»white rhinos«) galten einst als die am stärksten vom Aussterben bedrohten Tiere. In den 1960er-Jahren päppelte man im »Hluhluwe-Imfolozi-Park« eine kleine Nashornpopulation mit durchschlagendem Erfolg wieder auf. Heute findet man etwa 1500 Breitmaulnashörner im Krügerpark. Die etwas dunkler gefärbten »Spitzmaulnashörner« (»black rhinos«) sind seltener anzutreffen: Im ganzen Nationalpark leben nur etwa 200 Exemplare.

Auf etwa 2300 Kilometern geteerter Straßen oder geschotterter Feldwegen lässt es sich bequem durch das riesige Areal des Krügerparks reisen, das sich vom Limpopo River im Norden bis zum Crocodile River im Süden über eine Länge von 350 Kilometern erstreckt – und von Ost nach West im Schnitt 60 Kilometer misst.

Wer gern mit einem Ranger unterwegs ist, kann geführte Safaris zu Fuß oder im Landrover buchen. Besonders zu empfehlen sind Tierbeobachtungen kurz vor Sonnenaufgang, spannend die Night Drives, bei denen man sich mit Handscheinwerfern auf die Suche nach wilden Tieren macht.

Im Krügerpark sind die meisten Tiere im Süden beheimatet, wo sich deswegen auch die Mehrheit der Touristen tummelt. Ruhiger ist der wilde Norden des Parks – dafür braucht man dort mehr Zeit und Geduld, um die »Big Five« zu finden.

Im Krügerpark stehen ein Dutzend sehr guter staatlicher Rest Camps als Übernachtungsmöglichkeit zur Verfügung: Die schönsten Camps im Süden sind »Crocodile Bridge« am Crocodile River nahe der Grenze zu Mosambik (Flusspferde, San-Felszeichnungen) und »Lower Sabie«. Dort ist die Gegend sehr grün und man hat hier angeblich beste Chancen, Nashörner zu sehen, außerdem Löwen, Geparden und Flusspferde (gute Nachtsafaris!). Für Familien und Behinderte empfiehlt sich das moderne »Berg-en-dal« im Südwesten. Das Hauptcamp »Skukuza« dagegen ist ein Massenbetrieb.

Der mittleren Teil des Parks ist von mäandernden Flussläufen und Grasland geprägt – ideal für Flusspferde, Antilopen und Raubkatzen. Hier besticht das Rest Camp »Letaba«, etwa 60 Kilometer südlich von Mopani. Hoch über dem Olifants River gilt »Olifants Camp« als echtes Highlight (Flusspferde, Elefanten, Löwen sowie Krokodile) – und in »Satara«, etwa 50 Kilometer südlich von Olifants, hat man sehr gute Chancen, Raubkatzen zu sehen.

Vor den Kap-Büffeln mit ihren mächtigen Hörnern haben sogar die Raubkatzen Respekt.

Im trockenen, savannenartigen Norden lohnen ein oder zwei Nächte im Camp »Shingwedzi«, etwa 70 Kilometer südöstlich von Punda Maria. Das Camp liegt auf einem Hügel mit Blick auf den Pioneer-Stausee.

Ganz im Norden des Parks liegt das von tropischem Klima geprägte »Punda Maria«. Das einfache Camp ist wenig überlaufen und bietet lohnende Tierbeobachtungen am frühen Morgen und am Abend.

Am Rand des Krügerparks haben sich unzählige luxuriöse Game Lodges angesiedelt. Sie sind deutlich teurer als die staatlichen Camps, bieten aber größtmögliche Chancen, die »Big Five« aus nächster Nähe vor die Linse zu bekommen. Das liegt daran, dass hier die Ranger mit offenen Landrovern oft direkt durch den Busch fahren, um die Fährten der Tiere aufzunehmen und sich ihnen zuweilen bis auf wenige Meter nähern. Bekommt man die »Big Five« hier offiziell garantiert, darf man skeptisch werden: Hinter diesem Versprechen stehen manchmal künstliche Wasserlöcher, ausgedünnter Busch und ein Heer von Rangern in Geländewagen, die untereinander im Funkkontakt stehen und sich gegenseitig zu den Tieren lotsen – und Peilsender. Naturliebhaber, die Spaß am Spurensuchen haben und nicht unbedingt alle Tiere »abhaken« müssen, sind in den preiswerteren Lodges besser aufgehoben. Eine weitere Alternative sind »Bush Camps«, die viele Luxuslodges als rustikale und preiswertere Alternative unterhalten.

Ausführliche Infos und Buchung zu allen Camps und Lodges unter Tel. 0 13/7 35 40 00; www.sanparks.org; Rest Camps im Süden: »Crocodile Bridge« (Tel. 0 13/7 35 60 12), »Lower Sabie« (Tel. 0 13/7 35 60 56), »Berg-en-dal« (Tel. 0 13/ 7 35 60 16), »Skukuza« (Tel. 0 13/7 35 56 11); Rest Camps zentral: »Letaba« (Tel. 0 13/7 35 66), »Olifants Camp« (Tel. 0 13/ 7 35 66 06), »Satara« (Tel. 0 13/ 7 35 63 06); Rest Camps im Norden: »Shingwedzi« (Tel. 0 13/7 35 68 06), »Punda Maria« (Tel. 0 13/7 35 68 73)

The Trading Post
In diesem urigen Restaurant kann man sich sein exotisches Wild-Menü selbst auf einer heißen Eisenplatte auf dem Tisch zubereiten. Zur Auswahl stehen u.a. Krokodil, Zebra und Eland-Antilopen.

➤ Kruger National Park, S. 264
➤ Nordosten, S. 258, [c 2] ➤ [L 2]

An der R527 bei Hoedspruit, neben dem »Khamai Reptile Park« und der Kreuzung R527/R531; Tel. 0 15/7 95 52 19; tgl. ab 9 Uhr • VISA MASTER DINERS

PANORAMA ROUTE

Ausgedehnte Kiefern- und Eukalyptusforste, eine abwechslungsreiche Berglandschaft, Wasserfälle, Canyons und dramatische Pässe: Die »Panorama Route« rund um den spektakulären Blyde River Canyon (→ Tour 4) hat ihren Namen verdient (➤ Nordosten, S. 258, [c 2], ➤ [L 2]). Alle Sehenswürdigkeiten sind gut mit dem Auto zugänglich, und an ein bis zwei Tagen hat man alles Wichtige gesehen. Achtung: Im Winter sind Buschfeuer hier recht häufig.

Die gesamte Region ist ein Wanderparadies: Zur Auswahl stehen der »Blyde River Canyon Trail« (65 km), der »Fanie Botha Trail« (73 km), der »Prospectors Trail« (58 km) und mehrere kürzere Touren. Vom niedrigsten Punkt auf 630 Höhenmetern geht es je nach gusto bis auf 2115 Meter Höhe. Dabei durchquert man Urwälder, Kieferplantagen und Grasland. Die Wanderungen dauern zwei bis fünf Tage, übernachten kann man in sehr einfachen Hütten (Selbstverpflegung, Bettwäsche mitbringen).

Information und Buchung der Wanderungen unter Tel. 0 13/7 64 10 58; »Pilgrim's Rest Information Centre«: Main St., Uptown; Tel. 0 13/7 68 10 60; www.pilgrims-rest.co.za; Mo–So 9–12.45, 13.45–16 Uhr; »Mpumalanga Tourism«, Tel. 0 13/7 52 70 01, Fax 7 59 54 41; www.mpumalanga.com

BLYDE RIVER CANYON

➤ Nordosten, S. 258, [c 2] ➤ [L 2]

Hier fallen die nördlichen Drakensberge von 1000 Höhenmetern dramatisch in die im Sommer feucht-heiße Ebene des Lowveld ab, in der auch der Krügerpark liegt (→ Tour 4). Der Blyde River Canyon ist der drittgrößte der Welt und hält atemberaubende Blicke und Naturwunder bereit wie »Three Rondavels«, »Gods Window«, The Pinnacle und Bourke's Luck Potholes.

PILGRIM'S REST

➤ Nordosten, S. 258, [c 2] ➤ [L 2]

Pilgrim's Rest war Südafrikas erste Goldgräberstadt. 1873 wurde hier erstmals Gold entdeckt, und ein Jahr später

Südafrikas erste Goldgräberstadt, Pilgrim's Rest, steht heute unter Denkmalschutz.

hatte die Nachricht bereits 1500 Digger angelockt, die das Edelmetall zunächst im Fluss suchten und ab 1881 im großen Stil abbauten. Seit 1986 steht der Ort mit seinen charmanten historischen Goldgräberhäusern unter Denkmalschutz und ist zur Ferienzeit fest in der Hand der Touristen.

Tourist Information, Main Street, Pilgrim's Rest; Tel. 0 13/7 68 10 60; tgl. 9–12.45, 13.15–16.30 Uhr

Hotels

The Royal Hotel

Das vor kurzem renovierte Haus aus dem 19. Jahrhundert liegt mitten im Goldgräberstädtchen und hat eine urgemütliche Atmosphäre. Tennisplatz, Golfplatz, Wanderwege, Reitmöglichkeit und Restaurants in der Nähe.

➤ Nordosten, S. 258, [c 2] ➤ [L 2]

Main Street, Pilgrim's Rest; Tel. 0 13/7 68 11 00; www.royal-hotel.co.za; 47 Zi. •• CREDIT

Museen

Diggings Museum

Zur Zeit des Goldrausches blieb um die Stadt Pilgrim's Rest kein Stein auf dem anderen – groß war die Hoffnung auf schnellen Reichtum. Das »Diggings Museum« zeigt ein rekonstruiertes Goldgräberdorf, komplett mit Gefängniszelt, Dampfmaschine und der Hütte des Goldkomissars (»gold commissioner«). Bei den Führungen (ohne Führung kommt man nicht ins Museum!) kann man sich selbst im Goldwaschen versuchen (gar nicht so einfach!) und den Zauber des edlen Metalls für sich entdecken.

➤ Nordosten, S. 258, [c 2] ➤ [L 2]

Information Centre, Main St., Uptown; Tel. 0 13/7 68 10 60; Führungen Mo–So 10, 11, 12, 14 und 15 Uhr

Essen und Trinken

Pilgrim's Pantry

In einem romantischen Garten werden typisch südafrikanische Gerichte serviert: hausgemachte Pies, Boboties, Pancakes und Fischgerichte. Probieren Sie die Desserts!

➤ Nordosten, S. 258, [c 2] ➤ [L 2]

Main Street, Pilgrim's Rest; Tel. 0 13/7 68 11 29; tgl. 8–18 Uhr • MASTER VISA

SABIE

➤ Nordosten, S. 258, [c 2] ➤ [L 3]

Sabie, südlich von Pilgrim's Rest, ist das Zentrum der Holzindustrie an der »Panorama Route« und ist von ausgedehnten Forsten umgeben. Auch hier wurde im 19. Jahrhundert Gold geschürft. Rund um den Ort, sowie um das etwas südlicher gelegene Graskop gibt es die höchste Dichte von Wasserfällen in ganz Südafrika. Am spektakulärsten sind die Lone Creek Falls westlich von Sabie, die 68 Meter tief stürzen, die zweigeteilten Mac Mac Falls (im Osten) und die Berlin Falls (im Norden).

Hotels

Timamoon Lodge

Hoch über dem Sabie-Tal versprüht diese Lodge nord- und ostafrikanisches Flair. Grandiose Ausblicke in die Landschaft, Swimmingpool, exzellente Küche und Aktivitäten von Ballonfahrten bis River Rafting garantieren bleibende Erinnerungen. Gut gelegen für Tagestouren in den Krügerpark.

➤ Nordosten, S. 258, [c 2] ➤ [L 3]

An der R536 zwischen Hazyview and Sabie; Tel. 0 13/7 67 17 40; www.timamoonlodge.co.za; 6 Zi. ••• CREDIT

Ausflüge

Long Tom Pass

Einer der schönsten Pässe des Landes liegt zwischen den Orten Lydenburg und Sabie. Der Pass wurde im Jahr 1870 gebaut, um Lydenburg mit dem heutigen Maputo zu verbinden.

Die Höhenstraße ist 46 Kilometer lang und führt bis auf 2150 Meter durch das Gebirge. Seinen Namen erhielt der Pass, weil die Buren, um die Briten abzuwehren, in diesen Bergen um das Jahr 1900 Kanonen aufstellten, die sie »Long Toms« nannten. Vom höchsten Punkt aus geht es auf einer Strecke von nur acht Kilometern rund 1100 Höhenmeter in steilen Kehren nach unten in Richtung Sabie.

➤ Nordosten, S. 258, [c 2] ➤ [L 3]

Wer dieser alten Strecke (statt der Autobahn N4) folgen will, nimmt die R40 Richtung Nelspruit und dann die N4 weiter nach Mosambik.

Essen und Trinken

Artists Café (Hendriksdal Siding)

In dieser Trattoria in einem alten Bahnhof kommt selbst angebautes Gemüse auf den Tisch. Leckere Gerichte, preisgekrönte Weinkarte.

➤ Nordosten, S. 258, [c 2] ➤ [L 3]

An der R37 direkt bei Sabie; Tel. 0 13/7 64 23 09; tgl. ab 8 Uhr •• CREDIT

SOUTHERN LOWVELD

Das südliche Lowveld verdankt seine Attraktivität vor allem der Lage im Dreieck zwischen »Panorama Route«, Krügerpark und Swasiland (➤ Nordosten, S. 258, [c 2/3] ➤ [L 3]). Während das alte Goldgräberstädtchen Barberton etwas weiter südlich liegt, sind Nelspruit und das englisch geprägte White River ideal, um aufzutanken, ausführlich shoppen zu gehen, den südlichen Krügerpark zu entdecken oder einen kurzen Ausflug nach Maputo oder Swasiland zu machen.

Irgendwo in der Gegend sind angeblich noch die »Krugermillionen« versteckt, das Staatsgold der letzten Burenrepublik, das Paul Kruger nach dem verlorenen Krieg mit den Briten auf seinem Weg ins Schweizer Exil in den Bergen vor den anrückenden Briten verborgen haben soll.

BARBERTON

➤ Nordosten, S. 258, [c 3] ➤ [L 3]

Noch bevor der Goldrausch in Johannesburg begann, war Barberton ein Zentrum des Goldbergbaus. Das hübsche Städtchen ist benannt nach Graham Barber, der hier 1884 auf das edle Metall stieß. Bereits drei Jahre später entstand in dem Ort die erste Goldbörse des Landes. Doch bald war der Goldzirkus vorbei – was die Geisterstadt Eureka Ghost Town bezeugt.

Hotels

Barberton Manor Guest House

Das ehemalige Wohnhaus eines Goldminen-Direktors wurde 1927 nach Plänen

Die ehemals bewohnten Sudwala Caves (→ S. 270) mit ihren enormen Tropfsteinen bei Nelspruit kann man in einer Tour erkunden.

von Sir Herbert Bakers erbaut, der auch das Union Building in Pretoria und die St. George's Cathedral in Kapstadt entwarf. Großzügige Zimmer und gutes Frühstück.

➤ Nordosten, S. 258, [c 3] ➤ [L 3]

81 Sheba Rd., Barberton; Tel. 0 13/7 12 48 26; www.barbertonmanor.com

●● ✉

Museen

Barberton Museum

Hier wird die Goldgräbergeschichte des Ortes lebendig, außerdem gibt es Ausstellungsstücke und Information zur Geologie, Militär- und Kulturgeschichte der Gegend. Zum Museum gehört außerdem ein kleines Fort aus Holz und Wellblech, das von den Briten um 1901 gebaut wurde; darüber hinaus das »Fernlea House« und das »Belhaven House Museum«, eine Mittelklasseresidenz aus dem 20. Jahrhundert.

➤ Nordosten, S. 258, [c 3] ➤ [L 3]

36 Pilgrim St., Barberton; Tel. 0 13/7 12 42 81; tgl. 9–16 Uhr

NELSPRUIT UND WHITE RIVER

➤ Nordosten, S. 258, [c 2] ➤ [L 3]

Nelspruit ist die Provinzhauptstadt von Mpumalanga und hat in den vergangenen Jahren einen wirtschaftlichen Boom erlebt. Die touristisch relativ uninteressante Stadt hat ein modernes Zentrum mit Einkaufspassagen, passablen Restaurants und einer gut ausgestatteten Touristeninformation; hier kann man die Weiterreise gut planen. Das englisch geprägte White River liegt etwa eine halbe

Autostunde nördlich von Nelspruit und eignet sich hervorragend zum Einkaufen und Dinnieren, bevor es weiter in den Busch und zu den »Big Five« geht.

In weniger als einer Autostunde gelangt man von hier aus wahlweise in den Kruger National Park, nach Mosambik, nach Swasiland oder zur »Panorama Route«. Bis nach Johannesburg sind es 360 Kilometer auf einer gut ausgebauten Autobahn. 22 km nördlich der Stadt liegt der Kruger Mpumalanga International Airport mit Direktflügen unter anderen nach Kapstadt und Johannesburg (www.kmiairport.co.za).

Mpumalanga Tourism, N4 Halls Gateway Shopping Centre, Nelspruit; Tel. 0 13/7 52 70 01/7 50 21 37; www.mpumalanga.com; www.lowveld.info

Hotels

Jatinga Country Lodge & Restaurant

Die Lodge liegt in einem 30 Hektar großen Garten, durch dessen unteren Teil der White River fließt. Alle Zimmer sind individuell möbliert, unter anderen im Kolonialstil, im englischen Landhaus- und im viktorianischen Stil. Bekannt ist »Jatinga« auch für sein hervorragendes Restaurant, den englischen High Tea und Gourmet-Picknicks.

➤ Nordosten, S. 258, [c 2] ➤ [L 3]

White River, an der Straße Richtung Krügerpark/Numbi Gate; Tel. 0 13/7 51 50 59; www.jatinga.co.za; 20 Zi. ••• CREDIT

Ausflüge

Sudwala Caves

Sie sind 200 Millionen Jahre alt und die ältesten Tropfsteinhöhlen der Welt. Von jeher dienten sie den Menschen als Behausung, nicht zuletzt, weil hier aus einer bis heute unbekannten Quelle ständig Frischluft strömt. Die eindrucksvollen Stalaktiten und Stalagmiten sind von Eisen und Mangan bunt gefärbt; es herrscht eine konstante Lufttemperatur von 17°C. Abenteuerlustige können auch an der »Crystal Tour« teilnehmen, bei der man in vier bis fünf Stunden, zumeist auf allen Vieren, 1300 Meter zurücklegt. Es gibt außerdem ein Restaurant und einen kleinen Saurierpark.

➤ Nordosten, S. 258, [c 2] ➤ [L 3]

24 km westlich von Nelspruit, an der von der N4 abzweigenden R539; Tel. 0 13/7 33 41 52; www.sudwala-caves.co.za; Führungen tgl. 8.30–16.30 Uhr; Eintritt 36 Rand (Kinder 18 Rand). »Crystal Tour« jeden letzten Samstag im Monat (bei mehr als 6 Teilnehmern auch an anderen Tagen), muss zwei Wochen im Voraus gebucht werden (130 Rand, erst ab 16 Jahren)

Essen und Trinken

Oliver's Restaurant

Das »Oliver's« ist eines der besten Gourmet-Restaurants des Landes. Die Karte reicht vom frisch gebackenen Olivenbrot über »Kinglip-Carpaccio« bis hin zu den hausgemachten Kürbis-Gnocchi mit geräuchertem Mozzarella. Nicht zu verachten an kühlen Herbstabenden sind Glühwein und frischer Apfelstrudel. Deutschsprachig.

➤ Nordosten, S. 258, [c 2] ➤ [L 3]

White River an der R40 Richtung Hazyview; Tel. 0 13/7 50 04 79; www.olivers.co.za

•••• CREDIT

Ten Green Bottles Restaurant

Geschmackvoll dekorierte Räume, eine sonnige Terasse und leichtes Essen – ein perfektes Restaurant.

➤ Nordosten, S. 258, [c 2] ➤ [L 3]

White River an der R40 Richtung Hazyview; Casterbridge Farm; Tel. 0 13/7 50 10 97; tgl. 9 Uhr–spät •• CREDIT

VALLEY OF THE OLIFANTS

Die meisten Urlauber sehen diese Region nur durch das Autofenster vorbeifliegen – unterwegs auf der R71 von Limpopos unattraktiver Provinzhauptstadt Polokwane (Pietersburg) zum Krügerpark-Tor von Phalaborwa (➤ Nordosten, S. 258, [b/c 1] ➤ [L 1/2]). Doch ein genauer Blick lohnt sich, denn die Gegend um Tzaneen, Magoebaskloof und Modjadjiskloof (Duiwelskloof) ist ein Kleinod: endlose Zitrus-, Tee- und Macadamianuss-Plantagen ziehen sich über liebliche Hügel, die regelmäßig im Morgennebel verschwinden, und zeugen von äußerst fruchtbaren Böden.

»Valley of the Olifants« – ein oft übersehenes Tal. Der Olifant River fließt durch liebliche Hügel, und auch hier gibt es wilde Tiere.

Darüber hinaus lebt hier noch einer der wenigen matriarchalisch organisierten Stämme Südafrikas: die Modjadjis mit ihrer »Rain Queen«, die über die Landesgrenzen hinaus berühmt dafür ist, Regen machen zu können.

Magoebaskloof Tourist Association; Tel. 0 15/2 76 49 72, Fax 2 76 47 97; www.magoebaskloof.com

MAGOEBASKLOOF

➤ Nordosten, S. 258, [b 1] ➤ [K/L 2]

Zwischen dem hübschen Städtchen Haenertsburg und Tzaneen liegt der mit dem Pkw gut zu bewältigende Magoebaskloof Pass, einer der schönsten Bergübergänge Südafrikas. Während man vom höchsten Punkt in engen Kehren nach unten fährt, genießt man das traumhafte Panorama mit satt-grünen Hängen und dem Magoebaskloof-Stausee.

Durch die Wälder führen empfehlenswerte Wanderwege. Parallel zum Magoebaskloof kann man auch weiter südlich im Tal der Letaba nach Tzaneen fahren und einen Abstecher zum »Grootbos Forest« unternehmen, einem beeindruckenden unberührten Waldgebiet.

Hotels

Kurisa Moya Nature Lodge

Gäste haben die Wahl zwischen dem alten Farmhaus, einem großen Bungalow und zwei wunderschönen Holzhäusern im Wald. Die Lodge bietet Natur pur: Rund 300 Vogelarten leben hier, und die Besitzer bieten Fahrten mit dem Geländewagen zum Sonnenuntergang an besonders schönen Orten an. Selbstverpflegung oder Vollpension.

➤ Nordosten, S. 258, [b 2] ➤ [K/L 2]

Bei Haenertsburg, 27 km von der R71 zwischen Polokwane und Tzaneen; Tel. 0 15/2 76 11 31; www.krm.co.za; 4 Übernachtungsmöglichkeiten •• (Selbstverpflegung), ••• (Vollpension)

Ausflüge

Debegeni Falls

Im Tal des Magoebaskloof geht es direkt neben der »De Hoek Forest Station« zu den idyllisch gelegenen Wasserfällen, die aus 24 Meter Höhe in ein Felsenbecken stürzen. Perfekter Ort zum Picknicken und Baden; Vorsicht Rutschgefahr: Die Felsen sind sehr glatt!

➤ Nordosten, S. 258, [b/c 2] ➤ [L 2]

10 km von Tzaneen

TZANEEN

➤ Nordosten, S. 258, [b 1] ➤ [L 2]

Tzaneen ist das Landwirtschaftszentrum der Region und mit seinem einfallslosen Stadtbild für Touristen nicht sonderlich attraktiv. In der Umgebung gibt es allerdings wunderschön gelegene Gästehäu-

Im Hotel Coach House hat man vom Pool aus noch einen fantastischen Blick über die Berge.

ser und Hotels, und einen Ausflug zur Modjadjiskloof sollte man sich nicht entgehen lassen.

Tourist Information; Tel. 0 15/3 07 14 11; www.tzaneen.co.za

Hotels

Coach House

An diesem edlen Ort scheint die Zeit stehengeblieben zu bleiben. Gediegene Zimmer, kullinarische Köstlichkeiten und ein traumhafter Blick über die Berge. Probieren Sie das Nougat aus eigener Herstellung und sehen Sie frühmorgens zu, wie sich tief im Tal der Nebel lichtet.

➤ Nordosten, S. 258, [b 1] ➤ [L 2]

Old Coach Road, Agatha bei Tzaneen; Tel. 0 15/3 06 80 00; Reservierung unter Tel. 0 15/3 06 80 27; www.coachhouse.co.za; 41 Zi. ••• CREDIT

Ausflüge

Modjadji Nature Reserve

Hier wachsen die äußerst seltenen und bis zu 13 Meter hohen Modjadji-Palmfarne. An dieser Pflanzenart haben schon prähistorische Reptilien gerne geknabbert. Der Wald ist für die Modjadjis heilig und seit Jahrtausenden im Urzustand erhalten, beschützt von der jeweils gerade herrschenden Regenkönigin (»Rain Queen«). Wenn er nicht wie so oft in dichten Nebel gehüllt ist, kann man beim Wandern von hier aus bis in den Krügerpark sehen.

➤ [L 1/2]

32 km von Tzaneen; tgl. 7.30–16 Uhr geöffnet

Museen

Tzaneen Museum

Das Museum ist den in der Gegend ansässigen Tsonga und North Sotho gewidmet und zeigt eine einzigartige Sammlung von Keramiken, die bis zu 2000 Jahre alt sind, kunstvoll geflochtene Körbe, Perlenarbeiten, Waffen sowie Holzschnitzereien der letzten hundert

Jahre. Höhepunkt sind die königlichen Trommeln der »Rain Queen« aus dem Stamm der Modjadji.

➤ Nordosten, S. 258, [b 1] ➤ [L 2]

Agatha Street, Tzaneen, neben der Tzaneen Library; Tel. 015/3 07 80 00; Mo–Fr 9–16, Sa 9–12 Uhr

Essen und Trinken

Zeederburg Restaurant at the Coach House

Das mit Abstand beste Restaurant weit und breit lässt Gourmets das Wasser im Mund zusammenlaufen: angefangen mit einem gigantischen Frühstücksbüffet über täglich wechselnde Menüs (probieren Sie den Fisch!) bis hin zu himmlischen Desserts. Die Weinkarte bietet mehr als 200 edle Tropfen.

➤ Nordosten, S. 258, [b 1] ➤ [L 2]

Coach House, Old Coach Road, 14 km von Tzaneen; Tel. 015/3 06 80 00; www.coachhouse.co.za; tgl. ab 8 Uhr •• MASTER VISA

VENDALAND

Das Vendaland ganz im Norden Limpopos (➤ Nordosten, S. 258, [b/c 1] ➤ [L 1]) – Heimat der Venda, North Sotho und Shangana – ist eines der best gehüteten Geheimnisse Südafrikas, den es ist voll von geheimnisvollen Geschichten.

Die Landschaft ist bergig, an den Hängen breiten sich Zitrus- und Teeplantagen aus, umgeben von üppiger,

Das Vendaland ist touristisch kaum erschlossen – gerade deshalb kann jeder Besucher hier ganz individuelle Eindrücke sammeln.

subtropischer Vegetation. Inmitten des satten Grüns tauchen bunte Straßenmärkte auf – und dahinter die charakteristischen Rundhütten (»rondavels«) der Vendadörfer aus rotem Lehm. Den Menschen hier wird nachgesagt, dass sie besonders friedfertig sind – aber auch stolz. Sie lassen sich ihre Mythen und Sagen nicht so leicht entlocken. Und das ist wohl ein Grund, warum die Region bislang vom Massentourismus verschont blieb. Die Gegend hat enormes touristisches Potenzial, das allerdings kaum entwickelt ist. Wer sich jedoch ein paar Tage Zeit nimmt für das Vendaland, wird einmalige Erinnerungen mit nach Hause nehmen: Einblicke in die reiche Kultur und Geschichte der Venda verbunden mit einer sagenhaft schönen Landschaft und Begegnungen mit Einheimischen fernab der ausgetrampelten Touristenpfade. Die Hauptstraßen zwischen Krügerpark und der N1 sind gut ausgebaut, allerdings sollte man wegen der Kinder und den Tieren auf der Straße vorsichtig fahren. Für längere Aufenthalte lohnt sich ein Geländewagen.

www.golimpopo.co.za; sehr gute, auch deutschsprachige Führungen bietet »Kuvona Cultural Tours« in Louis Trichardt (Makhado); Tel. 015/5563512, 082/4143631; www.kuvona.com

LOUIS TRICHARDT (MAKHADO)

➤ Nordosten, S. 258, [b 1] ➤ [L 1]

Louis Trichardt ist das wirtschaftliche Zentrum der Region und ein guter Ort, um sich mit allem Notwendigen einzudecken, bevor es weiter geht nach Mapungubwe (→ Der gute Tipp von MERIAN, S. 73) oder in den Krügerpark (→ Spezial, S. 262). Die Stadt selbst hat nichts Sehenswertes zu bieten – aber schauen Sie bei der Touristeninformation am Ortseingang vorbei – die Umgebung von Louis Trichardt (Makhado) lohnt sich.

4 Std. von Johannesburg, 1 Std. vom Krügerpark; Touristen-Information, Tel. 015/5163415

Hotels

Lesheba Wilderness ★1

(→ Der gute Tipp von MERIAN, S. 41)

Shiluvari Lakeside Lodge

Großzügige und geschmackvolle Unterkünfte mit viel Privatsphäre und unverstelltem Blick auf den Stausee. Beim Spazierengehen kann man auf Wasserböcke, Kudus und andere Antilopen treffen. Unvergesslich sind die Schiffsfahrten bei Dämmerung (»sunset cruises«) im hauseigenen Boot auf dem See. Im Angebot sind geführte Touren zu lokalen Künstlern (Töpfern, Trommelbauern und Schmieden) und zu Selbsthilfeprojekten.

➤ Nordosten, S. 258, [b 1] ➤ [L 1]

An der R524, südöstl. von Louis Trichardt (Makhado) Richtung Thohoyandou, am Albasini Dam, Soutpansberge; Tel. 015/5563406; www.shiluvari.com; 12 Zi., eine Ferienwohnung •• CREDIT

Ausflüge

Ben Lavin Nature Reserve

Das Naturschutzgebiet wird gehütet von dem Manavhela-Clan, der seit 2002 sein angestammtes Land wieder selbst verwaltet. In der unberührten Wildnis leben auf 25 Quadratkilometern 50 Säugetierarten, darunter Giraffen, Kudus und Wasserböcke, außerdem fast 300 Vogelarten. Übernachtung möglich in Hütten und Zelten.

➤ Nordosten, S. 258, [b 1] ➤ [L 1]

Bei Louis Trichardt (Makhado) an der N1, am Fuß der Soutpansberge; Tel./Fax 0 15/5 16 45 34; www.satis.co.za/benlavin; Eintritt 30 Rand

MAPUNGUBWE 26

(→ Der gute Tipp von MERIAN, S. 73)

THOHOYANDOU

➤ Nordosten, S. 258, [c 1] ➤ [L 1]

Die Hauptstadt des ehemaligen kleinsten Homelands der Venda wurde erst im Jahr 1973 angelegt. Sie hat außer einigen Übernachtungsmöglichkeiten und einem Casino für Besucher nichts zu bieten, ist aber ein idealer Ausgangspunkt, um das Vendaland zu entdecken.

Hotels

Tusk Venda Casino Hotel

Casinos wie das »Tusk Venda« sind in Südafrika meist ein sicheres Zeichen dafür, dass man sich in einem ehemaligen Homeland befindet. Lassen Sie sich nicht abschrecken: Auch, wer sich nicht für einarmige Banditen und Roulette begeistern kann, ist in dem modernen, etwas protzigen Hotel dennoch gut aufgehoben.

➤ Nordosten, S. 258, [c 1] ➤ [L 1]

Mphephu Street, Thohoyandou; Tel. 0 15/9 62 46 00/10; www.tusk-resorts.co.za; 82 Zi. •• CREDIT

Ausflüge

Lake Fundudzi

Von all den heiligen Orten in Vendaland ist der Funduzi-See der sagenumwobenste. Seit die Venda sich hier im 18. Jahrhundert niederließen, kam dem See eine mythische Bedeutung zu.

Der Legende nach wohnt im Wasser eine riesige Pythonschlange – die Göttin der Fruchtbarkeit –, der einmal im Jahr eine Jungfrau geopfert werden muss. An Stelle dieses Opfers findet nun alljährlich der faszinierende Pythontanz (»domba dance«) statt, ein Inititiationsritus, in dem Venda-Mädchen zu Frauen werden, während sie sich eng aneinandergeschmiegt in einem Schlangentanz winden.

Angeblich dürfen Nicht-Venda das Ufer nur mit der Genehmigung des örtlichen Chief betreten, doch Kontrollen gibt es keine. Respektieren sollten Besucher allerdings, dass Menschen das Wasser des heiligen Sees nicht berühren dürfen. Die Straße zum See ist für einen Pkw selbst bei trockenen Verhältnissen nicht einfach zu bewältigen. Am besten fahren Sie mit einem Geländewagen und nehmen sich einen lokalen Führer mit.

➤ Nordosten, S. 258, [c 1] ➤ [L 1]

80 km nördlich von Thohoyandou; Abzweigung 35 km nordwestl. von Thohoyandou an R523, 3 km östl. von Nzhelele beim Busbahnhof; der Piste über den Berg folgen, rechts Richtung Tshiheni abbiegen (Fahrt etwa 30 Min.)

Phiphidi Falls

Nach dem Glauben der Venda sind der Wasserfall und der am Fuße des Wasser-

Basiert auf einer alten Legende: Die Venda-Mädchen werden beim Ritual des Pythontanzes zu Frauen.

falls liegende See (Guvhukuvhu Pool) die Heimat der Wassergeister. Hierher kommen die Venda, um zum Beispiel bei Familienproblemen die Ahnen gütlich zu stimmen. Das Wasser des Sees gilt als heilig. Besucher sollten dies respektieren und das Wasser des Sees nicht berühren.

➤ Nordosten, S. 258, [c 1] ➤ [L 1]

An der R523, 9 km westl. von Thohoyandou passiert man eine Tankstelle, dann nach einem grünen Schild rechts abbiegen; Informationen gibt es unter Tel. 072/6 19 12 53, 073/5 41 37 23, 072/8 21 23 83

Thathe Vondo State Forest

In diesem heiligen Wald liegt der Chief des Thathe-Clans begraben. Er wird der Legende nach von einem weißen Löwen und dem Gewittervogel Ndadzi bewacht, der auf den Flügeln des Donners schwebt. Die Venda betreten den Wald nicht zu Fuß – und auch für Touristen ist das Wandern dort nicht erlaubt. Zum »Thathe Vondwe Forest« sollten Sie mit einem Geländewagen fahren.

➤ Nordosten, S. 258, [c 1] ➤ [L 1]

Zu den »Phiphidi Falls« sind es 80 km nördlich von Thohoyandou; 10 km westl. der »Phiphidi Falls« von der R523 rechts abbiegen; Achtung, das kleine Schild ist leicht zu übersehen! Danach sofort rechts bergan; Mo–Fr 8–16, Sa und So 8–17 Uhr

Essen und Trinken

Window's Restaurant

Hier kann man Süßkartoffel-Avocado-Suppe oder afrikanische gewürztes Rinderfilet mit Butternut-Chips probieren – und zum Dessert das Mango-Eis mit Schokoladen-Chilli-Sauce.

➤ [L 1]

5 km von Elim Hospital, 23 km von Louis Trichardt; Shiluvari Lodge, Albasini Dam; Tel. 015/5563406; tgl. ab 11 Uhr •• CREDIT

Einkaufen

Thohoyandou Arts and Culture Centre

Die bekannten Thulamela-Künstler der Venda bieten hier ihre Werke zum Verkauf an: Schnitzereien, Keramik, Malerei und handgewebte Venda- und Tsonga-Gewänder.

➤ Nordosten, S. 258, [c 1] ➤ [L 1]

Punda Maria Road, Thohoyandou; Tel. 083/4703248; tgl. 6–18 Uhr

WATERBERG

Auf dem Weg von Johannesburg in den Krügerpark lohnt es sich, im Westen der Limpopo-Provinz einen Zwischenstopp einzulegen (➤ Nordosten, S. 258, [a/b 2] ➤ [J 2]). Hier ragen die mehr als drei Millionen Jahre alten Waterberg auf, die sowohl Savanne als auch Feuchtgebiete

umfassen und einen überraschenden Artenreichtum aufweisen. Fernab des Massentourismus kann man hier nicht nur ohne Malariarisiko die »Big Five« sehen, sondern auch inmitten von markanten Felsformationen die Seele baumeln lassen. Neben Sterkfontein bei Johannesburg (→ TopTen, S. 286), gehören die Waterberg in Südafrika zu den wichtigsten Fundstellen hominider Fossilien.

Man erreicht das Gebiet über die N1 entweder von Bela-Bela (Warbath), Modimolle (Nylstroom) oder Mokopane aus. Diese Städte selbst haben nicht viel zu bieten (in Bela-Bela gibt es warme Quellen), aber von hier aus lässt sich die Gegend bestens erkunden.

260 km von Johannesburg; Limpopo Tourism and Parks, Polokwane (Pietersburg); Tel. 0 15/2 90 73 00/82 32, Fax 2 91 41 40; ww.golimpopo.com; Limpopo Nature Reserves Central Reservation; Tel. 0 15/2 88 90 00, Fax 2 99 00 94

Hotels

Ant Collection – Ant's Nest and Ant's Hill Private Bush Homes

Die »Ant Collection«, die »Ameisenkollektion«, besteht aus dem gemütlichen »Ant's Nest«, einem alten Farmhaus inmitten eines natürlichen Amphitheaters, und aus dem »Ant's Hill«, einer klassischen Lodge mit luxuriösen Suiten. Gesetz des Hauses: Egal, wo man sich einmietet, man hat die gesamte Unterkunft für sich. Angeboten werden Ausritte (es gibt 35 Reitpferde), Safaris im Geländewagen und Wanderungen. Man kann sich aber auch im Pool entspannen und dabei mit ein wenig Glück einem Nashorn beim Grasen zuschauen.

➤ Nordosten, S. 258, [b 2] ➤ [J 2]

Vaalwater, Waterberg; Tel. 0 14/7 55 35 84; www.Waterberg.net; 5 Zi. (Ant's Nest), 6 Zi. (Ant's Hill) •••• (Vollpension und Aktivitäten im Game Reserve inkl.) CREDIT

Makweti Safari Lodge (Welgevonden Private Reserve)

Romantische Lodge mit einer Holzterasse hoch über der Makweti-Schlucht mitten in der Wildnis der Waterberg. Antikmöbel, Badezimmer im viktorianischen Stil und afrikanische Kunstgegenstände bilden ein harmonisches Designkonzept. Safaris zu Fuß oder im Landrover führen zu Antilopen, Löwen, Leoparden, Nashörnern, Elefanten, Wildhunden und Hyänen. Exotische und gesunde Küche, gute südafrikanische Weine.

➤ Nordosten, S. 258, [a/b 2] ➤ [J 2]

»Welgevonden Private Reserve«, Waterberg Wilderness; Tel. 0 11/8 37 67 76; www.makweti.com; 5 Zi. •••• CREDIT

Ausflüge

Marakele National Park

Der »Marakele« gehört zu den jüngsten Nationalparks in Südafrika und zeichnet sich durch seinen Reichtum an Baumarten aus. Sehr seltene Gelbholz-

Klares Wasser, saftiges Grün und schroffes Gestein: typische Landschaft der Waterberg

Bäume (»yellow wood«) und riesige Zedern wachsen hier. Dazu kommen mehr als 800 brütende Paare der seltenen Kapgeier sowie Elefanten, Nashörner, Büffel, Flusspferde, Giraffen, Kudus, Wasserböcke und Eland-Antilopen.

Das Rest Camp besteht aus befestigten Safarizelten (Küche, Dusche, Selbstversorgung), ist nicht eingezäunt und bietet ein im wahrsten Sinne des Wortes naturnahes, aber dennoch komfortables Leben im Busch. Lebensmittelgeschäfte und Tankstellen findet man auf dem Weg zum Park im kleinen Ort Thabazimbi. Leider gibt es im Park nur Schotter- und Sandpisten. Ein Geländewagen ist daher erforderlich.

➤ Nordosten, S. 258, [a 2] ➤ [J 2]

12 km von Thabazimbi; N1, Abfahrt Bela-Bela (Warbath); Tel. 0 14/7 77 17 45; www.sanparks.org; Reservierungen unter Tel. 0 12/4 28 91 11; Mai–Aug. tgl. 7.30–17, Sep.–Apr. tgl. 7.30–18 Uhr; Eintritt 60 Rand (Kinder unter 12 Jahren 30 Rand)

Nylsvley Nature Reserve

Hier, mitten im größten Überschwemmungsgebiet des Landes, sind mehr als 400 Vogelarten heimisch, darunter Eisvögel, Störche und Bussarde. Davon sind 37 Arten vom Aussterben bedroht. Ein Besuch bietet sich im Sommer an, wenn die ersten Regenfälle das Gebiet in ein sattgrünes Paradies verwandeln und bis zu 80 000 Zugvögel einfliegen.

➤ Nordosten, S. 258, [b 2] ➤ [K 2]

Abfahrt N1 (Kranskop-Mautstelle) Richtung Mookgophong, dann rechts auf der N1 Richtung Boekenhout/Nylsvley, 10 km von Mookgophong; Tel. 0 14/7 43 10 74; tgl. 6–18 Uhr

Sehenswertes

Makapan Valley World Heritage Site

Das Makapan-Tal zählt zum UNESCO-Weltkulturerbe »Cradle of Humankind« nördlich von Johannesburg (→ TopTen, S. 286). In den Höhlen der »Wiege der Menschheit« wohnten in der Stein- und Eisenzeit Urmenschen (Australopithecus).

Die Besiedlung der Gegend durch Menschen konnte durchgängig bis zum heutigen Tage nachgewiesen werden, was weltweit einmalig ist. Die Tropfsteinhöhlen sind teilweise über drei Millionen Jahre alt und Fundstätte von Tausenden von Fossilien, darunter heute ausgestorbene Büffel, Antilopen, Pferde, Schweine und Affen.

Im Marakele National Park (→ S. 279) geht die Sonne auf. Die Morgenstunden sind hervorragend für Tierbeobachtungen geeignet.

➤ [K 2]

Auf der Farm Makapansgat, 19 km nördl. von Makopane; Tel. 0 15/4 91 84 58; sabek@mweb.co.za; Führungen unter Tel. 0 15/4 91 97 40/84 58

Essen und Trinken

L' Orange Bleue

Kürzlich wurde das »L' Orange Bleue« zum besten Restaurant der ganzen Provinz Limpopo erklärt: Französisch-belgische Küche, feine Qualitätsweine und importierte Zigarren sorgen dafür, dass auch der letzte Gast zufrieden das Lokal verlässt.

➤ Nordosten, S. 258, [b 2] ➤ [J 2]

Thaba Pitsi Nature Reserve, bei Bela-Bela; Tel. 0 14/7 36 58 26; www.thabapitsi.co.za; Fr–So mittag, Do–Sa Dinner ab 16.30 Uhr ••

Café Alfresco

In diesem Café kann man den ganzen Tag verbringen, draußen in der Sonne oder im Winter vor dem Kamin. Probieren Sie den Kaffee mit Amarula-Likör, den »Picasso Fudge«, ein köstliches, saftiges Gebäck, oder die kreativen Cocktails.

➤ Nordosten, S. 258, [b 2] ➤ [K 2]

112 Thabo Mbeki Dr., Mokopane; Tel. 0 15/4 91 69 06; tgl. ab 9 Uhr • MASTER VISA

Die 275 Meter langen, im englischen Monumentalstil errichteten Union Buildings in Pretoria sind Sitz der südafrikanischen Regierung und des Präsidenten.

GAUTENG – DAS URBANE ZENTRUM

Mit Johannesburg, Soweto und Pretoria ist der Nordosten Südafrikas »Ballungsgebiet«. Hier kommen die meisten internationalen Flüge an – und für viele Urlauber ist Johannesburg Anfangspunkt der Reise.

Südafrikas kleinste Provinz ist mit fast 9 Millionen Einwohnern die mit Abstand am dichtesten besiedelte und ökonomisch stärkste – urbaner Moloch und wirtschaftliches Tor zum Rest des Kontinents.

Gauteng (»G« gesprochen wie »ch« in »Dach«) liegt auf Südafrikas riesigem Inlandsplateau, etwa 1500 Meter über dem Meeresspiegel. Unter der Erde befinden sich die tiefsten erschlossenen Goldvorkommen der Welt, die trotz stark gestiegener Kosten bis heute von mächtigen Konzernen wie »AngloGold«, »Gold Fields« und »Harmony Gold« in rund 40 Minen ausgebeutet werden. Außerdem werden Silber, Platin und Diamanten abgebaut. Zeuge des über hundertjährigen Bergbaus sind riesige Abraumhalden, besonders im Süden Johannesburgs.

Das beschaulichere Pretoria ist Sitz der Regierung, und in Südafrikas größtem Township Soweto ist die politische Geschichte des Landes lebendig. Berühmt-berüchtigt ist die Gegend für ihre Kriminalitätsrate. Das Nummernschild von Gauteng, »GP«, steht im Volksmund für »Gangsters Paradise« – dieser wenig schmeichelhafte Ruf schreckt viele Südafrikabesucher von einem Besuch dort ab. Doch zu Unrecht: Die Provinz bietet ein spannendes Kontrastprogramm zum Urlaub im Busch, und es lohnt sich durchaus, zumindest zwei Tage in Johannesburg und Soweto zu verbringen.

➤ Gauteng, S. 292 ➤ [J 3]

Gauteng Tourism, 1 Central Place, Henry Nxumalo Street/Jeppe Street, Newtown; Tel. 0 11/8 32 27 80 oder 6 39 16 00, Fax 8 32 27 81 oder 6 39 17 00; www.gauteng.net; Mo–Fr 9–17 Uhr

JOHANNESBURG

6 Mio. Einwohner, 1752 m ü.d. M.

➤ Johannesburg, S. 284 ➤ [J 3]

Vorwahl: 0 11

Johannesburg, Jo'burg oder Jozi – das Wirtschaftszentrum Südafrikas hat viele Namen. Die Stadt ist buchstäblich auf Gold gebaut, denn sie entstand Ende des 19. Jahrhunderts über einer 87 Kilometer langen Goldader, was ihr noch einen weiteren Titel eingetragen hat: »Egoli« (auf Zulu »Stadt des Goldes«). Heute ist die Metropole mit rund sechs Millionen Einwohnern die größte Stadt im Süden Afrikas – und sie wächst mit jedem Tag.

Anders als im beschaulichen Kapstadt hat man hier das Gefühl, in Afrika zu sein: Die Stadt pulsiert, ist ein wenig chaotisch, aber auch weltoffen und dynamisch – und nirgendwo sind Weiß und Schwarz besser integriert als hier. »Arbeite hart, feiere hart«, heißt das Motto. Gleichzeitig haben exorbitante Kriminalitätsraten über die Jahre ihre Spuren im Stadtbild und in der Psyche der Bewohner hinterlassen: Die Johannesburger haben sich eingemauert und eine gewisse

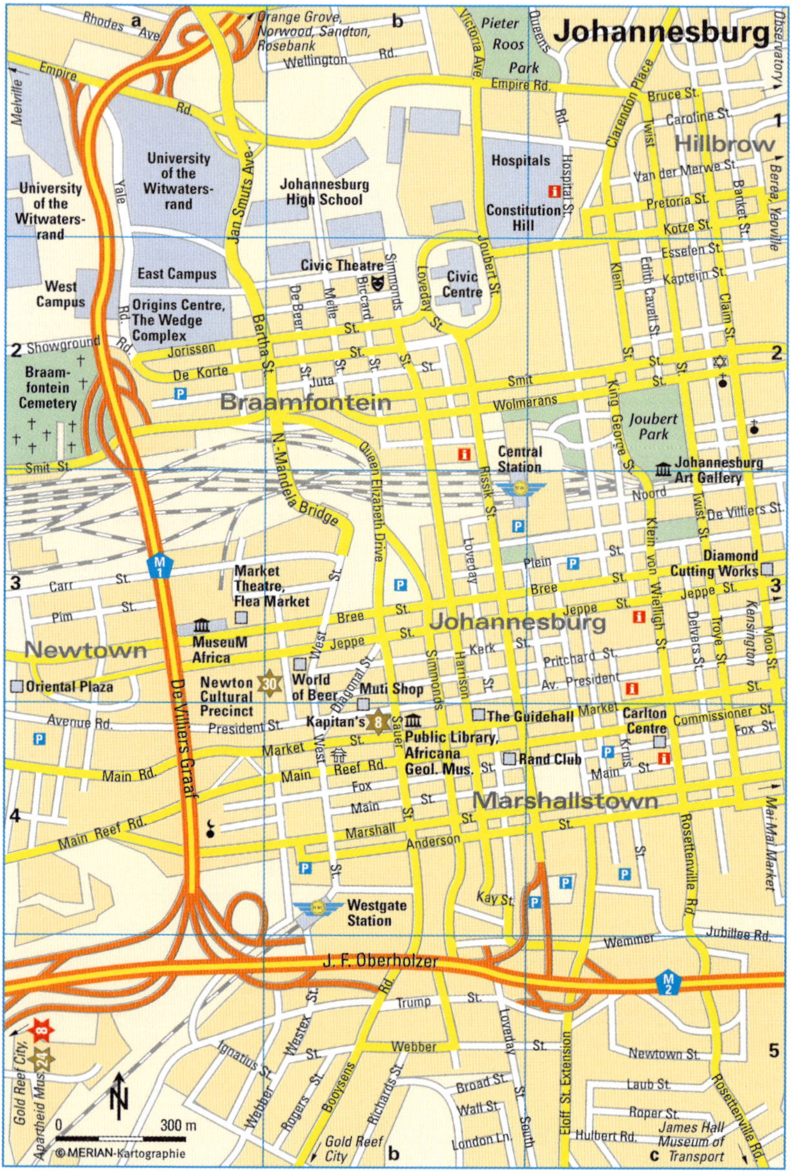

Johannesburg
Rhodes Ave
Orange Grove, Norwood, Sandton, Rosebank
Wellington Rd.
Empire Rd.
Melville
Pieter Roos Park
Victoria Ave.
Queens
Observatory
Clarendon Place
Bruce St.
Caroline St.
Hillbrow
Berea, Yeoville
University of the Witwatersrand
Yale
Jan Smuts Ave.
Johannesburg High School
Hospitals
Hospital St.
Constitution Hill
Twist
Van der Merwe St.
Pretoria St.
Kotze St.
Banket St.
Esselen St.
Kapteijn St.
Civic Theatre
Civic Centre
East Campus
West Campus
Origins Centre, The Wedge Complex
De Beer
Melle
Biccard
Simmonds
Loveday St.
Joubert St.
Klein
Edith Cavell St.
Claim St.
Showground Rd.
Braamfontein Cemetery
Jorissen St.
De Korte St.
Juta St.
Bertha St.
Braamfontein
Smit St.
Wolmarans
King George St.
Joubert Park
Central Station
Johannesburg Art Gallery
N.-Mandela Bridge
Queen Elizabeth Drive
Rissik St.
Noord
De Villiers St.
Loveday
Klein von Wielligh St.
Plein
Diamond Cutting Works
Carr St.
Pim St.
Market Theatre, Flea Market
Bree St.
Jeppe St.
MuseuM Africa
Johannesburg
Kensington
Troye St.
Delvers St.
Mooi St.
Newtown
West St.
Kerk St.
Pritchard St.
Av. President
Oriental Plaza
Newton Cultural Precinct
World of Beer
Diagonal St.
Muti Shop
Harrison
Avenue Rd.
President St.
Kapitan's
Sauer
Public Library, Africana Geol. Mus.
The Guidehall
Market
Carlton Centre
Commissioner St.
Fox St.
Reef Rd.
Rand Club
Kruis
Main St.
Main Rd.
Fox
Main
Marshallstown
Mai-Mai Market
De Villiers Graaf
Main Reef Rd.
Marshall
Anderson
Rosettenville Rd.
Kay St.
Westgate Station
Wemmer
Jubilee Rd.
J. F. Oberholzer
M1
M2
Trump St.
Westex St.
Webber St.
Loveday St.
Eloff St. Extension
Newtown St.
Laub St.
Roper St.
Hulbert Rd.
Ignatius St.
Webber
Rogers St.
Booysens Rd.
Richards St.
Broad St.
Wall St.
London Ln.
South
Gold Reef City, Apartheid Mus.
Gold Reef City
James Hall Museum of Transport
0
300 m
N
© MERIAN-Kartographie

Obsession für elektrische Zäune und Alarmanlagen entwickelt. Die meisten fühlen sich in einer Art Hassliebe mit Jo' burg verbunden. Ähnlich wie in Kapstadt liegen bittere Armut und Reichtum nur einen Steinwurf voneinander entfernt wie Alexandra Township und das Luxusviertel Sandton. Am überraschendsten für Besucher ist jedoch das viele Grün: Abgesehen von der Innenstadt ist Johannesburg im Grunde ein riesiger Wald.

Für Übernachtungen eignen sich Melville und die exklusiven Viertel Rosebank und Sandton. Wichtig: Vermeiden Sie es, nachts mit dem Auto in unbekannten Gebieten unterwegs zu sein (besonders in der Innenstadt) und nehmen Sie die Sicherheitsvorkehrungen ernst (→ Fokus, S. 315). Mit Ausnahme von Newtown ist die gesamte Innenstadt (CBD) für Stadtspaziergänge auf eigene Faust zu jeder Tages- und Nachtzeit tabu. Im Hotel hilft man Ihnen bei der Tagesplanung.

Der internationale Flughafen (O.R. Tambo International Airport) liegt 20 Kilometer östlich und ist bis zur Fertigstellung der geplanten Schnellbahnlinie nach Johannesburg und Pretoria (Gautrain) nur über die Straße zu erreichen.

Joburg Tourism Company, Grosvenor Street/195 Jan Smuts Avenue, 1. Stock, Parktown North; Tel. 0 11/2 14 07 00; www.joburgtourism.co.za; Mo–Fr 8–17 Uhr; Information Kiosk, 356 Rosebank Craft Market; Tel. 0 11/3 90 36 14; Mo–Sa 9–18 Uhr

Hotels

The Grace

Opulentes Luxushotel mit geheiztem Swimmingpool auf dem Dach, Wellness-Bereich und einem englischen Garten. Das vorzügliche Restaurant bietet ausgesuchte Weine.

➤ Johannesburg, S. 284, nördl. von [b 1]

54 Bath Avenue, Rosebank; Tel. 0 11/2 80 72 00, Fax 2 80 74 74; www.thegrace.co.za; 73 Zi. •••• CREDIT ♿

Saxon Hotel

Das Saxon gehört zu den weltbesten Boutique-Hotels, eines dieser kleinen, zentral gelegenen exquisiten Luxus-Hotels, und ist berühmt dafür, dass Nelson Mandela hier wohnte, nachdem er aus dem Gefängnis entlassen worden war. Die eleganten Zimmer in dieser Villa sind im afrikanischen Stil eingerichtet; es gibt unter anderem eine Bibliothek, eine Piano Lounge und einen 920 Quadratmeter großen Swimmingpool.

Zeitlose Eleganz im afrikanischen Stil: Das »Saxon Hotel« gehört zu den Top-Unterkünften im Land.

➤ Johannesburg, S. 284, nordwestl. von [a 1]
36 Saxon Rd., Sandhurst, Sandton; Tel. 0 11/2 92 60 00, Fax 2 92 60 01; www.thesaxon.com; 24 Zi. •••• CREDIT ♿

Misty Hills Country Hotel

Elegantes Landhotel mit Zimmern im afrikanischen Design. Zum Hotel gehört das empfehlenswerte »Carnivore-Restaurant«, in dem man exotisches Fleisch probieren kann, das an einem Massai-Speer über dem offenen Feuer geröstet wird.

➤ [J 3]
69 Drift Blvd., Muldersdrift; 25 km nordwestl. v. Johannesburg; Tel. 0 11/9 57 20 99; Fax 9 57 32 12; www.mistyhills.warwickhotels.com; 151 Zi. ••• CREDIT ♿

A Room With a View & A Hundred Angels

Der Name übertreibt nicht: Vom Hang, hoch über dem Kneipenviertel Melville kann man an klaren Tagen die 70 Kilometer entfernten Magaliesberge sehen. Einige Zimmer haben Balkon und Kamin; alle sind unterschiedlich gestaltet. Gutes Buffet und reichhaltiges Frühstück.

➤ Johannesburg, S. 284, westl. von [a 1]
1 Tolip Street/4th Avenue, Melville; Tel. 0 11/4 82 54 35, Fax 7 26 85 89; www.aroomwithaview.co.za; 12 Zi. ••• CREDIT
Kinder ab 12 Jahren

B&B @ The Wedgwood

Verteilt auf drei Grundstücke findet jeder im »Wedgwood« ein Zimmer nach seinem persönlichen Geschmack – vom gemütlichen Denkerstübchen mit privatem Innenhof und Dusche im Garten über die elegant mit Stilmöbeln bestückte Suite bis zum komplett eingerichteten Haus. Herzliche Gastgeber, warme Atmosphäre und ein köstliches Frühstück sorgen für den perfekten Start in den Johannesburger Tag.

➤ Johannesburg, S. 284, nordwestl. von [a 1]
75a Second Avenue, Johannesburg; Tel. 0 11/4 82 41 24; www.thewedgwood.com; 10 Zi. •• VISA MASTER DINERS ♿
Kinder unter 14 Jahre nur nach Absprache

Ausflüge

»Cradle of Humankind« und die Höhlen von Sterkfontein 7

In der zum Weltkulturerbe erklärten »Wiege der Menschheit« wurden mehr hominide Überreste gefunden als irgendwo sonst auf der Welt: insgesamt über 500 Schädel, Kieferknochen, Zähne und Skelettteile der ersten Menschen; außerdem rund 9000 Werkzeuge. In den Sterkfontein-Höhlen entdeckten Forscher im Jahr 1947 »Mrs Ples«, einen rund zwei Millionen Jahre alten, gut erhaltenen menschlichen Schädel. Andere Fossilien sind bis zu dreieinhalb Millionen Jahre alt. Im Rahmen einer sehr informativen Führung kann man einen Teil des Höhlensystems begehen und unter anderem einen unterirdischen See besichtigen.

➤ Gauteng, S. 292, [b 2] ➤ [J 3]
Etwa 45 Autominuten nördl. von Johannesburg, Sterkfontein Caves Road; Tel. 0 11/9 56 63 42; www.sterkfontein-caves.co.za; Führungen zur halben Stunde, tgl. 9–16 Uhr

Pilansberg National Park

Unbedingt einen Ausflug wert ist der direkt an Sun City grenzende »Pilansberg

Bunt, schrill, pompös: das Hotel »Palace of the Lost City« in Sun City, der Vergnügungsstadt Südafrikas

National Park«, der in einem 1300 Millionen Jahre alten Vulkankrater unter anderem die »Big Five« und an die 300 Vogelarten beherbergt.

Man kann die Wildnis entweder im eigenen Auto, auf geführten Safaris oder – besonders für Kinder ein Highlight – beim Ritt auf einem Elefanten entdecken. Die Unterkünfte im Park bieten für jeden die richtige Variante: Sie reichen vom Zeltplatz bis zur Luxuslodge.

➤ Gauteng, S. 292, [a 1] ➤ [J 3]

Rund zweistündige Autofahrt von Johannesburg; Tel. 0 14/5 55 53 54; www.parks-northwest. co.za; Eintritt 20 Rand plus 15 Rand für Pkw

Sun City

Sun City ist Südafrikas etwas in die Jahre gekommenes Las Vegas. Wer bunten, künstlichen Welten, klingelnden Casinos und Entertainment rund um die Uhr etwas abgewinnen kann, der ist hier genau richtig. Berühmt für den »Gary Player Golf Course«, auf dem alljährlich die hochdotierte »Nedbank Golf Challenge« ausgetragen wird (→ S. 106), einen künstlichen Strand (»Valley of the Waves«) und jede Menge Pools, Wasserspiele und einen eigens angepflanzten »Urwald« steht Sun City ganz oben auf der Liste der südafrikanischen Stars und Sternchen – und solcher, die es werden wollen. Das ganze Jahr über finden hier große Events statt – von Popkonzerten über Schönheitswettbewerbe bis zu Golfturnieren.

Das berühmteste Hotel am Ort ist der »Palace of the Lost City«, für den weder Kosten noch Mühen gescheut wurden. Rund 300 Millionen Dollar hat das Schloss gekostet – dafür gibt es handgeschnitzte Möbel, eine gigantisch große, mit Marmor geflieste Lobby und Affenbrotbäume aus Limpopo im Garten.

Alternativ und zumeist günstiger nächtigt man im »Cascades Hotel« (einem von außen eher unansehnlichen Klotz), in den familienfreundlichen »Sun

weiter auf S. 290

MYTHOS JOHANNESBURG

In Jo' burg rollt der Rand, floriert das Verbrechen und entsteht Südafrikas Zukunft.

Johannesburg mag auf Gold gebaut sein, doch an der Oberfläche – so das gängige Urteil – ist davon wenig spürbar. Das gilt im Besonderen für den CBD, das Geschäftszentrum der Stadt. Hässlich und gefährlich sei es, hört man, und als Tourist solle man nur eines tun: sich fernhalten. Dieses Urteil ist richtig und falsch zugleich. Richtig, weil Johannesburg tatsächlich nicht mit dem Charme Kapstadts gesegnet ist und stattdessen als Verbrechenshauptstadt des Landes gilt. Falsch, weil das nicht heißt, dass es in Johannesburg nichts Interessantes zu entdecken gebe. Wie überall kommt es darauf an, was man sucht. Finden jedenfalls kann man hier ganz Afrika: äthiopische Restaurants, marokkanische Märkte, Fischverkäufer aus Mosambik und Tuchhändler aus Kamerun, Exilpolitiker aus Simbabwe und südafrikanische Anarchisten. Johannesburg ist Kristallisationspunkt für die unbändige Energie des ganzen Kontinents, eine Stadt im beständigen radikalen Wandel.

Nach Ende der Apartheid wurde das ehemals weiße Geschäftszentrum zum Anlaufpunkt für arme Schwarze aus dem ganzen Land und später auch aus Nachbarländern. Je höher die Kriminalitätsrate kletterte, desto mehr weiße Firmen verließen das Zentrum und verlegten ihren Sitz in die Nobelvororte Rosebank, Sandton und Midrand. Gegen Ende der 90er-Jahre glichen weite Teile des Zentrums einer Geisterstadt. Stadtteile, in denen sich vor zehn Jahren noch Studenten und Künstler zu Hause fühlten, sind heute fest in der Hand von Kriminellen und gelten unter Einheimischen wie Touristen zu Recht als No-Go-Areas. Das ehemalige Künstlerviertel Hillbrow zum Beispiel, einst bekannt für edle Hotels, Tanzcafés und europäischen Charme, ist heute das berüchtigtste Viertel Südafrikas. Aber auch in großen Teilen Yeovilles und Bereas sollte man selbst tagsüber nicht spazieren gehen. Ganze Häuser sind von illegalen Einwanderern besetzt, für die Johannesburg sicherer Hafen, Hölle und zugleich Sprungbrett in eine bessere Zu-

kunft ist. Viele leben unter haarsträubenden Bedingungen; Straßenkinder, Obdachlose, Drogenhändler finden sich an jeder Ecke.

Doch hinter der abstoßenden Fassade hat der Aufschwung bereits begonnen: Immer mehr heruntergekommene Mietshäuser verwandeln sich in schmucke Apartment-Blocks. Überwachungskameras sorgen in vielen Gegenden bereits für mehr Sicherheit. Zu verdanken hat die City das einem ehrgeizigen Stadtentwicklungsprogramm, das umgerechnet fast eine Milliarde Euro kostet. Im Westteil des Zentrums sind die Früchte des Plans bereits greifbar: Newtown hat sich wieder auf dem Stadtplan der Kulturinteressierten und Partygänger etabliert, und in den benachbarten Straßen lohnt sich ein Spaziergang – am besten mit ortskundigem Führer.

In der Diagonal Street zum Beispiel liegt der Muti-Shop. Im schummerigen Laden stapeln sich heilende und weniger heilende Pülverchen, Kräuter und Tinkturen. Am einprägsamsten sind die getrockneten Tierhäute, Hörner, Knochen, Hufe und Straußenköpfe, die zu Hunderten von der Decke hängen. Sie verheißen den ultimativen Schutz gegen das Übel der Welt. Wer mag, kann in einem Hinterraum gleich einen Heiler (»sangoma«, → Spezial, S. 316) konsultieren und die Wirkung traditioneller Medizin an Ort und Stelle ausprobieren.

Wieder zurück auf der Straße sieht Johannesburg gleich viel einladender aus: Bunte Straßenstände spiegeln sich in verglasten Hochhausfassaden – und ein paar Schritte weiter an der Ecke Harrison/Market Street befindet sich Johannesburgs ehrwürdigste Bar, »The Guildhall«. Kürzlich aus jahrelangem Koma erwacht, erstrahlt sie wieder im alten Glanz. In holzvertäfelten Räumen treffen sich Geschäftsleute wie in alten Zeiten zum Lunch. Vom Balkon aus hat man einen erstklassigen Blick auf die Straßen und die von Termin zu Termin hetzenden Anzugmenschen. Johannesburg ist nicht charmant im klassischen Stil.

Johannesburg ist Ziel für jene, denen Kapstadt und die »Garden Route« zu weich gespült, zu europäisch, zu wenig Afrika sind. Und – ja, man kann sich in die kantige Metropole verlieben – fragen Sie die Johannesburger!

Ganz Afrika in einer Stadt: Johannesburg ist für viele Bewohner Himmel und Hölle, Chance und Hoffnung.

City Cabanas« oder im »Sun City Hotel«, in dem sich auch das Casino befindet.

➤ Gauteng, S. 292, [a 1] ➤ [J 3]

Rund zweistündige Autofahrt von Johannesburg; »Palace of the Lost City«; Tel. 0 14/5 57 10 00; www.suninternational.com (auch Infos zu anderen Hotels am Ort); 338 Zi., 4 Luxussuiten •••• CREDIT ♿

Sehenswertes

Carlton Centre

Das Carlton Centre ist mit 223 Metern das höchste Gebäude des Kontinents, und der Blick vom 50. Stock auf die Johannesburger Skyline ist atemberaubend. Diese Aussicht lohnt sich. Der Büroturm wurde 1997 praktisch stillgelegt: Die Mieter flohen vor der Kriminalität in die nördlichen Stadtteile wie Sandton. Doch die effektive Verbrechensbekämpfung und erschwinglichere Mieten haben sich ausgezahlt: Das Carlton Centre hat seinen festen Platz auf dem Stadtplan wieder.

➤ Johannesburg, S. 284, [c 4]

Main Street nahe Kruis Street, Johannesburg; tgl. 9–19 Uhr

Constitution Hill

Der heutige Sitz des Verfassungsgerichts ist eines der wichtigsten Nationaldenkmäler des Landes. Die bewegte Geschichte des Ensembles begann um 1900, als Briten hier gegen die Buren kämpften. Über Jahrzehnte hinweg diente es als berüchtigtes Gefängnis (Old Fort Prison, bekannt als »Number Four«), in dem politische Untersuchungshäftlinge gemeinsam mit Kriminellen eingesperrt waren. Sehenswert sind das ehemalige Frauengefängnis (»Women's Jail«), die »We the People Wall«, die Fotoausstellung zur Verfassung und »Objects from the Past«, eine Ausstellung, die Besucher in die alten Zeiten zurückversetzt, in denen das Gebäude Gefängnis war.

➤ Johannesburg, S. 284, [b/c 1]

Kotze Street/Hospital Street, Braamfontein; Tel. 0 11/2 74 53 00; www.constitutionhill.org.za; Mi–Mo 9–17 Uhr; Führungen jeweils zur halben Stunde

Gold Reef City

Wo sich einst die ergiebigste Goldmine der Welt befand, ist jetzt ein Vergnügungs- und Themenpark, bei dem sich noch immer alles ums edle Metall dreht: Es gibt ein Schaubergwerk (Underground Mine Tour), mehrere Goldmuseen und nachgebaute Straßenzüge aus der Zeit des Goldrausch im 19. Jahrhundert. Außerdem auch ein Casino, in dem Besucher sich Reichtümer erspielen können, ganz ohne sich die Hände unter Tage schmutzig zu machen.

➤ Johannesburg, S. 284, südl. von [a/b 5]

Südwestl. des Zentrums, N12, Abfahrt Xavier Street oder M2 West, Abfahrt Boise Street,

gut ausgeschildert; Tel. 0 11/2 48 68 00; www.goldreefcity.co.za; Di–So 9.30–17 Uhr; Eintritt Vergnügungspark 70 Rand, Underground Mine Tour 60 Rand

Nelson Mandela Bridge

Die 2003 eingeweihte Brücke ist mit 284 Metern die längste Kabelbrücke der südlichen Hemisphäre. Sie wird von 1000 Tonnen Stahl und 4000 Kubikmeter Beton zusammengehalten und verbindet das aufstrebende Viertel Newtown mit dem Universitätsviertel Braamfontein.

➤ Johannesburg, S. 284, [b 2/3]

Newtown Cultural Precinct 30

(→ Der gute Tipp von MERIAN, S. 79)

Museen

Apartheid Museum 24

(→ Der gute Tipp von MERIAN, S. 70)

Johannesburg Art Gallery

Mitten im Stadtteil Hillbrow liegt das beste Kunstmuseum des Landes. Neben sehenswerten Dauerausstellungen zu moderner südafrikanischer Kunst werden häufig experimentelle Installationen gezeigt. Das Museum ist leicht zu finden und hat einen eingezäunten Parkplatz.

➤ Johannesburg, S. 284, [c 2]

Klein Street, Joubert Park, Hillbrow; Tel. 0 11/7 25 31 30; Di–So 10–17 Uhr

MuseuMAfrica

Geschichte unmittelbar erleben kann man im MA. Man betritt lebensechte Installationen wie zum Beispiel eine typische Shebeen aus den 50er-Jahren (meist illegale Township-Kneipe) und dazu erklingt Marabi-Musik, ein Mix aus afrikanischer Musik, Jazz und Blues. Ein Erlebnis für die ganze Familie.

➤ Johannesburg, S. 284, [a 3]

121 Bree St., Newtown; Tel. 0 11/8 33 56 24; Di–So 9–17 Uhr; Eintritt 7 Rand

Origins Centre

Faszinierendes Museum zur Geschichte der Menschheit mit Felsmalereien der San und einer Ausstellung zur Rolle von DNA-Tests in der Archäologie.

Kontraste: Im berüchtigten Stadtteil Hillbrow liegt mit der Johannesburg Art Gallery ein Ort der Kunst und der Schönheit.

➤ Johannesburg, S. 284, [a 2]

The Wedge Complex, University of Witwatersrand (Wits), Yale Road/Jorissen Street, Braamfontein; Tel. 0 11/7 17 47 00/47 03/47 04; www.origins.org.za; Di–Do 9–18, Fr 9–20, Sa/So 10–17 Uhr; Eintritt 45 Rand, Kinder 22 Rand

World of Beer

Ganz ohne deutsches Reinheitsgebot hat SAB (South African Breweries) die internationalen Biermärkte im Sturm erobert. Die ein- bis eineinhalbstündigen Führungen durch die Brauerei beginnen beim Hopfen und Malz und enden mit zwei Freibier – die Johannesburger Alternative zum Strand an heißen Sommertagen.

➤ Johannesburg, S. 284, [a 4]

15 President St., Newtown; Tel. 0 11/8 36 49 00; www.worldofbeer.co.za; Führungen Di–Sa 10–18 Uhr; 10 Rand

Essen und Trinken

Eine ganze Reihe exzellenter Restaurants liegen in den noblen und sicheren nördlichen Stadtvierteln.

The Codfather Food Emporium

Johannesburgs beste Adresse für exotischen Fisch und Sushi. Zu den angebotenen einheimischen Fischen gehören Butter Fish, Red Roman, Musslecracker und Yellowfin Tuna; außerdem im Angebot: importierter Mozambican Shellfish, Langusten und Hummer. Vergessen Sie nicht den legendären Schokoladenpudding zum Dessert!

➤ Johannesburg, S. 284, nördl. von [a 1]
1 Avenue/Rivonia Road, Morningside; Tel. 0 11/8 03 20 77; www.codfather.co.za; Mo–So 11.30 Uhr–ca. 3 Uhr ••• (3-Gänge-Menü) CREDIT

The Singing Fig

Legendär sind hier der in Rotwein und Whisky marinierte Ochsenschwanz (»oxtail«), die Aubergine Cannelloni – und natürlich die Feigeneiscreme (»fig ice«)!

➤ Johannesburg, S. 284, nördl. von [a 1]
44 The Avenue, Norwood; Tel. 0 11/7 28 24 34; So–Fr 12–14.30, Mo–Sa 18–22 Uhr ••• CREDIT

Abbysinica Ethiopia

Hier gibt es äthiopische Gerichte in warmer und entspannter Atmosphäre. Anders als in Äthiopien werden hier die Sauerteigfladen, in denen man Fleisch und Gemüse mit der Hand aufnimmt, in praktische Streifen geschnitten serviert.

➤ Johannesburg, S. 284, nordwestl. von [a 1]
Seventh Street, Melville; Tel. 0 11/4 82 50 97; tgl. 12–14, 18.30–22 Uhr •• CREDIT

The Bell Pepper

Das beste Restaurant im multikulturellen Viertel Kensington. Die Karte ist ein gelungener Mix aus französischer, europäischer und südafrikanischer Küche. Empfehlenswert zum Dessert: Sweet Chilli Calamari und Berry Mille Feuilles, ein köstliches Creme-Gebäck.

➤ Johannesburg, S. 284, nordöstl. von [c 3]
176 Queen St., Kensington; Tel. 0 11/6 15 75 31; Di–Fr 12.30–14.30, Di–Sa 18.30–21.30 Uhr •• CREDIT

Kapitan's Restaurant 8

(→ Der gute Tipp von MERIAN, S. 51)

Moyo's at Zoo Lake

(→ Spezial, S. 97)

Radium Beer Hall

»The Radium« ist eine Johannesburger Institution – oder, wie der Chef sagt, »das einzige ordentliche Wasserloch an der Louis Botha Avenue, das überlebt hat«. An den Wänden hängen alte Zeitungsartikel mit unglaublichen Schlagzeilen und Fotos von Fußballstars. Für Livejazz sorgt jeden ersten Sonntag im Monat die legendäre 18-köpfige Band »The Fat Sound«. Die Gegend ist etwas heruntergekommen; am besten kommen Sie per Taxi und lassen sich wieder abholen.

➤ Johannesburg, S. 284, nördl. von [a/b 1]
Louis Botha Avenue/9th Street, Orange Grove; Tel. 0 11/7 28 38 66; www.theradium.co.za; Mo–Sa 10–24 Uhr ••

Soi

Die thailändischen und vietnamesischen Gerichte werden teils direkt auf dem Tisch angerichtet. Empfehlenswert sind mit Gemüse gefüllte Spinatblätter, die in Palmzucker getunkt werden (Meang Khum), die extrem scharfe Ente und die exzellenten Currys.

➤ Johannesburg, S. 284, nordwestl. von [a 1]
7th Street/3rd Avenue, Melville; Tel. 0 11/7 26 57 75; tgl. 12–14.15, 18–22 Uhr
•• CREDIT

Einkaufen

The Mai-Mai Market

Der Mai-Mai Market ist Johannesburgs ältester, vielleicht interessantester – und zweifellos schaurigster Markt. Hier kaufen traditionelle Heiler (»sangomas«) ihre Medizin (»muti«) ein: verschiedene Pülverchen, getrocknete Kräuter jedweder Herkunft, Tierhäute und Tierskelette, Amulette und Perlenarbeiten. Direkt vor Ort kann man hier Zipperlein aller Art behandeln lassen – aber auch so komplizierte »Krankheiten« wie Eifersucht, Liebeskummer und Geldnot. Der Markt liegt in einem eher zwielichtigen Viertel und ist nicht leicht zu finden. Am besten kommt man mit einem ortskundigen Führer hierher.

➤ Johannesburg, S. 284, östl. von [c 4]
Anderson Street/Berea Street, Stadtzentrum; alternativ kann man sich auch im »Muti-Shop« an der 14a Diagonal Street in Newtown mit getrockneten Echsen und Ähnlichem eindecken.

The Oriental Plaza

Es ist nicht ganz leicht, auf diesem quirligen Basar wahre Schätze zwischen Kitsch und Billigimporten zu finden. Aber es gibt sie! Ein guter Ort, um indische Stoffe, reich bestickte Überwürfe und Gewürze zu kaufen und danach köstlich essen zu gehen.

➤ Johannesburg, S. 284, [a 3]
Bree Street, Fordsburg; Tel. 0 11/8 38 67 53/2; www.orientalplaza-fordsburg.co.za; Mo–Fr 8.30–17, Sa 8.30–14.30 Uhr

Rooftop Market

Am Sonntag und an Feiertagen bieten Händler aller Couleur auf dem Dach der Rosebank Mall an mehr als 500 Ständen ihre Waren an, darunter viel Skurriles, Neues und Witziges, was man auf anderen Flohmärkten vergeblich sucht. Wer unter der Woche da ist, kann den »African Flea Market« zwischen Cradock und Bath Ave. (tgl. 9–17 Uhr) besuchen.

➤ Johannesburg, S. 284, nördl. von [a/b 1]
Rosebank Mall, 50 Bath Ave., Rosebank; Tel. 0 11/4 42 44 88; So+Fei 9.30–17 Uhr

Shopping Malls

Böse Zungen behaupten, dass sich das Leben der Johannesburger im Büro abspielt, in eingemauerten Häusern – und in den Shopping Malls. Und zwar ausschließlich. Die großen Einkaufszentren sind: Rosebank Mall (zwischen Jan Smuts Avenue, Bolton Road und Oxford Road), Sandton City (Sandton Drive/Rivonia Road) und Eastgate Mall (an der R24 zwischen N3 Highway und Innenstadt). Wer Shopping Malls nicht mag und kleinere Geschäfte bevorzugt, sollte in Melville einkaufen gehen.

➤ Johannesburg, S. 284, nördl. von [a/b 1], nördl. von [a 1]

Am Abend

Ausgehviertel

In den Stadtteilen Melville (längst nicht mehr nur für die alternative Szene), Sandton und Melrose Arch, und seit neuestem auch in Newtown (Newtown Cul-

In der Johannesburger Rosebank Mall mit ihren vielen trendigen Geschäften treffen sich jung und alt, Touristen und »locals«.

tural Precinct → Der gute Tipp von MERIAN, S. 79) liegen die traditionellen Ausgehmeilen. In Melville reiht sich eine Kneipe an die andere, die meisten an der 7th Street und deren Nebenstraßen, manche an der Main Road. Die Kneipenmeile gilt zwar als sicher, ausgedehnte nächtliche Spaziergänge sind allerdings nicht zu empfehlen.

The Blues Room

Der Jazz- und Blues-Club im amerikanischen Stil ist einer der beliebtesten der Stadt und Bühne sowohl für südafrikanische als auch internationale Künstler.

➤ Johannesburg, S. 284, nördl. von [a 1]

Village Walk, Rivonia Street/Maud Street, Sandton; Tel. 0 11/7 84 55 27; www.bluesroom.co.za; Bar Di–Sa ab 16.30, Restaurant ab 19 Uhr

Tanz Café

Das Café bildet einen stilvollen Rahmen für Livemusik. Regelmäßig werden Kabarettabende veranstaltet. Hier gibt es die Gelegenheit, zu südamerikanischen Rhythmen zu tanzen.

➤ Johannesburg, S. 284, östl. von [c 3]

The River Road/Bryanston Drive, Riverside (Eingang an The River Road); Tel. 0 11/4 63-31 28 oder 59 37; www.tanzcafe.freeservers.com; Mo–Sa ab 9 Uhr

Newtown Cultural Precinct 30

(→ Der gute Tipp von MERIAN, S. 79)

Feste

Joy of Jazz

Das größte Jazzfestival der Stadt findet jedes Jahr im August statt. Besucher können zwischen Konzerten von über 200 nationalen und internationalen Musikern wählen. Veranstaltungsorte sind über die ganze Stadt verteilt; Zentrum ist Newtown.

➤ Johannesburg, S. 284, [a 3]

Tel. 0 11/6 36 18 58; www.joyofjazz.co.za

PRETORIA (TSHWANE)

1,2 Mio. Einwohner, 1370 m ü.d.M.

➤ Pretoria, S. 297 ➤ [J 3]

Vorwahl: 0 12

Jedes Jahr im Oktober erstrahlen die Straßenzüge von Südafrikas Regierungshauptstadt in zartem Violett: Dann blühen die rund 70 000 Jacaranda-Bäume, deren erster 1888 aus Brasilien eingeführt wurde. Pretoria gilt auch lang nach Ende der Apartheid als konservative Metropole. Das Straßenbild ist schwarz, die Weißen haben sich weitgehend in Einkaufszentren und edle Wohnviertel zurückgezogen. Verglichen mit Johannesburg oder Durban ist es hier mit der Integration der unterschiedlichen Rassen nicht weit her. Der erbitterte Kampf für und gegen eine Umbenennung der Stadt in »Tshwane« dauert noch an. Für Touristen lohnt sich Pretoria allenfalls für einen Tagesbesuch oder als Zwischenstation auf dem Weg zum Krügerpark (→ Spezial, S. 262). Am besten wohnt man als Besucher in den grünen Vierteln Hatfield oder Arcadia. Aus touristischer Sicht bietet Pretoria wenig, das von Bürogebäuden dominierte Zentrum ist nach Geschäftsschluss wie ausgestorben.

Tourist Information Centre, Old Nederlandsche Bank Building, Church Square; Tel. 0 12/3 58 14 30; www.tshwane.gov.za; Mo–Fr 8–15.45 Uhr (hier gibt es Karten mit »Jacaranda Routes«, die zu den verschiedenen Sehenswürdigkeiten führen)

Hotels

Illyria House

Opulenter Luxus: Gäste wohnen königlich in mit Antiquitäten eingerichteten Zimmern, haben einen Wellness-Bereich zur Verfügung – und eine Kosmetikerin steht auf Abruf bereit. Eine halbe Stunde Fahrtzeit zum Flughafen Johannesburg.

➤ Pretoria, S. 297, [c 3]

327 Bourke St., Muckleneuk; Tel. 0 12/3 44 51 93, Fax 3 44 39 78; www.illyria.co.za; 6 Zi. •••• CREDIT

Court Classique Hotel

Stilvoll eingerichtete Suiten in einer noblen Villa im Botschaftsviertel Arcadia, nahe an Restaurants und Geschäften. Swimmingpool.

➤ Pretoria, S. 297, [b 2]

Schoeman Str./Beckett Str., Arcadia; Tel. 0 12/3 44 44 20, Fax 3 44 44 19; www.courtclassique.co.za; 58 Zi. ••• CREDIT

Ausflüge

Magaliesberge

Hier versuchen die Einwohner von Gauteng am Wochenende mal wieder frische Luft zu schnappen. Für europäische Besucher ist das Naherholungsgebiet Magaliesberge allerdings weniger spektakulär. Was sich als Sehenswürdigkeit lohnt, sind drei Dinge: Ein Besuch der »Wiege der Menschheit« (»Cradle of Humankind«) in Sterkofontein (→ Topten, S. 286), eine Ballonfahrt mit »Bill Harrop's Original Balloon Safaris« (→ Der gute Tipp von MERIAN, S. 61) und die »Magalies Canopy Tours« (→ Der gute Tipp von MERIAN, S. 60).

➤ [J 3]

Eine Autostunde westlich von Pretoria; Magaliesberg Information, Shop 2, Rustenburg Road, Magaliesberg; Tel. 0 14/5 77 17 33;

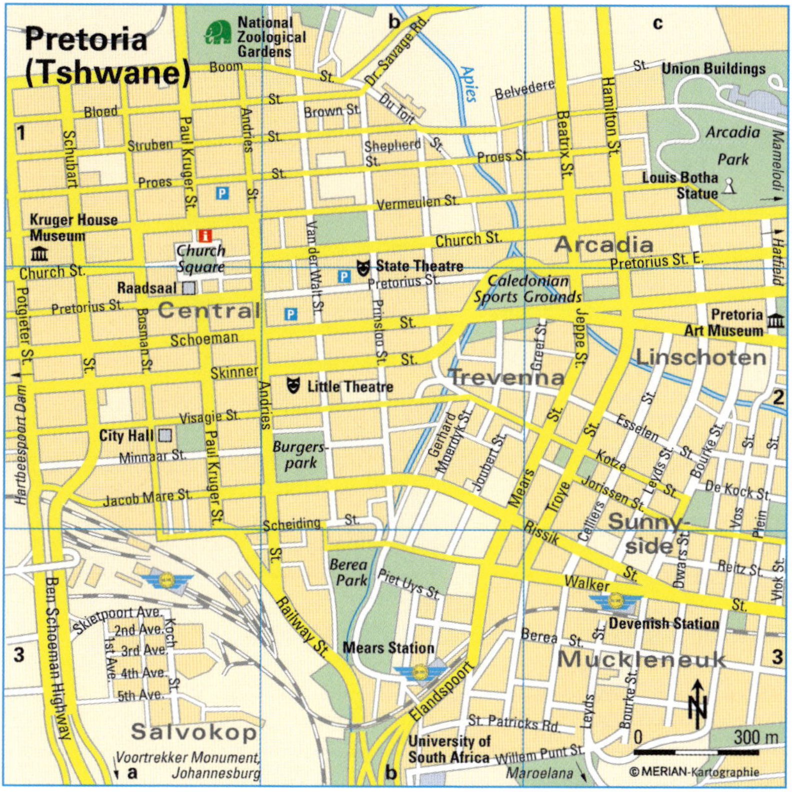

www.magaliesmeander.co.za; Mo–Fr 8–16.30, Sa und So 9–16 Uhr

Sehenswertes

Union Buildings

Das 275 Meter lange, im englischen Monumentalstil von Sir Herbert Baker errichtete Sandsteingebäude liegt weithin sichtbar oberhalb des Botschaftsviertels Arcadia. Es ist der offizielle Sitz der südafrikanischen Regierung und des Präsidenten und kann nur von außen besichtigt werden. Der Name erinnert an den Namen, den Südafrika bis 1961 trug (South African Union). Die beiden Flügel des Gebäudes stehen für den burischen und den englischen Teil der Bevölkerung.

➤ Pretoria, S. 297, [c 1]

Voortrekker Monument & Museum

Der Granitklotz mit je 40 Meter Seitenlänge ist der Inbegriff des burischen Selbstverständnisses. Ein 92 Meter langer Fries mit 27 Granittafeln erinnert an den

die Trekburen, die zwischen 1830 und 1854 mit Ochsenwagen vom Kap ins Landesinnere zogen, und an die Schlacht am Blood River, in der die Buren die Zulus besiegten. Das Denkmal ist so konstruiert, dass am 16. Dezember die Sonne genau auf die Inschrift »Ons Vir Jou, Suid Afrika« (Wir für Dich, Südafrika) scheint – ein Symbol für den göttlichen Segen, unter dem die Buren sich wähnten.

➤ Pretoria, S. 297, südl. von [a 3]

6 km südl. des Stadtzentrums; Heritage Site, Eeufees Road, Groenkloof; Tel. 0 12/3 26 67 70/ 3 25 78 85; www.voortrekkermon.org.za; Mai–Aug. Mo–So 8–17, Sept.–Apr. 8–18 Uhr; Eintritt 25 Rand (Kinder 8 Rand)

Museen

Kruger House Museum

Die ehemalige Residenz des Burenpräsidenten Paul Kruger (1825–1904) ist fast im Originalzustand erhalten geblieben. Zu sehen sind hier auch Krugers privater Eisenbahnwagen, eine Nachbildung seines im Schweizer Exil gelegenen Sterbezimmers und das Taschenmesser, mit dem der hartgesottene »Oom« sich nach einer Schussverletzung selbst den Daumen amputierte.

➤ Pretoria, S. 297, [a 1]

60 Church St., Pretoria; Tel. 0 12/3 26 91 72; Mo–Sa 10–16 Uhr

Pretoria Art Museum

Der Schwerpunkt liegt auf Werken südafrikanischer Künstler wie Pieter Wenning (1873–1921), Walter Batiss (1906–1982) und Judith Mason (geb. 1938). Daneben gibt es eine kleine Sammlung holländischer Malerei aus dem 17. Jahrhundert, Fotos, Keramik und Skulpturen.

➤ Pretoria, S. 297, [c 1]

Arcadia Park, Pretoria; Tel. 0 12/ 3 44 18 07/8; Fax 3 44 18 09; www.pretoriaartmuseum. co.za; Di–So 10–17 Uhr

Essen und Trinken

Cynthia's

Eine Institution in Pretoria, immer gut gefüllt und mit exzellenter Küche: keine Experimente, sondern einfaches, köstliches Essen.

➤ Pretoria, S. 297, nördl. [c 3]

Maroelana Centre, Maroelana Street, Preto-

Jedes Jahr im Oktober findet anlässlich der Jacaranda-Blüte in Pretoria ein Straßenfest statt.

ria; Tel. 0 12/4 60 32 20; www.cynthias.co.za; tgl. 12–15, 18–22.30 Uhr ••• MASTER AmEx ♿

Odd Plate

Sie stören Sich nicht daran, Versuchskandidat von angehenden Köchen zu sein? Dann lassen Sie sich hier das Fünf-Gänge-Menü schmecken! Es wechselt jede Woche und reicht von Seerosensuppe (»waterblommetjie«) mit Trockenfleisch (»biltong«) bis zu schottischem Lachs mit schwarzer Pasta. Ausgewogene und gute Weinkarte.

➤ [J 3]

262 Rhino St., Centurion zwischen Johannesburg und Pretoria; Tel. 0 12/6 54 52 03; Mo–Sa 11–23, So 11–17 Uhr ••• MASTER VISA ♿

Am Abend

The Boer Bar

Der Lieblingstreffpunkt der afrikaanssprachigen Jugend: Die Boer Bar bietet gute Atmosphäre, alkoholische Getränke im Überfluss und echte burische Geigenmelodien.

➤ Pretoria, S. 297, östl. [c 1]

Duncan Road, Hatfield; Tel. 0 12/3 42 99 50; Mo–Sa 19–23, So 10–21 Uhr

State Theatre

Das ist nicht einfach eine Institution, sondern Theater, Ballett, Oper, Konzerte und Filmfestivals auf sechs Bühnen. Das »State Theatre« gehört zu den wichtigsten innovativen Theatern des Landes. Tickets über »Computicket« (www.computicket.com).

➤ Pretoria, S. 297, [b 2]

Zwischen Church Street, Prinsloo, Van der Walt Street und Pretorius Street, Pretoria; www.statetheatre.co.za; Tel. 0 12/32 216 65

Tings an' Time

Unkonventionell und gemütlich ist diese beliebte Kneipe, die eigentlich ein einziger Bob-Marley-Tempel ist – überall Rasta-Accessoires. Köstliche Snacks und üppige Hauptgerichte mit karibischem Touch.

➤ Pretoria, S. 297, östl. von [c 1]

Burnett Street, Hatfield; Tel. 0 12/3 62 55 37; Mo–Sa 11–1, So 6–24 Uhr

SOWETO 8

ca. 5 Mio. Einwohner, 1752 m ü.d.M.

➤ Gauteng, S. 292, [b 3] ➤ [J 3]

Soweto, Abkürzung für »South Western Township«, ist längst mehr als ein Vorort von Johannesburg. Das größte Township des Landes wurde international bekannt, als die Apartheid-Polizei hier im Jahr 1976 einen Schüleraufstand brutal niederschlug und damit eine Welle des Widerstands im ganzen Land auslöste.

Sowohl Nelson Mandela als auch Desmond Tutu haben in Soweto gelebt. Neben Politikern hat das Ghetto berühmte Fußballer hervorgebracht, Boxer, Künstler – und Gangster.

Auch im neuen Südafrika regieren in weiten Teilen Sowetos Armut und Gewalt. Die Arbeitslosenrate liegt bei weit über 50 Prozent – und von denen, die Arbeit haben, pendeln die meisten täglich nach Johannesburg. Die Wohnverhältnisse in den 50 einzelnen Townships reichen von den Wellblech-Siedlungen der Ärmsten bis zu den Luxusvillen der neuen Reichen. Selbst einen Golfplatz gibt es inzwischen.

Ursprünglich war Soweto eine Wohnsiedlung für Minenarbeiter, die ihre Familien auf dem Land zurücklassen mussten. Im Jahr 1923 wurde das Gebiet unter dem »Urban Areas Act« zum schwarzen Ghetto erklärt. Bald explodierten die Einwohnerzahlen, und mehr als sonst irgendwo im Land vermischten sich hier die unterschiedlichen afrikanischen Kulturen. Auf der Straße hört man Dutzende von Sprachen und den für Soweto typischen Dialekt Fanagalo, ein Gemisch aus unzähligen Sprachen des südlichen Afrika.

Es ist faszinierend, sich in dieser pulsierenden Stadt zu bewegen und die allgegenwärtige Wärme und Freundlichkeit der Bewohner zu spüren. Mittlerweile kommen täglich rund 1000 Besucher nach Soweto – Tendenz steigend. Bald soll es das erste Luxushotel geben – und Touranbieter machen seit Jahren ein gutes Geschäft.

Allein sollte man allerdings nicht nach Soweto fahren; nicht wegen möglicher Überfälle, sondern vor allem, weil man sich in dem Gewirr von Straßen leicht verfährt. Wem ein paar Stunden für Soweto nicht genügen, dem stehen eine ganze Reihe von Bed & Breakfasts zur Verfügung und mittlerweile auch ein paar sehr gute Gästehäuser.

Gauteng Tourist Information, Tel. 0 11/832 27 80 oder Tourist Information, Johannesburg, Tel. 0 11/2 14 07 00

Hotels

Vhavenda Hills Bed and Breakfast

In der Nähe der berühmten Vilakazi Street in Orlando West, in der einst Nelson Mandela und Desmond Tutu lebten, liegt diese Bed-&-Breakfast-Unterkunft in traditionell afrikanischem Design, das vom südafrikanischen Automobilclub empfohlen wird. Restaurants und Township-Kneipen (»shebeens«) liegen in der Nähe. Geführte Touren durch Soweto im Angebot.

➤ Gauteng, S. 292, [b 3]

11749 Mampuru St., Orlando West, Soweto; Tel. 0 11/9 36 42 75, Fax 9 36 04 11; maavbb@myconnection.co.za; 3 Zi. ••

Botle's Guest House

»Botle« heißt »Schönheit« auf Sesotho – entsprechend liebevoll ist das Gästehaus eingerichtet. Gemütliche Lounge mit Oberlicht. Flughafentransfers werden auf Anfrage organisiert.

➤ Gauteng, S. 292, [b 3]

648 Monyane St., Dube Village in Soweto; Tel. 0 11/9 82 18 72, Fax 2 86 79 91; 3 Zi. •

Spaziergänge und Ausflüge

Jimmy's »Face to Face Tour« durch Soweto

Jimmy Ntintili führt seit 1985 Besucher durch Soweto und ist damit der erfahrenste Guide für Soweto weit und breit. Die Halbtagestouren führen durch die Stadtteile Diepkloof, Orlando, Dube und Pimville. Dabei geht es auch zum »Chris Hani Baragwanath Hospital«, dem größten Krankenhaus der südlichen Hemisphäre, dem »Mandela Museum« und zum Museum für Hector Pieterson. Auch abendliche Touren durch die Township-Kneipen (»shebeens«) sind möglich. Die Gäste werden am Hotel abgeholt.

➤ Gauteng, S. 292, [b 3]

Budget House, 130 Main St., Johannesburg; Tel. 0 11/3 31 61 09; www.face2face.co.za; Touren beginnen um 9 Uhr, pro Person 495 Rand

»A Taste of Africa Tour« durch Soweto

Die ungewöhnliche Alternative zur klassischen Soweto-Tour: In Soweto angekommen, steigen Sie gemeinsam mit Ihrem Führer in ein normales Minibus-Taxi um, das Sie ins historische Kliptown bringt und zu einem von Mandelas ehemaligen Verstecken. Dann geht es zum Original-Filmset des 2006 mit einem Oscar-prämierten Films »Tstotsi«, in dem es um die Wandlung eines kriminellen

Allein sollte man eine Township-Tour durch Soweto nicht unternehmen, aber mit einem erfahreren Guide wird sie zum Erlebnis.

Jugendlichen aus Soweto geht. Schließlich endet die Tour mit einem Essen in einer der typischen Township-Kneipen (»shebeens«).

➤ Gauteng, S. 292, [b 3]

Tel. 0 82/5 65 25 20; www.tasteofafrica.co.za; Ganztagestour 185 Rand (min. 2 Pers.), auf Anfrage auch Halbtagstouren

Museen

Hector Pieterson Museum und Memorial

Das Bild des erschossenen Schuljungen Hector Pieterson ging um die Welt. Doch der gerade mal 12-jährige Junge war nur eines der Kinder, die bei dem Schüleraufstand am 16. Juni 1976 von der Polizei getötet oder verletzt wurden, während sie gegen die Einführung von Afrikaans als Unterrichtssprache protestierten. Das beeindruckende Museum dokumentiert diesen Aufstand im Detail. Eine der Museumsführerinnen ist übrigens Hectors Schwester Antoinette Sithole, die damals 17 Jahre alt war.

➤ Gauteng, S. 292, [b 3]

8288 Maseko St., Orlando West, Soweto; Tel. 0 11/5 36 06 11; Mo–Sa 10–17, So 10–16 Uhr

Mandela Museum

Das ehemalige Wohnhaus von Nelson Mandela liegt in der Vilakazi Street, der einzigen Straße der Welt, in der zeitweise zwei Friedensnobelpreisträger wohnten: Mandela selbst und Desmond Tutu. In dem bescheidenen Haus lebte Mandela einst mit seiner Ex-Frau Winnie, bevor er verhaftet und sie in den Free State verbannt wurde. Winnie lebt heute in einer streng abgeschirmten Luxusvilla in Orlando West.

➤ Gauteng, S. 292, [b 3]

8115 Ngakane St., Orlando West, Soweto; Tel. 0 11/9 36 77 54; tgl. 9.30–17 Uhr

Essen und Trinken

Wandie's Place

Wandie's ist zum Synonym für alle Township-Kneipen (»shebeens«) geworden und inzwischen so mit Touristen überschwemmt, dass man gut daran tut, anderswo hinzugehen, will man das »echte« Soweto erleben. Ein Erlebnis ist die Kneipe trotzdem: An der Wand kleben Tausende von Visitenkarten – und die Gerichte reichen vom köstlichen »Pap & Vleis« (Maisbrei mit Fleisch) bis hin zu gewöhnungsbedürftigen Schafsköpfen und Kuhhufen.

➤ Gauteng, S. 292, [b 3]

618 Makhalamele St., Dube Township, Soweto; Tel. 0 11/3 26 17 00/9 82 27 96; www.wandies.co.za; tgl. 8–22 Uhr •• ▭

Masakeng

Authentischer – und sehr lecker – kann man südafrikanische Township-Küche nicht haben: Auf dem Menü stehen Cremespinat, Innereien, Pap und Bohnen, dazu Hühnchen, Reis, Fish & Chips und eine große Fleischplatte.

➤ Gauteng, S. 292, [b 3]

649 Kinini St., Mofolo, Soweto; Tel. 0 11/9 82 80 34; Mo–Fr 12–22, Sa und So ab 12 Uhr • ▭

Die wuchtigen Union Buildings in Pretoria. Der Name erinnert an Südafrikas ehemaligen Namen, »South African Union«.

TOWER-HILL

THE NEW
SOUTH AFRICA

FOKUS

Der Alltag der Südafrikaner ist von Gegensätzen geprägt, die schärfer nicht sein könnten – und da Tradition und Moderne hier so dicht nebeneinander liegen, wandelt sich das Leben schnell und beständig. Um sich als Reisender besser zu orientieren, ist es nützlich, manche Tatsachen, Hintergründe und alten Geheimnisse des Landes zu kennen.

Im Heilkräuterladen: Das Wissen um die Kräfte der Natur ist noch immer weit verbreitet.

Der Londoner Geschäftsmann Benjamin Minors Woollan gründete die Johannesburg Exchange & Chambers Company, am 8. November 1887 eröffnete die Johannesburger Börse.

REGENBOGENNATION IM UMBRUCH

Der ANC ist nicht mehr Organ des Widerstands, sondern eine »normale« Partei. Andere kulturelle Phänomene erweisen sich als ungleich stabiler, darunter Hexenglaube und Heilkünste, die Musik oder »Ubuntu«.

DER ANC UND DIE ZUKUNFT

Es ist nur eine Frage der Zeit, bis der mächtige »African National Congress«, auseinanderbricht – wer diese Behauptung in Südafrika aufstellt, der darf mit extremen Reaktionen rechnen. Dazu äußert sich die Opposition mit einem »je schneller, desto besser«. Wissenschaftler erklären, warum eine Zersplitterung des ANC gut für die Demokratie sein könnte – und ANC-Sprecher gehen zum Angriff über: Nichts, aber auch gar nichts könne die Geschlossenheit der Partei gefährden.

Hinter den Kulissen des ANC brodelt es. Der Riss geht quer durch die Führungsetage, durch Ministerien und Ortsvereine. Überraschen sollte das eigentlich niemanden, denn genau genommen ist der ANC eine politische Bewegung, deren alles überragende historische Mission die Mitglieder vereinte – darunter auch solche, die sonst eher in unterschiedlichen Parteien gelandet wären.

Gestritten wird schlicht um Machtansprüche. Wird der von Thabo Mbeki 2005 als Vizepräsident gefeuerte, mutmaßlich korrupte und moralisch schwer angeschlagene Jacob Zuma ein Comeback schaffen? Falls ja, wer würde von einem »Präsidenten Zuma« profitieren – und wer könnte sich dann politisch begraben? Während Mbeki als intellektueller Technokrat gilt, gilt Zuma als Mann der Massen; außerdem als verdienter ANC-Politiker und stolzer Zulu in einer von Xhosas dominierten Regierung. Kritiker halten ihn für einen gefährlichen Populisten, nicht zuletzt, weil er sich solch grobe Schnitzer leistet wie vor jubelnden Anhängern »Bring mir mein Maschinengewehr!« zu singen – und trotzdem werden Teile der Linken nicht müde, ihn zu unterstützen. Es ist Mbeki selbst, der die Kommunisten und den mächtigen Gewerkschaftsbund »Cosatu« in Zumas Lager treibt. Mbeki pflegt einen straffen, manche sagen autoritären Führungsstil; innerparteiliche Diskussionen sind unerwünscht, auf Kritik reagiert er empfindlich, Opposition sieht er leicht als Bedrohung. »Mbeki hat den ANC von einer Massenbewegung in eine professionelle politische Partei umgewandelt, schreibt der Kommentator und Politikwissenschaftler Richard Calland. »Leider hat er dabei die schlimmsten Fehler der Linken wiederholt: einen autoritären Führungsstil, Geheimniskrämerei und eine ideologische Umorientierung nach rechts.« Seit Jahren wächst der Unmut der Partei. Und während Mbeki auf der Weltbühne beliebt ist, gilt für manches ANC-Mitglied: »seine Feinde sind meine Freunde« – in diesem Fall Jacob Zuma.

Bisher wagt kaum ein Experte den Zerfall des ANC zu prognostizieren. Zwar könnte eine Spaltung der mächtigen Partei für die Demokratie am Kap gesund sein; zumindest würde sie Wählern erstmals eine annehmbare Alternative zur ewig von weißen Männern geprägten liberalen Oppositionspartei »Democratic Alliance« liefern. Doch bei all den Differenzen haben die Beteiligten auch viel zu verlieren – nicht zuletzt die komfortable absolute Mehrheit im Parlament. »Der ANC befindet sich in einer Krise«, schreibt Richard Calland, »aber wir sollten nicht den Fehler machen zu denken, es wäre seine erste – und bisher hat er noch jede Krise überlebt.«

WIRTSCHAFT

Als der African National Congress 1994 die Wahlen gewonnen hatte, stand die Regierung vor einem Problem: Die schwarze Mehrheit war nun an der Macht – die Wirtschaft jedoch befand sich nach wie vor fest in weißer Hand. Umso größer waren die Hoffnungen der Armen auf die Früchte der Freiheit: Arbeitsplätze, Strom, Wasser und Häuser für alle, ein funktionierendes Gesundheits- und ein besseres Bildungssystem. Über Jahrzehnte war der Standpunkt des ANC klar: Die Reichtümer des Landes müssen radikal umverteilt, Betriebe verstaatlicht und der Landbesitz reformiert werden. Doch dann kam alles ganz anders: Druck aus dem Ausland und von der Weltbank, der Zusammenbruch des Ostblocks und eine beängstigendende Haushaltslage bewirkten, was niemand für möglich gehalten hatte. Die neuen Mächtigen warfen ihre sozialistischen Ideale über Bord und entschieden sich für eine konservative neoliberale Wirtschaftspolitik, um das Land zu stabilisieren.

Gewerkschaften und Linke protestierten erbittert, doch Jahre später hat sich die strikte Finanzpolitik ausgezahlt. Südafrikas Wirtschaft wächst langsam, aber stetig um etwa drei Prozent jährlich. Inflation und Auslandsschulden sind unter Kontrolle, das Handelsvolumen hat sich vervielfacht. Seit 1945 hat Südafrika keinen so lang anhaltenden Aufschwung mehr erlebt. Es herrscht grenzenloser Optimismus, und die Südafrikaner konsumieren, was das Zeug hält – wenn es sein muss, auch mit geliehenem Geld. Investoren, die das Apartheid-Regime boykottiert hatten, fassten wieder Vertrauen und kehrten zurück. Der internationale Rohstoffboom tat das Übrige dazu. Wirtschaftskrisen wie in Asien sind fast spurlos an Südafrika vorbeigegangen.

Doch es mehren sich die Kritiker, die bemängeln, dass die Regierung Wachstum und Stabilität mit »Thatcher-Methoden« auf dem Rücken der Armen erreicht hat. Profitiert hätten lediglich jene, die »Black Economic Empowerment« nutzen konnten – ein Regierungsprogramm, das Schwarzen helfen soll, das ihnen zustehende Stück vom wirtschaftlichen Kuchen zu bekommen. Tatsächlich ist der Anteil der schwarzen Manager innerhalb der ersten zehn Jahre nach der politischen Wende von einem auf zehn Prozent gestiegen, und die Hälfte der mächtigsten Wirtschaftskapitäne, der sogenannten »Fat Cats«, hat nun eine dunkle Hautfarbe. Das Geheimrezept ihres Reichtums heißt in den meisten Fällen schlicht: Regierungsaufträge. Der armen Mehrheit hilft das wenig, denn die ist im Durchschnitt noch ärmer geworden.

Der ANC ging 1923 aus dem 1912 in Bloemfontein gegründeten South African Native National Congress (SANNC) hervor.

Nun hat die Regierung damit begonnen, Haushaltsüberschüsse verstärkt dafür zu nutzen, Arbeitsplätze zu schaffen und die Infrastruktur auszubauen. Arbeitsplätze fordern jedoch Investitionen – und die kommen nur zögerlich. Was den Investoren zu schaffen macht, sind die hohe Kriminalitätsrate, Aids und Thabo Mbekis Schmusekurs mit Simbabwes Dikator Robert Mugabe.

Nach einer Weltbank-Studie schrecken 40 Prozent der Unternehmer vor Südafrikas überreguliertem Arbeitsmarkt zurück. »Unsere Arbeitsgesetze sind nicht angemessen für ein Schwellenland«, sagt der Politikwissenschaftler Jeremy Seekings, der sonst nicht für konservative Töne bekannt ist: »Sie stammen aus den 20er- und 30er-Jahren und sollten die privilegierte Minderheit der weißen Arbeiter schützen. Aber anders als in Europa hat das in Südafrika nur funktioniert, weil die Mehrheit der Arbeiter, die Schwarzen, davon ausgeschlossen war. Heute profitieren alle, Schwarz und Weiß, von diesen Gesetzen – und das macht Arbeit in Südafrika vergleichsweise teuer. Die Arbeitgeber lösen das Problem, indem sie weniger Leute einstellen und dafür Maschinen anschaffen.«

Die große Frage der kommenden Jahre wird sein: Schafft es die Regierung, die Früchte des neuen Südafrika auch an die weiterzugeben, die sie bisher noch nicht kosten konnten – und das, ohne potenzielle Investoren zu verprellen? Keine leichte Aufgabe, doch für eine Kurskorrektur ist es nicht zu spät.

REICHTUM UND ARMUT

Südafrika hält einen traurigen Rekord: Neben Brasilien ist die Kaprepublik das Land mit der größten Kluft zwischen Arm und Reich. Während die weiße Minderheit und eine überschaubare schwarze Elite sich mit dem Luxus der ersten Welt umgeben, leben – je nach Definition – bis zu 70 Prozent der Bevölkerung in bitterer Armut. Am härtesten trifft es die,

Ein Junge sammelt auf einer Müllhalde in Soweto Papier und Metall, um Geld zu verdienen.

die schon in der Vergangenheit das Nachsehen hatten: Menschen mit dunkler Hautfarbe. Die Ärmsten der Armen haben seit Ende der Apartheid im Schnitt sogar noch weniger Einkommen. Rund 40 Prozent von ihnen sind ohne Job, die meisten Arbeitsuchenden sind nicht oder nur schlecht ausgebildet. Bis heute wohnen fünf Millionen Südafrikaner in Slums, viele davon noch immer ohne Strom und Wasser. Und die Aids-Epidemie macht alles nur noch schlimmer, denn es sterben vor allem die Jüngeren, die Mütter und Väter – diejenigen, die das Geld nach Hause bringen.

Und doch geht es dem Land wirtschaftlich nicht schlecht, denn Südafrika hat stabile, wenn auch niedrige Wachstumsraten und einen ausgeglichenen Staatshaushalt. So gut sind die Wirtschaftsdaten, dass die Regierung es sich leisten kann, fast sieben Millionen Armen Kindergeld, Rente oder Pflegegeld zu zahlen. Etwa 3,5 Prozent der Staatseinnahmen fließen direkt in Sozialleistungen – das ist mehr als in jedem anderen Entwicklungsland. Die Kehrseite der Medaille ist, dass es sich für arme Frauen deshalb oft lohnt, noch mehr Kinder zu bekommen: Allein von den umgerechnet 20 Euro Kindergeld pro Kind überleben am Kap ganze Familien.

Der »African National Congress« (ANC) hat seinen Wählern viel versprochen und vieles davon eingelöst: In seiner ersten Regierungsdekade erhielten zehn Millionen Menschen Zugang zu sauberem Trinkwasser und drei Millionen Haushalte einen Stromanschluss. Doch angesichts der massiven Probleme geht es zu langsam voran. Immer mal wieder flammen neuerdings Proteste auf, in denen die Menschen ihrem Ärger Luft machen. Bisher haben die meisten die Hoffnung auf bessere Zeiten noch nicht aufgegeben, aber der langfristige soziale Frieden in Südafrika ist nicht garantiert.

Besucher am Kap sind oft schockiert von der Armut und wollen helfen – möglichst so, dass das Geld auch da ankommt, wo es ankommen soll. Leider geben sich viele Hilfsprojekte damit zufrieden, einen guten Eindruck zu machen. Doch es gibt auch einige sehr gute Projekte, die man uneingeschränkt unterstützen kann:

Mindestens 250 000 Kinder leben in Südafrika auf der Straße. Nach Schätzungen überlebt dabei jedes vierte Kind durch Prostitution. Auch wenn es Ihnen schwer fällt: Geben Sie Straßenkindern kein Geld! Dies ermutigt sie nur weiter auf der Straße zu leben, und oft gibt es

Erwachsene im Hintergrund, die die Einnahmen kassieren. Die Organisation »Molo Songololo« (3 Braeside St./Main Rd., Kennilworth; Tel. 0 21/7 62 54 20; keine Website) setzt sich seit den 80er-Jahren für Kinder in Südafrika ein und arbeitet dabei mit »Terre des Hommes« in Deutschland zusammen, über die auch Spenden an die Organisation möglich sind (»Terre des Hommes« Deutschland; www.tdh.de; Kennwort »Molo Songololo«; Tel. 05 41/7 10 11 28, Fr. Book).

Gerade in schwarzen Schulen auf dem Land ist die Ausbildung bis heute auf einem erschreckend niedrigen Niveau. Der Rotarierverein von Eshowe hat in Kooperation mit Dorfbewohnern bereits den Bau von über 2000 Klassenzimmern in KwaZulu-Natal finanziert und damit Tausenden von Kindern eine Chance für eine bessere Zukunft gegeben (www. rotaryeshowe.org.za/ecag.html).

Ebenfalls in KwaZulu-Natal hat die Lehrerin Thembisile Mdlalose-Mhlongo aus eigener Initiative die Thembimfundo-Schule für behinderte Kinder aufgebaut. Das Projekt steht auf einer soliden Grundlage und wächst kontinuierlich (www.yebo-initiativen.de; Förderverein, Tel. 0 52 59/93 20 22).

In Philippi, einem der ärmsten Townships von Kapstadt, ist das Zentrum Themba Labantu unter Leitung des deutschen Pastors Otto Kohlstock ein Lichtblick für die Einwohner geworden. Es gibt ein Aids-Hospiz, ein Perlenprojekt und seit kurzem eine Vorschule. Besucher sind willkommen (www.themba-labantu.de; Tel. 021/371 28 14; Förderverein in München, Tel. 0 89/7 14 28 02).

AIDS

Nirgendwo auf der Welt wütet die Aids-Epidemie so wie in Afrika. In Südafrika sind bereits geschätzte 11 Prozent der Gesamtbevölkerung HIV-positiv – insgesamt mehr als fünf Millionen Menschen. Täglich sterben 600 Menschen an den Folgen einer Infektion – und 1000 weitere infizieren sich mit dem Virus.

Die Folgen der anhaltenden Epidemie sind noch nicht absehbar. Bereits heute klagt die Wirtschaft über die zusätzliche Belastung durch Krankheitsausfälle und erhöhte Ausbildungskosten – und Wissenschaftler rechnen damit, dass es in Südafrika bald eineinhalb Millionen Kinder geben wird, die beide Elternteile durch Aids verloren haben.

Während Länder mit einer vergleichbaren Ansteckungsrate wie Uganda das Problem mit massiven Aufklärungskampagnen weitgehend unter Kontrolle gebracht haben, hat sich der südafrikanische Präsident Thabo Mbeki mit seiner Aids-Politik im In- und Ausland bereits gründlich die Finger verbrannt.

Erst stellte Mbeki den Zusammenhang zwischen HIV und Aids in Frage, dann warnte er vor der Einnahme von lebensverlängernden Medikamenten.

Kritiker werfen Thabo Mbeki deshalb sogar Massenmord am eigenen Volk vor. Der Präsident hat sich jedoch nie von seinen umstrittenen Äußerungen distanziert und weicht den Angriffen aus, indem er kaum noch über das brisante Thema spricht. Stattdessen geistert Thabo Mbekis Gesundheitsministerin Manto Tshabalala-Msimang durch die Presse,

weiter auf S. 314

ZAPIROS SPITZE PFEILE

Afrikas bekanntester Karikaturist schießt mit seinen Satirepfeilen alles ab, was sich auf Südafrikas politischer Bühne bewegt.

Gleich drei Zeitungen veröffentlichen seit Jahren regelmäßig die bissigen Bilder: der mehrheitlich von Schwarzen gelesene »Sowetan«, die »Sunday Times« und das intellektuelle Wochenblatt »Mail & Guardian«. Mit Witz und Biss vertritt der Künstler vor jeder dieser Zielgruppen seine politischen Ansichten. Zapiro steht dazu, dass Karikaturisten vor allem eine eigene Meinung haben müssen – egal, ob sie den Mächtigen passt oder nicht. Dass er seine eigenen Ansichten ohne Scheu mitteilt, hat Zapiro schon früh bewiesen: 1958 als Sohn jüdischer Eltern in Kapstadt geboren, wuchs er in einer liberal eingestellten Familie auf. Als er während des Studiums zum Wehrdienst in die Apartheidarmee eingezogen wurde, weigerte er sich, eine Waffe zu tragen. Stattdessen pinnte der »Camp-Kommunist« Anti-Apartheid-Flugblätter an die Kasernenwände und begann, die Widerstandspartei »United Democratic Front« (UDF) zu unterstützen. Dann zeichnete er 1987 ein Poster, das protestierende Anti-Apartheid-Aktivisten zeigt – und daneben Sicherheitspolizisten mit Schweineschnauzen. Das Poster wurde verboten. Zapiro ging in den Untergrund und wurde später verhaftet.

Nach der politischen Wende zeichnete der Künstler Comics über Aids, Kinderrechte und Demokratie. Seinen Namen jedoch machte er sich mit politischen Karikaturen. Dauerbrenner-Themen sind Armut, Korruption und die skandalöse Aidspolitik der Regierung Thabo Mbekis, aber auch der kriegerische Eifer George W. Bushs.

Anders als zu Apartheidzeiten muss Zapiro heute keine Repressionen mehr fürchten. »Ich habe hier riesige Freiheiten«, sagt er. »Ich kann Dinge zeichnen, die die

Natürlich ebenfalls im Fokus beißenden Spotts: die Politik der USA in Kombination mit der Arbeit der UN.

Mainstream-Presse in vielen Ländern nicht veröffentlichen würde.« Gefragt, wie er seine Rolle im neuen Südafrika sieht, sagte er dem US-Magazin »Newsweek«, es gehe darum »kleine Pfeile auf heilige Kühe zu schießen, Politiker von ihrem hohen Ross zu werfen, Scheinheiligkeit zu entlarven und für Dinge wie soziale Gerechtigkeit und den Frieden einzutreten«. Und seine eigenen heiligen Kühe? »Nelson Mandela und Erzbischof Desmond Tutu«, gibt er unumwunden zu. Und auf den derzeitigen Präsidenten angesprochen, meinte er: »Ich wünschte, Thabo Mbeki hätte mehr Humor – aber er hat ihn nicht.«

Als ihn der wegen Korruptionsverdacht abgesägte Ex-Deputy President Jacob Zuma 2006 wegen Rufschädigung auf die für südafrikanische Verhältnisse irrwitzige Summe von 15 Millionen Rand verklagte, fragte Zapiro lapidar zurück: »Rufschädigung? Welcher Ruf?« Damit spielte er auf einen Vergewaltigungsprozess an, aus dem der Politiker »unschuldig«, aber moralisch angekratzt hervorgegangen war. Kurz nach Zumas Klage erschien Zapiros Revanche: Das Bild zeigt einen nackten Zuma, der schnaubend in des Künstlers Atelier tritt und eine Anklageschrift (»suit«) vor sein bestes Stück hält. Überschrift: »Zuma's new suit« (»Zumas neue Kleider«) – und aus dem Mund des ebenfalls im Bild sitzenden Karikaturisten die höfliche Anweisung: »Hold that pose« (»Bleiben Sie in der Stellung«), während er die groteske Situation am Zeichentisch einfängt. Wer in der Öffentlichkeit steht, sagt Zapiro, ist ein legitimes Ziel.

AUTORENTIPP Zapiros gesammelte Karikaturen sind in Südafrika ein Bestseller. Neun Bände gibt es, darunter »The Madiba Years« (1996), »Call Mr Delivery« (1999), »The ANC Went in 4 x 4« (2001) und »Dr Do-Little and the African Potato« (2003), eine Abrechnung mit der momentanen Aidspolitik.

Beinahe eine Majestätsbeleidigung: Die internen Auseinandersetzungen im ANC werden gnadenlos auf die Spitze getrieben.

als lächerliche Witzfigur, die Knoblauch, Olivenöl und afrikanische Kartoffeln als Wunderwaffe gegen die Seuche empfiehlt.

Seit Jahren kämpfen Aids-Aktivisten gegen die Ignoranz der Politiker. Sie bildeten schließlich die größte organisierte Protestbewegung seit Ende der Apartheid, zogen vor Gericht – und bekamen Recht: 2001 zwangen Verfassungsrichter die Regierung, Nevirapin an HIV-positive Schwangere auszugeben, um Neugeborenen zu schützen. Und Ende 2003 begannen die Gesundheitbehörden schließlich damit, Aids-Medikamente kostenlos an Arme auszugeben. Südafrikas Aidsbekämpfungs-Programm ist das weltweit größte Programm. Es hat Respekt verdient. Wäre da nicht die Tatsache, dass der jahrelange Eiertanz der Regierung in der Zwischenzeit ungefähr eine Million Aidskranke das Leben gekostet hat.

HEXENGLAUBEN

In Südafrikas Dörfern wimmelt es von Geschichten über Hexen und Zombies. Es sind Horrorgeschichten, warnende Geschichten und unterhaltsame, mit verschwörerischer Miene weitergetragen, flüsternd hinter vorgehaltener Hand. Weder Kolonialherren noch Missionare konnten sie jemals ausrotten. Von Südafrikas nördlichster Provinz Limpopo heißt es, dass hier nicht nur die mächtigsten traditionellen Heiler leben, sondern es dort auch die meisten Hexen gibt. Und die Geschichten über die boshaften Attacken von Hexen verbreiten sich hier regelmäßig wie Buschfeuer über die Dörfer. Nach Schätzungen sind vier von fünf schwarzen Südafrikanern davon überzeugt, dass Hexen ihnen gefährlich werden können. Die Furcht vor Schwarzer Magie existiert in der Bevölkerung bis heute, und wird nach Ansicht von Anthropologen wohl auch so schnell nicht verschwinden, denn in ganz Afrika ist der Hexenglaube seit Jahrhunderten der verlässlichste Begleiter aller gesellschaftlicher Umbrüche – und an den meisten Orten verträgt er sich auch hervorragend mit dem aus Europa importierten Christentum.

Vermeintliche Hexen werden in afrikanischen Dörfern seit jeher konfrontiert und – wenn auch selten – aus der Gemeinschaft ausgeschlossen. Tradtitionell folgt man dabei dem Rat der Heiler. Die jedoch müssen seit Jahrzehnten mit Haftstrafen rechnen, wenn sie jemanden der Hexerei beschuldigen.

In Südafrika sind ausufernde Hexenjagden und sogar Morde ein Phänomen der jüngsten Geschichte. Während der politisch instabilen frühen 90er Jahre verbrannte der aufgeputschte Mob allein in Limpopo an die 600 der Hexerei bezichtigte Menschen. Seitdem hat die Polizei streng durchgegriffen. In der Provinz gibt es trotzdem ganze Siedlungen mit angeblichen Hexen, die aus ihren Heimatdörfern vertrieben wurden. Denn die Furcht der Menschen vor dunklen Mächten ist geblieben.

Manche Historiker sprechen sich nun dafür aus, den Heilern ihre angestammte Rolle zurückzugeben und für die Betroffenen, die der Hexerei beschuldigt werden, wieder die traditionellen, harmlosen »Läuterungsrituale« einzuführen.

In Melville leben schwarze und weiße Bewohner zusammen – ihre Botschaft: Hör auf, Angst zu haben!

Das jedoch erfordert politischen Willen auf Regierungsebene – und Politiker fürchten um den guten Ruf des Landes, sollte die Regierung damit beginnen, offen über die Regulierung von Hexerei nachzudenken.

Es ist ein Teufelskreis, bei dem nur eines sicher ist: Von selbst wird der Glaube an Hexen mit allen seinen unappetitlichen Folgen nicht verschwinden. Und durch gut gemeinte Aufklärung schon gar nicht.

KRIMINALITÄT UND SICHERHEIT

Die Kaprepublik kämpft mit einer Kriminalitätsrate, an die kein Land der westlichen Welt auch nur entfernt herankommt. Dies gilt ganz besonders für Gewaltverbrechen. Und darauf muss man sich als Tourist in Südafrika einstellen. Viele Südafrikaner sind bitterarm – und die politische Geschichte des Landes hat zur gewissen Verrohung geführt. An Horrorberichten gibt es keinen Mangel – und Kapstadt ist genau betrachtet nicht sicherer als Johannesburg. Man muss wissen, dass sich der Großteil der Kriminalität in den Townships abspielt – mit Schwarzen als Opfern. Auf dem Land dagegen schließen Einheimische nachts nicht mal ihre Häuser ab.

Als Besucher sollten Sie ein paar Regeln beachten, um entspannt auf Entdeckungstour gehen zu können. Von daher im Folgenden das Wichtigste zum Thema »Sicherheit«: Wer nicht sofort als Tourist zu erkennen ist, hat bereits halb gewonnen. Lassen Sie Pässe und teuer aussehenden Schmuck zu Hause und Handy und Kamera in der Tasche.

weiter auf S. 318

GEBURT EINER HEILERIN

Für viele schwarze Südafrikaner ist auch in unseren modernen Zeiten der Gang zum traditionellen Heiler selbstverständlich.

Einen zweifelhaften Ruf haben Heiler dennoch und stehen zuweilen im Verdacht, ihre Kräfte zur Hexerei – also zum Schaden anderer – einzusetzen. Oft werden sie als Hexendoktor (»witch doctor«) bezeichnet. Doch Hexer und Heiler sind grundverschiedene Phänomene und stehen – so besagt es der Glaube – im ewigen Kampf miteinander. Sie nutzen übernatürliche Kräfte, allerdings mit gegensätzlichem Ziel. Heiler tragen je nach Stamm Namen wie »sangoma« (Zulu) oder »inyanga« (Xhosa) und nutzen verschiedene Diagnosemethoden. So orientieren sich Geistheiler an der christlichen Religion, andere sprechen durch Tiere oder werfen und interpretieren »bones«, eine Mischung aus Knöchelchen, Würfeln, Steinen und anderem. Es gibt Wünschelrutengänger und Naturheilkundler (»herbalists«). Für Touristen ist es fast unmöglich, Einblick in die komplexe Kultur der Heiler zu bekommen – und die »cultural shows« sind meist auf westliche Erwartungen zugeschnittene Spektakel. Was wirklich täglich irgendwo in Südafrika abläuft, sind Zeremonien wie die »Reifeprüfung« einer traditionellen Heilerin:

... bis zum Dorf sind es zwei Stunden zu Fuß. Nebel liegt über den Bergen, Nieselregen fällt – das Eastern Cape im Winter. Seit drei Tagen sitzt eine junge Frau eingewickelt in Decken in einer Hütte aus Ästen und Laub. Sie ist angehende Heilerin (»igqhira«) in der Tradition der Xhosa. Drei Jahre hat ihre Ausbildung gedauert. Nun ist sie hier, um den Segen der Ahnen zu erhalten, die ihr helfen sollen, Krankheiten zu diagnostizieren und zu heilen. Ihre Aufgabe ist sich dem zu öffnen, was die Ahnen ihr zu sagen haben. »Letzte Nacht sind sie gekommen«, flüstert sie. »Wir haben gesprochen.« Die Frau, die das sagt, ist weder ungebildet noch verwirrt, sondern Dozentin an einer südafrikanischen Universität.

Die traditionellen Heilmethoden eines Sangoma werden als »Muti« (Zulu »uMuthi«: Baum, Strauch) bezeichnet.

Demonstration seines Könnens: Ein Sangoma steckt sich den Kopf einer schwarzen Mamba in den Mund – ihr Gift ist absolut tödlich.

Für zwei Monate ist sie zurückgekehrt nach Ndonga Magqhubela, dem Dorf ihrer Vorfahren. Nur hier, sagt sie, könne sie das Geschenk annehmen, das ihr in die Wiege gelegt wurde: die Gabe Menschen zu heilen. Gewusst habe sie von dieser Berufung schon als Kind. Sie hatte Visionen und sah Ereignisse voraus. Doch war die akademische Karriere wichtiger – bis die Ahnen sich nicht mehr ignorieren ließen und unerträgliche Kopfschmerzen, Asthma und Träume schickten. Die Symptome verschwanden nach Beginn ihrer Heilerausbildung.

In Hörweite bereiten die Begleiter aus dem Dorf das tägliche Ahnenopfer vor. Alle Blicke ruhen jetzt auf einem Mann, der am Boden kniet und die Zeremonie leitet. Er hat einen ockerfarbenen Rock um die Hüften geschlungen, vor seiner Brust kreuzen sich Perlenketten. Weiße Tonerde im Gesicht symbolisiert seine Reinheit. Der Wind treibt ihm den Rauch brennender Kräuter ins Gesicht. Bedächtig wickelt er Opfergaben in ein Fell und faltet daraus ein Bündel. Er beginnt zu sprechen: »Wir bringen den Vorfahren Früchte unserer Felder: Bohnen, Kürbisse und Mais. Wir haben auch Tabak, Streichhölzer, Schnupftabak, Süßigkeiten.« Hinter ihm stimmt die Gruppe Gesang an.

Eigentlich arbeitet er als christlicher Priester in Kapstadt, doch längst beschäftigt ihn die Tätigkeit als Heiler den größten Teil seiner Zeit. Christentum und Ahnenkult sind für ihn kein Gegensatz, ebenso wenig wie für die meisten schwarzen Südafrikaner. »Die Zeiten, in denen afrikanische Christen den traditionellen Glauben verleugneten, sind vorbei«, sagt er. »Sie kommen in die Kirche, nicht zahlreicher, aber mutiger, und verstecken Talismane nicht mehr unter der Kleidung. Er erklärt: »Wir stellen die Ahnen nicht an Gottes Stelle. Doch ist es respektlos, sich direkt an Gott zu wenden. Daher rufen wir die Ahnen an. Sie sind näher bei Gott und kennen unser Leben auf Erden. Sie bitten bei Gott für uns, weil wir Verwandte sind. Auch Jesus ist ein Ahne.«

Am vierten Tag kehrt die Gruppe unter Gesang ins Dorf zurück. Über hundert Menschen sind gekommen, um die neue Heilerin zu begrüßen. Diese ist nun in Leopardenfelle gekleidet und mit Perlenketten geschmückt. Drei Jahre hat sie auf diesen besonderen Tag gewartet, der in einem rauschenden Fest endet. Doch die Karriere ruft: Am nächsten Morgen muss sie wieder an der Uni sein.

Wenn Sie sich verlaufen haben, gehen Sie selbstbewusst weiter und fragen Sie im nächsten Geschäft nach dem Weg. Behalten Sie immer ihr Umfeld im Auge: Die meisten Angreifer vertrauen auf das Überraschungsmoment. Wenn man ein mulmiges Gefühl hat: Blickkontakt herstellen und den Entgegenkommenden mit selbstbewusstem Lächeln grüßen.

Einsame Ort wie verlassenene Strände in ansonsten besiedelten Gebieten oder den Kapstädter Signal Hill sollte man besonders am späten Abend meiden. Die Innenstadt von Kapstadt allerdings, vor allem das Gebiet um die Long Street, ist im Gegensatz zu Johannesburg auch am Abend begehbar – allerdings besser nicht allein. Sicher zu jeder Zeit ist in Kapstadt die Waterfront. In letzter Zeit kam es immer wieder zu Raubüberfällen am Lion's Head und auf Wegen am Tafelberg. Wandern Sie dort deshalb nur in der Gruppe.

Im Zentrum von Johannesburg sollte man in Vierteln wie Hillbrow, Berea und Yeoville auch tagsüber nicht ohne einheimische Begleitung herumlaufen.

Beim Geldabheben an Automaten müssen Sie in allen Großstädten mit Trickbetrügern rechnen. Am besten gehen Sie deshalb zu einem Automaten (ATM) in einem Einkaufszentrum – dort gibt es Wachleute. Lassen Sie sich nie von jemandem »helfen«, anderweitig verunsichern oder gar die EC- bzw. Kreditkarte aus der Hand nehmen.

Bei einem bewaffneten Angriff sollten Sie strikt defensiv reagieren: Ihr Leben ist mehr wert als ein Auto oder eine Handtasche. Anzeige erstattet man immer bei der nächsten Polizeiwache, wenn irgend möglich innerhalb von 24 Stunden nach dem Angriff (besonders wichtig für Versicherungsfälle). Vergewaltigungsopfer sollten sich so schnell wie möglich zum Arzt begeben (es gibt Notfallmedikamente gegen eine Aidsinfektion).

Achtung Hijacking! Vor allem in Johannesburg und um Kapstadt ist Hijacking ein Problem; die Täter sind bewaffnet und haben es meist »nur« aufs Auto abgesehen. Außer als »Tramper« können Hijacker nur dann zuschlagen, wenn der Wagen steht. In zwielichtigen Gegenden, vor allem nachts, sollten Sie deshalb während der Fahrt alle Fenster schließen, Türen verriegeln und den Wagen langsam an Kreuzungen heranrollen lassen. Notfalls überfährt man nachts auch mal eine rote Ampel, wenn man sich bedroht fühlt. Lassen Sie beim Parken nichts (!) offen im Auto liegen. In den Städten passen Parkwächter (Car Guards) auf den Wagen auf und helfen auch beim Einparken, was Sie mit zwei bis fünf Rand honorieren sollten.

Für Autofahrer gilt: Fahren Sie nie allein in die Townships – außer, Sie wissen genau, wohin sie fahren und wie Sie dorthin kommen. Halten Sie sich möglichst nicht auf dem Seitenstreifen der Autobahn auf, und nehmen Sie keine Anhalter mit, nirgendwo im Land, egal ob Männer oder Frauen – das Hijacking-Risiko ist zu groß.

Öffentliche Verkehrsmittel, besonders Minibusse sollte man nicht nach Einbruch der Dunkelheit benutzen. Steigen Sie möglichst nicht allein in einen leeren Minibus, und versuchen Sie das erst gar nicht in Johannesburg – das Streckennetz ist dort so verwirrend, dass nur Eingeweihte wissen, in welchen Bus sie springen müssen. Zu empfehlen ist die Zugstrecke Kapstadt–Simonstown. Für Zugfahrten gilt generell: die erste Klasse (»metro plus«) benutzen und sich ein belebtes Abteil suchen. Passionierte Zugfahrer weichen bei längeren Strecken am besten auf die Luxuszüge »Blue Train« und »Rovos Rail« aus.

BOOM DER FREIEN KIRCHEN

Was in anderen Gegenden der Welt zu Feindseligkeiten, geteilten Städten und Unruhen führt, ist am Kap Selbstverständlichkeit: Auf engem Raum findet man die unterschiedlichsten Religionen in friedlicher Koexistenz.

Fast 80 Prozent der Südafrikaner bezeichnen sich zwar als Christen, doch die traditionellen christlichen Glaubensgemeinschaften der weißen Siedler sind am Kap in der Minderheit. Bereits seit dem 19. Jahrhundert haben die freien afrikanischen Kirchen, die charismatischen und Pfingstgemeinden einen enormen Zulauf. Mit rund 4000 Kirchen und über zehn Millionen Gläubigen sind sie die größte religiöse Gruppe des Landes.

Die Zion Christian Church (ZCC) hat allein mehr als vier Millionen Mitglieder, von denen sich jährlich über ein Viertel zu den Osterfeierlichkeiten in Moria in (Limpopo) versammelt. Ihre Beliebtheit verdanken die ZCC und ähnliche Kirchen nicht nur den lebendigen Gottesdiensten mit Trommelmusik, Tanz und Gesang, sondern der Tatsache, dass sie traditionelle afrikanische Religionen offen mit

Ziel der neuapostolischen Christen ist es, bei Jesus' Wiederkehr in die ewige Gemeinschaft mit Gott geführt zu werden.

den christlichen Lehren der Missionare verbinden. Stärker als die Macht der Bibel ist bei den meisten gläubigen Afrikanern die Macht der Tradition: Dazu gehört nicht nur der Ahnenkult, sondern auch der Glaube an böse Geister, an Hexen und Zombies – und an die Heilkräfte, die von denen ausgehen, die auf der »guten« Seite stehen, »inyangas« und »sangomas« (→ S. 316) – oder eben den von Gott geweihten Priestern. Dämonenaustreibungen und der spirituelle Kampf gegen Hexen gehören zum Gottesdienst wie in anderen Kirchen das Abendmahl.

Auch die charismatischen Gemeinden und Pfingstkirchen (»pentcostal churches«) haben großen Zulauf. Hunderte dieser zum Teil umstrittenen religiösen Gruppierungen haben sich seit den 80er-Jahren im Land angesiedelt und versprechen das Ende aller Leiden. Am aggressivsten geht dabei die aus Südamerika stammende »Universal Church« vor, die in den ärmsten Townships leicht tausend Gläubige in den Gottesdienst lockt, der an eine Verkaufsshow im Teleshopping-Kanal erinnert. Auf Flugblättern wirbt die Kirche für sich: Sie haben finanzielle Sorgen, Liebeskummer, Aids? Kein Problem! Heilung und den Segen des Priesters gibt es für jeden, der einen mit Geld gefüllten Umschlag bei sich hat. »Wer gibt, dem wird gegeben«, lautet das Motto – und der Gläubige gibt so lange, bis sich der gewünschte Erfolg einstellt. Heilsuchende lassen sich das viel kosten. Zehn Prozent des wöchentlichen Einkommens sind das Mindeste, was als Spende erwartet wird – in armen Gemeinden sind das oft nicht mal 100 Rand, doch »Kleinvieh macht auch Mist«. Protzige Kirchenbauten in Kapstadt und Johannesburg bezeugen den Erfolg der freien Kirchen.

TEILEN, TEILHABEN – »UBUNTU«

Bei den Xhosa gibt es ein Sprichwort: »Umntu ngumntu ngabantu«, »erst durch andere Menschen wird ein Mensch zum Menschen«. Diesen Satz bekommt man zu hören, fragt man einen Südafrikaner nach »Ubuntu«. Der Begriff steht für die

System Großfamilie: In jeder Situation des täglichen Lebens gibt es einen Verantwortlichen.

alte Sozialphilosophie der schwarzen Südafrikaner, einen afrikanischen Humanismus, ein Konzept des Teilens und Aneinander-Teilhabens. Die Xhosa lebten danach, lang bevor christliche Missionare und europäischen Siedler überhaupt die Südspitze Afrikas erreichten. Ähnliches galt für andere schwarze Stämme. Zu den Grundprinzipien des »ubuntu« gehörte, dass Frauen und Kinder im Krieg verschont und Entscheidungen im Konsens getroffen werden. Allen sozialen und politischen Umbrüchen zum Trotz ist »ubuntu« als Philosophie und Lebenseinstellung auch im modernen Südafrika noch weitgehend lebendig: Viele sehen darin die moralische Basis für Kooperation, Gemeinschaftsgeist, soziale Verantwortung und Respekt vor der Würde des Menschen. Im Zentrum stehen Gemeinsamkeiten, nicht Unterschiede. Ziel ist Harmonie, nicht Konflikt. Für Desmond Tutu, den Friedensnobelpreisträger und früheren Erzbischof von Kapstadt, ist ein Mensch mit »ubuntu« »offen und zugänglich, er bestärkt andere und fühlt sich nicht bedroht von denen, die fähiger und besser sind. Er hat eine Selbstsicherheit, die durch das Wissen gespeist wird, etwas Größerem anzugehören. Dieser Mensch wird leiden, wenn andere gedemütigt, erniedrigt, gefoltert oder unterdrückt werden.«

Hinter »ubuntu« steht eine Weltsicht, in der die Gemeinschaft das höchste Gut ist. Die westliche Maxime »strebe nach individuellem Glück und Reichtum!« wird deshalb stets zum »strebe nach Ausgleich!« Immerhin entstand »ubuntu« als Überlebenstaktik vor dem Hintergrund knapper Ressourcen: Der Einzelne wurde nur satt, wenn er mit anderen kooperierte und es sich nicht mit der Familie und den Nachbarn verdarb.

Kein Wunder, dass heute schwarze Aufsteiger, die im neuen Südafrika steinreich geworden sind, mit »ubuntu« ein Problem haben: Traditionell toleriert die Gemeinschaft individuellen Ehrgeiz nur, wenn er aus altruistischen Motiven erwächst und der Erfolgreiche die Früchte seines Erfolgs mit anderen teilt. Und dieses »Teilen« geht theoretisch so lange weiter, bis er selbst wieder mit leeren Händen dasteht. Vielleicht wird »ubuntu« deshalb auch gelegentlich von denen als überholt betrachtet, die sich dem Reichwerden verschrieben haben.

Auch viele Arme sind heute desillusioniert: »Ubuntu« ist tot!«, deklamieren die Alten in den Townships. Und da ist etwas dran. Die Armensiedlungen sind Sammelstellen für Einzelne, die vom Land in die Städte zogen, um dort ihr Glück zu suchen. Die Großfamilie ist über das ganze Land verstreut, das soziale Netz zerschlissen und kriminelle Jugendliche haben das Zepter übernommen. Im Gegensatz dazu beschwören Politiker »ubuntu«. Ob das ehrwürdige Ideal die rapiden sozialen Umbrüche im Südafrika von heute überleben wird? Die kommenden Generationen werden es entscheiden.

MUSIK

So bunt wie die Regenbogennation ist die Musikszene am Kap: sprühend vor Energie, Trommelklängen und ungezügelter Lebensfreude. Gewürzt mit Rhythmen aus Afrika, Europa, Asien und Amerika reicht das musikalische Menü von Jazz bis Afropop, von Zulu-Rhythmen bis Hip-Hop und Kwaito, von indischen Klängen bis Township-Jive und von Klassik bis zum westlichen Mainstream.

Besonders in Kapstadt und Johannesburg wird Jazz groß geschrieben. Das Ende der Apartheid brachte eine ganze Reihe von emigrierten farbigen und schwarzen Künstlern zurück auf heimische Bühnen, darunter den Jazzpianisten Abdullah Ibrahim (früher bekannt unter dem Namen Dollar Brand), die Sängerin Miriam Makeba und den Trompeter Hugh Masekela. Aber auch im Land selbst hatte sich eine lebendige Jazzkultur entwickelt, zum Beispiel um den Kapstädter Saxophonisten Basil »Manenberg« Coetzee. Der südafrikanische Jazz, dessen Markenzeichen in den 50er Jahren die Pennywhistle, eine Zinnflöte, war, fasziniert immer noch mit seinen afrikanischen Rhythmen.

Für die traditionelle afrikanische Musik und für Afropop stehen Künstlernamen wie Vusi Mahlasela, Busi Mhlongo, Moses Ngwenya, David Masondo und die Soul Brothers.

Schon lange auf internationalen Bühnen bekannt sind die A-Capella-Gruppe Ladysmith Black Mambazo und der »weiße Zulu« Johnny Clegg, der in den politisch explosiven 80er Jahren gemeinsam mit Sipho Mchunu die gemischtrassige Band Juluka gründete. In den Townships und in den Kirchen gibt es viele begnadete Sänger – und die Chance, einen schwarzen Gottesdienst oder ein Chorkonzert mitzuerleben, sollte man sich nicht entgehen lassen.

Sinfonieorchester und Kammermusikensembles, so das »Cape Town Philharmonic Orchestra« (www.cpo.org.za) oder auch das Orchester aus Johannesburg (www.jpo.co.za) spielen in den größeren Städten. Das musikalische Niveau enttäuscht allerdings im Vergleich zu Europa bisweilen, was aber wohl auch damit zusammenhängt, dass die insgesamt sehr überschaubare Szene seit der politischen Wende nicht mehr so reich mit Fördermitteln gesegnet ist.

Kwaito schließlich ist die Musik der schwarzen Kids in den Städten. Es ist Südafrikas jüngste und frechste Musikrichtung, ein Mix aus allem, womit die Jugendlichen in der Zeit nach der Apartheid aufgewachsen sind: Hip-Hop, Township-Pop, Rock and Beat, Reggae, Disco und vor allem House. Gerappt wird auf Xhosa, Zulu oder Sotho – und Stars wie Arthur Mafokate, Bongo Maffin und TKZee haben sich mit ihren Hits längst eine goldene Nase verdient.

BILDENDE KUNST

Südafrikas Kunst leidet bis heute am Eurozentrismus der Apartheidjahre, der weder bedeutende Künstler noch Kunstsammlungen hervorgebracht hat, dafür aber schwarze Künstler blockierte.

Maler des 19. Jahrhunderts wie Thomas Baines und Thomas Bowler konzentrierten sich vor allem auf konventionelle Landschaftsdarstellungen. Künstler wie Irma Stern und Maggie Laubser ließen sich später vom europäischen Expressionismus inspirieren.

Moderne Protestkunst der Apartheidzeit findet man am ehesten in der Johannesburger »Art Gallery« und der »South African National Gallery« in Kapstadt.

Bis zur politischen Wende 1994 entwickelte sich die schwarze Kunstszene vor allem in den Townships: Künstler wie Ernest Mancoba, Gerard Sekoto und George Pemba setzten den Alltag in Südafrika mit expressiven Mitteln um und mischten dabei oft afrikanische und europäische Kunstformen. Auch traditionelle afrikanische Kunst wie die Malerei der Ndebele, die faszinierenden Holzskulpturen des Venda-Künstler Jackson Hlungwani und die aufwendigen Perlenarbeiten der Zulu finden erst seit kurzem die ihnen gebührende Aufmerksamkeit.

weiter auf S. 326

Der Gitarrist und Geschichtenerzähler Mac McKenzie setzt sich als Jazz-Komponist intensiv mit der »Goema Musik« auseinander.

ARCHITEKTUR IN SÜDAFRIKA

Wie so vieles spiegeln die unterschiedlichen Baustile in Südafrika die bewegte Geschichte des Landes wider.

Während die Ureinwohner einst in einfachen Mattenhäusern (»matjieshuise«) aus Zweigen, Grasmatten und Fellen Schutz vor den Elementen suchten, bestimmt westliche Hochhausarchitektur heute die Skyline der Großstädte, und »toskanische Villen« liegen in den reichen Wohngegenden im Trend. Zwischen diesen Extremen findet sich so manches architektonische Kleinod:

In ländlichen Gebieten stößt man bis heute auf die traditionelle Architektur der verschiedenen schwarzen Stämme. Im Nordosten bemalen die Frauen des Ndebele-Stammes ihre Häuser mit leuchtenden geometrischen Mustern, die – obwohl ohne Schablone oder Hilfsmittel gezeichnet – eine bestechende Symmetrie aufweisen.

Funktionaler ist die Bauweise der Zulu. Ein typisches Familienanwesen besteht aus mehreren kreisförmig angeordneten »Bienenstock-Hütten« (»beehive-like huts«), für die biegsame Zweige zum halbrunden Dach geformt und mit Grasmatten verkleidet werden. Als Fußboden dient getrockneter und auf Hochglanz polierter Kuhdung. Heute sind solche Anwesen (»umuzi«) nur noch sehr selten zu finden; einen Eindruck dieser traditionellen Hütten vermitteln Schaudörfer wie Shakaland bei Eshowe in KwaZulu-Natal.

Das Volk der Ndebele ist berühmt für seine buntbemalten Lehmhäuser und seine farbenprächtige Kleidung.

Für die im Eastern Cape heimischen Xhosa sind über die Hügel verteilte Rundhütten (»rondavels«) charakteristisch, die klassischerweise in Orangerot (»ocre«), Hellgrün oder Hellblau gestrichen sind. Früher aus Lehm gebaut und mit Reet gedeckt, tragen sie heute oft Wellblechdächer.

Mit den weißen Siedlern aus Holland hielt im 17. Jahrhundert europäische Architektur am Kap Einzug. Bauten im kapholländischen Stil prägten einst Kapstadt und sind bis heute im Western Cape zu bewundern, vor allem in den Städten der Winelands wie Stellenbosch, Paarl und Franschhoek. Die oft L- oder H-förmig angelegten Gebäude wurden in der Regel im 17. und 18. Jahrhundert als Farmhäuser angelegt und verbinden Funktionalität mit der Ästhetik des holländi-

In der Architektur der kapholländischen Häuser spiegelt sich der wachsende Wohlstand ihrer Besitzer wider.

schen Barocks: Typisch sind elegant geschwungene Giebel, dicke, weiß gekalkte Wände, mit Reet gedeckte Dächer und lange Verandas (»stoeps«).

Kaum hatten die Buren ihren Siedlungsgebieten den architektonischen Stempel aufgedrückt, verewigten sich die ab 1806 nachrückenden britischen Kolonialherren mit ihren heimischen Baustilen an der Südspitze Afrikas: Im Western Cape (Bertram House in Kapstadt), im Eastern Cape (Innenstadt von Grahamstown) und in KwaZulu-Natal (Innenstadt von Durban) finden sich eindrucksvolle Zeugnisse georgianischer Architektur des 18. Jahrhunderts mit ihren streng symmetrisch angeordneten Sprossenfenstern und schlichten Frontgiebeln.

Im 19. Jahrhundert folgten Bauten im viktorianischen Stil mit Bleiglasfenstern, gusseisernen Ornamenten (»broekie lace«), Schmuckgiebeln und überdachten Verandas. Der Stilmix wurde ergänzt durch neoklassizistische Gebäude, Prachtbauten im Stil der Zeit Edward VII. und neogotische Gebäude (St. George's Cathedral, Kapstadt). Eine Gegenbewegung zur Kolonialarchitektur bildete um 1920 die Art-Déco-Architektur in Durban, Kapstadt und um Johannesburg.

Zulu-Hütte: Das Grundgerüst aus Zweigen wird mit geflochtenem Gras bedeckt.

In Pretoria und Bloemfontein stößt man noch auf burische Monumentalbauten und klotzige Bauten der Apartheidjahre. Davon setzt sich die moderne Architektur bewusst mit dem »Apartheid Museum« und »Constitutional-Hill-Ensemble« in Johannesburg ab.

NEUE LITERATUR

Das Thema »Apartheid« zog sich über Jahrzehnte wie ein roter Faden durch die südafrikanische Literatur, und vielen Autoren wäre es nicht in den Sinn gekommen, über etwas anderes zu schreiben.

Den Anfang machte Alan Paton 1948 mit seinem sensiblen Klassiker »Cry, the beloved country« (»Denn sie sollen getröstet werden«). Der bereits zwei Mal verfilmte Roman handelt von einem alten Landpfarrer, der nach Johannesburg zieht, um seinen Sohn zu suchen und dabei mit der sozialen und politischen Realität der Apartheidzeit konfrontiert wird. Viele kritische Autoren nach ihm wie André Brink (»Weiße Zeit der Dürre«), Nadime Gordimer (»Anlass zu lieben«), Ruth First (»Gefangener Mut«), Albie Sachs (»Sanfte Rache«) und Breyten Breytenbach (»Mischlingsherz«) schrieben ihre Werke unter den Augen der Geheimpolizei, im Exil oder hinter Gittern.

Damit ist es seit dem Machtwechsel 1994 vorbei. Längst hat sich die südafrikanische Literatur weltweit einen Namen gemacht, nicht zuletzt mit zwei Literaturnobelpreisträgern: Nadine Gordimer (»July's Leute«, »Sport of Nature«) und John Maxwell Coetzee (»Der Junge – eine afrikanische Kindheit«, »Schande«).

Noch immer geht es in der südafrikanischen Literatur um die Verarbeitung der jüngsten Geschichte, so um das Erbe der Wahrheitskommission wie in Antjie Krogs »Country of my skull«. Doch der Stil ist kreativer, frischer, oft ironischer.

Was passiert, wenn sich ehemalige Opfer und Täter heute im Supermarkt über den Weg laufen, das beschreibt Achmat Dangor in »Bitter Fruit«. Wie auch in Coetzees »Schande« oder in Gillian Slovos »Roter Staub« setzen sich die Protagonisten mit der Frage auseinander, wie Täter und Opfer im neuen Südafrika miteinander umgehen. »Wir müssen jetzt lernen, wie man normal wird, lernen, uns selbst und andere zu belügen, um den Frieden zu erhalten, Misstöne zu vermeiden und so leben zu können wie jedes andere Volk auf der Welt«, lässt Dangor seine Protagonistin sagen.

Dominierten zuvor die auf Afrikaans und in Englisch schreibenden weißen, apartheidkritischen Schriftsteller, so melden sich vermehrt junge schwarze Autoren wie die bereits verstorbenen Phaswane Mpe (1970–2004; »Welcome to our Hillbrow«) und K. Sello Duiker (1974–2005; »Thirteen Cents«) zu Wort.

Ein großer Name der Nachapartheid-Literatur ist Zakes Mda (→ S. 30) mit seinen Romanen »The Heart of Redness« (»Das Herz der Röte«), »Madonna of Excelsior« (»Die Madonna von Excelsior«) oder »Ways of Dying« (»Arten des Sterbens«), der oft mit dem kolumbianischen Schriftsteller Gabriel García Márquez verglichen wird. Es sind besonders diese Autoren, die den südafrikanischen Alltag für sich entdeckt haben – den verdeckten Rassismus, Aids, Armut und Gewalt. »Die schwarzen Autoren, die es vor mir gab, mussten über die Ungerechtigkeit schreiben«, sagte K. Sello Duiker einmal, »ich kann sagen, was ich will. Ich bin frei.«

Abenteuerliche Skulpturen und Gemälde sind das Markenzeichen der Township-Künstler, die oft in typischen No-Go-Zonen arbeiten.

DIE BYBEL

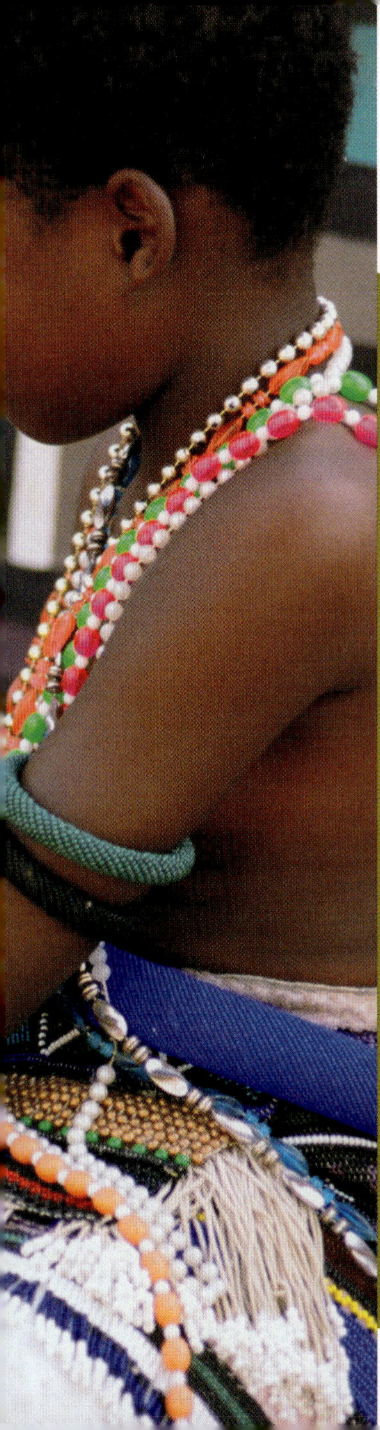

GESTERN UND HEUTE

Der Weg zum modernen Südafrika unserer Zeit war lang, wechselhaft die Geschichte des Landes – von den Khoi-San und der Landung der ersten weißen Siedler am Kap, über Burenkriege, Goldrausch und die dunkle Ära des Apartheidregimes bis hin zur Regenbogennation.

Zugang zu modernen Kommunikationsmitteln ist auf dem Land noch nicht selbstverständlich.

Nur wenige Nachfahren der Khoi-San leben noch in den Drakensbergen. Ihre Ahnen hinterließen dort Höhlenzeichnungen, die bis zu 20 000 Jahre alt sind.

DIE WIEGE DER MENSCHHEIT

Der moderne Mensch entwickelte sich in Südafrika. Das behaupten zumindest die Südafrikaner. Wo genau die »Wiege der Menschheit« stand, kann jedoch kein Wissenschaftler mit letzter Sicherheit sagen.

Fest steht allerdings, dass die an der Südspitze Afrikas zu Tage geförderten hominiden Überreste zu den ältesten gehören, die jemals gefunden wurden.

Alles begann, als der Paläoanthropologe Raymond Dart 1924 nahe dem kleinen Ort Taung im Norden des Landes die 1 bis 3,5 Millionen Jahre alten Schädelfossilien eines hoch entwickelten Affen entdeckte, der aufrecht ging und primitive Werkzeuge benutzte.

Heute gilt der »Australopithecus africanus«, der »Afrikanische Südaffe«, als einer der frühen Vorfahren des modernen Menschen, des »Homo sapiens«. Weitere Funde wie die berühmte »Mrs. Ples« folgten in den Sterkfontein-Höhlen bei Johannesburg (→ TopTen, S. 286), in Makapan, Swartkrans und Kromdraai. Darunter befanden sich auch Relikte des »Homo erectus«, der vor etwa einer Million Jahre in Afrika und Europa lebte und bereits mit Feuer hantierte. Der »Homo Sapiens« schließlich – darauf weisen Ausgrabungen in der Kapregion hin – existierte im südlichen Afrika schon seit 100 000 Jahren.

Aus diesen frühen Menschen gingen die Khoi-San (Buschmänner) hervor, die heute als die Ureinwohner Südafrikas gelten (→ Spezial, S. 340). Bereits Jahrtausende bevor schwarze Bantustämme in der Region siedelten, lebten die kleinen, braunhäutigen San am Kap; etwa im sechsten Jahrhundert unserer Zeitrechnung vermischten sich die als Sammler und Jäger lebenden San mit den Viehzucht treibenden Khoi-Khoi aus dem Norden. Um das Jahr 1500 lebten schätzungsweise an die 120 000 Khoi-San im heutigen Südafrika.

Das Eintreffen der ersten holländischen Siedler 1652 am Kap markiert den Anfang vom Ende der Khoi-San. Nachdem die Ureinwohner zunächst mit den weißen Fremden Handel getrieben hatten, weigerten sie sich jedoch bald, für die selbst ernannten Kolonialherren zu arbeiten. Immer weiter wurden die »Buschmänner« daraufhin zurückgedrängt ins trockene und heiße Landesinnere. Unzählige von ihnen starben an Unterernährung und an den von den Europäern eingeschleppten Pockenviren, einige vermischten sich mit den Siedlern oder den nördlich und östlich lebenden Xhosa. Heute leben schätzungsweise noch 5000 San und 10 000 Khoi in Südafrika, Namibia und in Botswana.

SCHWARZE VÖLKER AM KAP

Die schwarzen Völker Südafrikas haben ihre Geschichte seit Urzeiten nur in mündlicher Form überliefert. Das macht es schwer, genauere Aussagen darüber zu treffen, wann die Bantustämme erstmals die Region am Kap besiedelten.

weiter auf S. 336

GESCHICHTSTABELLE

Die Meilensteine in der Geschichte Südafrikas auf einen Blick – vom »Australopithecus africanus« bis heute

➤ vor 1 bis 3 Millionen Jahren
Der »Australopithecus africanus« lebt im südlichen Afrika, was die Region zu einer - wenn nicht der - »Wiege der Menschheit« macht.

➤ vor 26 000 Jahren
San und Khoi-Khoi (Buschmänner) bewohnen das Kap.

➤ 250 bis 1400 n. Chr.
Schwarze Bantuvölker unterschiedlicher Sprachgruppen ziehen vom Limpopo aus in Richtung Süden.

➤ 1488
Der Portugiese Bartholomëu Diaz umsegelt das Kap der Guten Hoffnung, nennt es das »Kap der Stürme« und landet schließlich in Mossel Bay.

➤ 1497/98
Der Portugiese Vasco da Gama umsegelt das Kap auf dem Weg nach Indien.

➤ 1652
Der Holländer Jan van Riebeeck gründet im Auftrag der niederländischen Ostindien-Kompanie die Kolonie am Kap und wird ihr Gouverneur.

➤ 1658/59
Die ersten Sklaven aus Südost-Asien erreichen Kapstadt.

➤ 1797
Beginn der rund hundert Jahre dauernden Grenzkriege zwischen weißen Siedlern und den Xhosa in der Region des heutigen Eastern Cape.

➤ 1806
Großbritannien annektiert das Kap.

➤ ab 1817
Die Zulu-Nation »Mfecane« entsteht unter King Shaka im heutigen KwaZulu-Natal und breitet sich gewaltsam aus. Kaum ein schwarzer Stamm ist nicht von dem um sich greifenden Dominoeffekt betroffen; große Gebiete werden verwüstet, Unzählige sterben.

Im Sturm erobert: Diaz' Expedition »entdeckte« das Kap für Portugals Krone.

Skrupelloser Heerführer: Unter dem legendären König Shaka vereinigten sich etliche Stämme zu einer Zulu-Nation.

➤ 1867
Funde am Vaal River (nahe des heutigen Kimberley) lösen das größte Diamantenfieber aller Zeiten aus.

➤ 1886
Am Witwatersrand bei Johannesburg wird die weltgrößte Goldader entdeckt. Aus dem Zeltlager der Goldgräber wächst rapide eine neue Stadt: Johannesburg.

➤ 1890
Cecil John Rhodes wird neuer Premierminister der Kapkolonie.

Cecil John Rhodes gründete 1888 die Diamantenfirma de Beers und gab Rhodesien, dem heutigen Zimbabwe, seinen Namen.

➤ 1834
Das britische Parlament schafft die Sklaverei am Kap ab.

➤ 1836
Mit Planwagen, die von Ochsen gezogen wurden, machen sich 6000 Buren im »Großen Treck« auf den beschwerlichen Weg vom Kap ins Landesinnere, um sich dort, weit weg von der britischen Kolonialmacht, ein neues Leben aufzubauen.

➤ 1899 bis 1902
Burenkrieg (Anglo-Boer War) zwischen Buren und Briten; der Krieg endet im »Frieden von Vereeniging«.

➤ 1912
Der »South African Native National Congress« wird gegründet, der 1923 in »African National Congress« (ANC) umbenannt wird.

➤ 1948
Überraschender Wahlsieg der »National Party« und Beginn der Apartheidpolitik.

➤ 1955
Verabschiedung der »Freedom Charter« in Kliptown, des zentralen Dokuments des Unabhängigkeitskampfes.

➤ 1960
Massaker von Sharpville; ihm folgt das Verbot des ANC und anderer Widerstandsbewegungen.

➤ 1961
Albert Luthuli, der Vorsitzende des verbotenen ANC, erhält den Friedensnobelpreis.

➤ 1964
Im Rivonia-Prozess werden Nelson Mandela und andere ANC-Aktivisten zu lebenslanger Haft verurteilt.

➤ 1967
Christiaan Barnard gelingt in Kapstadt die erste erfolgreiche Transplantation eines menschlichen Herzens.

Prof. Barnard gelang, wovon Mediziner lange geträumt hatten: die erste erfolgreiche Verpflanzung eines Herzens.

➤ 1976
Schüleraufstand von Soweto und Beginn landesweiter Unruhen.

➤ 1990
Staatspräsident Frederik Willem de Klerk lässt politische Gefangene frei. Auch Nelson Mandela wird nach 27 Jahren aus der Haft entlassen.

➤ ab 1991
Blutige Auseinandersetzungen zwischen dem ANC und den Anhängern der IFP (Inkatha Freedom Party) in KwaZulu-Natal, höchstwahrscheinlich angeheizt von weißen Geheimdiensten.

➤ 1993
Die Übergangsverfassung tritt in Kraft.

➤ 1994
Erste demokratische Wahlen. Nelson Mandela wird Präsident, Frederik Willem de Klerk Vize-Präsident.

➤ 1996
Verabschiedung der südafrikanischen Verfassung.

➤ 1996
Das Kabinett beschließt die umstrittene neo-liberale Wirtschaftspolitik GEAR (Growth, Employment and Redistribution). Erste Uneinigkeiten in der regierenden »Tripartite Alliance« aus ANC, Kommunisten und Gewerkschaften werden spürbar.

➤ 1996 bis 1998
Die Verbrechen der Apartheidregierung kommen durch die Wahrheits- und Versöhnungskommission unter Erzbischof Desmond Tutu ans Licht.

➤ 1999
Der ANC gewinnt erneut die Wahlen; Thabo Mbeki wird Präsident.

➤ 2003
Jeden Tag sterben 600 Menschen an Aids. Nach langem Zögern beginnt die Regierung, kostenlos antiretrovirale Medikamente an Arme auszugeben.

➤ 2004
Der ANC gewinnt die Wahlen mit Zweidrittel-Mehrheit und regiert nun alle neun Provinzen. Südafrika feiert zehn Jahre Demokratie und erhält den Zuschlag für die Fußball-WM 2010.

➤ 2007
Wachsende Kritik an Mbekis Führungsstil und den zu geringen Fortschritten bei der Armutsbekämpfung.

Der Kampf gegen HIV-Infektionen und Aids ist eine der größten Herausfoderungen an die Regierung Südafrikas.

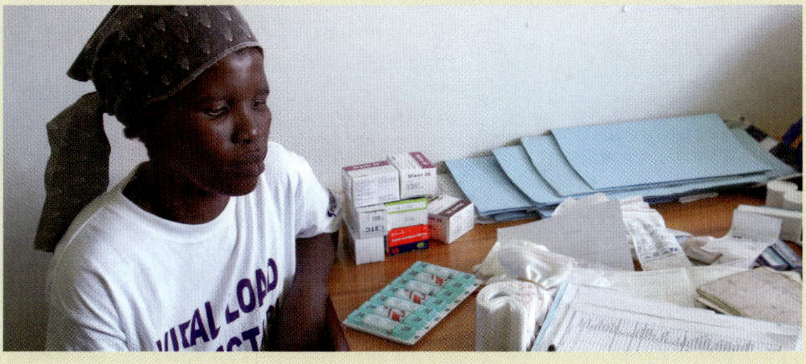

Historiker der Apartheidzeit vertraten beharrlich die These, dass die Bantu erst zeitgleich mit den weißen Siedlern im 17. Jahrhundert am Kap eintrafen: Die Schwarzen von Nordosten, die Weißen von Südwesten. Dies entsprach dem Wunschdenken der Apatheidideologie.

Tatsächlich aber zogen bereits wenige Jahrhunderte nach Christi Geburt Teile der westafrikanischen Bantuvölker aus der Gegend des heutigen Kamerun in Richtung Süden und stießen dabei bis zum Limpopo vor, dem heutigen Grenzfluss zu Simbabwe. Sie hinterließen der Nachwelt hunderte von Schmelzstätten für Eisen- und Kupfererz und Keramik wie die mysteriösen »Lydenburg-Köpfe«, die man etwas weiter südlich im heutigen Mpumalanga fand.

Etwa ab dem 11. Jahrhundert wanderten einzelne Gruppen in andere Landesteile und entwickelten dabei ihre eigenen Sprachen. So ließen sich zum Beispiel die Vertreter der Nguni-Sprachfamilie – Xhosa, Zulu, Swazi und Ndebele – im heutigen KwaZulu-Natal und im Eastern Cape nieder, wo sie sich auch mit Khoi-San vermischten. Bis heute enthält die Sprache der im Eastern Cape beheimateten Xhosa die charakteristischen Klicklaute, die von der Sprache der Buschmänner übernommen wurden.

Eine andere Splittergruppe, die Tsonga, wandte sich nach Osten in das Gebiet im Süden des heutigen Mosambik und spezialisierte sich auf den Fischfang. Und während die North-Sotho im Nordosten des Landes siedelten, passten sich die South-Sotho den Bedingungen der alpinen Drakensberge an.

Bereits im 11. und 12. Jahrhundert existierte in der Region Mapungubwe (→ Der gute Tipp von MERIAN, S. 73) im heutigen Limpopo eine hoch entwickelte Gesellschaft, die sich auf den Gold- und Elfenbeinhandel mit den Küstenregionen

Gelebte Tradition: der Tanz der Venda-Frauen im Rhythmus der Domba-Trommeln

spezialisiert hatte und Handelsrouten bis nach Asien kontrollierte – eine Erkenntnis, die zu Apartheidzeiten verschwiegen wurde, weil sie so gar nicht ins Bild des »primitiven Schwarzen« passte.

Bis heute haben sich die vier größten Bantugruppen (Nguni, Tsonga, Sotho und Venda) ihre Stammeseigenschaften bewahrt, die sich in unterschiedlichen Siedlungsmustern, Sprachen und sozialen Verhaltensmustern spiegeln.

Allerdings gibt es zwischen den einzelnen Stämmen bei weitem mehr Gemeinsamkeiten als Unterschiede, so etwa das Grundprinzip des Zusammenlebens. Nicht das Individuum steht im Vordergrund, sondern die Gemeinschaft. Statt verbriefter Eigentumsrechte wird das Land von einem »Chief« verwaltet und an einzelne Familien verliehen. Diese Lebensweise hat sich über die Zeit in einer eigenen Philosophie der schwarzen Völker Südafrikas niedergeschlagen, die »Ubuntu« genannt wird (→ S. 320).

EUROPÄISCHE SCHIFFE

Es war die Lust der Europäer auf ostasiatische Gewürze, die im 16. Jahrhundert portugiesische und später holländische Seeleute dazu brachte, die gefährliche Fahrt um Afrika zu wagen. Nachdem die Osmanen 1453 die mächtige Handelsmetropole Konstantinopel, das heutige Istanbul, erobert hatten, suchten Händler eine Alternativroute nach Asien. Wahrscheinlich war der Portugiese Bartholomëu Diaz der erste, der 1488 versuchte, Afrika zu umschiffen, um nach Indien zu gelangen. Bis heute zeugen die wie an einer Perlenschnur entlang der südafrikanischen Küste aufgereihten Schiffswracks davon, wie gefährlich und abenteuerlich dieses Unterfangen damals war. Heftige Winde und unberechenbare Strömungen und Untiefen spielten den Seefahrern übel mit. Sie sorgten jedoch ebenfalls für die erste dokumentierte Begegnung zwischen Europäern und Afrikanern am Kap: 1552 strandete nahe des heutigen Port Edward die portugiesische São João. Die überlebenden Segler trafen am Land auf Pondos vom Stamm der Xhosa. Damals lief alles friedlich ab. Immer wieder soll es sogar vorgekommen sein, dass Schiffbrüchige in den Dörfern aufgenommen wurden und dort ein neues Leben begannen.

Meist begannen feindliche Auseinandersetzungen wie etwa der Kampf zwischen den Portugiesen unter Francesco de Almeida und einer Gruppe Khoi-Khoi im Jahr 1510, mit einer europäischen Provokation, führten in Europa aber gleichwohl zu Gerüchten über Afrika als »Kontinent der Menschenfresser«.

Ab dem 17. Jahrhundert ankerten immer wieder holländische und englische Schiffe in der geschützten Table Bay am Tafelberg, um Frischwasser aufzunehmen und bei den Khoi-Khoi Eisen und Kupfer gegen Fleisch zu tauschen. Dabei verkündeten zwei englische Kapitäne um 1620 keck, sie nähmen die Table Bay sowie den Kontinent »dahinter« mit dem Segen des englischen Königs in Besitz.

Dessen ungeachtet beschloss um 1651 die »Vereinte Ostindische Kompanie« (VOC), dass der Kaufmann Jan van Riebeeck eine Versorgungsstation am Kap einrichten sollte. Riebeeck segelte am

Begegnung der anderen Art: Der Kaufmann Jan van Riebeeck empfing um 1652 Würdenträger der »Hottentotten«.

6. April 1652 mit fünf Schiffen in die Table Bay und hisste die holländische Flagge. Er hatte Anweisung, friedlich mit den am Kap lebenden Khoi-Khoi und weißen Siedlern anderer Länder umzugehen. Doch kaum war er dort, begann Riebeeck eine Befestigungsanlage anzulegen und eine Mandelhecke zu pflanzen, die das Hinterland der Kaphalbinsel – und damit Afrika – von den weißen Siedlern trennen sollte. Die Reste dieser Mandelhecke stehen noch heute im Botanischen Garten in Kirstenbosch (→ Der gute Tipp von MERIAN, S. 81).

Nach und nach ließ die »Vereinte Ostindische Kompanie« das Kap durch sogenannte »Freibürger« (»free burgher«) besiedeln, ehemalige Angestellte der Kompanie, die wenig später Gesellschaft bekamen von norddeutschen Immigranten, und um 1689 von französischen Religionsflüchtlingen (Hugenotten). Zu Beginn des 18. Jahrhunderts hatten sich diese Gruppen eine neue gemeinsame Identität geschaffen und bezeichneten sich als das afrikanische Volk, als »Africaander«, heute Afrikaner oder Buren. Von 1658 an brachte die Kompanie zudem Sklaven aus Indonesien, Indien, Madagaskar und Ostafrika ans Kap. Aus einer Vermischung von Khoi-San und Sklaven gingen die bis heute mehrheitlich am Kap lebenden Coloureds hervor. Auch die »Freibürger« heirateten christianisierte, freigelassene Sklavinnen, denn in den ersten Jahren der »Vereinten Ostindischen Kompanie« gab es so gut wie keine weißen Frauen am Kap.

Im 18. Jahrhundert blühte das Siedlerleben in und um Kapstadt; die meisten der wunderschönen kapholländischen Farmhäuser stammen aus dieser Zeit. Doch das Verlangen nach mehr Vieh und nach besserem Weideland hatte schon gegen Ende des 17. Jahrhunderts einzelne

Farmer (»trekburen«, »trekboers«) in das Landesinnere gezogen. Bald beherrschten europäische Siedler einen Großteil des Gebiets zwischen Kapstadt, Fish River und Orange River – ungeachtet der dort lebenden Khoi-Khoi und in zunehmendem Konflikt mit den im Osten siedelnden Xhosa. Was folgte, waren erbitterte Grenzkriege, die rund ein Jahrhundert andauern sollten.

Doch auch am Tafelberg waren die ruhigen Zeiten vorbei. Eine Gruppe britischer Soldaten traf 1795 in Kapstadt ein und behauptete, England besäße die Rechte am Kap. Die militärisch unterlegenen Buren fügten sich, und wenig später wehte die britische Flagge auf dem Kapstädter Castle. Für den Moment ging es den Briten nur um eine strategische Besetzung des Kap, um ein Zeichen für den Erzfeind Frankreich zu setzen, und sie blieben nur kurze Zeit. Im Jahr 1806 jedoch kamen sie zurück – diesmal, um für immer zu bleiben.

Im frühen 19. Jahrhundert verstärkten die Briten massiv ihre Siedlerpräsenz an den Grenzen der Kapkolonie in der Gegend um Grahamstown und beteiligten sich zunehmend an den Grenzkriegen mit den Xhosa. Dabei gingen sie mit teils unglaublicher Brutalität vor. »Lasst Krieg kommen über die Hütten und Gärten der Kaffern«, heißt es etwa in einem Zeitungsaufruf von 1847. »Lasst alles niederbrennen und zerstören. Lasst kein Pflügen, Säen oder Ernten zu ... erschießt auch das Vieh, wo immer ihr welches antrefft. Sagt ihnen, die Zeit ist gekommen für den weißen Mann die Herrschaft über sie zu zeigen.«

MFECANE UND BURENTRECK

Fast zeitgleich mit den politischen Umbrüchen in Kapstadt ereignete sich in den von schwarzen Stämmen besiedelten Teilen Südafrikas eine dramatische Umwälzung: die »Mfecane« (Zulu, auf deutsch »Zermalmung« oder »Vertreibung«). Auch hier sind schriftliche Quellen rar – und die Historiker spekulieren über den Auslöser der »Mfecane«. Unstrittig ist, dass dabei der kometenhafte Aufstieg des vorher eher unbedeutenden Zulu-Volks unter seinem König Shaka eine wesentliche Rolle spielte.

Die Zulu begannen um 1817 ihre Herrschaft fast 30 Jahre lang gewaltsam auszudehnen und lösten damit einen Dominoeffekt aus. Shaka regierte sie mit eisernem Willen, Rücksichtslosigkeit und Grausamkeit. Die revolutionären Kampftechniken mit leichten Schilden und kurzen Speeren machten die Zulu zu einer überlegenen Kriegsmacht. Benachbarte Stämme unterwarfen sich oder flohen vor Shakas diszipliniertem Herr. Um 1820 kontrollierte der Zulukönig ganz Natal nördlich des Tugela River in einem straff organisierten Einheitsstaat.

Für viele Zulus ist Shaka bis heute der Nationalheld schlechthin, doch über das Leben des Königs ist wenig bekannt. Das, was über Shaka berichtet wird, stammt nicht selten aus höchst fragwürdigen Quellen und liest sich wie ein Schauermärchen. Angaben eines englischstämmigen Vertrauten Shakas zufolge soll sich der König mit Tausenden von Jungfrauen umgeben haben, die er bei Todesstrafe zur Enthaltsamkeit verdammte.

weiter auf S. 342

DAS ERBE DER KHOI-SAN

Lange vor unserer Zeitrechnung bevölkerten das Land die San, die sich vor rund 1500 Jahren mit den Khoi-Khoi vermischten.

Elf offizielle Landessprachen gibt es in Südafrika. Die Sprache der Ureinwohner jedoch gehört nicht dazu. Aber zumindest hat die Geschichte der Khoi und der San in Südafrika inzwischen Einzug in die Geschichtsbücher gehalten, die in Apartheidzeiten erst mit dem Kapitel der Landung Jan van Riebeecks am Kap um 1652 begannen. Dieses neue und doch älteste Kapitel der Geschichte Südafrikas liest sich in etwa so: Lange, bevor die ersten schwarzen Bantu-Stämme aus dem Norden an die Südspitze Afrikas wanderten, war das Land am Kap von kleinwüchsigen, braunhäutigen Menschen bevölkert, den seit Jahrtausenden hier lebenden San und den Khoi-Khoi, die um das sechste Jahrhundert nach Christi von Norden aus kommend dazustießen.
Im Gegensatz zu den als Jäger und Sammler lebenden San waren die Khoi-Khoi auf die

Viehzucht spezialisiert und lebten in großen, hierarchisch gegliederten Gemeinschaften mit ausgeprägten Sozialstrukturen. Als sicher gilt, dass im Jahr 1500 etwa 120 000 Khoi-San im heutigen Südafrika lebten – viele davon in der Umgebung des Tafelberges. Gemeinsam ist den Khoi und San unter anderem ihre charakteristische Sprache mit Klick- und Schnalzlauten, deren Einfluss sich noch im heutigen Xhosa wiederfindet.

Eindrucksvolles Zeugnis dieser alten Kultur sind Höhlenmalereien, die sich in ganz Südafrika finden, so in den Cedarbergen im Western Cape und in den Drakensbergen. Die Motive dieser bis zu 20 000 Jahre alten Felsmalereien entstammen der Religion und den Traditionen der San. Zentral sind dabei Darstellungen der Eland-Antilope. Jüngere Zeichnungen auf Felsen zeigen bereits europäische Siedler und die von ihnen eingeführten Tiere. Insgesamt gibt es mehrere tausend dieser »Freiluftgalerien«. Wohl eine der spektakulärsten befindet sich in der Giant's Castle-Region in den Drakensbergen.

Mit dem Eintreffen der holländischen Siedler in der Table Bay ab 1652 waren die Tage der Khoi-San gezählt: Bald schon weigerten sich die Ureinwohner, für die Kolonialherren zu arbeiten, die sie nicht anders als wilde Tiere behandelten. Mehr und mehr zogen die »Buschmänner« sich ins heiße, trockene Landesinnere zurück. Viele starben an Unterernährung und den von den Europäern eingeschleppten Pocken. Einige vermischten sich mit den Siedlern oder den Xhosa, weshalb nicht wenige der heute am Kap lebenden Coloureds Khoi-San-Blut in sich tragen.

Heute gibt es schätzungsweise noch an die 5000 San und 10 000 Khoi in Südafrika, in Namibia und Botswana – unter anderem auch in der Kalahari. Sie stehen vor der schweren Entscheidung, an ihrem traditionellen Leben festzuhalten oder dem Ruf des modernen Lebens zu folgen und ihre beeindruckende Geschichte und Kultur endgültig den Historikern zu überlassen.

Ziel- und mittellos bewegen sich heute viele der Khoi-San am Rande der modernen südafrikanischen Gesellschaft.

Shaka selbst lebte angeblich zeitlebens in einer platonischen Beziehung mit der ihm verfallenen Pampata, heiratete jedoch nie. Täglich soll er ausgiebig vor schaulustigen Anhängern gebadet haben und soll, ganz entgegen aller afrikanischer Stammestradition, keinen Thronfolger gezeugt haben. So die Legende.

An Shakas Grausamkeit besteht jedoch kaum Zweifel: Mehrmals ließ er Untergebene wahllos und spontan ermorden, um seine Macht zu demonstrieren. Er vergötterte seine Mutter Nandi. Als sie ermordet wurde – manche sagen, von Shaka selbst -, verfiel die Nation in einen selbstzerstörerischen Fanatismus und gab sich einem wahren Blutrausch hin. Benachbarte schwarze Stämme fürchteten die Krieger Shakas: Sie flohen und griffen dabei wiederum Nachbarn an. So entstand eine Kettenreaktion: Teile des Highveld waren zuweilen mit Menschenknochen übersät; Manche Clans verarmten so sehr, dass sie vorübergehend zu Kannibalen wurden. Einzig der für seine Weisheit, Friedfertigkeit und sein diplomatisches Geschick berühmte Sotho-Chief Moshoeshoe vermochte es, Teile der versprengten Stämme unter sich zu vereinen und legte damit den Grundstock für das heutige Bergkönigreich Lesotho.

Ohne von den Dramen der schwarzen Völker zu wissen, entschieden sich zur selben Zeit einige tausend Buren, vom Kap aus ins Landesinnere zu ziehen. Sie flohen vor den Folgen des Grenzkrieges mit den Xhosa (1834/35) und vor der britischen Dominanz. Die Briten hatten 1834 die Sklaverei am Kap abgeschafft. Freie Nichtweiße – also vor allem KhoiSan – durften somit nicht mehr rechtlich benachteiligt werden, was mit den Interessen der burischen Siedler kollidierte.

Insgesamt verließen zwischen 1836 und 1840 mindestens 6000 Buren in von Ochsen gezogenen Planwagen die Kapkolonie. Der »Große Treck« gilt für burische Nationalisten bis heute als Gründungsritual des Burenvolkes.

Die Anführer der »Voortrekker« (auf Afrikaans »die, die voraus gehen«) wie Hendrik Potgieter, Gert Maritz und Piet Retief wurden zu Nationalhelden.

Ein Teil der »Voortrekker« ließ sich auf dem Highveld im Landesinnern nieder, ein anderer Teil zog Richtung KwaZulu-Natal und traf dort auf die Zulus unter Führung Dinganes, Shakas Mörder und Nachfolger. Dingane traute den Weißen

Auf der Suche nach Lohn und Brot konkurrierten um 1910 Transvaal-Buren mit Schwarzen.

nicht über den Weg, ließ Piet Retief und 70 seiner Begleiter bei einem Besuch ermorden, und begann die Lager der Buren anzugreifen. Es kam zu blutigen Schlachten in den Natal Midlands (Battlefields), aus denen die Weißen aufgrund ihrer überlegenen Waffen siegreich hervorgingen. In der legendären Schlacht am Blood River vernichtete 1838 eine Gruppe »Voortrecker« unter Andries Pretorius (dem späteren Namensgeber von Pretoria) eine Zulu-Übermacht von 3000 Kriegern. Die Schlacht wurde, ähnlich wie der »Große Treck«, zum Mythos der Buren und verstärkte deren Überzeugung, von Gott dazu bestimmt zu sein, Südafrika zu beherrschen. Als Folge der Schlacht entstand die »Republik Natalia«, die allerdings 1842 von der britischen Krone annektiert wurde.

Blieb für die Briten noch das »Problem« der unberechenbaren Zulus. Deren späterer König Cetshwayo gab sich friedlich, und nur durch fortwährende Provokation gelang es der britischen Armee, den Zulukönig in einen Krieg zu ziehen. Trotz ihrer waffentechnischen Überlegenheit wurden die Briten in der Schlacht von Isandlwana vernichtend geschlagen. Es war der größte Sieg, den eine afrikanische Armee südlich der Sahara je über weiße Soldaten errungen hat. In der späteren Schlacht von Ulundi wendete sich das Blatt jedoch, und die Zulus mussten sich den Briten geschlagen geben.

Für die schwarzen Stämme Südafrikas war nun die Zeit der Selbstbestimmung vorbei. Die Grenze der Kapkolonie verschob sich sukzessive nach Osten und lag 1865 bereits am Great Kei River im heutigen Eastern Cape.

In neun Grenzkriegen zwischen 1778 und 1878 wurden die Xhosa unterworfen. Nicht unerheblich trug dazu die Prophezeiung eines Xhosa-Mädchens namens Nongquawuse bei, nach der das Volk von den Ahnen gerettet würde, wenn die Menschen ihre Nahrungsvorräte und ihr Vieh vernichteten.

In der Folge verhungerte rund ein Drittel der 105 000 Xhosa. Europäische Siedler, darunter vor allem Deutsche, besiedelten daraufhin die entvölkerten Gebiete. Im Norden des Landes mussten sich schon bald auch die Venda und die Pedi der Macht der Buren beugen.

Die Briten erlaubten den »Voortrekkern« inzwischen, eigene Republiken im Landesinnern zu gründen: 1852 wurde der Oranje (Orange) Free State ausgerufen und 1854 Transvaal, die spätere »Zuid-Afrikaansche Republiek«. Der Basotho-König Moshoeshoe geriet zunehmend unter Druck und entschied sich schließlich, seine Untertanen unter britisches Protektorat zu stellen; ähnlich hielten es die Swasi und Tswana. In der Folge entstanden daraus Lesotho, Botswana und Swasiland.

Derweil traf ab 1860 eine weitere Immigrantengruppe an Südafrikas Küste ein: Auf den Zuckerrohrplantagen von Natal waren die Arbeitskräfte knapp geworden und rund 6000 indische Gastarbeiter aus Madras füllten die Lücke. Ihnen folgten indische Muslime aus Gujat, die sich vielerorts erfolgreich als Händler niederließen. So fand auch ein Rechtsanwalt namens Mohendas K., genannt Mahatma, Gandhi den Weg nach Südafrika. Nachdem er als Nicht-Weißer auf dem Weg von Durban nach Pretoria aus der Eisenbahn geworfen wurde, begann sein lebenslanges politisches Streben nach Gleichberechtigung. Um die Schwarzen ging es ihm dabei allerdings weniger – ein Umstand, der Gandhi in Südafrika bis heute negativ anhängt.

GOLD- UND DIAMANTENFIEBER

Am Vaal River in der Nähe des heutigen Kimberley machte man 1867 eine Entdeckung, die Südafrikas Geschichte verändert sollte. Zuerst waren es nur einige wenige Diamanten, die der Fluss angeschwemmt hatte, dann fand man an dieser Stelle immer mehr – und schließlich war klar: Durch das gerade erst von Weißen besiedelte Land im Norden lief eine der größten Diamantenadern der Welt. Was folgte, war der größte »Diamantenrush« aller Zeiten: Überall wurde gegraben – und in kürzester Zeit entstand ein gigantisches Loch, das »Big Hole«, neben dem bald die Stadt Kimberley wuchs. Es war die Zeit der großen Träume, der Spekulanten und skrupellosen Geschäftsleute – Männern wie Cecil John Rhodes, der damals begann, das noch heute marktbeherrschende Diamantenimperium »De Beers« aufzubauen und wie kein anderer in der südafrikanischen Geschichte den britischen Imperialismus verkörpert.

Segen für die Mining Companies, Fluch für das Land: Diamantenfunde in Kimberley um das Jahr 1890.

Die Diamantenfelder lagen auf burischem Boden, und so verwundert es nicht, dass die Aussicht auf kommende Reichtümer die beiden unabhängigen Republiken Transvaal und Orange Free State unversehens wieder ins Zentrum des britischen Interesses rückte. Ein erster Versuch von britischer Seite, Transvaal zu besetzen, scheiterte 1881 am Widerstand der Buren (First Anglo-Boer War). Paulus Kruger, der von seinen Anhängern »Oom« (Onkel) genannte legendäre Burenführer, wurde danach erster Präsident der Republik Transvaal.

Als 1886 noch eine riesige Goldader am Witwatersrand bei Johannesburg entdeckt wurde, gab es für Glückssucher aller Art kein Halten mehr – und erst recht nicht für die Briten. Die Goldgräbersiedlung Johannesburg wuchs in schwindelerregendem Tempo. Bereits um 1900 hatte sie mehr als 75 000 weiße Einwohner. Zum Missfallen der Buren gehörten dazu mehr und mehr Ausländer (»uitlanders«), die zudem noch politische Rechte einforderten. Cecil John Rhodes, inzwischen Multimillionär und Premierminister am Kap, sah jetzt seine Chance gekommen und plante einen Aufstand der »Uitlanders« gegen die Burenregierung, in dessen Folge es mit deren Unabhängigkeit ein für allemal vorbei sein sollte. Alles war perfekt geplant, doch im letzten Moment verweigerten ausgerechnet die »Uitlanders« ihre Unterstützung. Der britische Kommandant Leander Starr Jameson putschte trotzdem 1896, musste allerdings aufgeben, bevor seine Männer überhaupt Johannesburg erreichten. Dieses zweite britische Desaster verhalf Kruger zu wachsender Beliebtheit unter den Buren, ließ aber auch erahnen, dass ein Krieg auf Dauer unvermeidlich war.

Bis in 800 Meter Tiefe bohren die Diamantenjäger ihre Schächte. Kimberleys »Big Hole« ist heute eine Sehenswürdigkeit.

DIE »SÜDAFRIKANISCHE UNION«

Gegen Ende des 19. Jahrhunderts begann England, seine Truppen in Südafrika zu verstärken, und den Buren schwante nichts Gutes. Was folgte, war ein Krieg. Nach überraschenden Anfangserfolgen gerieten die Buren rasch in die Defensive. Die Republik Transvaal wurde annektiert, Präsident Kruger flüchtete 1900 in die Schweiz. Die Briten hielten den Krieg für beendet, doch die Buren verlegten sich auf Guerilla-Taktiken. Ähnlich wie in den Kriegen mit den Xhosa reagierten die Briten darauf mit unverhältnismäßiger Härte: Sie brannten Farmen nieder und brachten burische Frauen und Kinder in Konzentrationslager, von denen dort mehr als 25 000 starben. Dazu kamen 14 000 Farbige und Schwarze, die der Kollaboration verdächtigt wurden. Die Konzentrationslager des Burenkriegs sorgten für die vielleicht tiefste Wunde der burischen Seele und schürten einen Hass auf die Briten, dessen Reste man durchaus heute noch spüren kann.

1910 vereinten sich die besiegten Republiken Transvaal und Orange Free State mit der Kap-Provinz und Natal zur »Südafrikanischen Union«, einer eigenständigen Kolonie des Commonwealth. Leer ging dabei die schwarze Bevölkerungsgruppe aus, die vor allem auf englischer Seite gekämpft hatte und denen politische Rechte versprochen worden waren. Ebenso wie den weißen Frauen wurde ihnen das Wahlrecht versagt.

Proteste und Rebellionsversuche der Schwarzen schlug man grausam nieder, und mehr und mehr von ihnen waren nun gezwungen, sich in den Dienst der Weißen zu stellen. In dieser Zeit ent-

Trauben als Propagandamittel: Englische Fräuleins versorgen ihre Soldaten im Burenkrieg mit Tee und Früchten.

stand das System der Wanderarbeit (»migrant labour«), das von den Männern verlangte, zum Geldverdienen in die Städte und Minen des Witwatersrand zu ziehen und ihre Familien in entfernten Gebieten zurückzulassen. Unter den sozialen Langzeitfolgen dieses unmenschlichen Systems leidet das Land bis heute.

Die tiefgreifenden sozialen Umwälzungen, die der Entdeckung von Gold und Diamanten folgten, verlangten nach neuen Lösungen. Konfrontiert mit einer trostlosen Zukunft unter weißer Herrschaft gründeten Schwarze 1912 den »South African Native National Congress« – den späteren ANC. Die Buren ihrerseits, die ihre Farmen durch den Krieg verloren hatten, konkurrierten nun mit den schwarzen Arbeitskräften um Jobs. Es dauerte nicht lange, und der burische Nationalismus rührte sich erneut: 1918 entstand der »Broederbond«, ein Geheimbund mit dem Ziel, Sprache, Religion und Kultur der »Afrikaner« zu bewahren und dem »Volk« die Rückkehr an die Schalthebel der Macht zu ebnen. Viele Mitglieder des Bundes ließen sich in der Folge von faschistischen Ideen inspirieren, so auch Hendrik Frensch Verwoerd, der spätere Apartheid-Premierminister.

APARTHEID UND WIDERSTAND

In den Wahlen von 1948 errang die burisch-konservative »National Party« (NP) einen überraschenden Sieg. Sie hatte zuvor unter den wahlberechtigten Weißen die Angst vor der »schwarzen Gefahr« geschürt. D. F. Malan übernahm damals die Regierung mit den Worten: »Zu uns schauen Millionen von barbarischen Schwarzen auf, die Führung, Gerechtigkeit und ein christliches Leben suchen.« Was bisher eine systematische Benachteiligung der nicht-weißen Bevölkerung war, entwickelte sich zum System der Apartheid (»Getrenntheit«). Rassenzugehörigkeit wurde nun zur Grundlage der Politik. Die Bürokraten unterschieden die Bevölkerung nach Schwarzen (»nativs«), farbigen Mischlingen (»coloureds«), Indischstämmigen (»asians«) und Weißen (»whites«). Die Hautfarbe bestimmte, wo Menschen arbeiteten und lebten, wo sie zur Schule oder Kirche gingen und wo sie begraben wurden, ob sie Land besitzen durften und mit wem sie intim werden konnten. Die Liste der Gesetze, die während der 50er Jahre verabschiedet wurden, ist lang. Sie alle benachteiligten Nicht-Weiße und schlossen sie vom Leben der »Weißen« systematisch aus. Verheerende Langzeitfolgen hatte dabei der »Bantu Education Act« von 1953, der Schwarzen lediglich eine primitive Schulbildung ermöglichte.

Im Jahr 1958 trat ein Mann an die Spitze der Regierung, der wie kein anderer als Architekt der »Grand Apartheid« gilt: Hendrik Frensch Verwoerd. Seine Vision war es, die schwarze Bevölkerungsmehrheit langfristig in ihre Stammesgebiete zu verbannen und diese als unabhängige Staaten aus einem weißen Südafrika auszugliedern. Die von der Regierung eingerichteten zehn Homelands (»bantustans«) machten etwa 13 Prozent der Fläche Südafrikas aus – reserviert für 75 Prozent der Bevölkerung. Rund 3,5 Millionen Menschen wurden zwangsumgesiedelt. Außerhalb dieser Reservate waren Schwarze künftig nur noch als Gastarbeiter erwünscht. Es hagelte Proteste von Anfang an, unter anderem vom »African National Congress« (ANC) und dessen Jugendorganisation. Herzstück des Widerstands war die 1955 in Kliptown verabschiedete Freiheitscharta (Freedom Charter) für ein nichtrassisches und demokratisches Südafrika. Unter Führung von Robert Sobukwe spaltete sich 1959 eine Gruppe von Aktivisten vom »African National Congress« ab und gründete den radikaleren schwarz-nationalistischen »Pan Africanist Congress« (PAC). Unter dessen Banner versammelten sich 1960 an die 15 000 friedliche Demonstranten, um gegen die Diskriminierung der Schwarzen zu protestieren. Die Polizei feuerte damals in die Menge. Es starben 69 Menschen – mindestens 180, darunter Frauen und Kinder, wurden verletzt. Der Tag ging als »Sharpville-Massaker« in die Geschichte ein und heizte Wut und Zorn im Land in einem nie dagewesenen Maß an. Die Regierung verbot daraufhin den ANC und PAC und ließ deren Führer verhaften.

Die Bilanz der Opfer der Apartheidpolitik Südafrikas in den 50er und 60er Jahre ist erschütternd: An die vier Millionen Menschen wurden verhaftet, weil sie gegen die Passgesetze verstoßen hatten, die seit 1952 jeden Schwarzen dazu zwangen, einen Ausweis (»reference book«) mit sich zu führen, der seinen Besitzer zum zeitweiligen Aufenthalt in weißen Städten berechtigte – oder eben nicht. Es gab insgesamt über 7000 politische Gefangene. Psychologische Einschüchterung, Folter, Vergewaltigung und Mord hielten Einzug ins Arsenal der Geheimpolizei – und auf »Terrorismus« stand die Todesstrafe.

Gemeinsam mit anderen Führern des ANC wurde Nelson Mandela 1964 im Rivonia-Prozess verurteilt und auf der Gefängnisinsel Robben Island vor Kapstadt eingekerkert (→ TopTen, S. 122).

Der schwarze Widerstand verlegte sich danach zunehmend ins Exil. Weite Teile der heutigen politischen Elite gehören dieser »Exilgeneration« an, wie auch Thabo Mbeki, seit 1999 Präsident der Republik Südafrika.

Nach der Ermordung von Hendrik Verwoerd setzte J. B. Vorster 1966 die Apartheidpolitik fort. Doch in der weißen Bevölkerung mehrten sich die Zweifel am Kurs der Regierung. Je mehr in den 60er Jahren die »kleinkarierte« Form der Apartheid im öffentlichen Leben, die sogenannte »Petty Apartheid«, um sich griff, desto empörter reagierte das Ausland auf Fotos mit Parkbänken mit der Aufschrift »für Weiße« und nach Hautfarbe getrennten öffentlichen Toiletten. Südafrika wurde international isoliert und 1974 aus der UNO ausgeschlossen.

Am 16. Juni 1976 erreichten schließlich die Spannungen im Land mit dem Schüleraufstand in Soweto erneut einen Höhepunkt: Als Protest auf die Einführung von Afrikaans als Unterrichtssprache in schwarzen Schulen gingen Tausende Schulkinder in Soweto, dem größten Township südlich von Johannesburg, auf die Straße. Wieder reagierte die Polizei mit Schüssen. Etwa 220 Kinder wurden verletzt, 23 getötet – darunter der zwölfjährige Hector Pieterson,

Kinder an der Spitze des Widerstands: Mit dem Schüleraufstand von Soweto begann 1976 der Anfang vom Ende des Regimes.

dessen Foto damals um die Welt ging. Die Ereignisse von Soweto wirkten wie ein Katalysator: Im ganzen Land flammten Proteste auf, bei denen in acht Monaten über 600 Demonstranten starben – ein Viertel davon Kinder. Hinzu kam ein Jahr später der Tod von Steve Biko im Polizeigewahrsam in Pretoria. Der junge Intellektuelle galt als Vater des »Black Consciousness Movement«, das für die Emanzipation der Schwarzen eintrat.

Als 1978 Pieter Willem Botha die Regierung übernahm, versprach er, einige der entwürdigenden Apartheid-Gesetze abzuschaffen. Tatsächlich fielen 1985 das Verbot gemischtrassiger Beziehungen und ein Jahr später die Passgesetze. Schwarze erhielten das Recht, Land zu besitzen und die »Petty Apartheid« – getrennte Restaurants, Hotels, Kinos, Parkbänke – wurde weitgehend abgeschafft. Die Unruhen im Land gingen jedoch unaufhaltsam weiter.

Bereits 1983 hatte sich mit der »United Democratic Front« (UDF) eine erste breite Widerstandsfront aus Hunderten von Anti-Apartheid-Gruppen gebildet. Zu ihren prominentesten Mitgliedern gehörte der anglikanische Erzbischof von Kapstadt, Desmond Tutu, der 1984 den Friedensnobelpreis erhielt. Kurz darauf entstand die mächtige Gewerkschaftsbewegung »Cosatu«. Präsident Botha stellte 1985 Nelson Mandela die Freilassung in Aussicht – gegen einen bedingungslosen Gewaltverzicht der Schwarzen. Nelson Mandela aber verlangte die Abschaffung der Apartheid und lehnte ab. Massenproteste und Streiks erschütterten das Land. »Macht Südafrika unregierbar«, war der Schlachtruf der Protestbewegung.

Gleichzeitig verstärkte das Ausland den Druck auf die Apartheidregierung. Banken forderten Kreditrückzahlungen, ein massiver Kapitalabfluss erfolgte in den 90er Jahren, als internationale Unternehmen aus Südafrika abwanderten. Das Regime in Pretoria stand innen-, außen- und wirtschaftspolitisch mit dem Rücken zur Wand. Aber es war noch immer bis an die Zähne bewaffnet.

DER WEG ZUR DEMOKRATIE

Bevor sich das offizielle Ende der Apartheid anbahnte, hatten hinter den Kulissen bereits Verhandlungen begonnen. 1985 fanden geheime Gespräche zwischen Regierungsmitgliedern und dem inhaftierten Nelson Mandela statt, ein Jahr später saßen Buren und Schwarze sich unter Führung Thabo Mbekis gegenüber, 1987 trafen sich weiße Intellektuelle und Geschäftsleute mit dem ANC. Mandela wurde von »Robben Island« ins Kapstädter Gefängnis Pollsmoor verlegt, kurz darauf in ein Haus auf dem Gebiet des »Victor Verster Prison« bei Paarl.

Nachdem das »alte Krokodil« (»groot krokodil«) P. W. Botha einen Schlaganfall erlitten hatte, war 1989 der Weg frei für Frederik Willem de Klerk. Als Hardliner bekannt, hatte de Klerk dennoch die Zeichen der Zeit erkannt.

Er entließ 1989 wichtige ANC-Führer wie Walter Sisulu aus der Haft. In einer wegweisenden Rede hob er am 2. Februar 1990 das Verbot des ANC, PAC, SACP und weiterer Organisationen des Widerstands auf, schaffte die Todesstrafe ab und kündigte die Freilassung des seit 27 Jahren inhaftierten Mandela sowie anderer politischer Gefangenen an. Unbemerkt von den meisten weißen Südafrikanern hatte ihre Regierung eine radikale Wendung vollzogen.

Der erste Schritt war getan. Doch für de Klerk war eine schwarze Mehrheitsregierung undenkbar. Im Glauben, sie hätten den Prozess unter Kontrolle, forderten die Buren nicht nur umfassende Minderheitenrechte, sondern auch eine langfristige politische Mitsprache bis hin zum Vetorecht. De Klerk aber brauchte die Zustimmung der weißen Wählerschaft. In einem Volksentscheid im Jahr 1992 bekam er sie auch: Überraschende 69 Prozent unterstützten die Reformen und sekundierten damit die Abschaffung der weißen Minderheitsherrschaft – eine überraschende »Selbstentmachtung«.

Doch noch für Monate sollte die Zukunft Südafrikas auf Messers Schneide stehen. Um den Druck bei den Verhandlungen aufrecht zu halten, kämpfte jede Seite auf der Straße verbissen weiter. Polizisten erschossen im Township Boipatong ANC-Demonstranten. Beim »Bisho-Massaker« töteten Soldaten 28 ANC-Anhänger, die friedlich gegen das schwarze Marionettenregime des Homeland Ciskei protestiert hatten.

Die Verhandlungen gingen dennoch voran. Im »National Peace Accord« einigten sich die politischen Kontrahenten auf Verhaltensregeln für alle Parteien und Sicherheitskräfte. Es folgten Mehrparteienverhandlungen der »Convention for a Democratic South African« (Codesa) über Wahlen und künftige Verfassung.

Am 27. April 1994 schließlich fanden die ersten allgemeinen, freien und gleichen Wahlen in der Geschichte Südafrikas statt. 22,7 Millionen Südafrikaner waren wahlberechtigt, 18 Parteien standen zur Wahl. Die Fotos vom 27. April sprechen Bände: Im ganzen Land warteten Millionen von Menschen geduldig in kilometerlangen Schlangen darauf, ihre Stimme abzugeben. Das Ergebnis war nicht überraschend: Der »African National Congress« (ANC) erhielt mit 62,7 Prozent fast zwei Drittel der Stimmen, die »National Party« (NP) gerade mal 20,4 Prozent und die »Inkatha Freedom Party« (IFP) 10,5 Prozent. Nach einer 342 Jahre dauernden weißen Alleinherrschaft war Nelson Mandela zum ersten schwarzen Präsidenten des Landes gewählt worden.

Die Wahlen von 1994 gingen als »Wunder von Südafrika« in die Weltgeschichte ein. Nicht auf dem Schlachtfeld, sondern am Verhandlungstisch hatten die ehemaligen Kolonialherren sich von der Macht zurückgezogen. Doch das »Wunder vom Kap« hatte seinen Preis: Allein zwischen 1990 und 1994 starben über 14 000 Menschen durch politisch motivierte Gewalt.

DIE WAHRHEITSKOMMISION

Wie sollte die neue Regierung mit den politisch motivierten Verbrechen des Apartheidregimes umgehen? Amnestie für alle Täter, Folter und Mord vergeben und vergessen? Oder Strafverfolgung nach dem Modell der Nürnberger Prozesse? Beides war für Südafrika kaum praktikabel. Das Apartheidregime war nicht vernichtend geschlagen worden, sondern aktiv am Machttransfer beteiligt, was Siegerjustiz schwierig bis unmöglich

weiter auf S. 354

Endlich freie Wahlen! 1994 ist Nelson Mandela am Ziel, der African National Congress feiert den Sieg.

DISTRICT SIX

Die Apartheid-Regierung machte einen ganzen Stadtteil dem Erdboden gleich - doch die Legende von District Six lebt.

Vier Millionen Südafrikaner wurden zwischen 1913 und 1983 gewaltsam aus ihrem eigenen Land vertrieben und umgesiedelt – weil sie die falsche Hautfarbe hatten. Nur selten hat die Welt davon etwas mitbekommen. Anders in Kapstadt: District Six wurde zum Symbol für die Auswüchse blinder Ideologie – weithin sichtbar als kahler Fleck auf dem Stadtplan von Kapstadt.
Die Geschichte des District Six ist eines der tragischsten Kapitel des alten Südafrika. Es liest sich wie eine Mischung aus Kitschroman und Altem Testament – Happy End inklusive. In den 1960er-Jahren zwang die Apartheidregierung die 60 000 Einwohner von District Six nach Hautfarbe getrennt in Townships umzusiedeln.

»District Six war einmalig in ganz Südafrika«, sagt der alte Kapmalaie und blickt auf die kahle, von Unkraut überwucherte Fläche am Hang des Tafelbergs. »Wir hatten alle möglichen Leute hier, und alle haben in Eintracht miteinander gelebt. District Six war ein einzigartiger, ein unbeschreiblicher Ort!«

District Six ist tot. Niedergemäht von Politikern, die nicht ertragen konnten, was sie dort sahen: Ein quirliges, buntes Viertel, in dem weder Hautfarbe noch Herkunft zählten und christliche Jungs das Fußballspiel unterbrachen, wenn der Muezzin ihre muslimischen Kumpels zum Gebet rief. District Six war Multi-Kulti in größter Selbstverständlichkeit. District Six war die Regenbogennation, bevor das Wort erfunden wurde. Auf dem Höhepunkt der Apartheid stellte das Viertel für die ideologietrunkenen Politiker in Pretoria eine Peinlichkeit dar. District Six verkörperte einen Lebensstil, der ihre die angeblich von Gott geweihte politische Vision komplett in Frage stellte.

Heute, 40 Jahre danach, brennt die Apartheid auf dem Scheiterhaufen der Geschichte, und über District Six weht einsam der Südost-Wind. Außer ein paar Kirchen und Moscheen ist nichts übrig von diesem Viertel. Stattdessen zieht sich eine überdimensionierte Asphaltpiste durch das Gebiet,

Swinging Sixties beim Coon Carnival: Vor der Erklärung zur »weißen Zone« fand das Leben im District Six auf der Straße statt.

gebaut, um die Erinnerung an die Hanover Street auszulöschen, die einst die Lebensader im District Six gewesen war.

Mitte des 19. Jahrhunderts trafen sich im Viertel befreite Sklaven und Matrosen, Künstler, Immigranten und Händler mit voll geladenen Gemüsekarren. Das Viertel war Epizentrum der Hoffnungsvollen und Lebensfrohen und Heimat all derer, die große Träume hatten – und leere Taschen. Zeitweise lebte ein Zehntel der Kapstädter in den dicht aneinander gedrängten Häusern zwischen Fischmarkt, Innenstadt und Woodstock. Man teilte die Armut und alles, was sie erträglich machte: den Herd zum Brotbacken, Zucker für den Tee, die Liebe zur Musik.

Wenn die Alten vom Leben hier erzählen, entsteht ein sentimentales Bild. An den Straßenecken standen junge Männer beisammen und haben gesungen, um sich etwas Geld zu verdienen. Viele wurden zu lokalen Berühmtheiten, doch den Sprung auf die Weltbühne schaffte nur, wer ins Exil ging wie Hugh Masekela, Louis Moholo oder die Jazz-Legende Abdullah Ibrahim.

Klar habe es Gangster gegeben im Viertel, räumen sie ein. Aber Gangster mit Stil, die sich Faustkämpfe im Anzug lieferten und sich von alten Frauen in die Schranken weisen ließen. Kinder spielten auf der Straße Fußball mit Bällen aus zusammengeknülltem Zeitungspapier.

Diese Gemeinschaft ließ Selbstbewusstsein enstehen, das anderswo längst gesenkten Blicken gewichen war: Hinter den bröckelnden Mauern von District Six wuchs der Widerstand gegen die Apartheid.

1966 fiel die Entscheidung: Die Regierung erklärte District Six zum Slum und zur weißen Wohngegend. Was viele für einen schlechten Scherz hielten, nahm unter Premierministers Botha Form an: 1968 rückten Bulldozer an. Doch es dauerte noch 15 Jahre, bis die letzte Familie unter Protest District Six verließ. Die über 60 000 Menschen waren auf Townships aufgeteilt, Familien und Existenzen zerstört worden. District Six bekam 1970 vorübergehend den Namen »Zonnebloem«, wurde aber wegen massiver Proteste nicht bebaut. 1997 fiel das Gebiet an die Bewohner zurück. 2004 markierte der erste Spatenstich den Wiederaufbau des Viertels und die Rückkehr der Vertriebenen. Die ersten Häuser stehen. Wenn es gut geht, werden zur Fußball-WM 2010 wieder 20 000 Menschen in District Six wohnen.

Das »District Six Museum« will Hoffnungszeichen und Anlaufstelle für »dispossessed« sein.

machte. Andererseits waren die Menschenrechtsverletzungen von einer Dimension, die nicht ignoriert werden konnte. Die Lösung war revolutionär – ein historisches Experiment, das jedoch nicht unumstritten ist.

Die 1994 einberufene Wahrheits- und Versöhnungskommission »Truth and Reconciliation Commission« (TRC) unter Vorsitz von Erzbischof Desmond Tutu sollte Apartheidverbrechen nach 1948 und die dahinter stehenden Motive aufdecken, den Opfern eine Stimme geben und zur Versöhnung von Schwarz und Weiß beitragen.

Das hehre Ziel wurde in einem beeindruckenden Umfang erreicht: Viele Täter (darunter auch schwarze) meldeten sich freiwillig und legten ihre Verbrechen sogar oft in Anwesenheit der Opfer offen. Taten sie dies glaubhaft und begründeten sie die Tat mit politischen Motiven, winkte ihnen der Schutz vor künftiger Strafverfolgung. Die TRC schloss 1998 ihre Arbeit ab und veröffentlichte einen umfassenden Report, der unter anderem Empfehlungen für die Entschädigung von Apartheidopfern enthält. Allerdings – und das ist Stein des Anstoßes – warten die meisten der bitterarmen Opfer heute noch immer vergeblich auf die angekündigten (bescheidenen) Entschädigungen.

Dennoch gilt das Experiment der Wahrheits- und Versöhnungskommision aus einem Grund als absolut gelungen: Seit den dramatischen öffentlichen Anhörungen, in denen ehemalige Polizisten ihre Foltermethoden demonstrierten und Mütter unter Tränen vom Tod ihrer Kinder erzählten, kann sich niemand mehr auf Nichtwissen berufen. Für viele Weiße waren die Anhörungen ein Schock, der sie zwang, sich mit einer Realität auseinanderzusetzen, die sie bewusst oder unbewusst ignoriert hatten. Ob die TRC zur nationalen Versöhnung beigetragen hat, lässt sich schwer einschätzen. Jedenfalls hat sie der Nation den Spiegel vorgehalten und mit dazu beigetragen, das neue Südafrika auf den Weg zu bringen.

SÜDAFRIKA UND DIE ZUKUNFT

Aus den zweiten demokratischen Wahlen von 1998, in denen der ANC die Zweidrittelmehrheit im Parlament erreichte, ging Thabo Mbeki als Wahlsieger hervor. Er ist im Volk weniger beliebt als sein Vorgänger Nelson Mandela und gilt bei vielen als abgehobener Intellektueller mit untrüglichem Machtinstinkt. Unter Mbeki hat sich Südafrika einer neo-liberalen Wirtschaftspolitik verschrieben, die allerdings für die Ärmsten so gut wie keine Früchte getragen hat und im Ausland weitaus positiver gesehen wird als im einfachen Volk. Außenpolitisch hat sich Mbeki die Wiedergeburt Afrikas (»African Renaissance«) auf die Fahne geschrieben. Die Probleme des Landes sind jedoch weniger philosophisch, sondern äußerst real: Armut, Aids und Arbeitslosigkeit halten die Republik am Kap fest im Würgegriff, und die Fähigkeit der Regierung, diese Probleme zu lösen, wird ausschlaggebend sein für die wirtschaftliche und politische Zukunft des Landes.

1990 die Freiheit, 1993 den Friedensnobelpreis, 1994 das Präsidentenamt: Nelson Mandela ist das Gesicht des neuen Südafrika.

SHELL

REISE-SERVICE

Südafrika macht es dem Besucher leicht: Guter Service, eine exzellente Infrastruktur, erstklassige Ärzte und die Wärme und Offenheit der einheimischen Bevölkerung sorgen für einen entspannten Urlaub. Was Sie sonst noch wissen müssen, um sich in Südafrikas Alltag zurechtzufinden, sagt Ihnen dieses Kapitel.

Wer kein Mietauto nehmen möchte, bewältigt die großen Entfernungen mit der Bahn.

WISSENSWERTES VON A–Z

ALLGEMEINES

Die allgemeine Bezeichnung ist Republik Südafrika. Das Staatsgebiet erstreckt sich über eine Fläche von 1,2 Millionen Quadratkilometer und ist somit mehr als dreimal so groß wie Deutschland. Südafrika lockt als Reiseland nicht nur mit unberührter Natur und wilden Großtieren, sondern auch mit einer guten Infrastruktur, einem starken Tourismussektor, sowie mit einer kulturellen Vielfalt, die weltweit ihresgleichen sucht.

Bevölkerung: 2006 betrug die Gesamtbevölkerung Südafrikas 46,4 Millionen. Etwa 79 Prozent der Bevölkerung sind Schwarze, 10 Prozent Coloureds (farbige Mischlinge), 9 Prozent Weiße und 3 Prozent Indians (Asiaten). Die größten Volksgruppen bilden die Zulu mit 10 Millionen und die Xhosa mit 9 Millionen Angehörigen. Fast die Hälfte der Südafrikaner ist unter 21 Jahre alt.

Geografie: Südafrika liegt an der Südspitze Afrikas, eingeschlossen zwischen dem Atlantik im Westen und dem Indischen Ozean im Osten. Im Norden grenzt es an Namibia, Botswana und Simbabwe, im Osten an Mosamibik und Swasiland. Mitten im Land liegt das kleine Bergkönigreich Lesotho.

Klima: Da Südafrika zwischen dem 22. und 35. südlichen Breitengrad liegt, ist es klimatisch vergleichbar mit dem Mittelmeerraum bis Nordafrika. Das Klima auf den Hochebenen und Küstenstreifen ist gemäßigt. Die Jahreszeiten sind durch die Lage auf der Südhalbkugel denen Europas entgegengesetzt. In den Wintermonaten von Juni bis August können die Temperaturen nachts unter den Gefrierpunkt sinken und es fällt häufig Regen an der Kapküste. In den Sommermonaten von Dezember bis März steigen die Temperaturen bis auf 35 °C.

Politik: Hauptstadt der Republik Südafrika ist Pretoria. Der Parlamentssitz befindet sich in Kapstadt, Bloemfontein ist Sitz des Verfassungsgerichtshofes. Die Republik Südafrika ist eine parlamentarische Demokratie mit Mehrparteiensystem, in dem der »African National Congress« (ANC) die absolute Mehrheit besitzt und die Regierung stellt.

Religion: Fast 80 Prozent der Südafrikaner bezeichnen sich als Christen. Davon gehören 26 Prozent den »Independent African Churches« an, neun Prozent der »Nederduitse Gereformeerde Kerk«, rund neun Prozent sind römisch katholisch, sieben Prozent Methodisten, vier Prozent Anglikaner, rund drei Prozent gehören zur »Lutheran Church«. 1,4 Prozent der Bevölkerung sind Hindus, 1,4 Prozent Moslems, 0,2 Prozent Juden.

Sprache: In Südafrika existieren elf offizielle Landessprachen nebeneinander. Dazu gehören isi Zulu (22,9%), isi Xhosa (17,9%), Afrikaans (14,4%), sePedi (9,2%), English (8,6%), seTswana (8,2%), seSotho (7,7%), xiTsonga (4,4%), siSwati (2,5%), tshiVenda (2,2%) und 1,5% isi Ndebele. Fast überall kommt man mit Englisch aus. Afrikaans sprechen vor allem Buren und Coloureds im Western Cape; im restlichen Land herrschen schwarze Sprachen (Zulu, Xhosa, Pedi, Northern Sotho) vor. Unter den Schwarzen bilden die Zulu die größte Sprachgruppe, doch auch Xhosa, Sotho und Venda sprechen in der Regel Zulu.

Verwaltung: Südafrika besteht aus neun Provinzen (Western Cape, Eastern Cape, KwaZulu-Natal, Free State, Mpumalanga, Limpopo, Gauteng, North-West Province und Northern Cape).
Wirtschaft: Das Land Südafrika verfügt jährlich über einen Haushalt von umgerechnet rund 60 Milliarden Euro; allerdings hat Österreich mit knapp einem Sechstel der Einwohnerzahl ein höheres Bruttosozialprodukt – und allein das Land Bayern erwirtschaftet drei Mal so viel. Die Wirtschaft in Südafrika wächst langsam, aber stetig, die Verschuldung ist gering. Dennoch leben mindestens 50 Prozent der Südafrikaner unterhalb der Armutsgrenze.
Der Bergbausektor (Gold, Platin, Diamanten und Kohle) erwirtschaftet 7,5 Prozent des Bruttoinlandsproduktes. Südafrika steht bei der Diamantenförderung weltweit an fünfter Stelle. Der Tourismus macht heute bereits 10 Prozent des Bruttoinlandsproduktes aus und gilt als Wachstumsbranche. Einen Boom durchläuft der Automobilsektor (VW, Daimler, BMW, GM).

ANREISE

Von Deutschland, Österreich und der Schweiz aus fliegen mehrere Fluggesellschaften mehrmals die Woche nach Südafrika. Günstig sind oftmals Angebote von LTU (direkt nach Kapstadt), Emirates (über Dubai nach Johannesburg) und »Qatar Airways« (über Doha nach Kapstadt). Vergleichsweise teuer ist »Lufthansa«, die für Flüge ans Kap mit SAA kooperiert (nach Johannesburg und Kapstadt). Gute Alternativen bieten »Air France« (über Paris nach Johannesburg), KLM (über Amsterdam) und »Air Namibia« (über Windhoek nach Kapstadt und Johannesburg).

Ndebele-Frauen in ihren wenig alltagstauglichen, dafür umso eindrucksvolleren Trachten im »Mabhoko Cultural Village«.

Direktflüge von Europa heben am Abend ab, so dass man am frühen Morgen landet.
Die internationalen Flughäfen sind »Cape Town«, »Durban« und der »O. R. Tambo International Airport« in Johannesburg.
Die meisten Hotels bieten einen Shuttle-Service zum Flughafen an. Sie können aber auch ein Taxi nehmen. Vom Flughafen Cape Town aus kostet die Taxifahrt etwa 170 bis 250 Rand. In Johannesburg liegt der Flughafen weiter vom Zentrum entfernt als in Kapstadt. Rechnen Sie dort mit etwa 300 bis 400 Rand für die Fahrt.

AUTO

Das eigene Auto kann zollfrei für zwölf Monate eingeführt werden; dafür braucht man ein Grenzpassierscheinheft (»carnet de passage«), das beim ADAC oder dessen Pendent in Österreich und der Schweiz gegen Kaution erhältlich ist.
In Südafrika herrscht Linksverkehr. Das Straßennetz ist exzellent ausgebaut und gut ausgeschildert. Die Nationalstraßen (N) sind nur in der Nähe der Städte als mehrspurige Autobahnen erkennbar und entsprechen ansonsten dem Standard gut ausgebauter Bundesstraßen. Ebenfalls in gutem Zustand sind die Regionalstraßen (R).
Die meisten nicht asphaltierten Straßen – vor allem außerhalb der Regenzeit – sind mit dem PKW gut befahrbar. Auch im Geländewagen sollte man aus Sicherheitsgründen auf den Pisten allerdings nicht schneller als 70 bis 80 Stundenkilometer fahren.
Das Tempolimit in Ortschaften beträgt 60 Stundenkilometer, auf Landstraßen 100 Stundenkilometer, auf Autobahnen (»freeways«) 120 Stundenkilometer.
Die Blutalkoholgrenze liegt bei 0,5 Promille. Wer zu schnell oder angetrunken mit dem Auto fährt, muss mit saftigen Strafen bis hin zu Gefängnis rechnen. Radarfallen gibt es sogar in der Wüste!
Generell sollte man alles tun, um Nachtfahrten zu vermeiden – nicht nur wegen des Sicherheitsrisikos, sondern auch, weil die Straßen nachts nicht selten von wilden Tieren, Rindern und Menschen bevölkert sind, die man in der Dunkelheit so gut wie nicht sieht. Nehmen Sie wegen des Highjacking-Risikos nie Anhalter mit!
Autofahrer müssen zusätzlich zum nationalen einen internationalen Führerschein vorweisen können (auch wenn er so gut wie nie verlangt wird – spätestens im Versicherungsfall wird er wichtig). Österreicher sollten eine englische Übersetzung ihres Führerscheins mitführen, die es beim ÖAMTC gibt.
Mitglieder des AvD oder ADAC erhalten bei der südafrikanischen »Automobile Association« (AA) gegen Vorlage der Clubkarte kostenlose Straßenkarten und Informationsmaterial (www.aasa.co.za).
Tankstellen sind in der Regel rund um die Uhr geöffnet, akzeptieren allerdings häufig keine Kreditkarten. Man tankt nicht selbst, sondern überlässt das Tanken dem Tankwart (»petrol pump attendant«). Der wäscht auch die Scheiben, kontrolliert Öl- und Wasserstand – und auf Nachfrage den Reifendruck. Ein Trinkgeld ist nicht nötig, ist aber willkommen. Seit 2006 hat Südafrika verbleites Benzin abgeschafft; für die meisten Mietwagen tankt man »95 unleaded« an der Küste, »93 unleaded« im Inland.

Welches Benzin getankt werden sollte, ist bei Mietwagen im Tankdeckel vermerkt. Haben Sie ein Auge darauf, dass der Tankwart sich auch danach richtet.

BEHINDERTE

Immer mehr Restaurants und Hotels rüsten auf behindertengerechte Einrichtung um – mittlerweile sogar auch Rest Camps in den Nationalparks. Einem erfüllten Urlaub am Kap steht damit wenig im Weg, allerdings sollte man die Reise im Einzelnen rechtzeitig planen und sich vorher beim Hotel über die Gegebenheiten vor Ort erkundigen.
Die meisten Autovermieter bieten Wagen mit behindertengerechter Ausstattung an. Große Fluggesellschaften wie SAA haben sich ebenfalls auf behinderte Passagiere eingestellt. Informationen zum Thema finden Sie bei der »Association for the Physically Disabled« (Tel. 0 11/6 46 83 31) und beim Blindenrat in Pretoria (www.sancb.org.za; Tel. 0 12/3 46 11 90).

BOTSCHAFTEN UND KONSULATE

Die diplomatischen Vertretungen der Bundesrepublik Deutschland, Österreich und der Schweiz in Südafrika befinden sich in Pretoria und Kapstadt.

Botschaft der Bundesrepublik Deutschland:
180 Blackwood St., Arcadia, Pretoria; Tel. 0 12/4 27 89 00; www.pretoria.diplo.de

Deutsches Konsulat in Kapstadt:
22 Riebeek St., Safmarine House (19. Stock); Tel. 0 21/4 05 30 00; info@germanconsulatecapetown.co.za

Botschaft der Republik Österreich:
1109 Duncan St., Brooklyn, Pretoria; Tel. 0 12/4 52 91 55; www.bmaa.gv.at

Österreichisches Konsulat in Kapstadt:
1 Thibault Square, 3. Stock; Tel. 0 21/4 21 14 40; kapstadt-gk@bmaa.gv.at

Botschaft der Schweiz:
225 Veale St., Parc Nouveau, New Muckleneuk, Pretoria; Tel. 0 12/4 52 06 60; www.eda.admin.ch/pretoria

Schweizer Generalkonsulat in Kapstadt:
1 Thibault Square, 26. Stock; Tel. 0 21/4 18 36 65; vertretung@cap.rep.admin.ch

BÜCHER UND ZEITSCHRIFTEN

Jean Maxwell Coetzee: »Schande«, Fischer 2001, 9,90 Euro. Der Literaturnobelpreis-Träger Coetzee erzählt die Geschichte eines weißen Literaturprofessors, der sich angesichts von Gewalt und Rassenhass Gedanken über Vergangenheit, kollektive Schuld und die Zukunft Südafrikas macht.
Nelson Mandela: »Der Lange Weg zur Freiheit«, Fischer 1997, 13,95 Euro. Nelson Mandelas Autobiografie ist wohl die am meisten gelesene Landesgeschichte des neuen Südafrika. Deutlich besser als die deutsche Übersetzung ist jedoch das englische Original.
Allister Sparks: »Morgen ist ein anderes Land«, Berlin Verlag 1999. Nur antiquarisch erhältlich. Die Hintergründe des weitgehend friedlich abgelaufenen politischen Machtwechsels am Kap, beschrieben von einem der bekanntesten Journalisten Südafrikas.

Antjie Krog: »Country of my Skull«, Random House 2002. Nur antiquarisch erhältlich. Die Geschichte der Wahrheitskommission, aufgeschrieben von der Dichterin und Journalistin Antjie Krog, die damals über die Anhörungen als Radiojournalistin berichtete.
Alan Paton: »Cry, the Beloved Country«, Vintage 2002. Die deutsche Übersetzung können Sie online antiquarisch bestellen. Vor Ort ist die Originalausgabe problemlos in den meisten Buchhandlungen zu bekommen. Der sensible Klassiker der südafrikanischen Literatur aus dem Jahr 1948 handelt von einem Landpfarrer, der nach Johannesburg zieht, um seinen Sohn zu suchen und dabei mit der sozialen und politischen Realität der Apartheidzeit konfrontiert wird.
Nadine Gordimer: »July's Leute«, Fischer 2005, 8,90 Euro. Die Literaturnobelpreisträgerin beschreibt hier das Schicksal einer weißen Familie, die mit einem schwarzen Hausangestellten zu dessen Familie aufs Land fliehen muss und sich in einer für sie völlig unbekannten Welt wiederfindet.
Merian-Magazin »Die Lust am Reisen« – Kapstadt und die Kapregion. September 2006, 7,50 Euro. Infos: www. merian.de

CAMPING

Campingplätze findet man in Südafrika fast überall. Die braunen Hinweisschilder zeigen einen Wohnwagen. Informationen und ein Verzeichnis aller PLätze gibt es beim »SA Camping Club« (Tel. 0 11/8 37 11 42).

EINREISEDOKUMENTE

Besucher aus Deutschland, Österreich und der Schweiz benötigen ihren Reisepass und ein Rückflugticket. Man bekommt bei der Einreise ein dreimonatiges Touristenvisum (»visitor's permit«), das im Land um drei Monate verlängert werden kann. Der Reisepass muss noch bis mindestens 30 Tage nach der Rückreise gültig sein und mindestens noch zwei freie Stempelseiten haben. Kinder sollten Reisepässe dabei haben. Aktuelle Bestimmungen für die Einreise finden Sie im Internet unter www.suedafrika.org.

ENTFERNUNGEN

Von Nord nach Süd, das heißt, von Limpopo im Nordosten bis zum Cape Agulhas im Südwesten, erstreckt sich das Land Südafrika über rund 1100 Kilometer. Von Westen nach Osten (Oranjemund bis Richards Bay) sind es etwa 1500 Kilometer.

Am Strand von Noordhoek lässt es sich herrlich Reiten oder Wandern.

FOTOGRAFIEREN

Wie überall auf der Welt sollte man Menschen erst fragen, bevor man ein Foto von ihnen macht. Tabu sind allerdings Polizeiwachen, Gefängnisse und Militäranlagen. In Fotoläden kann man Filme entwickeln und digitale Bilder auf CD brennen lassen. Filme und Equipment sind teurer als in Europa.

FRAUEN

Zwar flirten südafrikanische Männer gern und heftig, wirklich aufdringlich werden sie allerdings selten. Das Vergewaltigungsrisiko ist dennoch deutlich höher als in Europa. Trotzdem ist es durchaus möglich – wenn auch nicht empfehlenswert –, als Frau allein das Land zu bereisen. Sie sollten allerdings keine Risiken eingehen. Planen Sie Ihre Tour so, dass Sie nicht bei Dunkelheit mit dem Auto unterwegs sind, nehmen Sie nie Unbekannte mit, trinken Sie nicht zu viel Alkohol und tragen Sie keinen teuer aussehenden Schmuck. Für den Notfall ist es praktisch, Pfefferspray dabei zu haben. In den Großstädten gibt es hin und wieder Fälle von »date rape«, bei denen Frauen heimlich rogen in den Drink geschüttet werden und sie sich nach der folgenden Vergewaltigung an nichts mehr erinnern können. Lassen Sie Ihr Glas deshalb nie aus den Augen.

GELD

Gezahlt wird in südafrikanischem Rand (1 ZAR = 100 Cents), der sich zur stabilen und starken Währung entwickelt hat. Für einen Euro bekommt man inzwischen knapp zehn Rand, für einen Schweizer Franken etwa sechs Rand.

WECHSELKURSE

ZAR	Euro	Franken
0,50	0,05	0,80
1	0,11	0,17
2	0,21	0,35
5	0,53	0,87
10	1,06	1,75
20	2,11	3,49
30	3,17	5,24
50	5,28	8,74
100	10,57	17,48
250	26,42	43,69
500	52,85	87,38
750	79,28	131,07
1000	105,70	174,77

Stand: Juni 2007, Quelle: www.bankenverband.de

Außer an vielen Tankstellen kann man in fast allen Hotels, Geschäften und Restaurants mit Kreditkarte zahlen. Bargeld erhält man an den Automaten (ATMs) der großen Banken (ABSA, FNB, »Standard Bank«, »Nedbank«) mit der EC-Karte (wählen Sie »withdrawl«, dann »transmission«) oder mit der Kreditkarte (teurer, nur mit PIN). An ABSA-Automaten kann man bis zu 3000 Rand auf einmal abheben.
Rechnen Sie an Geldautomaten mit Trickbetrügern. Gehen Sie am besten in ein bewachtes Einkaufszentrum, und lassen Sie sich bei Problemen nie von Fremden »helfen«. Wenn Ihnen etwas seltsam vorkommt, brechen Sie die Transaktion ab und suchen Sie einen anderen Bankautomaten. Die teuerste Variante sind Reiseschecks, die man außer in den Banken bei »American Express« sowie bei den »Rennies Travel«-

Reisebüros wechseln kann. Wer in ländlichen Gebieten unterwegs ist, sollte immer reichlich Bargeld mitnehmen. Banken sind hier dünn gesät und oft werden weder Kreditkarten noch Schecks akzeptiert.
Banken sind in der Regel Montag bis Freitag von 9.00 bis 15.30 Uhr, Samstag von 8.30 bis 11.30 Uhr geöffnet; an Flughäfen gibt es einen 24-Stunden-Service. Bei Diebstahl oder Verlust Ihrer EC- und Kreditkarten können Sie die zentrale Sperr-Telefonnummer in Deutschland anwählen (Tel. 09 49/11 61 16 oder 09 49/30 40 50 40 50).

GESUNDHEIT

Die medizinische Versorgung in Südafrika ist mit europäischem Niveau vergleichbar.

Apotheken

Apotheken (»pharmacy«, »chemist«, »apteek«) fungieren meist auch als Drogerie. Oft gibt es nachgebaute Medikamente (»generics«), die genauso gut, aber viel günstiger sind. Eine Liste deutschsprachiger Ärzte erhalten Sie bei der Botschaft.

Ärztliche Versorgung

Die private ärztliche Versorgung am Kap ist ausgezeichnet und steht in keiner Weise den westeuropäischen Standards nach (»Medi-Clinics«, »Netcare«-Krankenhäuser). Besucher aus Europa können zudem mit deutlich niedrigeren Behandlungskosten rechnen als zu Hause. Das gilt übrigens auch für Schönheitsoperationen: So mancher Tourist kommt nach Südafrika, um sich hier die Augen lasern oder die Nase operieren zu lassen.

Impfungen

Für direkt aus Mitteleuropa Einreisende sind keine Impfungen vorgeschrieben.
Die meisten europäischen Krankenversicherungen schließen Südafrika nicht mit ein, weshalb man vor Reisebeginn eine zusätzliche Auslandskrankenversicherung abschließen sollte. Beim Arzt zahlt man in der Regel direkt nach der Behandlung und bekommt die Kosten später von der Versicherung zurückerstattet.

Krankheiten

Das Aids-Risiko ist in Südafrika extrem hoch. Wer sich daher mit Einheimischen einlässt, sollte das im Hinterkopf haben.
Im Falle einer Vergewaltigung gibt es Medikamente, die eine Ansteckung mit HIV nachträglich verhindern können: Gehen Sie nach einer Vergewaltigung schnellstmöglich zu einem Arzt.
Tuberkulose ist ein Problem in den Townships; Besucher mit einem normal stabilen Immunsystem brauchen sich jedoch darüber keine Sorgen zu machen.
Impfungen gegen Hepatitis A und B sind bei längerem Aufenthalt empfehlenswert, aber nicht vorgeschrieben.
Im Norden und Osten des Landes sollte man auf das Baden in stehenden Gewässern verzichten, da die Gefahr sehr hoch ist, sich mit der durch Saugwürmer übertragenen Bilharziose zu infizieren.

Quallen und Haie

Nehmen Sie sich am Strand vor bläulichen Quallen in Acht (»blue bottles«). Ihr Nesselgift ist zwar nicht tödlich, aber äußerst schmerzhaft. Besonders in der False Bay bei Kapstadt, aber auch an der Küste des Indischen Ozeans gibt es Haie. Wichtig: Nur die Hauptstrände von KwaZulu-Natal sind durch Hainetze gesichert!

Schlangen

Beim Wandern sollte man als Schutz vor Giftschlangen stets lange Hosen und feste Schuhe anziehen; allerdings ist das Risiko, dass man gefährliche Schlangen zu Gesicht bekommt, eher gering.

HAUSTIERE

Wer mit seinem Haustier verreisen will, braucht ein »import permit«. Informationen gibt es beim »Director of Veterinary Services« in Pretoria (Tel. 0 12/3 19 60 00). In den meisten Unterkünften und in allen Nationalparks sind Haustiere jedoch verboten.

HÖRFUNK UND FERNSEHEN

Südafrikas Medienlandschaft wird vom übermächtigen öffentlich-rechtlichen Rundfunk SABC geprägt, der Programme in allen 11 Landessprachen auf 18 Radio- und drei Fernsehkanälen sendet.

Private Radiostationen wie KFM (www.kfm.co.za; Hits und Oldies), oder »Highveld Radio« (www.highveld.co.za) gehören neben »Good Hope FM« (www.goodhopefm.co.za; aktuelle Hits), »5fm« (www.5fm. co.za) und »Metro FM« (www.metrofm.co.za) zu den beliebtesten. »Classic FM« (www. classicfm. co.za) spielt klassische Musik. Die mit Abstand meistgehörte Radiostation Südafrikas ist »Ukhozi FM« und sendet auf Zulu.

Der Fernsehmarkt beschränkt sich auf die drei SABC-Anstalten SABC1, SABC2 und SABC3, wobei sich SABC3 auf englischsprachige Programme spezialisiert hat. SABC3 und »e-TV« senden ihre Abendnachrichten auf Englisch täglich um 19 Uhr und Spätnachrichten um 22 Uhr.

Viele Hotels haben neben BBC und CNN auch »M-Net« im Angebot, das nicht nur für werbefreie Kinofilme, sondern auch das investigative Reportagemagazin »Carte Blanche« bekannt ist (So 19–20 Uhr). DEUKOM (www.deukom.co.za) empfängt auch deutsche Sender per Satellit.

HOMOSEXUALITÄT

Südafrikas liberale Verfassung garantiert als weltweit erste die Freiheit der sexuellen Orientierung. Das ändert allerdings nichts daran, dass weite Teile der Gesellschaft, besonders auf dem Land, Homosexualität gegenüber ablehnend eingestellt sind – und zwar über alle Hautfarben hinweg. In den großen Städten ist das kein Thema: Kapstadt gilt als Schwulenhauptstadt Afrikas, besonders die Stadtteile Greenpoint und Sea Point. Highlights des Jahres sind die Party des »Mother City Queer Project« im Dezember (www.mcqp.co.za) und die »Cape Town Pride Parade« im Februar (www.capetown-pride.co.za). Bei »Cape Town Tourism« erhält man die kostenlose »Pink Map« und den »Cape Gay Guide«.

INTERNET

Viele Hotels bieten kostenlosen Zugang ins Internet an, manchmal sogar direkt auf dem Zimmer. In Großstädten und einigen Kleinstädten gibt es Internetcafés. Oft sind die Verbindungen jedoch langsam, auch »broadband« (Breitband-LAN) hält selten, was der Name verspricht. WLAN ist in den Großstädten auf dem Vormarsch; Infos zu Hotspots unter www.hotspotlocations.com

KLEIDUNG

In guten Restaurants gilt ein sportlich-eleganter Dresscode (»smart casual«), ansonsten geht es am Kap eher leger zu. Menschen in Shorts, T-Shirt und Flipflops bestimmen im Sommer das Stadtbild. Kapstadt hat angeblich vier Jahreszeiten an einem Tag, deshalb fährt man bei der Kleidung mit dem »Zwiebelschalenprinzip« am besten. Für den Winter sollte man gute Regenkleidung einplanen – zumindest bei den heftigen Kapstädter Stürmen kann man den Regenschirm gleich zu Hause lassen. Wer plant, auf einen der vielen Trails wandern zu gehen, sollte sich einer Hochgebirgstour gemäß einkleiden.

LAND UND LEUTE IM INTERNET

Über nahezu jeden Ort, jede Sehenswürdigkeit oder Veranstaltung finden Sie Information im Netz. Über Südafrika allgemein und über die Regionen des Landes sind folgende Adressen zu empfehlen: www.safrica.info; www.suedafrika.org (Südafrikanische Botschaft in Berlin); www.suedafrika-guide.de

Infos zu Kapstadt

www.tourismcapetown.co.za;
www.ctic.co.za;
www.capetown.org;
www.kapstadt.com;
www.capetownbig6.co.za;
www.tablemountain.net:
www.tmnp.co.za (Infos über den »Table Mountain National Park«);
www.robben-island.org.za;
www.capepoint.co.za

Infos speziell zum Western Cape

www.gardenroute.org.za;
www.gardenroute.de;
www.gardenroute.co.za;
www.cederberg.co.za;
www.sawestcoast.com

Infos zu bestimmten Regionen

www.wildcoast.org.za;
www.drakensberg.kzn.org.za;
www.durban.co.za;
www.joburgtourism.co.za;
www.golimpopo.com

MALARIA

Grundsätzlich ist Malaria nur im äußersten Westen und im Norden Südafrikas ein ernstes Problem. Für Kapstadt, die »Garden Route«, die Drakensberge-Region, Durban und Johannesburg muss man sich über eine Infektion keine Gedanken machen. Von offiziellen Stellen wird empfohlen, Medikamente zur Malariaprophylaxe einzunehmen, wenn man an der Elephant Coast in KwaZulu-Natal (westlich der N2 ab St. Lucia) unterwegs ist, im Kruger National Park (-> Spezial, S.262), in Limpopo und in Mapungubwe (-> Der gute Tipp von MERIAN, S. 73). Angaben von Einheimischen zufolge hat es allerdings bis hin zur Grenze nach Mosambik seit Jahren keine Infektionen mehr gegeben, weil die Regierung in diesen

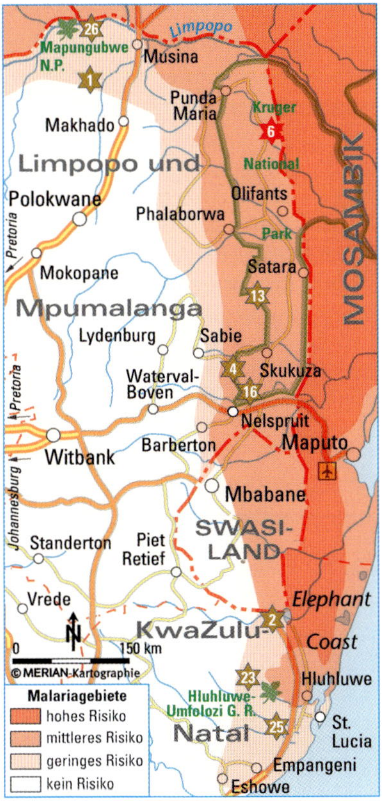

Gebieten großflächig DDT gesprüht hat. Im trockenen Winter ist selbst im Krügerpark das Risiko von Insektenstichen gering.
Es gibt keine Malariaprophylaxe, die einen hundertprozentigen Schutz garantiert. Wichtig ist deshalb, den Stich der Anophelesmücke möglichst zu vermeiden: Verzichten Sie auf Parfüm und Rasierwasser, und tragen sie luftige, langärmelige helle Kleidung und lange Hosen. Unbedeckte Körperstellen sollten Sie mit Insektenschutzmittel (»repellent«) einreiben – und dies besonders nach Einbruch der Dämmerung, denn die Mücken sind nachtaktiv.
Fast alle Unterkünfte sind mit Moskitonetzen und Gaze an den Fenstern ausgestattet. Im »Cape Union Market« gibt es zusätzlich auch Citronelle-Kerzen, Duftlampen (Teebaum- oder Lavendelöl) und Moskito-Spiralen, die die Plagegeister fernhalten.
Im Endeffekt liegt die Entscheidung ganz bei Ihnen, ob Sie mit Medikamenten zur Malariaprophylaxe auf Nummer sicher gehen, dafür jedoch mögliche Nebenwirkungen der Medikamente in Kauf nehmen, oder ob Sie im Fall einer Ansteckung umgehend mit der Einnahme von Notfallpräparaten reagieren. In südafrikanischen Apotheken erhalten Sie einen Malaria-Selbsttest, der im Zweifelsfall rasch Klarheit schafft. Innerhalb von 48 Stunden nach Auftreten der ersten Symptome ist Malaria problemlos heilbar – kann sich aber dennoch chronisch entwickeln. In der Regel sind südafrikanische Ärzte bei Weitem besser mit dem Problem vertraut als deutsche Tropenmediziner oder gar Hausärzte.
Momentan gibt es drei Präparate, die man in Südafrika in den Apotheken problemlos auf Rezept bekommt: »Lariam« ist preiswert, kann allerdings zu sehr unangenehmen Nebenwirkungen wie Übelkeit und Halluzinationen führen. »Malarone« hat kaum Nebenwirkungen, ist jedoch sehr teuer. »Doxycycline« wurde als Reaktion auf zunehmende Resistenzen der Erreger gegenüber anderen Medikamenten entwickelt und basiert auf einem gering dosierten

Antibiotikum. Es ist in Südafrika zugelassen und wird inzwischen auch vom deutschen Ärzterat empfohlen. »Doxycycline« ist preiswert, Nebenwirkungen sind selten, was das Präparat zu einer guten Alternative macht (zudem hält es für die Dauer des Urlaubs ebenso andere bakterielle Krankheitserreger in Schach). Bei allen Prophylaxemitteln nimmt man täglich eine Tablette. Wichtig ist es, die Einnahme rechtzeitig vor der Einreise ins Malariagebiet zu beginnen und danach wie vorgeschrieben weiterzuführen. Beachten Sie, dass Malaria noch ein halbes Jahr nach Rückkehr aus dem Urlaub ausbrechen kann, und weisen Sie Ihren Arzt bei etwaigen Grippesymptomen darauf hin.
Informationen zum Malariarisiko im Krügerpark und in Mapungubwe gibt »Sanparks« (Tel. 082/2341800). Im Zweifelsfall helfen die örtlichen Touristeninformationen weiter.

MIETWAGEN

Die großen internationalen Anbieter sind durchweg zu empfehlen, insbesondere »Europcar« (www.europcar.co.za) und »Avis« (www.avis.co.za), alternativ dazu auch »Budget« (www.budget.co.za) und »Imperial Car Rental« (www.imperialcarrental.co.za).
Für Kapstadt empfiehlt sich auch »Atlantic Car Hire« (www.atlanticcarhire.co.za).
Für Geländewagen bieten »Britz Offroad« (www.britz.co.za), »Off Road Africa« (www.offroadafrica.com) und – etwas günstiger, da ältere Fahrzeuge – »Buffalo 4x4 Camper Hire« (www.buffalo.co.za) gute Konditionen. Große Vermieter haben den Vorteil, dass sie mehrere Filialen besitzen, was von Vorteil ist, wenn das Fahrzeug ausgetauscht werden muss. Außerdem bieten sie meist einen kostenlosen Pannenservice an.
In der untersten Preisklasse der PKW sind »Opel Corsa«, »Fiat Uno« und »City Golf« (alter Typ!) im Angebot. Airbag, Klimaanlage und Alarmanlage gibt es erst in höheren Wagenklassen. Sicherheitshalber sollte man vor der Abfahrt nicht nur den allgemeinen Zustand des Wagens (Öl, Tank, Wasser), sondern auch den des Reserverads und des Wagenhebers überprüfen und selbst kleinste Schäden vor Abfahrt in das Zustandsprotokoll eintragen lassen.
Reifen- und Glasschäden sind meist vom Versicherungsschutz ausgenommen, kommen allerdings recht häufig vor, wenn man auf unasphaltierten Straßen unterwegs ist.
In der Regel bietet es sich an, das volle Versicherungspaket zu nehmen; das Risiko, dass das Auto gestohlen oder beschädigt wird, ist hoch, der Preis einer Vollkaskoversicherung dagegen vergleichweise niedrig. Wichtig ist die Eigenbeteiligung (»excess«). Es lohnt sich, auf Sonderangebote zu achten. Bei internationalen Anbietern ist es außerdem oft günstiger, den Mietwagen gleich von zu Hause aus zu buchen.
Planen Sie mit dem Wagen nach Namibia, Lesotho oder Swasiland zu fahren, brauchen Sie eine Bestätigung, die Sie kostenlos bei Abholung des Wagens erhalten. Für die Anmietung benötigt man einen internationalen Führerschein und eine Kreditkarte.

NACHRICHTEN IM INTERNET

Zu empfehlen sind: www.iol.co.za; www.mg.co.za; www.sundaytimes.co.za; www.sundayindependent.co.za; www.bday.co.za

NAMENSÄNDERUNGEN

Anders als etwa in Ostdeutschland haben die Südafrikaner lange gewartet, Städten und Straßen, die nach Führern des Apartheidregimes benannt sind, umzubenennen. So findet sich in Johannesburg nach wie vor eine »Louis Botha Avenue« und eine »Hendrik Verwoerd Street«. Das ändert sich. In der Provinz Limpopo haben sich bereits viele Städtenamen geändert. Über die Umbenennung von Pretoria in Tshwane und Durban in eThekwini wird noch gestritten.

NEBENKOSTEN
(umgerechnet in €)

1 Tasse Kaffee	0,50
1 Bier	0,80
1 Cola/Softdrink	0,50
1 Brot (ca. 500g)	0,40
1 Liter Benzin	0,70
Einzelfahrt (mit öffentlichen Verkehrsmitteln)	0,50
Mietwagen	ab 30 pro Tag

NOTRUFNUMMERN

Polizeinotruf in Großstädten: Tel. 101 11; Polizei vom südafrikanischen Mobilfunknetz aus: Tel. 112; Ambulanz: Tel. 101 77; Automobil Association: Tel. 08 00/01 01 01 (Notfallhilfe auch für Nichtmitglieder)

Telefonnummern für Kapstadt

Notfälle jeder Art: Tel. 107;
Polizei: Tel. 4 67 80 00; 4 67 80 02; 4 67 80 78; 4 67 80 79; Touristenpolizei: Tel. 4 18 28 52
Bergrettung: Tel. 9 48 99 00; Seerettung: Tel. 4 49 35 00; Feuerwehr: Tel. 5 35 11 00

Telefonnummern für Johannesburg

Polizei/Ambulanz für alle Gebiete: Tel. 9 99

Telefonnummern für Durban

Ambulanz/Feuerwehr: Tel. 3 61 00 00;
Seerettung: Tel. 3 61 85 67

Luxus auf Schienen: Der legendäre Zug »Blue Train« verbindet Kapstadt und Johannesburg.

ÖFFENTLICHE VERKEHRSMITTEL

Nirgendwo zeigt sich so deutlich Südafrikas Zweiklassengesellschaft wie auf der Straße: Wer es sich leisten kann, fährt Auto. Wer nicht, ist höchstwahrscheinlich schwarz und quetscht sich in überfüllte Minibus-Taxis, Busse und Nahverkehrszüge. Ein öffentliches Verkehrssystem wie in Europa existiert nicht.

Bahn

Auf langen Strecken brauchen Züge deutlich länger als die entsprechenden Busse (Strecke Kapstadt–Johannesburg 27 Stunden!). Die Bahngesellschaften in Südafrika heißen »Spoornet« (www.spoornet.co.za) und »Metrorail« in Kapstadt. Wegen des Sicherheitsrisikos sollte man unbedingt ein Erste-Klasse-Ticket kaufen.
Die Luxusvarianten bei Zugfahren sind für Touristen »Blue Train« (www. bluetrain.co.za) und »Rovos Rail« (www.rovos.co.za). Sie verkehren zwischen den Großstädten Kapstadt, Johannesburg und Pretoria.

Anders als die Minibusse eignen sich die offenen Doppeldecker durchaus für eine Stadtrundfahrt.

Minibus-Taxis

Wen es nicht stört, in einer Sardinenbüchse eingequetscht zu sitzen, der wird die praktischen Minibusse schätzen. Das am häufigsten genutzte öffentliche Verkehrsmittel bringt Fahrgäste auf abenteuerliche Weise praktisch überallhin – sogar in die entlegensten Ecken des Landes.
In Kapstadt sind die Minibus-Taxis auch für »Erstbenutzer« ein Erlebnis. Man hält sie in den Städten auf der Straße per Winkzeichen an und sagt dem Fahrer kurz Bescheid, bevor man aussteigen will. Die Fahrt ist unbequem, dafür billig und schnell.

Grundsätzlich sind Minibusse niemals voll, höchstens hoffnungslos überfüllt. Die Fahrt kostet wenige Rand, das Geld wird meist von einem Helfer des Fahrers eingesammelt. Die meisten Minibusse in Kapstadt fahren auf dem Dach des Bahnhofs ab (Achtung Taschendiebe!) und die Main Road entlang nach Richtung Süden (Kapstadt – Wynberg). Fahrer der Minibusse sind unangefochtene Könige der Straße und ein Albtraum im morgendlichen Stau: Hupend drängeln sie sich in jede Lücke, überholen links, rechts – und notfalls auf dem Fußweg, die Hand trommelnd auf dem Lenkrad zu ohrenbetäubenden Beats aus dem Ghettoblaster. Jedoch ist beim Minibus-Fahren auch Vorsicht geboten: Es ist etwas für Eingeweihte, denn die Routen sind nicht markiert – und besonders in Johannesburg kommt ein verwirrendes System aus Handzeichen zum Einsatz. Das Ergebnis: Man landet schneller in zwielichtigen Gegenden, als man denkt.

Inlandsflüge

Wegen der großen Distanzen (-> S. 362) sind Inlandsflüge in den meisten Südafrikareisen bereits eingeplant.
Innerhalb Südafrikas fliegt man entweder mit SAA (www.flysaa.com) oder etwas günstiger mit »Kulula« (www.kulula.com), »1Time« (www.1time.co.za) oder »Nationwide« (www.nationwide.co.za).
Die Buchung geschieht über Internet mit Kreditkarte oder direkt am Flughafen. Flughäfen befinden sich in den Städten Kapstadt, Johannesburg, Durban, Bloemfontein, Port Elizabeth, East London, George, Kimberley, Upington und in Nelspruit am Kruger National Park.

Stadtbusse

In den Städten gibt es auch große Busse, die an schlecht markierten Haltestellen halten. Bezahlt wird nach dem Einsteigen beim Fahrer. Die Stadtbusse werden kaum von Weißen benutzt, sind aber, vor allem außerhalb der Rush Hour, eine gute Alternative zu den Minibus-Taxis. Fahrpläne, Fahrkartenautomaten oder Streckennetzkarten sucht man allerdings vergeblich. Am besten fragen Sie einen Einheimischen um Rat.

Überlandbusse

Es gibt drei große Überlandbus-Gesellschaften, die mehrmals täglich nach festem Fahrplan die großen Städte verbinden. Günstiger kann man kaum reisen; die Busse sind komfortabel und durchaus empfehlenswert. Größere Strecken wie von Kapstadt nach Johannesburg sind mit 19 Stunden im Bus allerdings kein Vergnügen. Tickets bei »Computicket« (www.computicket.co.za), »Translux Express« (www.translux.co.za), »Greyhound Cityliner« (www.greyhound.co.za) sowie bei »Intercape Mainliner« (www.intercape.co.za).

ÖFFNUNGSZEITEN

Die Öffnungszeiten der Geschäfte sind sehr unterschiedlich (meistens 9–17, samstags bis 13 Uhr oder länger). Größere Einkaufszentren schließen normalerweise bereits nach 17 Uhr, große Supermärkte jedoch haben oftmals bis 21 Uhr und auch an Sonntagen geöffnet.

POLIZEI

Im Verhältnis zur Größe des Kriminalitätsproblems gibt es in Südafrika viel zu wenige Polizisten, die zudem oft so gut wie gar nicht ausgebildet, schlecht ausgestattet und hoffnungslos unterbezahlt sind. Anders als in den meisten anderen afrikanischen Ländern sind Schmiergelder dennoch wenig verbreitet – und Korruptionsversuche sollte man melden. Wer freundlich bleibt, kann in der Regel auch damit rechnen, ebenso freundlich behandelt zu werden. Die meisten Polizisten sind Touristen gegenüber sehr hilfsbereit.

Bringen Sie Geduld mit – es kann vorkommen, dass ein Polizist große Mühe hat, ein Formular auf Englisch auszufüllen.
Bei Diebstahl sollte man innerhalb von 24 Stunden die nächste Polizeiwache aufsuchen, um Anzeige zu erstatten, sonst zahlt die Versicherung nicht. Man bekommt dann innerhalb von 24 Stunden eine Bearbeitungsnummer (»case number«), die als Nachweis der Meldung gilt.

Signalrot und »very british«: Briefkästen, wie diesen auf dem Tafelberg, übersieht man nicht.

POST

Postnet Offices sind wochentags von 8.00 bis 16.30, Samstag von 8 bis 12 Uhr geöffnet. Briefe und Päckchen sollte man unbedingt per Luftpost verschicken (nach Europa ca. 7 Tage), sonst sind sie Wochen oder gar Monate unterwegs. Immer wieder kommt es vor, dass in Südafrika eintreffende Post »verschwindet«, wobei dieses Problem in Johannesburg weiter verbreitet ist als in Kapstadt.

PRESSE

Den besten und seriösesten Überblick über das aktuelle Geschehen bietet jeden Freitag die Wochenzeitung »Mail & Guardian« (www.mg.co.za). Jeweils am Sonntag bekommt man die »Sunday Times«, Südafrikas auflagenstärkstes Blatt sowie den etwas informativeren »Sunday Independent«.
Der Tagungszeitungsmarkt ist im Vergleich zu Europa, was die Vielfalt und Qualität betrifft, eher enttäuschend. Ausnahme ist der auf Wirtschaftsnachrichten spezialisierte »Business Day«.
Nichts ist erfolgreicher als die Boulevardpresse: Zeitungen wie »Daily Sun« berichten mit schwankendem Wahrheitsgehalt von Verhexungen, Sexmonstern und kriminellen Ausländern. Unter den seriösen Tageszeitungen führt der »Sowetan« bei der schwarzen Bevölkerung die Liste an. Die beste unter den afrikaanssprachigen Zeitungen ist »Die Burger«, und von den am zahlreichsten vertretenen englischsprachigen Blättern ist der Johannesburger »Star« am empfehlenswertesten.
In Kapstadt erscheinen »Cape Times« und »Cape Argus«, in Durban »Daily News«

Mittelwert	JAN	FEB	MÄR	APR	MAI	JUN	JUL	AUG	SEP	OKT	NOV	DEZ
Tagestemperatur	22	22	20	18	15	12	12	14	16	18	20	21
Nachttemperatur	16	16	14	10	6	5	6	8	9	11	13	15
Sonnenstunden	10	9	9	8	6	6	6	7	8	9	10	11
Regentage pro Monat	12	10	19	9	6	6	5	7	7	10	11	12

Quelle: Deutscher Wetterdienst, Offenbach

und »Natal Witness«, in East London »Daily Dispatch«, und in Port Elizabeth das Boulevardblatt »Eastern Province Herald«.
Der Zeitschriftenmarkt ähnelt dem europäischen. Internationale Magazine gibt es bei der Schreibwarenkette CNA und in großen Buchhandlungen. Deutsche Zeitungen und Zeitschriften bekommen Sie in Kapstadt in der »Deutschen Buchhandlung von Ulrich Naumann« (17 Burg St.).

REISEZEIT

In den Sommermonaten Dezember bis März machen die meisten Südafrikaner Urlaub und streben in Massen an die Küste, um sich dort mit den Touristen aus Europa und Amerika die Strände zu teilen.
Das beste Wetter erwartet Reisende in Südafrika zwischen Oktober und April.
In Kapstadt und den umgebenden Regionen an der Atlantikküste gibt es von Mai bis September Winterregen, das Klima ist mediterran. Es kann in diesen Monaten auch ungemütlich werden – nämlich nass, kalt und windig. In den Cedarbergen fällt dann auch Schnee. Allerdings gibt es auch im Winter viele sonnige Tage.
Je weiter man die Küste nach Nordosten fährt, desto tropischer wird das Klima. Im Eastern Cape und in KwaZulu-Natal (KZN) kann man auch in den Wintermonaten im Meer baden, die Lufttemperatur liegt hier meist höher als 20°C. Im Sommer kann es an der Küste von KwaZulu-Natal unerträglich heiß und schwül werden.
Wer die Einsamkeit sucht und gern das ganze Hotel für sich allein hat, sollte den Südosten des Landes in den Herbstmonaten zwischen März und Juni oder im Frühjahr bereisen. In den Drakensbergen muss man dann allerdings mit Schnee rechnen.
Ebenfalls schwül-heiß sind die Sommer im Lowveld, das den Krügerpark (-> Spezial, S. 262) und die Gegend um Nelspruit einschließt. Wie in KwaZulu-Natal liegt hier die Regenzeit in den Sommermonaten.
Zur Wildtierbeobachtung eignen sich die trockenen Wintermonate Juli und August.
In Gauteng (Johannesburg, Pretoria) ist das Klima ganzjährig angenehm. Im Sommer geht fast jeden Abend ein kühlendes Gewitter nieder, im Winter wird es nachts empfindlich kalt. Der meiste Regen fällt zwischen September und Mai.

Heiß, aber trocken und damit erträglich ist es ganzjährig in der Karoo. Im Sommer sollte man allerdings ein Auto mit Klimaanlage fahren. Ein Besuch der Kalahari im Hochsommer ist mit Tagestemperaturen bis über 40°C nur etwas für Hartgesottene; im Winter braucht man warme Kleidung für die Nacht. Wenig Regen fällt zwischen Dezember und April, was die Kalahari im Herbst zum Erlebnis macht, wenn die Wüste blüht.

REGIERUNGSINFORMATIONEN

www.info.gov.za; www.parliament.gov.za

SONNENBADEN

Die UV-Strahlung ist extrem hoch. Anders als in Australien gibt es kaum Aufklärungskampagnen, die vor erhöhtem Hautkrebsrisiko warnen. Denken Sie daran, besonders in den Mittagsstunden die Sonne zu meiden, Sonnencremes mit sehr hohem Lichtschutzfaktor, Hüte und Brillen mit UV-Filter zu benutzen. Das gilt auch auf der Spitze des Tafelbergs, in den Drakensbergen und an kühlen, aber sonnigen Tagen am Strand.

STRASSENKARTEN/STADTPLÄNE

Zu empfehlen sind Karten von »Map Studio«, die es in Schreibwarengeschäften (CNA) und Buchläden gibt (www.mapstudio.co.za).

STROM

Wie in Deutschland gibt es 220 Volt Wechselstrom bei 50 Hertz. Adapter erhalten Sie im Supermarkt oder an der Hotelrezeption.

TAXI

Normale Taxis heißen in Südafrika »metered taxi« und sind durch ein Schild auf dem Dach zu erkennen. Es gibt sie in allen möglichen Ausführungen – von der Chrom glänzenden Limousine bis zum rostigen Fiat ohne Sicherheitsgurt. Laut Gesetz müssen Taxis mit einem Taxameter ausgestattet sein, allerdings tut man gut daran, den Preis für die Fahrt immer vorher festzulegen. Taxis lassen sich selten spontan auf der Straße anhalten. Bestellen Sie telefonisch oder gehen Sie zu einem Taxistand (»taxi rank«).

TELEFONIEREN

Südafrikanische Telefonnummern bestehen aus einer dreistelligen Ortsvorwahl (Johannesburg: 0 11, Kapstadt: 0 21, Durban: 0 31, Pretoria: 0 12) und einer siebenstelligen Folgenummer. Für Telefonate von Deutschland nach Südafrika wählt man »00 27« vor; für Telefonate von Südafrika nach Deutschland wie international üblich »00 49« vor, nach Österreich »00 43« und in die Schweiz »00 41«. Die meisten Südafrikaner telefonieren per Handy (»cell phone«).

Taxis erkennt man nicht an der Farbe, sondern an dem Schild auf dem Dach.

Deutsche SIM-Karten funktionieren in der Regel in Südafrika, das Roaming kann jedoch recht teuer werden. Besser ist es, sich bei längeren Aufenthalten eine vertragsfreie SIM-Karte vor Ort zu kaufen (»starter pack«) und sie mit Gutscheinen (»air time«) aufzuladen, die man im Supermarkt an der Kasse bekommt. Die großen Netzbetreiber sind »Vodacom«, »Cell-C« und MTN.
Öffentliche Fernsprecher funktionieren mit Münzen und Karten im Wert von 10, 20, 50 und 100 Rand, die man an Flughäfen, in CNA-Läden und Postämtern erwerben kann. Die nationale Telefonauskunft erreichen Sie unter Tel. 10 23, die internationale Auskunft unter Tel. 10 25.

THEATERKARTEN

Für die meisten Vorstellung bekommt man Karten zentral über den landesweiten Kartenverkauf »Computicket« an mehr als 300 Schaltern (meist in Einkaufszentren), bucht sie telefonisch unter Tel. 0 11/3 40 80 00 oder per Internet (www.computicket.co.za).

TOURISTENINFORMATIONEN

Über das Internet erhalten Sie wichtige Reiseinformationen über »South African Tourism« (www.southafrica.net).
In Deutschland: Friedensstr. 6–10, 60311 Frankfurt; Tel. 0 18 05/72 22 55; info.de@southafrica.net
In Österreich: Bayerngasse 1/1, A-1030 Wien; Tel. 08 20/50 07 39; vienna@southafricantourism.com
In der Schweiz: Seestr. 42, CH-8820 Kilchberg bei Zürich; Tel. 08 48/66 35 22; zurich@southafricantourism.com

TRINKGELD

Das Personal in Südafrika lebt fast ausschließlich vom Trinkgeld. Üblich sind hier 10 Prozent in Restaurants, bei außergewöhnlich gutem Service auch mehr.
In einigen Touristenregionen wird generell schon ein Bedienungszuschlag auf die Rechnung gesetzt.
Trinkgeld an der Tankstelle wird in der Regel nicht erwartet, aber gern genommen. Gepäckträger bekommen bis zu fünf Rand, informelle Parkwächter (»car guard«) am Straßenrand zwei Rand am Tag und fünf Rand in der Nacht – aber erst, wenn man wieder wegfährt! (Nicht zu verwechseln mit den Politessen in der Innenstadt, die pro halbe Stunde abrechnen.)

TRINKWASSER

Leitungswasser ist offiziell überall in Südafrika trinkbar, allerdings variiert die Qualität zwischen ländlichen und städtischen Gebieten. Das Wasser in Kapstadt gilt als eines der besten der Welt; vorsichtig sollte man jedoch in besiedelten ländlichen Gebieten sein (im Hotel nachfragen).
Wegen der anhaltenden Trockenheit im Gebiet um St. Lucia ist das Wasser dort stark mit Chemikalien behandelt.

UNTERKUNFT

Für einen ersten Überblick empfehlen sich die jährlich von »South African Tourism« und »Automobile Association« (AA) herausgegebenen Unterkunftsverzeichnisse, die Sie in den Touristeninformationen und in den AA-Shops in großen Einkaufszentren vor Ort bekommen.

Große tierische Besucher sind im noblen »Gorah Elephant Camp« in der Plettenberg Bay keine Seltenheit.

Unterkünfte im Internet
www.places.co.za; www.sa-venues.com; www.wheretostay.co.za; www.portfoliocollection.com (Buchung: Tel. 0 11/8 80 34 14 oder 0 21/6 86 54 00; Fax 0 11/7 88 48 02); Guest House Association of Southern Africa; Tel. 0 21/7 62 08 80; www.ghasa.co.za
Adressen für exklusive Hotels und Lodges
Mantis Collection: Tel. 0 41/4 86 34 40; Fax 4 86 34 38; www.mantiscollection.com; Conservation Corporation Africa: Tel. 0 11/8 09 43 00; Fax 8 09 44 00; www.ccafrica.com; Exclusive Get-Aways in Johannesburg: Tel. 0 11/8 03 86 69; Fax 8 07 04 17; www.getaways.co.za

WASSERTEMPERATUR

An der Atlantikküste (Western und Northern Cape) ist das Wasser durch den Einfluss des Benguela-Stroms zum Baden zu kalt. Surfen und Tauchen ist nur mit Neoprenanzug möglich. Im Winter hat das Wasser durchschnittlich nur 8°C, im Sommer etwa 15 °C. An der Ostküste dagegen herrschen ganzjährig ideale Bedingungen für Wassersport. Hier bringt der warme Agulhas-Strom das Wasser auf Temperaturen von 20°C im Winter und bis zu 24 °C im Sommer.

WILD CARD

Die »Wild Visitor Card« erlaubt es Südafrikabesuchern gegen Gebühr in einem bestimmten Zeitraum (1 bis 21 Tage) beliebig viele Nationalparks und einige Naturschutzgebiete zu besuchen. Die »Wild Card« ist für Familien mit bis zu zwei Erwachsenen und vier Kindern erhältlich und kann online bestellt werden (www.sanparks.org/tourism/wild; www.wildinafrica.com).
Achtung: Die »Wild Visitor Card« gilt nicht für die Region KwaZulu-Natal!

ZEIT

Auch wenn Südafrika buchstäblich am anderen Ende der Welt liegt, ticken die Uhren hier so wie in Mitteleuropa – und es droht kein Jetlag. Der Unterschied: Es gibt keine Sommerzeit, weshalb die Uhren am Kap im dortigen Winter eine Stunde vorgehen (12 Uhr MESZ = 13 Uhr Südafrika).

ZOLL

Mit Ausnahme persönlicher Gebrauchsgegenstände (Kamera, Sportgeräte, Schmuck etc.) dürfen Geschenke im Wert von bis zu 200 Rand eingeführt werden; außerdem bis zu 400 Zigaretten, 50 Zigarren, 1 Liter Spirituosen, 2 Liter Wein, 50 Milliliter Parfüm und 250 Milliliter Eau de Toilette.
Bei der Ausreise sind höchstens 500 Rand als Bargeld erlaubt. Weitere Auskünfte finden Sie unter: www.zoll.de; www. bmf.gv.at/zoll und www.zoll.ch

GLOSSAR

Begriffe der südafrikanischen Geschichte und Gegenwart, Religion und Politik.

Afrikaner
Bure; weißer Südafrikaner, dessen Vorfahren aus Holland oder Deutschland eingewandert sind.

Amandla ngawethu!
»Die Macht dem Volk« (ANC-Widerstandsslogan).

ANC (African National Congress)
Die 1912 gegründete größte Partei des Widerstands gegen die Apartheid war jahrzehntelang verboten, hält seit 1994 die überwältigende Mehrheit der Sitze im Parlament und stellt die Regierung. In einer informellen Koalition, der »Tripartite Alliance« ist der ANC mit der SACP (»South African Communist Party«) und der Gewerkschaftsbewegung »Cosatu« verbunden.

Apartheid
Zwischen 1948 und 1990 von der »National Party« praktizierte Politik der Rassentrennung, mit der die weiße Minderheit in Südafrika die Unterdrückung und Ausbeutung der schwarzen Mehrheit rechtfertigte. Auch wenn heute alle Rassen gleichberechtigt sind und die Schwarzen durch Regierungsmaßnahmen wie BEE und »affirmative action« wirtschaftlich bevorzugt werden, sind die Folgen der Apartheid noch deutlich spürbar.

Azania
Name für Südafrika, angelehnt an das arabische Wort für das Afrika südlich von Sansibar.

Babbelas
Kater nach einer durchzechten Nacht.

Bakkie
Offener Kleintransporter.

Bergie
Obdachloser; ursprünglich afrikaanse Bezeichnung für Landstreicher, die an den bewaldeten Hängen des Tafelbergs lebten.

Big Five
Südafrikas gefährlichste Wildtiere: Elefant, Löwe, Nashorn, Leopard, Büffel.

Black Consciousness Movement
Ende der 1960er-Jahre gegründete Bewegung, die das politische Bewusstsein der Schwarzen fördern wollte und auf die Befreiung Südafrikas ohne die Hilfe der Weißen setzte. Untrennbar mit der Bewegung verbunden ist der Name Steve Biko, ein charismatischer Medizinstudent, der 1977 im Polizeigewahrsam ums Leben kam.

Blacks
Die schwarzen Einwohner Südafrikas; »blacks« ist kein Schimpfwort, sondern ein allgemein benutzter Begriff.

Boma
Eingezäunter Grillplatz zum Abendessen, der in keinem Game Reserve fehlen darf.

Bosberaad
Afrikaans für strategisches Meeting, Beratung oder Konferenz im Busch – meist auf einem privaten Game Reserve.

Broederbond
Chauvinistische Geheimorganisation der Buren, deren Mitglieder in der gesamten südafrikanischen Elite des Apartheidstaats vertreten waren und – wie manche sagen – das Land durch die Hintertür regierten.

Bushman
→ Khoi-San

Bushveld
Afrikaans für Grasland, bewachsen mit Büschen und Bäumen.

CBD (Central Business District)
Geschäftszentrum einer Stadt (»downtown« im amerikanischen Englisch).

Chief
traditioneller Stammesführer, Häuptling.

Codesa
Abkürzung für »Convention for a Democratic South Africa«. Erstes offizielles Forum, in dem Apartheid-Regierung, ANC und andere Widerstandsparteien im Dezember 1991 über die demokratische Zukunft Südafrikas verhandelten.

Coloureds
Die »farbigen« Mischlinge, von denen die meisten im Western Cape leben und Afrikaans sprechen. In der Rassenhierarchie der Apartheid standen Coloureds über den Schwarzen, aber noch unter Indians und Weißen. Sie hatten daher eine bessere Schulbildung und Gesundheitsversorgung als die Schwarzen.

Cosatu
Abkürzung für »Congress of South African Trade Unions«. Südafrikas größter Dachverband wurde 1985 gegründet und steht zunehmend Thabo Mbekis neo-liberaler Wirtschaftspolitik kritisch gegenüber. Cosatu erhält durch den ANC indirekt Zugang zu politischer Macht, erfährt aber gleichzeitig große Unterstützung in der auf breiter Ebene gewerkschaftlich organisierten Arbeiterschaft.

DA (Democratic Alliance)
Im Jahr 2000 aus der DP (»Democratic Party«) entstandene größte Oppositionspartei Südafrikas mit liberalem politischen Profil und einer traditionell weißen und englischsprachigen Wählerschaft. Seit 2006 regiert die DA (wieder) Kapstadt. Im Rest des Landes sind solche Erfolge unwahrscheinlich, da sie kaum Rückhalt bei schwarzen Wählern hat, die sich von der »Partei der weißen Männer« nicht vertreten fühlen.

Dam
Afrikaans für Stausee (Staudamm = dam wall).

Dorp (Dorpie)
Afrikaans für Dorf auf dem »Platteland« (Afrikaans für ländliches Gebiet), in dem die Menschen vor allem von der Landwirtschaft leben.

Durbs
Umgangsprachlich für Durban.

Fanagalo
Township-Slang aus mehreren südafrikanischen und afrikanischen Sprachen sowie Englisch und Afrikaans.

Fundi
Experte. Von dem Nguni-Wort »uMfundisi« (Lehrer, Prediger).

Fynbos
Charakteristische Vegetation (Westkap) aus über 6000 Pflanzenarten (→ Spezial, S. 160).

Gugs
Gugulethu (schwarzes Township bei Kapstadt).

Headman
Clan-Führer; mehrere Headmans unterstehen einem Chief.

Hijacking
Bezeichnet in Südafrika vor allem den bewaffneten Raub eines Autos während sich der Fahrer noch hinter dem Lenkrad befindet. Im Regelfall zwingt der Hijacker den Fahrer und etwaige Beifahrer, das Auto zu verlassen.

Homelands (Bantustans)
Die offiziell »unabhängigen« Marionettenrepubliken, in die die Apartheid-Regierung alle Schwarzen abschob, die keine Arbeit hatten. Ähnlich den Indianerreservaten in Amerika.

Hottentotten
→ Khoi-San

IFP
Abkürzung für »Inkatha Freedom Party«. Nationalistische Partei der Zulus, die in KwaZulu-Natal bis heute verbittert mit dem ANC um die Macht kämpft. Die Führung liegt seit Beginn in den Händen des charismatischen Zuluprinzen Mangosuthu Buthelezi. Während der politischen Verhandlungen in den frühen 90ern kam es zu blutigen Auseinandersetzungen zwischen ANC- und IFP-Anhängern; Nelson Mandela beteiligte Buthelezi später an der Regierung, was die Konflikte gemildert hat.

Indaba
Konferenz oder politische Veranstaltung.

Indians
Ein Südafrikaner mit indischen oder südostasiatischen Vorfahren; die meisten Indians leben in Durban und Johannesburg.
In der Rassenhierarchie der Apartheid standen die Indians über Schwarzen und Coloureds, aber unter den Weißen.

Induna
Headman, Repräsentant des Chief.

Inyanga
→ Sangoma

Jawellnofine
Mix aus Englisch und Afrikaans. Gilt als Ausdruck von Überraschung, Unentschiedenheit oder Resignation.

Jol
Party jeder Größe und jeder Art.

Jozi
Umgangsprachlich für Johannesburg

Kaffir (Kaffer)
Abwertende, vor Gericht als Beleidigung geltende Bezeichnung eines Schwarzen.

Khoi-San
Die ursprüngliche Bevölkerung Südafrikas, auch »Bushman« bzw. abfällig Hottentotten genannt, die von einwandernden Bantuvölkern und Weißen zurückgedrängt wurde (→ Spezial, S. 340). Heute leben noch rund 55 000 San und Khoi-Khoi in Südafrika, Namibia, Botswana und Angola. Die Khoi-San besitzen eine besondere Sprache mit Schnalz- und Klicklauten.

Kloofing
»Kloof« (Afrikaans) steht für Schlucht. »Kloofing« ist eine moderne Sportart. Hierbei folgt man dem Verlauf einer Schlucht und versucht dabei alle natürlichen Hindernisse zu ignorieren – vor allem Wasserfälle, die man hinunterspringt oder hinunterrutscht.

Knobkierie
Stock, der als traditionelle Waffe benutzt wird.

Koppie
Afrikaans für Hügel.

Kraal
Runder, mit Dornen und Zweigen eingegrenzter Platz, in den das Vieh für die Nacht getrieben wird.

Kwaito
Die Lieblingsmusik der schwarzen Jugend, ein Mix aus Hip-Hop, House, R&B und Reggae.

Kwela
Township-Jazz der 50er Jahre, in der oft die Pennywhistle (Zinnflöte) zu hören ist.

KZN
Abkürzung für KwaZulu-Natal.

Lekgotla (gespr.: Lechótla)
Strategisches oder Planungsmeeting.

Lekker
Bedeutet nicht nur geschmacklich »lecker«, sondern im übertragenen Sinn auch gut, schön, hübsch, großartig etc.

Madiba
Nelson Mandelas Clan-Name, den viele Südafrikaner verwenden, wenn sie über Mandela sprechen. »Madiba Magic« bezeichnet den Zauber, die Aura Mandelas.

MK (Umkhonto We Sizwe)
»Speer der Nation«; 1961 gegründeter bewaffneter Arm des ANC (aufgelöst).

Muti
Traditionelle afrikanische Medizin, die aus so ziemlich allem bestehen kann: Pflanzen, Teilen von Tieren – und schlimmstenfalls menschlichen Körperbestandteilen.

NP (National Party)
1912 gegründet stellte sie von 1948 bis 1994 die Regierung und zeichnete für die Politik der Apartheid verantwortlich. Im neuen Südafrika wurde sie vom ANC an der Regierung beteiligt, sank aber dramatisch in der Gunst ihrer Wähler. 1997 benannte sie sich in »New National Party« (NNP) um; 2005 verband sie sich schließlich offiziell mit dem ANC und löste sich als Partei auf.

PAC (Pan Africanist Congress)
Schwarz-nationalistische Partei, die sich 1959 vom ANC abspaltete und eine eigene Widerstandsbewegung mit dem bewaffneten APLA (Azanian People's Liberation Army) bildete. Heute gilt der PAC als verstaubte Splitterpartei.

Permit
Eine »Erlaubnis« braucht man für viele Wanderwege. Man erhält sie im örtlichen Touristenbüro.

Puffadder
Sehr träge Giftschlange, die es in Südafrika relativ häufig gibt und die manchmal sogar zu faul ist, ihren Platz in der Sonne zu verlassen, wenn sich ein Wanderer nähert.

Robot
Verkehrsampel

Rondavel
Mit Stroh gedeckte Rundhütte, traditionell fensterlos und mit einem Fußboden aus getrocknetem und festgestampftem Kuhdung; Luxusvarianten in Game Reserves haben außer dem Grundriss wenig mit dem Original gemein.

Rooinek
Wörtlich »Rotnacken«; abwertende Bezeichnung für englischsprachige Südafrikaner.

SABC
Abkürzung für »South African Broadcasting Corpration«. Nach BBC-Vorbild strukturierter öffentlich-rechtlicher Rundfunk, der zwar vom Staat unabhängig und wahrscheinlich der beste Sender Afrikas ist, sich aber dennoch ständig vorwerfen lassen muss, mit der Regierung auf Kuschelkurs zu sein.

Sangoma
Traditioneller Heiler oder Heilerin.

Shebeen
Townshipkneipe. Shebeens waren in Apartheid-Zeiten illegal und sind deshalb häufig in privaten Haushalten zu finden.

Sis! (sies)
Ausdruck des Abscheus.

Sjambok
Bullenpeitsche, traditionell aus Flusspferdhaut, heute meist aus Gummi hergestellt.

Skollie
Gangster

Spaza Shop
Informeller Laden im Township.

Stoep (gespr.: Stupp)
Terrasse oder Veranda.

Taxi
Minibus-Taxi (europäische Taxis heißen »metered taxi«); Südafrikas wichtigstes öffentliches Verkehrsmittel.

Tidal pool
Gezeitenpool, der bei Flut mit Wasser gefüllt wird, das sich dann in der Sonne aufwärmt.

Tokoloshe (Tokolosh)
Böser Geist, der oft beschrieben wird als affenartiger, kleiner Mann mit übergroßem Geschlechtsteil; dem traditionellen Glauben nach steht er im Dienst einer Hexe. Man schützt sich nachts vor dem Tokoloshe, indem man sein Bett auf Ziegelsteine stellt.

Township
Unter der Apartheid eingeführte Siedlungen für Schwarze, Inder oder Coloureds in der Nähe der für Weiße reservierten Städte. Zuerst lebten hier nur männliche Arbeiter in Baracken, später holten viele ihre Familien nach.

Toyi-toyi
Schwarzer Protesttanz, der zum Ausdruck des Widerstands gegen die Apartheid geworden ist und noch heute bei politischen Demonstrationen oder zu festlichen Anlässen getanzt wird.

Trekburen
→ Voortrekker

Tsotsi
Gangster

Ubuntu
Südafrikanische Philosophie des Humanismus. Im Zentrum steht das Xhosa-Sprichwort »Umntu ngumntu ngabantu«, was überstetzt heißt: »Ein Mensch wird erst durch andere Menschen zum Menschen« (→ Seite 321).

Veld
Offenes Grasland

Venda
Südafrikanischer Stamm im Norden Limpopos (Sprache ist ebenfalls Venda), der bekannt ist für seine reiche und mythische Kultur und Kunst, vor allem Holzschnitzerei und Keramik.

Voortrekker
Buren, die 1835 vor der englischen Übermacht mit Ochsenwagen ins Landesinnere zogen, um sich dort im »unbesiedelten« Hinterland ein neues Leben aufzubauen.

Vuvuzela
Etwa ein Meter lange, einfache Plastiktrompete, die entfernt an das Tröten eines Elefanten erinnert und in Südafrika bei keinem Fußballspiel im Stadion fehlen darf.

Whites
Weiße Südafrikaner mit Vorfahren entweder aus Holland oder Deutschland (Buren) oder aus Engand (»english«).

Xhosa
Zahlenmäßig zweitgrößter Stamm, der traditionell im Eastern Cape beheimatet ist und dem viele hochrangige Politiker angehören, darunter Nelson Mandela und der amtierende Präsident Thabo Mbeki. Die Xhosas sind stolz auf ihre lange basisdemokratische Tradition. Ihre Sprache (Xhosa) enthält als einzige des Landes eine Reihe charakteristischer Klicklaute, die von den Khoi-San übernommen wurden.

Xhosa Nostra
Anspielung auf die hohe Dichte von Xhosas in der derzeitigen Regierung und politischen Elite; kommt oft als versteckter Vorwurf von anderen Sprachgruppen wie den Zulu.

Zulu
Die Zulu galten lange als mächtigster Stamm Südafrikas und sind auch heute noch der zahlenmäßig größte. Zulu ist die am häufigsten gesprochene schwarze Sprache des Landes. Beheimatet in der offiziell als »Königreich« deklarierten Provinz KwaZulu-Natal leben viele Zulus bis heute extrem traditionsbewusst. Momentan regiert König Goodwill Zwelethini.

SPRACHFÜHRER Deutsch–Englisch

Fast überall kommt man gut mit Englisch aus. Das südafrikanische Englisch orientiert sich am britischen Englisch und entlehnt Wörter aus Afrikaans und den schwarzen Sprachen.

Wörter und Wendungen

ja – *yes*
nein – *no*
Vielen Dank – *thank you very much*
bitte – *please*
Keine Ursache – *my pleasure; you are welcome*
Entschuldigung – *Sorry*
Wie bitte? – *Pardon? Sorry?*
Guten Morgen – *Good morning*
Guten Tag – *Good day*
Guten Abend – *Good evening*
Wie geht es Ihnen? – *How are you doing? (informell »Howzit?« oder »How is it?«)*
Danke, gut. Und Ihnen? – *Fine, thanks. And how are you?*
Auf Wiedersehen – *Goodbye*
Bis bald – *See you soon*
tschüss – *cheers*
heute – *today*
gestern – *yesterday*
morgen – *tomorrow*
wer, was, welcher – *who, what, which*
wie viel – *how many; how much*
wann – *when; what time*
wie lange – *how long*
Ich verstehe nicht – *I don't understand*
Ich spreche kein Englisch – *Sorry, but I don't speak English*
Wie heißen Sie? – *What is your name?*
Ich komme aus ... – *I come from ...*

Zahlen

null – *zero, naught*
eins – *one*
zwei – *two*
drei – *three*
vier – *four*
fünf – *five*
sechs – *six*
sieben – *seven*
acht – *eight*
neun – *nine*
zehn – *ten*
20 – *twenty*
50 – *fifty*
100 – *one hundred*
1000 – *one thousand*

Wochentage

Montag – *monday*
Dienstag – *tuesday*
Mittwoch – *wednesday*
Donnerstag – *thursday*
Freitag – *friday*
Samstag – *saturday*
Sonntag – *sunday*

Unterwegs

Wo ist ...? – *Where is ...?*
Wie weit ist es nach ...? – *How far is it to ...?*
Wie kommt man nach ...? – *How do I get to ...?*
Werkstatt – *garage*
Tankstelle – *garage; petrol station; fuel station*
Flugplatz – *airport*
Abfahrt/Abflug – *departure*
bestätigen – *confirm*
Gepäck – *luggage*
Bahnhof – *station*
Busbahnhof – *bus terminal*
Minibus-Bahnhof – *taxi rank*
Touristen-Information – *tourist information*
Bank – *bank*
Bitte voll tanken – *Full tank, please; fill up, please*
Benzin – *petrol, fuel*
Diesel – *gasoil*
geradeaus – *straight (ahead)*
um die Ecke – *around the corner*
Hauptstraße – *main road*
Ich möchte ein Auto/Fahrrad mieten – *I would like to rent a car/a bicycle*
Eine Fahrkarte nach ... bitte – *A ticket to ... please*
Ich möchte Euro wechseln – *I would like to change foreign currency*

Notfall/Gesundheit

Notfall – *emergency*
Krankenwagen – *ambulance*
Krankenhaus – *hospital*
Wir hatten einen Unfall – *We had an accident*
Wo finde ich einen Arzt/eine Apotheke? – *Where do I find a doctor/a pharmacy?*
Allgemeinarzt – *general practitioner*
Zahnarzt – *dentist*
Schmerz – *pain, ache, sore*
Schmerzmittel – *painkiller*
Fieber – *fever, temperature*

Übernachtung

Gästehaus/Pension – *guest house*
Einzelzimmer – *single room*
Doppelzimmer – *double room*
mit eigenem Bad – *with ensuite bathroom*
Dusche – *shower*
Klimaanlage – *air conditioning*
Ich hätte gern ein Zimmer für ... Personen – *I would like a room for ... people*
Haben Sie ein Zimmer frei? – *Do you have any vacancies?*
für eine Nacht/Woche – *for one night/week*
Ich habe ein Zimmer reserviert – *I have made a reservation for a room*
Haben Sie zum Wochenende einen Sonderpreis? – *Do you offer a special weekend rate?*
Haben Sie Sonderpreise für Kinder? – *Do you have special rates for children?*
Wie viel kostet das Zimmer? – *How much is the room?*
mit Frühstück – *including breakfast*
Kann ich mir das Zimmer ansehen? – *Can I have a look at the room?*
Ich nehme das Zimmer – *I'll take this room*
Kann ich mit Kreditkarte zahlen? – *Do you take credit cards?*

Essen und Trinken

Wir haben einen Tisch reserviert – *We have booked a table*
Die Speisekarte bitte – *Can I have the menu, please?*
Die Rechnung bitte – *Can I have the bill, please?*
Ich hätte gern einen Kaffee – *I would like to have a cup of coffee*
Guten Appetit! – *Enjoy your meal!*
Wo finde ich die Toiletten? – *Where do I find the bathroom/the toilets (ladies/gents)?*
Kellner/Kellnerin – *waiter/waitress*

Einkaufen

Wo gibt es ...? – *Where can I get ...?*
Haben Sie ...? – *Do you have:?*
Was ist das? – *What is this?/What do you call this?*
Wie viel kostet das? – *How much is this?*
Das gefällt mir (nicht) – *I (don't) like this*
Das ist zu teuer – *This is too expensive*
Ich nehme es – *I'll take it*
Öffnungszeiten – *opening hours*
Bäckerei – *bakery*
Einkaufszentrum – *shopping centre/mall*
Kaufhaus – *department store*
Fleischerei/Metzgerei – *butchery*
Haushaltswaren – *hardware story; household supplies*
Lebensmittelgeschäft – *grocery store; supermarket*
Briefmarken – *stamps*
Brief – *letter*
Postkarte – *post card*

Ämter, Banken, Zoll

Haben Sie etwas zu verzollen? – *Do you have anything to declare?*
Ich möchte einen Reisescheck einlösen – *I would like to cash a travellers cheque*
Ich habe meinen Pass/meine Brieftasche verloren – *I have lost my passport/my wallet*
Ich suche einen Geldautomaten – *I am looking for an ATM*

Zulu–Deutsch

Zulu ist vorherrschende Sprache in der Provinz KwaZulu-Natal. Aussprache: »J« spricht man weich wie in »Dschungel«, »y« entspricht dem deutschen »j«. Das »h« wird wie ein sehr weiches »ch« ausgesprochen (wie in »königlich«); »z« wie ein weiches »s«. Der Name des Nationalparks Hluhluwe-Imfolozi hört sich demnach an wie »Chluchlúwe-Imfolósi«.

Wörter und Wendungen

Die respektvolle Anrede von Fremden ist eine Wissenschaft für sich und reflektiert die komplizierten sozialen Hierarchien der Zulus. Nicht miteinander bekannte junge Leute können sich untereinander mit Bruder (»buti«) und Schwester (»sisi«) ansprechen. Ältere Frauen sind wahlweise Mutter (»mama«), Tante (»anti«) oder Großmutter (»mkhulu«); ältere Männer Vater (»baba«) oder Großvater (»babamkhulu«). Möchten Sie zum Beispiel eine etwa 40-jährige Frau am Wegrand nach dem Weg fragen, können Sie sie getrost mit »Sawubona, anti!« begrüßen, das obligatorische »Ninjani?« – »Ngisaphila, ngiyabonga« anhängen und dann auf Englisch weitersprechen.

Sawubona – *Guten Tag/Abend*
Ninjani? – *Wie geht es Ihnen?*
Ngisaphila, ngiyabonga – *Mir geht es gut, danke*
Sala kahle (wenn man geht)
Hamba kahle (wenn jemand anderes geht) – *Auf Wiedersehen*
Sizobonana – *Bis bald*
Lala kahle – *Gute Nacht*
ngiyabonga kakhulu – *danke*
uxolo – *bitte*
uxolo – *Entschuldigung*
yebo – *ja, auch als Begrüßung*
cha – *nein*
ngi – *ich*
Igama lam ngu ... – *Ich heiße...*
Ungubani igama lakho ...? – *Wie heißen Sie ...?*
Ngiyathokoza ukukwazi – *Angenehm (Sie zu treffen)*
Andiqondi – *Ich verstehe Sie nicht.*
Ukhuluma isiNgisi? – *Sprechen Sie Englisch?*
Lento uyisho kanjani ngesi? – *Wie heißt das auf Englisch?*
namhlanje – *heute*
izolo – *gestern*
kusasa – *morgen*

Zahlen

ikunye, kunye – *eins*
isibili – *zwei*
kuthathu – *drei*
okune – *vier*
isihlanu – *fünf*
isithupha – *sechs*
isikhombisa – *sieben*
isishiyagalombili – *acht*
isishiyagalolunye – *neun*
ishumi – *zehn*
amashumi amabili – *20*
amashumi amahlanu – *50*
ikhulu – *100*

Wochentage

uMsombuluko – *Montag*
uLwesibili – *Dienstag*
uLwesithathu – *Mittwoch*
uLwesine – *Donnerstag*
uLwesihlanu – *Freitag*
uMgqibelo – *Samstag*
iSonto – *Sonntag*

Unterwegs

Likuphi (itholethe)? – *Wo ist (die Toilette)?*
Iphi indlela yokuya ku...? – *Wo geht es nach...?*
esobunxele – *nach Links*
esokunene – *nach Rechts*
qondile – *geradeaus*
Uyaphi? – *Wohin gehen Sie?*
iPholisiteshi – *Polizeiwache*
iSibhedlela – *Krankenhaus*
Ulwazi lwezihambi – *Touristeninformation*

Einkaufen

Une...? – *Haben Sie...?*
Kubiza malini? – *Was kostet das?*
Yini le? – *Was ist das?*
Ngizokuyithenga – *Ich möchte es kaufen*

Afrikaans–Deutsch

Afrikaans wird vor allem von Buren und Coloureds im Western Cape gesprochen.
Es ist eine dem Holländischen ähnliche Sprache mit Wurzeln im Deutschen und Englischen sowie in afrikanischen und in südostasiatischen Sprachen. Deutsche Muttersprachler können sich den Sinn vieler afrikaanser Ausdrücke meist leicht erklären. Die markantesten Unterschiede zum Deutschen sind, dass »g« und »ch« wie im deutschen »Dach« ausgesprochen wird und die Endungen »-djie« und »-tjie« wie »ki«.

Wörter und Wendungen

Goeie more – *Guten Morgen*
Goeie middag – *Guten Tag (sagt man am Nachmittag)*
Goeie dag – *Guten Tag (sagt man zu jeder Tageszeit)*
Goeienaand – *Gute Nacht*
Totsiens – *Auf Wiedersehen*
dankie – *danke*
baie dankie – *vielen Dank!*
asseblief – *bitte*
ja/nee/na-nee – *ja/nein/ vielleicht*
ekskuus – *Entschuldigung, wie bitte?*
Plesier – *Keine Ursache, nicht der Rede wert*
Mevrou/Meneer – *Frau/Herr (Anrede)*
Praat u Duits/Engels? – *Sprechen Sie Deutsch/ Englisch?*
Ek praat geen ... nie – *Ich spreche kein ...*
Ek verstaan u nie – *Ich verstehe Sie nicht*
Sal u asseblief 'n bietjie stadiger praat. – *Sprechen Sie bitte etwas langsamer*
Wat noem 'n mens dit in Duits/ Afrikaans? – *Wie heißt das auf Deutsch/Afrikaans?*
Hoe laat is dit? – *Wie spät ist es?*

Unterwegs

Waar is ...? – *Wo ist ...?*
Ek soek ... – *Ich suche ...*
Hoe kom ek na (by die) ...? – *Wie komme ich nach (zum, zur) ...?*
Is daar 'n bus na Durban? – *Gibt es einen Bus nach Durban?*

Einkaufen/Übernachten

Is daar ...? – *Gibt es hier ...?*
Het julle ...?– *Haben Sie ...?*
Waar kan ek ... kry? – *Wo bekomme ich ...?*
Wat kos dit? – *Was kostet das?*
Hoeveel kos die kamer per nag? – *Wie viel kostet das Zimmer pro Nacht?*
Gee my asseblief... – *Geben Sie mir bitte ...*

Zahlen

nul – *null*
een – *eins*
twee – *zwei*
drie – *drei*
vier – *vier*
vyf – *fünf*
ses – *sechs*
sewe – *sieben*
agt – *acht*
nege – *neun*
tien – *zehn*
twintig – *20*
vyftig – *50*
(een) honderd – *100*
duisend – *1000*

Wochentage

Maandag – *Montag*
Dinsdag – *Dienstag*
Woensdag – *Mittwoch*
Donderdag – *Donnerstag*
Vrydag – *Freitag*
Saterdag – *Samstag*
Sondag – *Sonntag*

Oft gehörte Ausdrücke

Winkel – *Geschäft*
Pasop – *Achtung*
Jislaaik – *Ausdruck von Überraschung, Verärgerung oder Wut*
gatvol –*»I'm gatvol« heißt so viel wie: »Ich habe es satt.«*
Voetsek! – *Hau ab!*
Vasbyt! – *Halte durch!*

KULINARISCHES VON A BIS Z

A

abalone – *siehe perlemoen*
alcoholic beverage – *alkoholisches Getränk*
amarula – *Likör aus den Früchten des Marulabaums*
appetizer – *Vorspeise*
apple – *Apfel*
appletiser – *Apfelschorle (südafrikanische Marke)*
asparagus – *Spargel*
atjar – *malaiisches Chutney*

B

baby marrows – *kleine Zuchini*
bacon – *Speck*
barbecue – *Grill*
beans – *Bohnen*
beef – *Rindfleisch*
biltong – *luftgetrocknetes Fleisch, besonders köstlich vom Wild und Strauß*
biscuit – *Plätzchen, Keks*
blatjang – *fruchtig-scharfe Sauce zu Fleischgerichten, ähnlich dem Chutney*
bobotie – *Curry aus Lammhackfleisch, Eierpudding, Früchten und Reis*
boerewors – *wörtlich »Bauernwurst«, stark gewürzte Mettbratwurst aus Hammel- oder Rindfleisch, meist zu einer Schnecke geformt*
bottle store – *lizenziertes Geschäft für alkohol. Getränke*
braai – *Grillfest oder Barbecue im Freien; eine burische Tradition, die sich zum »Nationalsport« gemausert hat*
braaivleis – *Grillfleisch*
bread – *Brot*
bredie – *Eintopf aus Fleisch, Gemüse und Zwiebeln*
breyani – *Reis- und Linsengericht mit Fisch oder Fleisch*
brinjal – *Aubergine*
butternut – *birnenförmige Kürbisfrucht; wird als Gemüsebeilage verwendet, zu Suppe verarbeitet oder längs aufgeschnitten, gefüllt und gegrillt oder gebacken*

C

calamari – *Tintenfischringe, häufig frittiert*
carrot – *Karotte*
catch of the day – *fangfrischer Fisch, beim Kellner Genaueres nachfragen*
cattle – *Rindfleisch*
cauliflower – *Blumenkohl*
chakalaka – *würzig-scharfe Sauce zu pap*
chicken – *Hühnerfleisch*
chips – *Pommes frites*
chutney – *süß-saure Sauce aus Obst, häufig recht scharf*
cinnamon – *Zimt*
clams – *Venusmuscheln*
clove – *Gewürznelken*
codfish – *Kabeljau*
coleslaw – *Weißkrautsalat*
continental breakfast – *Das Gegenteil des herzhaften »english breakfast«. Es besteht in der Regel aus Kaffee/Tee und Saft, Gebäck (croissants) sowie süßem Aufstrich (Marmelade, Honig) und Käse*
cookies – *Plätzchen*
crayfish – *Kap-Languste*

D

dates – *Datteln*
dessert – *Nachtisch*
dinner – *Abendessen, häufig ist damit die eigentliche Hauptmahlzeit gemeint*
dish on the day – *Tagesgericht*
draught beer – *Bier vom Faß*
drinking water – *Trinkwasser, kein Mineralwasser*
dry wine – *trockener Wein*
duck – *Ente*
dumpie – *kleine Bierflasche*
dumpling – *Kloß*

E

egg – *Ei*
eggplant – *Aubergine*
eland – *Eland (Antilopenart)*
english breakfast – *Das traditionelle englische Frühstück mit Toast, Spiegel-*

eiern, Schinken (ham), gebratenem Speck (bacon), Pilzen (mushrooms) und Bohnen (beans)
ertappel – *Kartoffel*

F

farm stall – *Hofladen mit frischen Farmprodukten*
fishsoup – *Fischsuppe*
fried – *in der Pfanne oder in heißem Fett gebraten*
french fries – *Pommes frites*
frikkadel – *Frikadelle*
fruit – *Obst*

G

garam masala – *indische Gewürzmischung, enthält meist Kümmel, Koriander, Kardamom und Fenchel*
garlic – *Knoblauch*
geelrys – *Reis mit Rosinen*
ginger – *Ingwer*
gooseberry – *sehr aromatische, gelbe Kap-Stachelbeeren*
grape – *Weintraube*
grapetiser – *Grapefruit-Schorle (spezielle südafrikanische Marke)*
grenadilla – *Passionsfrucht*
guinea fowl – *Perlhuhn*

H

hake – *Stockfisch (Klippfisch), durch Trocknen haltbar gemachter Fisch*
halaal food – *nach islamischen Regeln ohne Alkohol und Schweinefleisch zubereitet*
ham – *Schinken*
house wine – *Wein des Hauses. Meist eine gute Wahl*

I

ingera – *afrikanisches Fladenbrot*

K

kingklip – *schmackhafter Weißfisch mit festem Fleisch aus der Familie der Dorsche, oft als »catch of the day« oder »line fish« angeboten.*
kob – *Kabeljau*
koeksister – *gebackener, in Sirup getauchter Teigzopf, entweder in kapmalaiischer oder burischer Tradition*

L

lamb – *Lammfleisch*
lamb chop – *Lammkotelett*
leek – *Lauch*
lemonsquash – *Zitronensaft*
lentils – *Linsen*
line fish – *allgemein für fangfrischen Fisch; beim Kellner Genaueres nachfragen*
liver – *Leber*

M

maalvleis – *Hackbraten*
mampoer – *»umwerfender« einheimischer Obstschnaps, Achtung!*
mash – *Brei*
mealie – *Maiskolben, meist gegrillt*
mealie bread – *Maisbrot*
mealie pap – *siehe »pap«*
meat – *Fleisch*
melktert – *burischer Käsekuchen mit Zimt*
melon – *Melone*
mineral water – *Mineralwasser, »still« (still) oder »sparkling« (Sprudelwasser)*
mosbolletjies – *Teigbrötchen mit gegorenem Wein*
mullet – *allgemein für Seefisch*
mussels – *Schwarzmuscheln*
mustard – *Senf*

N

normal tea – *schwarzer Tee*

O

onion – *Zwiebel*
orange juice – *Orangensaft; in den meisten Restaurants und Cafés gibt es sogar frisch gepressten Saft (nach »freshly-squeezed« fragen)*
ostrich – *Strauß*
oysters – *Austern*

P

pancake – *Pfann- oder Eierkuchen*
pap (auch »mealie pap«) – *Maisbrei, Grundnahrungsmittel der schwarzen Südafrikaner, meist als Beilage zu Fleisch*

peri-peri – *gemahlene und in Olivenöl eingelegte rote Chili-Schoten, sehr scharf*
perlemoen (auch »abalone«) – *schmackhafte Meer- oder Seeohrmuschel*
peach – *Pfirsich*
pickles – *sauer eingelegtes Gemüse, meist Gurken*
pie – *meist mit Fleisch gefüllte Teigtasche, im Ofen gebacken*
pineapple – *Ananas*
plain tea – *schwarzer Tee*
plant – *Gemüse*
pofadde – *Würste aus Innereien vom Wild*
pork – *Schweinefleisch*
potable water – *Trinkwasser*
potjie – *dreibeiniger, gusseiserner Topf, der direkt in die Glut gestellt wird.*
potjiekos – *Eintopf aus dem »potjie«*
prawns – *Garnelen*
prunes – *Backpflaumen*

R

rabbit – *Kaninchenbraten*
raisins – *Rosinen*
roll – *weiches Brötchen*
rooibos – *Rotbusch-Tee, koffeeinfrei und leicht süßlich, eignet sich auch hervorragend als Kaltgetränk im Sommer.*
rusk – *süßes, extrem hartes Gebäck, wird zum Frühstück in den Kaffee getunkt*
rye bread – *Roggenbrot*

S

sambal – *in Essig und Gewürze eingelegtes Obst und Gemüse, Beilage zu vielen kapmalaiischen Gerichten*
samoosa – *dreieckige, frittierte Teigtasche mit einer Fleisch- oder einer Gemüsefüllung*
scone – *kleines, brötchenartiges Gebäck*
shortbread – *leichtes Buttergebäck*
shrimps – *Krabben oder Garnelen*
snoek – *Barracuda*
sorghum – *Hirseart*
sosaties – *gegrillte Fleischspießchen mit mariniertem Rind-, Hammel- oder Lammfleisch und Zwiebel*
sousboontjes – *rote Bohnen in pikanten Sherry-Senf-Sauce*
spare ribs – *Rippchen*
sparkling wine – *Schaumwein (Sekt oder Champagner)*
springbok – *Springbock (Antilopenart)*
squash – *Kürbis*
sultanas – *Rosinen*

T

table wine – *Tischwein*
tart – *Törtchen, belegt mit süßem Obst oder pikant mit Gemüse und Käse*
trifle – *ein Biskuitdessert*
trout – *Forelle*
tuna – *Thunfisch*
turbot – *Steinbutt*
turkey – *Truthahn*

U

umqomboti – *traditionell von den Schwarzen gebrautes, milchig-trübes »Bier« aus Sorghum, einer Hirseart, wird meist in einem größeren Gefäß herumgereicht (oft auch im Plastikeimer)*

V

veal – *Kalbfleisch*
vegetables – *Gemüse*
venison – *Wildfleisch*
vetkoek – *burisches Fettgebäck, meist süß mit Honig oder Sirup, aber zuweilen auch herzhaft mit Hackfleisch*
veggies – *Gemüse (vegetables)*
vinegar – *Essig*
vleis – *Fleisch*

W

waterblommetjie – *seerosenähnliche Wasserpflanzen, gern verwendet für Bredies (Eintopf) und Suppen*
welbebloontjes – *Stockbrot, als Beilage oder Dessert zum Braai (Grill)*
wheat – *Weizen*

Y

yellowtail – *schmackhafter Weißfisch, der sich gut zum Grillen eignet*

Hier finden Sie alphabetisch aufgeführt alle in diesem Band beschriebenen Orte und Ziele, Hotels und Restaurants. Bei einzelnen Nennungen stehen jeweils dazugehörige Orte in Klammern, bei manchen die Nummer einer Tourenkarte, wenn diese dort hinführt, z. B. (Tour 1). Außerdem enthält das Register wichtige Stichworte aus den SPEZIALS sowie dem Kapitel »Der gute Tipp von MERIAN«. Wird ein Begriff mehrfach aufgeführt, verweist die **fett** gedruckte Zahl auf die Hauptnennung, eine *kursive* Zahl auf ein Foto.

Bildnachweis:

Cover:
Bildagentur Huber/R. Schmid

AfriPics (17) Neil Austin S. 219, 269, Gallo/Martin Harvey S. 160, Gallo Images/Lanz von Horsten S. 369, Gallo Images/ Chris Ledochwski S. 251, Roger de la Harpe S. 6 unten, 202, 225, 246, 255, Lex Hes S. 208-209, 278, Walter Knirr S. 12, 107, 111, 277, Bernie Olbrich S. 270-271

akg-images (2) Archiv S. 342-343, 344

Alamy (14) Bill Bachmann S. 7 rechts, Cephas Picture Library S. 149, dk S. 54-55, Greatstock Photographic Library S. 290-291, Suzanne Long S. 50, Emil von Maltitz S. 20-21, Mario Moreno S. 263, Eric Nathan S. 205, Gavin Newman S. 2 unten, PCL S. 4 oben, David Pearson S. 32, Andy Rouse S. 280-281, Charles Sturge S. 359, Ariadne van Zandbergen S. 232

alimdi.net (1) Oliver Gerhard S. 4-5; Anzenberger (5) Robert Haidinger S. 327, Yadid Levy S. 123, Paul Weinberg S. 317, 336, Paolo Woods S. 226

Corinna Arndt (7) S. 3 unten, 42-43, 44-45, 53, 72-73, 201, 230

Bilderberg (21) Alstills 53 N S. 250, Jörg Heimann S. 325 mitte, Branko de Lang S. 142, 207, 228-229, Obie Oberholzer S. 22-23, 26-27, 89, 100-101, 114, 154, 198-199, 259, 274, 304-305, 316, 319, 356-357, Dominik Obertreis S.80-81, Popperfoto S. 346, Walter Schmitz S. 21

Corbis (7) Annie Belt S. 129, Curtis/Strauss S. 328-329, Clem Haagner S. 236, Roger de la Harpe S. 192-193, Reuters/ Mike Hutchings S. 64, 335, James Sparshatt S. 38-39

Das Fotoarchiv (1) Xinhua S. 102

dk-images (1) S. 325 oben

Fnoxx (1) S. 69

Focus (3) Marc Beckmann S. 10-11, Jodie Bieber S. 5 oben, Magnum/Ian Berry S. 352

Getty (19) AFP/Alexander Joe S. 51, Altrendo Nature S. 127, Archiv S. 204, Amanda Hall S. 126, Lanz von Horsten S. 167, Hulton Archive S. 349, John Lamb S. 306, Roine Magnusson S. 159, Mills S. 333 rechts, Thorsten Milse S. 162-163, Per-Anders Pettersen S. 133, 295, 309, 310, Tom Stoddart S. 355, Time Life Pictures S. 332, Art Wolfe S. 24-25, Ariadne van Zandbergen S. 4 mitte, Anna Zieminski S. 6 mitte

Bill Harrop (1) S. 61

Interfoto (3) Mary Evans S. 338, Archiv Friedrich S. 334, Karger-Decker S. 333 links

www.ipix.co.za (2) Harry Boden AF innen

Jahreszeitenverlag (1) Jan Brettschneider S. 161

Laif (47) Clemens Emmler S. 6-7, 14-15, 19, 37, 67, 94-95, 104-105, AF außen, 148, 172, 181, 237, 282, 324, 370, 374, Gamma S. 65, Jörg Glaescher S. 2-3, 210, 235, Paul Hahn S. 320-321, Christian Heeb S. 3 Mitte, 16-17, 92, 108, 157, 168-169, 186-187, 196-197, 256, 287, 301, 323, 376, Andreas Hub S. 135, 238, 345, Gernot Huber S. 63, Le Figaro Magazine/Helene Bamberger S. 132, Le Figaro Magazine/ Frantisek Zvardon S. 56, Bernd Jonkmanns S. 233, REA/Benoit Decout S. 184, 288-289, Arthur F. Selbach S. 84-85, Sven Torfinn S. 28-29, VU/Darryl Evans S. 330, 351

Look (2) Jan Greune S. 152, Jürgen Stumpe S. 83, 134

Marka (1) Raffaele Meucci S. 353

Mauritius-images (10) age S. 265, age/Werner Bollmann S. 158-159, age/Cahir Davitt S. 124, age/Kord.com S. 171, Steve Bloom S. 170, age/Nigel Dennis S. 7 links, 71, Reinhard Dischерl S. 59, Oxford Scientific S. 188, photononstop/Brigitte Merle S. 266

Harald Mielke (1) S. 176

NGS (1) Chris Johns S. 340-341

Picture-alliance (7) Bildagentur Huber S. 220-221, 298-299, dpa S. 76-77, 78, dpa/Kim Ludbrook S. 217, epa/Jon Hrusa S. 262, HB Verlag/Arthur F. Selbach S. 260

Jonathan Shapiro (2) S. 312, 313

StockFood (1) Ulrike Holsten S. 223

Mel Stuart (2) S. 2 Mitte, 40

Superbild (1) S. 143

Transit (1) Thomas Haetrich S. 362

Travelstock44 (1) Jürgen Held S. 98

vario images (2) Archiv S. 372, Norbert Schaefer S. 150-151

Visum (3) Panos/Caroline Penn S. 30-31, Panos/Gisele Wulfsohn S. 252-253, Panos/Sven Torfinn S. 315

Westend61 (4) Mel Stuart S. 5 Mitte, 112-113, 178-179, 303

Wildlife (1) Harpe S. 74

Umschlag hinten:
E. Pansegrau, T. Stankiewicz

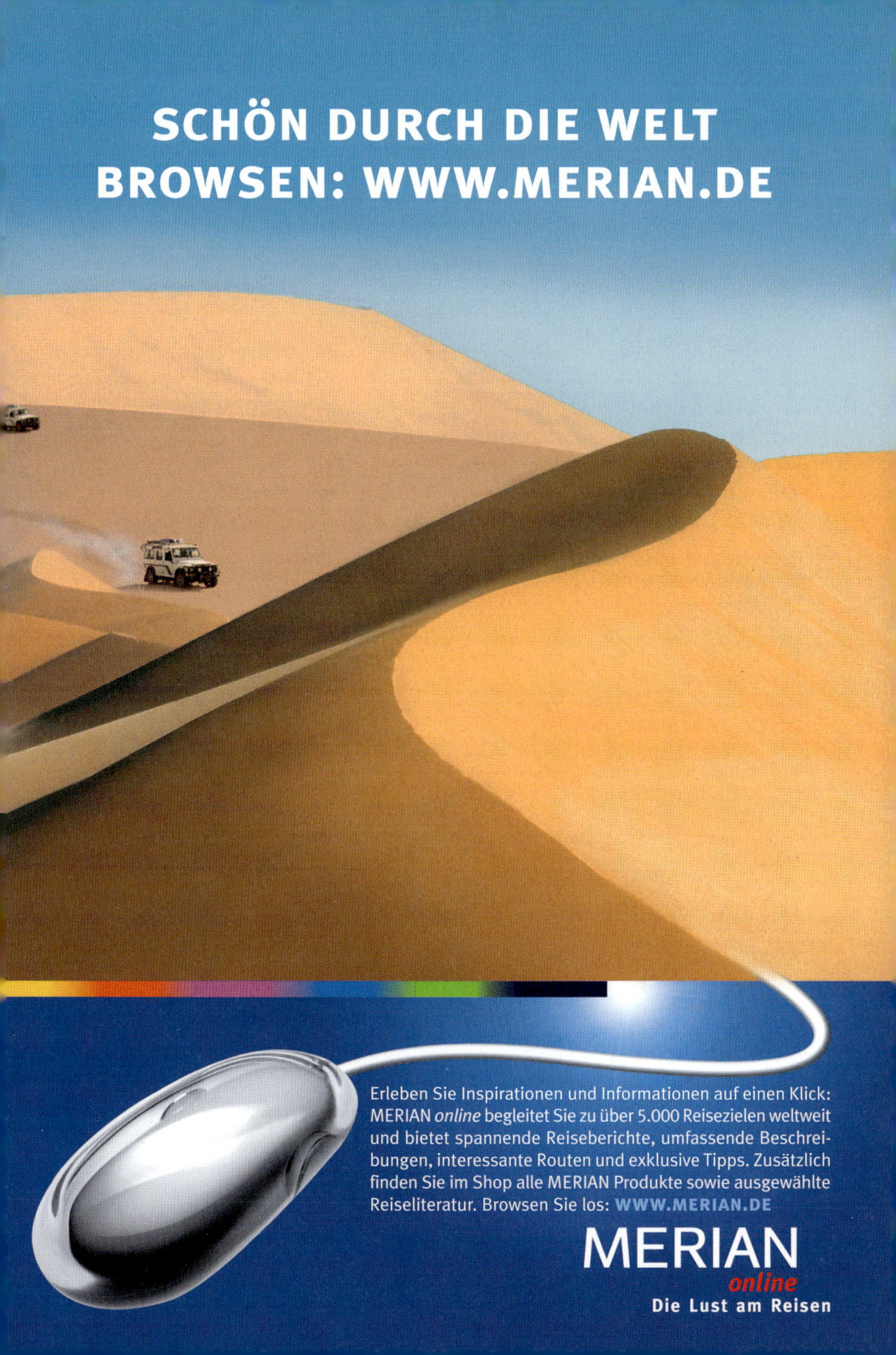
SCHÖN DURCH DIE WELT
BROWSEN: WWW.MERIAN.DE
Erleben Sie Inspirationen und Informationen auf einen Klick: MERIAN online begleitet Sie zu über 5.000 Reisezielen weltweit und bietet spannende Reiseberichte, umfassende Beschreibungen, interessante Routen und exklusive Tipps. Zusätzlich finden Sie im Shop alle MERIAN Produkte sowie ausgewählte Reiseliteratur. Browsen Sie los: WWW.MERIAN.DE
MERIAN
online
Die Lust am Reisen

Liebe Leserinnen und Leser,

wir freuen uns, dass Sie sich für einen Titel aus unserer Reihe MERIAN *Reiseführer* entschieden haben. Damit werden Sie sich an Ihrem Reiseziel wie ein Kenner fühlen können.

Alle Angaben in diesem Reiseführer sind gewissenhaft geprüft. Der Verlag übernimmt jedoch für evtl. Fehler keine Haftung. Preise, Öffnungszeiten usw. sind schnelllebig. Änderungen, die nach Drucklegung entstehen können, sind daher nie auszuschließen.

Schließlich interessiert uns noch Ihre persönliche Meinung. Bitte schreiben Sie uns, wenn Sie Berichtigungen und Ergänzungen haben - und natürlich auch, wenn Ihnen etwas ganz besonders gefällt.

TRAVEL HOUSE MEDIA
Redaktion MERIAN Reiseführer
Berg-am-Laim-Str. 47
D-81673 München
merian-reisefuehrer@travel-house-media.de

Bei Interesse an Karten aus MERIAN Reiseführern schreiben Sie bitte an:
iPUBLISH, geomatics
Berg-am-Laim-Str. 47
D-81673 München
geomatics@ipublish.de

Bei Interesse an Anzeigenschaltung:
KV Kommunalverlag GmbH & Co KG
Mediacenter München, Tel. 0 89/92 80 96-44
kramer@kommunal-verlag.de

TRAVEL HOUSE MEDIA

100 Jahre
GANSKE VERLAGSGRUPPE

PROJEKTKOORDINATION
Birgit Chlupacek

REDAKTION
Annette Rose, Eva Stadler

REDAKTIONSASSISTENZ
Gabriele Fitschen

LEKTORAT
Antje Eszerski

SCHLUSSREDAKTION
Edda Benedikt

ART DIREKTION/REIHENGESTALTUNG
Helinä Markkanen, München

SATZ/GESTALTUNG
BUCHFLINK Rüdiger Wagner, Nördlingen

BILDREDAKTION
Alexandra Dimitrijevic (Koordination)
Kathrin Schäfer (Bildredaktion)
Stefanie Boltz (Assistenz)
Stefanie Rahn (Assistenz)

UMSCHLAGGESTALTUNG
Heuer & Sachse, Hamburg

KARTEN
MERIAN-Kartographie, München

PRODUKTION
Renate Hutt

DRUCKVORSTUFE
Repro Ludwig, Zell am See

DRUCK UND BINDUNG
Printer Trento, Italien

GEDRUCKT AUF
EuroBulk von der Papier Union

1. Auflage 2007, ISBN 978-3-8342-0132-4